Markus-Oliver Schwaab / Günther Bergmann /
Fritz Gairing / Meinulf Kolb (Hrsg.)

Führen mit Zielen

D1721314

Markus-Oliver Schwaab
Günther Bergmann
Fritz Gairing
Meinulf Kolb (Hrsg.)

# Führen mit Zielen

Konzepte – Erfahrungen – Erfolgsfaktoren

3., aktualisierte und überarbeitete Auflage

**GABLER**

Bibliografische Information der Deutschen Nationalbibliothek
Die Deutsche Nationalbibliothek verzeichnet diese Publikation in der
Deutschen Nationalbibliografie; detaillierte bibliografische Daten sind im Internet über
<http://dnb.d-nb.de> abrufbar.

**Prof. Dr. Markus-Oliver Schwaab, Prof. Dr. Günther Bergmann, Prof. Dr. Fritz Gairing** und **Prof. Dr. Meinulf Kolb** lehren an der Hochschule Pforzheim, Human Resources Competence Center (HRCC), im Bachelor-Studiengang Personalmanagement sowie im MBA-Studiengang Human Resources Management & Consulting.

1. Auflage 2001
2. Auflage 2002
3. Auflage 2010

Alle Rechte vorbehalten
© Gabler Verlag | Springer Fachmedien Wiesbaden GmbH 2010

Lektorat: Susanne Kramer | Renate Schilling

Gabler Verlag ist eine Marke von Springer Fachmedien.
Springer Fachmedien ist Teil der Fachverlagsgruppe Springer Science+Business Media.
www.gabler.de

Umschlaggestaltung: KünkelLopka Medienentwicklung, Heidelberg

Printed in Germany

ISBN 978-3-8349-0835-3

# Hin-Führung

*„Nachdem die klassischen „Management by"-Konzepte in den Führungsetagen deutscher Unternehmen als ziemlich überholt und wenig tauglich für die Lösung heutiger Führungsaufgaben gelten und die Karawane der Management-Moden längst weiter gezogen ist, überrascht es zumindest vordergründig, dass heute sowohl in der wissenschaftlichen Diskussion als auch in der betrieblichen Praxis wieder sehr viel über ‚Führen mit Zielen' gesprochen wird." Das Führen mit Zielen bleibt ein Erfolgsmodell.*

Mit diesen Worten haben wir die erste Auflage dieses Herausgeberbands eingeleitet, die im Jahr 2001 erschienen ist. Vor dem Hintergrund einer zunehmend strategie- und zielorientierten Unternehmenssteuerung hat das „Führen mit Zielen" neun Jahre später eine neue und herausfordernde Bedeutung gewonnen. Moderne strategische Steuerungsinstrumente wie die Balanced Scorecard, die wertorientierte Unternehmensführung oder auch Six Sigma konnten nur mit einer stringenten Form der flächendeckenden Umsetzung strategischer Dimensionen auf die operativen Funktionen realisiert und transparent verfolgt werden. Konsequenz: Der Ansatz des „Führens mit Zielen" hat sich weiter etabliert und nimmt inzwischen eine ganz zentrale Stellung unter den aktuellen Managementkonzepten zur Steuerung von Unternehmen und zur entsprechenden Führung von Mitarbeitern ein. Dies heißt aber nicht, dass es zwischenzeitlich auf alle Herausforderungen, die mit dem „Führen mit Zielen" verbunden sein können, eindeutige Antworten geben würde. Mitnichten – noch immer stellt sich vielen Wissenschaftlern und Praktikern die Frage, wie eine möglichst optimale Umsetzung von zielorientierter Führung gestaltet werden sollte. Um die weitere Diskussion und den Erfahrungsaustausch anzureichern, sind wir deshalb gerne der Aufforderung nachgekommen, eine dritte, gründlich überarbeitete und aktualisierte Auflage dieses Bandes herauszugeben.

Das vorliegende Buch setzt sich zunächst mit den Grundlagen und Hintergründen des Konzeptes „Führen mit Zielen" auseinander und zeigt dann auf, wie alltagtaugliche Umsetzungsformen konkret aussehen (und auch funktionieren). Dabei liegt es im Interesse der Herausgeber, dass die Vielfalt der Beiträge als fruchtbare und bereichernde Vielstimmigkeit deutlich wird. Aufgrund der unterschiedlichen Arbeitsfelder der verschiedenen Autoren[1] (Hochschullehrer, Manager, Berater) ist es nahe liegend

---

[1] Die Ausführungen aller Autorinnen und Autoren beziehen sich gleichermaßen auf weibliche und männliche Personen, auch wenn – allein im Interesse einer besseren Lesbarkeit – darauf verzichtet wurde, jeweils explizit die weibliche und männliche Formulierung aufzunehmen.

und auch gewollt, dass die Beiträge verschiedene Schwerpunkte fokussieren und sich dem gleichen Thema durch unterschiedliche Zugänge nähern.

Im ersten Teil des Buches, überschrieben mit „Grundlagen – Konzepte – Erfahrungen", geht es um die meist theoriebezogenen Grundlagen des Führens mit Zielen, die weitgehend unabhängig von der Anwendung des Führens mit Zielen in bestimmten Branchen, Unternehmensformen und -größen oder Unternehmenskulturen zu sehen sind. Hier wird ein großer Rahmen des Führens mit Zielen sichtbar, der viele Facetten umschließt: Anwendungsebene (Mitarbeiterführung, Unternehmensführung, Selbstführung), Zwecke (Führung und Motivation, Personal- und Organisationsentwicklung, Wertschöpfung), Phasen (Konzipierung, Einführung, Evaluation) und schließlich – immer wieder, aber aus ganz unterschiedlichen Perspektiven auftauchend – operative sowie strategische Chancen und Risiken des Führens mit Zielen.

*Meinulf Kolb* bespricht die Einordnung dieses Konzepts in einen größeren Rahmen, legt die zentralen Themen und Fragen kompakt dar, akzentuiert die Grenzen und zeigt die Entwicklungstrends des Führens mit Zielen für die weitere Zukunft auf. *Markus-Oliver Schwaab* thematisiert als primäre Anwendungsfelder der Mitarbeiterführung mit Zielen die zielbezogene Entgeltgestaltung und die Personalentwicklung. Trotz ständiger Veränderungen in den Unternehmen plädiert er nachhaltig für die Anwendung dieses Führungskonzepts. *Günther Bergmann* und *Meinulf Kolb* erörtern in einem weiteren Beitrag die Bedeutung des Führens mit Zielen für die Entgeltpolitik. Sie stellen dabei grundlegende Fragestellungen vor und beschreiben Chancen, Risiken und Nebenwirkungen der (Ohn-)Macht des Geldes. *Günther Bergmann* weist anschließend auf die Erfolgsfaktoren bei der Implementierung sowie auf die Möglichkeiten der Evaluation des Führens mit Zielen hin. Er entwickelt dazu ein klar strukturiertes Praxismodell. *Petra Bernatzeder* zeigt, wie die Balanced Scorecard und das Europäische Qualitätsmodell EFQM miteinander verknüpft und als Überbau für die Mitarbeiterführung mit Zielen verwendet werden können.

Faktoren zum Gelingen oder Scheitern des Führens mit Zielen beleuchtet *Erich Karnicnik* in seinem Beitrag. Er schildert auf der Basis vielfältiger Praxiserfahrungen die Gründe, weshalb Zielprozesse in der praktischen Umsetzung häufig misslingen. *Klaus Götz* kleidet fünf sehr grundsätzliche Kritikpunkte des Führens mit Zielen in Thesenform. Er spricht sich letztlich für eine ständige kritische Reflexion aus. *Fritz Gairing* erörtert in seinem Beitrag die Möglichkeiten und Grenzen der Selbstführung mit Zielen. Dabei geht er vor allem auch der These nach, ob und inwieweit Selbstführung als Basis für Mitarbeiter- und Unternehmensführung eine zentrale Voraussetzung für das Führen mit Zielen ist. Ausgehend von der Diskussion um Boni, befasst sich *Hans-Jürgen Krieg* mit den Motiven einer variablen Vergütung, der Grundlogik eines Vergütungssystems sowie der Einbindung variabler Bestandteile. Anhand von praxisnahen Beispielen werden die vielfältigen Gestaltungsmöglichkeiten einer variablen, zielorientierten Vergütung aufgezeigt.

Insgesamt führt der erste Teil dieses Buchs zu einem deutlichen Votum für ein ziel-orientiertes Führungssystem. Aus den verschiedenen Blickwinkeln der pragmatisch gehaltenen Beiträge entsteht ein klares Plädoyer für einen „abgeklärten" und professionellen Umgang mit diesem Konzept. Diese eher grundlegenden Beiträge werden im zweiten Teil „Praxis – Beispiele – Sichtweisen" durch die Vorgehensweisen und die Anwendungserfahrungen in verschiedenen Wirtschaftszweigen, Betriebsgrößen und Organisationskulturen konkretisiert und aus unterschiedlicher professioneller Perspektive beleuchtet.

*Erwin Hartwich* beschreibt die Zielentfaltung als Managementsystem bei Bosch. Er begründet die Notwendigkeit eines stringenten Zielentfaltungsprozesses über alle Ebenen und erläutert das konkrete praktische Vorgehen. Das Führen mit Zielen als eine integrierte Strategie in einem Lernenden Unternehmen stellt *Hermann Neher* vor. Die Systematik des Führens mit Zielen schließt bei der Festo ein Beratungs- und Fördergespräch, Zielvereinbarungen auf Teamebene und ein variables leistungs-abhängiges Vergütungssystem mit ein. *Marco Wendel* beschreibt, wie im Konzern Deutsche Post DHL das Konzept zielorientierter Führung einen wesentlichen Beitrag zur gelungenen Transformation und Weiterentwicklung geleistet hat sowie weshalb und in welcher Form eine Koppelung mit dem Performance- und Talentmanagement-System vorgenommen wurde.

Über die Erfahrungen der Deutschen Rentenversicherung Rheinland-Pfalz mit dem Führen mit Zielen berichtet *Jochen Edinger*. Dabei geht er insbesondere auf die Heraus-forderungen der Zielkaskadierung und Aspekte der Information und Kommunikation ein. Ein weiteres Beispiel für das Führen mit Zielen im öffentlichen Dienst stammt von *Ralf Kleiner*. Er gibt einen differenzierten Einblick in das Leistungsorientierte Mitarbei-terInnengespräch (MAG-L) mit Zielvereinbarungen, das bei der Stadtverwaltung Konstanz erfolgreich eingesetzt wird. Wie eine zielorientierte Führung in einem mittel-ständischen Unternehmen aussehen kann, das zeigen *Willi Enderle*, *Sabine Rentschler*, *Sebastian Schiegl* und *Markus-Oliver Schwaab* auf. Vor dem Hintergrund eines ganzheit-lichen Führungsansatzes werden bei der Robert Seuffer GmbH & Co. KG ganz konse-quent verschiedene zielgerichtete Instrumente des Personalmanagements eingesetzt.

Unter welchen Bedingungen das Führen mit Zielen auch im internationalen Kontext ein praktikables Managementkonzept ist, diese Fragestellung beleuchtet *Christian Doeringer* am Beispiel Asiens. Aus der Sicht eines über Jahrzehnte hinweg betroffenen Beteiligten und ausgehend von tatsächlichen Begebenheiten schildert *Hans-Georg Dahl* im letzten Beitrag dieses Bandes differenziert seine Erfahrungen mit dem Führen mit Zielen; er spricht offen einige Ursachen dafür an, dass dieses Führungsinstrument nicht immer die Erwartungen erfüllt.

Dieses Buch ist in seiner vorliegenden Form nicht nur das Werk der Herausgeber und Autoren. Viele haben auf sehr unterschiedliche Weise – und meist hinter den Kulissen – ihren Beitrag zum Gelingen geleistet. Wir bedanken uns aus diesem Grund bei den zahlreichen Kollegen aus Wissenschaft und Praxis wie auch bei unseren Studierenden am Human Resources Competence Center (HRCC) an der Hochschule Pforzheim, die uns in einem ständigen Austausch- und Dialogprozess wertvolle Anregungen und inspirierende Perspektiven zu diesem Buch geliefert haben.

Ein ganz besonderes Dankeschön gilt Sabine Gondrom für die aufwändige und engagierte Arbeit bei der Erstellung und Redaktion des Manuskripts. Herzlichen Dank auch an Judith Mayer für das sorgfältige Korrekturlesen und Kommentieren aller Texte.

Pforzheim, im Juli 2010

Günther Bergmann      Fritz Gairing      Meinulf Kolb      Markus-Oliver Schwaab

# Inhaltsverzeichnis

## Inhaltsverzeichnis

X

# Autorenverzeichnis

*Prof. Dr. Günther Bergmann,* geb. 1953, lehrt als Professor für Personalmanagement am Human Resources Competence Center an der Hochschule Pforzheim. Er studierte an der Universität Marburg Psychologie, Soziologie und Völkerkunde und promovierte an der Universität Gießen auf dem Gebiet der Sprachpsychologie. Nach einer Tätigkeit als Management-Trainer bei AEG, Frankfurt, wechselte er als Leiter Personalentwicklung zu einer Rückversicherung nach München. Im Anschluss an diese Tätigkeit gründete er zusammen mit drei Partnern ein Beratungsinstitut für Personal- und Organisationsentwicklung, tetralog München. Seine fachlichen Schwerpunkte liegen auf den Gebieten Management Development, Kompetenzmanagement, HR Business Partner Qualifikation und Internationale Personalentwicklung.

*Dr. Petra Bernatzeder,* geb. 1956, ist Diplom-Psychologin, forschte am Max-Planck-Institut MPIP in München zum Zusammenhang von Führungsverhalten und Stressmanagement am Arbeitsplatz und zur Messung weicher Faktoren. Sie leitet seit 2002 das Beratungsunternehmen upgrade human resources (www.upgrade-hr.com). Ihre Schwerpunktgebiete sind Führungsstärke und Gesundheitskompetenz. Sie etabliert ein Employee Assistance Program EAP als Sofortberatungsdienst bei psychischen Belastungen. Sie ist Initiatorin von www.HEALTHnetworx.info und Herausgeberin der ersten Fachzeitschrift für betriebliches Gesundheitsmanagement health@work. Sie hat bereits zahlreiche Artikel und Bücher veröffentlicht. Zusätzlich ist sie als Dozentin und Mentorin an der Bayerischen Eliteakademie sowie als Dozentin an der Katholischen Universität Eichstätt zum „Master of Ethical Management" aktiv.

*Hans-Georg Dahl,* geb. 1957, ist seit 2008 Leiter der Hauptabteilung Personal und Organisation der ESWE Versorgungs AG Wiesbaden. Nach Jura-Studium (Schwerpunkt Arbeits- und Sozialrecht), Referendarzeit und Tätigkeit in der Arbeitsverwaltung wechselte er 1988 in den Dresdner-Bank-Konzern. Von 1989 bis 2003 war er dort in verschiedenen Funktionen des HR-Managements tätig. Im Anschluss daran arbeitete er bis 2007 im Gothaer Versicherungskonzern, zunächst als Leiter Personalbetreuung der Hauptverwaltung Köln, danach als Leiter Grundsatzfragen, Arbeitsrecht, Soziales. Beim Landgericht Frankfurt/Main ist Hans-Georg Dahl als Rechtsanwalt zugelassen. Seit 1995 ist Hans-Georg Dahl ehrenamtlicher Richter bei verschiedenen Arbeitsgerichten und beim Sozialgericht Wiesbaden; seit 2004 zudem Vorsitzender eines kirchlichen arbeitsrechtlichen Vermittlungsausschusses im Bistum Limburg. An der Hochschule Pforzheim ist er seit 2004 Lehrbeauftragter im MBA-Studiengang Human Resources Management & Consulting.

*Christian Doeringer*, geb. 1966, ist seit Oktober 2008 als Global Head of Talent Management bei Bombardier Transportation in Berlin tätig. Er studierte Betriebswirtschaftslehre (Schwerpunkt Personalwirtschaft) an der Hochschule Pforzheim und schloss außerdem 1994 ein MBA-Studium an der University of Louisville (USA) ab. Nach seinem Studium arbeitete er zunächst als Personalreferent in Deutschland und anschließend über elf Jahre in Personalberatungen. Davon war er neun Jahre als Talent- und Organisationsberater bei Hewitt Associates in Chicago, Peking, Guangzhou und zuletzt Kuala Lumpur tätig; zuletzt war Christian Doeringer in den jeweiligen Landesgeschäftsführungen von Hewitt Associates in China und Malaysia tätig.

*Jochen Edinger*, geb. 1968, ist Leiter des Referats Strategie, Organisationsentwicklung und Controlling in der Deutschen Rentenversicherung (DRV) Rheinland-Pfalz in Speyer. Er studierte Verwaltungswirtschaft an der Fachhochschule Mayen und betreute nach einer berufsbegleitenden Ausbildung zum Organisationskaufmann (IHK) an der Akademie Führung und Organisation zunächst im Schwerpunkt betriebsorganisatorische Aufgabenfelder. Im Kontext mit dem bei der DRV Rheinland-Pfalz initiierten Organisationsentwicklungsprozess und hieraus resultierenden Beratungs- und Betreuungsaufträgen absolvierte er ein postgraduales Master-Studium Personalentwicklung an der TU Kaiserslautern.

*Dr. Willi Enderle*, geb. 1957, ist seit September 2008 Geschäftsführer der Robert Seuffer GmbH & Co. KG. Er studierte Maschinenbau an der Universität (TH) Karlsruhe mit dem Schwerpunkt Regelungstechnik und promovierte am Lehrstuhl für Werkzeugmaschinen und Betriebstechnik. Insgesamt blickt er auf eine mehr als 20-jährige Berufserfahrung in Führungspositionen sowohl in mittelständischen Unternehmen als auch in börsennotierten Unternehmen zurück. Seine bisherigen beruflichen Stationen waren die Universität Karlsruhe, die Berger Lahr GmbH, die KSB AG und die Robert Seuffer GmbH & Co. KG.

*Prof. Dr. Fritz Gairing*, geb. 1955, lehrt und forscht als Professor für Personalmanagement am Human Resources Competence Center an der Hochschule Pforzheim. Er ist zudem visiting professor an der Universität Karlstad in Schweden. Nach dem Studium der Erziehungswissenschaften, Psychologie, Soziologie und Philosophie an der Technischen Universität Berlin und der Promotion zum Dr. phil. war er 12 Jahre in verschiedenen Fach- und Führungsfunktionen in der Daimler-Benz AG tätig. Er besitzt langjährige Erfahrungen als Trainer im Bereich Managemententwicklung sowie als Berater von Strategie- und Veränderungsprozessen. Fritz Gairing ist Autor und Co-Autor mehrerer Bücher und zahlreicher Beiträge zum Themenfeld Personal- und Organisationsentwicklung. Seine Forschungs- und Lehrschwerpunkte sind Change Management und Organisationsentwicklung, Organizational Behavior und Mikropolitik sowie Management von Komplexität und Kompliziertheit.

*Dr. Erwin Hartwich*, geb. 1937, ist seit 2001 selbstständiger Unternehmensberater. Nach praktischer Lehre als Fernmeldemonteur, dem Studium der Regelungstechnik an der Fachhochschule Bielefeld und der Technischen Universität Darmstadt und Promotion auf dem Gebiet Mensch-Maschine-Systeme war er bei Telenorma für den Bildungsbereich verantwortlich. Hier sammelte er umfangreiche Erfahrungen in der Personal- und Organisationsentwicklung sowie im Management-Training. Er hat in diesem Unternehmen auch den TQM-Prozess wesentlich mitgestaltet. 1993 wechselte er zu Bosch und war hier bis 2000 für den weltweiten Veränderungsprozess CIP zuständig. Seine Beratungsschwerpunkte sind Change Management, Policy Deployment, TQM und Business Excellence sowie Potenzialeinschätzung und Coaching von Führungskräften. Er ist außerdem Lehrbeauftragter an der Technischen Universität Kaiserslautern und an der Pädagogischen Hochschule Ludwigsburg sowie Mitherausgeber eines webbasierten Trainings „Change Management" der Führungsakademie Baden-Württemberg.

*Prof. Dr. Klaus Götz*, geb. 1957, studierte Pädagogik, Psychologie und Philosophie an den Universitäten Eichstätt, Wolverhampton, Wien und Regensburg. Zu längeren Forschungsaufenthalten weilte er in Südasien, vor allem in Bangladesh und Indien. Der Promotion in Regensburg (1989) folgte die Habilitation in Klagenfurt (1995). 2000 wurde Klaus Götz von der Universität Bremen zum Honorarprofessor und 2002 von der Universität Koblenz-Landau zum Professor ernannt. Von 1982 bis 2002 war er hauptberuflich in der Wirtschaft tätig (Personal, Bildung, Management). An der Universität Koblenz-Landau ist er seit September 2002 als Professor für Weiterbildungsforschung und -management tätig. Seine besonderen Interessensgebiete sind: Zukunftsforschung, Innovationsmanagement, Weiterbildung und Therapie, Personalentwicklung/Organisationsentwicklung, Human Resources Strategie.

*Erich Karnicnik*, geb. 1954, ist Kaufmann, Diplom-Psychologe und Senior Consultant bei der Siemens AG. Aktuell ist er zuständig für Führungsverhaltenstrainings, Beratung und Coaching. Er war von 1991 bis 2005 im Konzernstab verantwortlich für die Entwicklung und Qualitätssicherung von Führungskonzepten und Führungsinstrumenten. Er ist ausgebildeter Trainer, Coach und Berater. Vor 1991 war er in diversen Klein- und mittelständischen Unternehmen im Vertrieb sowie in Stabsabteilungen des öffentlichen Dienstes tätig.

*Ralf Kleiner*, geb. 1961, ist Diplom-Verwaltungswirt und seit 2009 stellvertretender Personalamtsleiter bei der Stadtverwaltung Konstanz. Im Anschluss an das Studium an der FHöV Kehl war er als Sachbearbeiter beim Sozial- und Jugendamt und seit 1991 beim Personalamt tätig. 2005 wurde ihm die Geschäftsstelle Personalentwicklung übertragen. In dieser Funktion ist er maßgeblich an der strategischen und operativen Implementierung von PE-Instrumenten innerhalb der Kommunalverwaltung beteiligt. Berufsbegleitend hat sich Ralf Kleiner zum Moderator und zum Personalentwickler weiterqualifiziert. Nebenberuflich ist er als Dozent an der Badischen Gemeindeverwaltungsschule tätig.

*Hans-Jürgen Krieg*, geb. 1953, ist seit 2007 Geschäftsführer der Strategie-Wirkstatt, Interims-Personalmanger und Dozent für Personalmanagement an der Hochschule Pforzheim. Nach einem Studium des Wirtschaftsingenieurwesens an der TH Karlsruhe war er als Personalreferent und Teamleiter, später als Leiter Personalkonzeptionen 14 Jahre bei der Daimler-Benz AG tätig. 1996 trat er dem Beraterteam Changework bei und war Mitgründer und Geschäftsführer des Beratungsunternehmens Move On Consult. Der Fokus seiner selbstständigen Tätigkeit lag zunächst auf der Team- und Organisationsentwicklung, später auf Veränderungsprozessen. Eine besondere Expertise besteht in der Planung und Durchführung von Großgruppenprozessen (RTSC-Konferenzen). Sein fachliches Know-how erweiterte er ab 2004 bei der Klaus Lurse Personal + Management AG im Vergütungsmanagement, in der Management-Entwicklung und in der Begleitung von Strategieprozessen.

*Prof. Dr. Meinulf Kolb*, geb. 1949, lehrt Personalmanagement am Human Resources Competence Center der Hochschule Pforzheim in den Studiengängen Personalmanagement und MBA in Human Resources Management & Consulting. Nach dem Studium der BWL und der Promotion an der Universität Mannheim war er von 1981 bis 1987 Leitender Angestellter im Ressort Personal/Arbeitswirtschaft der Villeroy & Boch, Keramische Werke AG, Mettlach/Saar. Seit 1987 ist er Professor an der Hochschule Pforzheim. Zu seinen Forschungsinteressen und Kompetenzfeldern zählen insbesondere Strategisches Personalmanagement und Personalpolitik, Personalcontrolling und Human Capital Management, Personal-Strukturen und -Prozesse sowie IT-Anwendungen im Personalbereich.

*Hermann Neher*, geb.1946, war bis Juni 2009 Human Ressourcen Manager der Festo AG & Co. KG. Nach seiner Ausbildung war er zunächst in der Versicherungswirtschaft tätig. Berufsbegleitend studierte er u.a. Betriebswirtschaft und Personalmanagement. Er hat führende Unternehmen u.a. auf den Gebieten Strategie, Human Ressourcen Management, innovatives Betriebszeitmanagement und ergebnisorientierte Vergütungen beraten. Als Dozent und Trainer ist er auf den Gebieten neue Technologien/Lean Management, Human Ressourcen Management und Personalcontrolling aktiv. Hermann Neher engagierte sich als ehrenamtlicher Arbeitsrichter sowie als Mitglied in Organen und Ausschüssen der gesetzlichen Krankenversicherung und der Arbeitsverwaltung. Themen seiner zahlreichen Projekte waren z.B. die Qualifizierung von Jugendlichen, Studienabgängern, angelernten Mitarbeitern, Fach- und Führungskräften, ein Innovationspreis, das Gesundheitsmanagement, das Management der Kompetenzen und das Management der Werttreiber. Er ist Mitglied des Aufsichtsrates eines führenden Unternehmens und beschäftigt sich mit Themen wie dynamisches Konjunkturmodell, Return on Intellectual Capital oder Kompetenzmanagement.

*Sabine Rentschler*, geb. 1970, ist seit 2004 Leiterin des Personalentwicklungsbereiches bei der Robert Seuffer GmbH & Co. KG und hat seit 2009 die Leitung des gesamten Personalbereiches übernommen. An ihre Ausbildung zur Groß- und Außenhandelskauffrau schloss sich ein Auslandsaufenthalt in den USA an. Seit 1994 ist sie für die Robert Seuffer GmbH & Co. KG in den Bereichen Export, Vertrieb, Assistenz Geschäftsführung und Personal tätig. Berufsbegleitend hat sie sich zur Betriebswirtin und Personalreferentin weiterqualifiziert.

*Sebastian Schiegl*, geb. 1969, Diplom-Grafik-Designer, gründete nach seinem Studium an der Staatlichen Akademie der Bildenden Künste Stuttgart 1998 als Geschäftsführer die schiegl gmbh, Agentur für Change Management und Design. Seine Schwerpunkte liegen im Bereich Lean Management, Change Management, Prozessoptimierung, Coaching (Top-Management bis Shopfloor) sowie interne Kommunikation. Bei nationalen und internationalen Projekten leitet er dabei innovative Veränderungsprozesse. Mit Unternehmen wie der AUDI AG, Robert Bosch Automobil Elektronik GmbH, Sumitomo Electrik Bordnetze GmbH, Robert Seuffer GmbH & Co. KG oder der Würth Elektronik GmbH & Co. KG konnten diverse nationale und internationale Awards gewonnen werden, u.a. der TOPIT QUALITY AWARD 2009, Initiativpreis Aus- und Weiterbildung DIHK 2006/2002 sowie der MUWIT AWARD 2006/2005/2002 für innovative Weiterbildung.

*Prof. Dr. Markus-Oliver Schwaab*, geb. 1964, lehrt am Human Resources Competence Center an der Hochschule Pforzheim in den Studiengängen Personalmanagement und MBA in Human Resources Management & Consulting. Nach dem Studium der Wirtschaftswissenschaften an der Universität Hohenheim war er ab 1990 in verschiedenen Personalfunktionen bei der Dresdner Bank, der Kreissparkasse Ludwigsburg und im Danone-Konzern tätig, bevor er 2000 an die Hochschule wechselte. Promoviert hat er berufsbegleitend an der Universität Koblenz-Landau. Zu seinen aktuellen Forschungs- und Beratungsschwerpunkten zählen neben dem Personalmarketing und den Personalstrategien zur erfolgreichen Bewältigung des demografischen Wandels auch die Personalauswahl, die Zeitarbeit oder die sozial verantwortliche Ausgestaltung von Reorganisationen. Markus-Oliver Schwaab gehört zu den Initiatoren des Human Resources Competence Center an der Hochschule Pforzheim.

*Marco Wendel*, geb. 1977, studierte Betriebswirtschaftslehre, Personalmanagement und Unternehmensführung an der Universität Mannheim, der Hochschule Pforzheim und der European School of Management and Technology in Berlin. Er erwarb branchenübergreifende Arbeitserfahrungen, u.a. in der Industrie, der New Economy und im asiatischen Ausland. Zuletzt verantwortete Marco Wendel im Konzern Deutsche Post DHL internationale Projekte im Bereich Konzernführungskräfte sowie den Aufbau einer Personalfunktion für die konzernweite Finanz- und Controlling-Organisation. Aktuell leitet er das Ressort Controlling/Sonderprojekte der Peek & Cloppenburg KG (Düsseldorf).

# Grundlagen - Konzepte - Erfahrungen

## Meinulf Kolb

# Führen mit Zielen – ein wiederentdecktes und bewährtes Haus- bzw. (All-)Heilmittel?!

*„Wer nicht genau weiß, wohin er will,*

*braucht sich nicht zu wundern,*

*wenn er ganz woanders ankommt."*

(Robert Mager)

Der Erfolg eines Unternehmens hängt in steigendem Maß von den Leistungen der Mitarbeiter auf allen Ebenen ab. Bei der Bewältigung der aktuellen und zukünftigen Entwicklungen und Herausforderungen besitzt somit eine zeitgemäße (Mitarbeiter-) Führung für Organisationen aller Arten und Größenordnungen eine herausragende Bedeutung. Das „Führen mit Zielen" bzw. das „Management by Objectives" rückt dabei seit einiger Zeit immer mehr ins Zentrum der alltäglichen Führungspraxis. Es soll eine einheitliche und effiziente Steuerung des Unternehmens, seiner Bereiche und der Mitarbeiter sichern und wird meistens als *vielfältig und flexibel einsetzbares Konzept ziel- bzw. ergebnisorientierter Führung* dargestellt, das dem Bedarf des Unternehmens und den Erwartungen der Mitarbeiter gleichermaßen gerecht werden kann. Die Spannweite reicht von der zielorientierten Steuerung eines gesamten Unternehmens bis hin zur Gestaltung der Führungsbeziehung zwischen Mitarbeiter und Vorgesetztem, von der Zielvereinbarung mit einzelnen Mitarbeitern – auch Führungskräften – über die Vereinbarung mit einem Team bis zur Steuerung komplexer Projekte.

Die Sichtung aktueller Literatur und Praxisberichte erweckt überwiegend den Eindruck, als sei das Führen mit Zielen ein *universelles Hausmittel*, das in seinen Wirkungen der Kamille vergleichbar scheint: „Es ist keine Übertreibung, wenn ich die Kamille als Allheilmittel ... anführe." (Treben: Gesundheit aus der Apotheke Gottes) bzw. „Man muss ... feststellen, dass man ... ihr alles zutraut. Aber gerade das schadet einer Heilpflanze mehr als es nützt und führt oft zu falscher Anwendung. Keine Heilpflanze kann gegen alle Beschwerden helfen ... Bei richtiger Dosierung ist sie ungiftig. Dennoch muss vor übermäßigem Gebrauch gewarnt werden." (Panlow: Das große Buch der Heilpflanzen).

Ziel dieses Beitrags ist es, das Führen mit Zielen in einen entwicklungsgeschichtlichen Kontext und in den Rahmen der Mitarbeiterführung einzuordnen, mit seinen wesentlichen Spielarten und Facetten im Überblick darzustellen sowie vor allem auch die Trends und kritischen Seiten zu beleuchten. Dies soll kompakt in Form eines Überblicks über das gesamte Spektrum wesentlicher Fragestellungen aus einer möglichst objektiven (und somit leidenschaftslosen) Perspektive erfolgen.

# 1 Einordnung

Das Führen mit Zielen stellt einen *betriebswirtschaftlichen Dauerbrenner* dar, der seit einiger Zeit wieder besondere Aktualität genießt. In den sechziger und siebziger Jahren war das damalige Management by Objectives eine von zwei wesentlichen alternativen Managementkonzeptionen. Ebenso wie das Management by Delegation – bzw. Harzburger Modell als „deutsche Version" – galt es als universelles amerikanisches Führungskonzept; allerdings schienen beide Konzeptionen nicht miteinander vereinbar und verlangten nach einer Entscheidung für das Eine oder das Andere.

Das *Management by Objectives* thematisierte bereits damals viele wesentliche Aspekte, die auch heute im Zentrum der Diskussion stehen (vgl. Drucker 1954; Odiorne 1965; Humble 1967; Ferguson 1973). Unterschiede zeigen sich vor allem darin, dass es bei den älteren Konzepten um Zielsetzung durch den Vorgesetzten (gegenüber Zielvereinbarung) und um die Vorstellung von einem geschlossenen und hierarchisch geordneten Zielsystem – z.B. nach dem klassischen ROI-Konzept (return on investment) – im Unternehmen ging (vgl. Bühner 1996, S. 131-133). Der letztgenannte Aspekt einer systematischen Kaskadierung von Zielen erlebt neuerdings mit der Balanced Scorecard als Unternehmenssteuerungs-Tool wieder eine Renaissance (vgl. z.B. Breisig 2004).

Mitte der achtziger Jahre betonte Locke (vgl. z.B. Locke/Latham 1984) mit seiner *Goal-Setting-Theorie* aus verhaltenswissenschaftlicher Sicht die Voraussetzungen und Anwendungsbedingungen des Führens mit Zielen, wenn es Motivationswirkungen entfalten soll: Zielspezifität (Klarheit), Priorisierung, Schwierigkeitsgrad, Kommunikation über die Ziele und Partizipation bei deren Festsetzung, Commitment des Mitarbeiters, Herausforderung, materielle Anreize sowie Feedback (vgl. auch Gebert 1995). Die unter dem Label „Motivation" mitarbeiterseitig zu erwartenden Wirkungen (Chancen) lassen sich wie folgt umschreiben: Kommunikation, Partizipation und Autonomie, Identifikation sowie zutreffendere Beurteilungen, eine neue „Arbeitskultur", gezielte Personalentwicklung und leistungsgerechte Vergütung (vgl. auch Breisig 2007).

Seit Beginn der neunziger Jahre erlebt das Führen mit Zielen eine Renaissance, die vor allem mit den folgenden neuen *Managementtrends* einhergeht: Motivationsmanagement bzw. Empowerment (vgl. Sprenger 1998 und Frey/Osterloh 2002), Change Management bzw. Organisationsentwicklung (vgl. Doppler/Lauterburg 2008 und Kraus u.a. 2006), Performance Management (vgl. Armstrong 1994; Jetter 2000) und Balanced Scorecard (vgl. Kaplan/Norton 1997). Die Wiedergeburt brachte auch den neuen Namen mit sich: „Führen mit Zielen" statt „Management by Objectives" soll deutlich machen, dass es sich um ein neues Konzept handelt, das mit dem Denken von damals – angeblich oder zumindest partiell – nur wenig zu tun hat! Neue Rollen von Führungskräften (Coach) und Mitarbeitern (Unternehmer im Unternehmen) unterstreichen das Führen mit Zielen als aktuelles Führungsparadigma.

Unverkennbar ist (auch) die Ausweitung des Führens mit Zielen auf *alle Mitarbeiter-ebenen* und auf *alle Unternehmensbereiche*. Waren es in früheren Zeiten hauptsächlich die oberen Führungskräfte und der Vertrieb, die über Ziele gesteuert wurden, so kann es heute als flächendeckendes Tool gelten, das sich durch Flexibilität und Beweg-lichkeit, durch Eigenverantwortung und Handlungsspielraum, durch die Lösung von Problemen herkömmlicher Mitarbeiterbeurteilungen sowie durch die Möglichkeit zum „Anschluss" leistungsorientierter Vergütung auszeichnet (vg. Breisig 2004).

Führen mit Zielen gilt vorrangig als ein *Konzept zur Führung von Mitarbeitern*. Das heutige breite Verständnis von Führung (und Zusammenarbeit) umfasst sachbezogene und mitarbeiterbezogene, strukturelle und interaktionelle sowie organisatorische und individuelle Seiten der Personalführung gleichermaßen. Dabei bilden Information, Kommunikation und Kooperation den interaktionellen Kern, der von Zielverein-barung, Delegation, Feedback, Entwicklung und Motivation umgeben ist (vgl. Bühner 1998, S. 29). Bei näherem Hinsehen taucht das Führen mit Zielen an verschiedenen Stellen im Gesamtkomplex der Mitarbeiterführung auf. Führen mit Zielen tangiert praktisch alle erwähnten Aspekte: Es hat wesentlich mit dem Mitarbeitergespräch und – auf der instrumentellen Ebene – mit der Stellenbeschreibung bzw. neuerdings der Aufgabenbeschreibung und mit der Mitarbeiterbeurteilung zu tun. Aufgaben und Ziele für die Zukunft werden einvernehmlich zwischen Führungskraft und Mit-arbeiter(n) besprochen; die Beurteilung und das Gespräch über die Aufgabenerfüllung sowie Zielerreichung schließen den Zyklus ab (siehe Abbildung 1).

*Ziele für Teams* anstelle von Individuen bzw. *für Projekte* stellen eine bisher eher ver-nachlässigte Seite der Thematik dar; dabei verändern sich die Verfahrensweisen kaum, allenfalls die Beteiligten sind andere.

---

*Abbildung 1: Mitarbeitergespräch als zentrales Führungsinstrument*

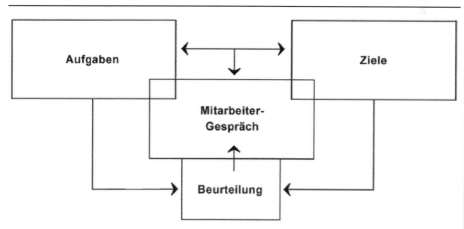

Das *Verhältnis von Delegation* (und Stellenbeschreibung) *zum Führen mit Zielen* führt immer wieder zu Missverständnissen, scheint ihm doch eine „Entweder-Oder"-Situation zugrunde zu liegen. Dem ist aber nicht so! Wunderer spricht in Zusammenhang mit dem Management by Objectives sogar von einem „zielorientierten Delegationskonzept" (vgl. Wunderer 2006, S. 230-238). Die Verknüpfung von Führen mit Zielen und Delegation drängt sich geradezu auf: Planung, Steuerung und Beurteilung von Arbeitsleistung kann über Aufgaben und über Ziele gleichermaßen erfolgen; das jeweils passende Ausmaß ist entscheidend (siehe Abbildung 2). Dabei gilt: je turbulenter die relevante Umwelt, desto eher eignet sich das dynamischere Führen mit Zielen (und daraus ergibt sich ein Problem für das Führen mit Zielen) bzw. desto höher ist der Anteil der Steuerung über Ziele; je konstanter die Bedingungen (Umfeld des Unternehmens, Organisation, Aufgaben ...), desto effizienter greift die statischere Delegation bzw. desto größer ist deren Anteil.

*Abbildung 2: Aufgaben und Ziele*

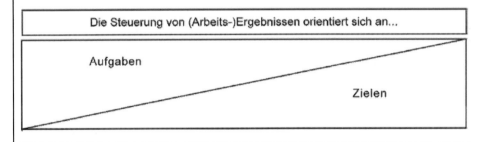

2 **Grundlagen**
===

# 2     Grundlagen

Ein **Ziel** kann verstanden werden als konkreter und spezifischer zukünftiger Zustand, der bewusst angestrebt wird – im Gegensatz zu allgemeinen Werten bzw. Leitlinien. Ziele vermitteln zwischen dem heutigen Standort und der angepeilten Vision; sie ermöglichen die Umsetzung betrieblicher Strategien in „handliche Pakete" (Meilensteine).

Ziele fördern die Verständigung und damit die *Verknüpfung verschiedener Ebenen*: Selbstführung, individuelle Mitarbeiterführung, Führung von Bereichen und von gesamten Organisationen können gleichermaßen unterstützt werden (siehe auch die Beiträge von Gairing, Schwaab und Bernatzeder in diesem Buch). Der *Prozess der Ziel-*

*bildung* läuft meist hierarchisch und zunehmend standardisiert ab: Die übergeordnete Zielbildung für das Unternehmen erfolgt – abgeleitet von der Unternehmensstrategie – in der Regel in Form von Ziel- und Strategiekonferenzen der Führungsspitze, Zielworkshops der Bereiche bzw. Teams und Zielgesprächen mit den Mitarbeitern, auch mit Projekten. Ergebnis ist dann ggf. ein Zielbaum oder ein Zielnetzwerk, die immer häufiger auch in IT-Systemen hinterlegt werden und dadurch die Gesamtschau, die zentrale Abstimmung bzw. Koordination erleichtern sowie Transparenz für die Beteiligten sichern.

Aus der Sicht der *Mitwirkung der* jeweils *Betroffenen* sind Zielvereinbarung als kooperative Variante (Partizipation) und Zielvorgabe als eher autoritäre Version zu unterscheiden; die sog. Ziel(fest)setzung bezeichnet das Verbindlichmachen von Zielen.

Mit dem Aspekt der Zielbildung und Partizipation ist die Frage der Selbst-, Mit- bzw. Fremdbestimmung der Ziele angerissen; konkret: Inwieweit und in welchen Situationen ist die generelle Forderung nach Partizipation der Betroffenen realisierbar? Ein reines Top-down-Konzept scheint ebenso wenig realistisch und zweckmäßig wie ein bloßes Bottom-up-Vorgehen oder ein aufwändiges Gegenstromverfahren. Je weiter oben man sich in der Hierarchie befindet, desto eher findet und empfiehlt sich die Vorgabe von oben, ergänzt durch Empfehlungen von unten; weiter unten in der Hierarchie herrscht die Vereinbarung der Ziele vor. Dabei erscheint es sinnvoll, eine Schnittstelle zu definieren, an der die Bottom up- und die Top down-Entwicklungsrichtungen zusammentreffen (siehe hierzu den Beitrag von Neher in diesem Buch).

An die Zielverabschiedung schließen die Zielverfolgung bzw. Umsetzung und das Zielcontrolling an. Die Visualisierung von Zwischenständen und Meilensteingespräche zeigen den Beteiligten den Stand der Dinge (Wissen über Ergebnisse). Einbindung, Transparenz, Klärung und – allgemein gesprochen – der ständige Dialog sind die wichtigsten Aspekte kooperativer Zielvereinbarung.

Aus pragmatischer Perspektive stellt die Anpassung von Zielen an geänderte Rahmenbedingungen bzw. die *Zielkorrektur* ein größeres Problem dar. Von den Extrempositionen „Wir lassen Anpassungen in der laufenden Periode generell nicht zu!" und „Anpassungen sind ein normaler Vorgang!" bis hin zu der praktisch inhaltslosen Standardforderung „Anpassungen: Nur so viele wie unbedingt nötig!" reichen die – immer bestens begründeten – Auffassungen. Eine Lösung ist kurzfristig nicht in Sicht; es gilt, weiterhin Erfahrungen zu sammeln.

Bei den *Zielarten* differenzieren und diskutieren Theorie und Praxis aus recht unterschiedlicher Perspektive. Zielbaum bzw. Zielstruktur betonen die Hierarchie von Unternehmens-, Bereichs-, Abteilungs- sowie Team- und Mitarbeiterzielen (Zielfelder). Ferner wurde bereits deutlich, dass operative Ziele meist auf langfristigen bzw. strategischen (Richt-)Zielen aufbauen, sich somit aus dem Blickwinkel der Zielreichweite unterscheiden. Aus eher inhaltlicher Sicht werden Zieltypen in vielfältiger, sich oft überschneidender Differenzierung besprochen, zum Beispiel die folgenden Varianten (vgl. Bay 1994, S. 96-105; Meier 1995, S. 101-115 und S. 124; Knicker 1996):

▣ nach den Zielarten: Leistungsziele, Verhaltensziele, persönliche Entwicklungsziele,

▣ nach den Zielkategorien: Standard-, Leistungs-, Innovationsziele und persönliche Entwicklungsziele,

▣ nach dem Zielanspruch: Erhaltungs-, Anpassungs-, Optimierungs-, Expansions- und Innovationsziele,

▣ nach der Zieldauer: Dauerziele, Periodenziele, Projektziele und situative Ziele,

▣ nach den Zielinhalten: Marktziele (Ertragsziele), Kostenziele, Gewinnziele, strukturelle Ziele (inkl. Prozessziele) und personale Ziele.

Hierher gehört auch die klassische betriebswirtschaftliche Diskussion über die *Zielbeziehungen*. Die Diskussion komplementärer (sich gegenseitig unterstützender), konfliktärer (sich gegenseitig behindernder) und indifferenter (keinen Einfluss aufeinander habender) Ziele setzt voraus, dass es sich jeweils um Ziele gleicher Wertigkeit bzw. gleicher Bedeutung handelt. Haupt- und Nebenziele besitzen demgegenüber eine unterschiedliche Wertigkeit, und im Konfliktfall hat das Hauptziel „Vorfahrt". Mit Hilfe von Ober- und Unterzielen kann eine – im Extremfall mathematisch unterlegte – Ziel-Mittel-Hierarchie aufgebaut werden, wie sie sich im klassischen ROI-Konzept darstellt. Nur: So einfach ist die Realität nicht, und alles, was sich nicht sauber quantifizieren und zuordnen lässt, findet in den Klassikern der Unternehmensführung keinen Platz. Zudem: Gänzlich andere Zielbeziehungen, die bislang eher nicht zur Gedankenwelt der Betriebswirtschaftslehre zählen, bleiben außen vor. Es sei nur auf das fernöstliche Yin-Yang-Prinzip mit seinen zwei gegensätzlich-komplementären Seiten (Yin und Yang) verwiesen, die sich gegenseitig durchdringen, ergänzen und dadurch zu gänzlich neuen Möglichkeiten und zu Ergebnissen neuer Qualität führen können – eins und eins ist dann doch nicht exakt zwei!

Neben den erwähnten kurz-, mittel- und langfristigen Zielen bzw. operativen, taktischen und strategischen Zielen hat vor allem die Unterscheidung von *quantitativen und qualitativen Zielen* eine besondere Bedeutung erlangt. Dies besonders mit Blick auf die Präzisierung der Zieldimensionen, die der klaren Formulierung von Zielen dienen soll: Zielinhalt (Was?), Zielausmaß (Wie viel? bzw. Wie gut?) und Zeitbezug (Wann bzw. Bis wann?) sowie ggf. Sinn (Wozu?). Bei den qualitativen Zielen fällt es schwer, den Zielinhalt und das Zielausmaß exakt anzugeben.

Die zuletzt angerissenen Themen verlangen letztlich nach einer *Balance* bzw. nach einem Gleichgewicht. Kobi legt dies eindrucksvoll am Beispiel dieser Dilemmata dar, bei denen ein Ausgleich zwischen Werten, Sinn und Effizienz zu finden ist: harte und weiche Faktoren, langfristige und kurzfristige Orientierung, Business- und Mitarbeiterorientierung, Struktur und Kultur, bewahren und verändern (vgl. Kobi 2008).

Aktives *Zielmanagement* meint die Verknüpfung von Denken, Fühlen und Handeln nach Zielen; es betont den Sinn (Wozu?), die Orientierung (Wohin?), die Motivation (Warum?) und die Leistung (Was?) (vgl. Bay 1994, S. 11). Dabei spielen die klassische Fragestellung „Wie erreiche ich meine Ziele?" und die moderne Orientierung „Wie trage ich zur übergeordneten Zielerreichung bei?" gleichermaßen eine wichtige Rolle.

Breiten Raum in den Seminaren und Veröffentlichungen zum Führen mit Zielen nehmen die *Anforderungen* (Gütekriterien, Essentials, Erfolgsfaktoren) *an die Mitarbeiterziele* ein. Dabei gibt es wenig Diskussion; man ist sich über die Standards weitgehend einig (siehe Abbildung 3), wenngleich der Katalog der Anforderungen häufig verkürzt in Form der sog. SMART-Regel beschrieben wird. Demzufolge sollen Ziele

- spezifisch (specific),

- messbar (measurable),

- anspruchsvoll und erreichbar (achievable),

- resultats- bzw. ergebnisbezogen (result-based) und

- terminiert (time-specific) sein.

(Dem fügt Niermeyer noch die PURE- und die CLEAR-Regeln hinzu: positive, understood, relevant, ethical sowie challenging, legal, environmentally sound, agreed, recorded; vgl. Niermeyer 2007, S. 80).

---

*Abbildung 3: Anforderungen an (Mitarbeiter)Ziele*

---

**Ziele müssen...**
- sich an den Unternehmenszielen orientieren!
- überschaubar sein, d.h. nicht mehr als drei bis fünf Ziele!
- widerspruchsfrei sein!
- beeinflussbar sein!
- präzise und verständlich formuliert werden! (Inhalt, Ausmaß, Zeitbezug)
- quantifiziert werden – wenn möglich!
- messbar bzw. beurteilbar sein!
- anspruchsvoll und realistisch sein!
- sich am Reifegrad der Mitarbeiter orientieren!
- gemeinsam vereinbart werden (Commitment)!
- schriftlich fixiert werden!
- bei Bedarf veränderbar sein!

---

In ähnlicher Weise unkritisch bezüglich konkreter Empfehlungen ist das *Führen der Zielvereinbarungsgespräche* (vgl. z.B. Bardens 1998; Nagel 1994, Teil IV-6; Proske/Reiff 2008; Müller/Brenner 2006). Checklisten zur Gesprächsvorbereitung für Mitarbeiter und Vorgesetzte, Anregungen zum Ablauf des Gesprächs, Tipps zur Formulierung von Zielen, Formblätter zum Festhalten der vereinbarten Ziele (Gesprächsprotokoll, Dokumentation) sowie Empfehlungen zur psychologischen Gesprächsführung (Gesprächsverhalten) (vgl. Neuberger 1982; Neuberger 1998; Weisbach 1997; Mentzel/ Grotzfeld/Haub 2006; Kießling-Sonntag 2002) fallen ziemlich identisch hinsichtlich der beiden Blickrichtungen aus, nämlich Rückschau mit Beurteilung und Reflexion der Zielerreichung, der Verständigung und der Zusammenarbeit sowie Vorausschau auf die kommende Periode.

Kritischer wird es bei den *Anwendungsfeldern bzw. Konsequenzen der Führung mit Zielen* für die Mitarbeiter (siehe den Beitrag von Schwaab in diesem Buch); fordern und fördern lauten die Grundprinzipien. Die Mitarbeiterentwicklung und die Entwicklung einer offenen Gesprächskultur werden noch recht einheitlich bewertet; bei der Vergabe monetärer Anreize hingegen scheiden sich die Geister.

Von der als unkritisch, teilweise sogar als unverzichtbar beurteilten Anbindung finanzieller Konsequenzen an das Führen mit Zielen bis zur radikalen Ablehnung dieses Zwecks reichen die Ansichten. Unternehmensergebnisse, Zielerreichung von Bereichen, Teams und einzelnen Mitarbeitern stellen die Ansatzpunkte dar, die zunehmend in Kombination zur leistungs- und erfolgsorientierten Vergütung herangezogen werden. Das Grundproblem wird in der folgenden Aussage deutlich: „Anspruchsvolle Ziele wirken einkommensmindernd." Hier experimentieren viele Unternehmen auf der Suche nach geeigneten modernen Vergütungskonzepten, und man sollte Schnellschüsse vermeiden (vgl. Lurse 1997; Breisig 2007); siehe hierzu auch den Beitrag von Bergmann/Kolb in diesem Buch.

Schließlich besteht auch für die *Einführung des Führens mit Zielen* in Organisationen jedweder Art inzwischen größere Klarheit, obwohl diesem Thema noch zu wenig Beachtung geschenkt wird. Der Erfolg hängt entscheidend von stimmigen Rahmenbedingungen, unternehmensspezifischer Ausgestaltung, partizipativer Einführungsstrategie und ständiger Evaluation (Controlling) ab. Auch wenn das im Einzelfall schwierig umzusetzen und langwierig sein mag, geht es doch im Endeffekt um die Entwicklung einer neuen Kultur der Zusammenarbeit (vgl. z.B. Fechtner/Taubert 1995; siehe auch den Beitrag von Bergmann in diesem Buch).

Für alle vom Führen mit Zielen im Unternehmen Betroffenen gelten auch hier zwei *Voraussetzungen*: Geschäftsleitung, Führungskräfte, Mitarbeiter und Betriebsrat müssen es (den Umgang mit Zielen) „können" (Information, Schulung, Coaching) und „wollen" (Akzeptanz, Identifikation, Begeisterung); zusätzlich ist von den Verantwortlichen zu fordern: Sie müssen es zulassen (Möglichkeit), vorleben (Vorbildfunktion) und Nachhaltigkeit sicherstellen durch ständige Evaluation und Weiterentwicklung. Für den Umsetzungsprozess empfiehlt sich das *Promotorenkonzept* der Organisationsentwicklung. Fachpromotoren (Spezialisten in Sachen Führen mit Zielen), Machtpromotoren (Geschäftsleitung und Führungskräfte), Akzeptanzpromotoren (Betroffene) und Prozesspromotoren (interne und externe Prozessberater) sollten an der Einführung beteiligt sein. Schließlich ist ein langer Atem empfehlenswert: es dauert mindestens zwei, vermutlich mehrere Jahre, bis das neu eingeführte Führen mit Zielen „sauber läuft".

# 3 Kritische Bewertung und Weiterentwicklung

Die folgende Darstellung gibt einen Überblick über die wichtigsten Punkte, auf die es beim Führen mit Zielen in *Zukunft* besonders ankommen wird (siehe Abbildung 4). Die künftig stärker zu beachtenden Fragestellungen leiten sich aus den mitunter schmerzvollen Erfahrungen der Vergangenheit, aus kritischen Punkten bzw. Risiken und aus erkennbaren Entwicklungstrends ab.

Selten thematisieren bislang Literaturbeiträge systematisch und umfassend, welchen Zielen bzw. Zwecken Führen mit Zielen überhaupt dienen soll. Zwar werden Chancen und Risiken bzw. *Grenzen* diskutiert (siehe Abbildung 5; vgl. stellvertretend Breisig 2007, S. 71-100; siehe auch den Beitrag von Götz in diesem Buch), weniger deutlich erkennbar jedoch das „Warum überhaupt?". Ein intensiver Blick auf die vorstellbaren *Zwecksetzungen* fördert ein Spektrum an Möglichkeiten zutage (siehe Abbildung 6).

---

*Abbildung 4: Trends und Schwerpunkte beim Führen mit Zielen*

---

**Führen mit Zielen hat künftig stärker zu beachten...**

- Anwendungsvoraussetzungen (Führung, Organisation, Kultur ...)
- Klarheit über die Zwecke
- Ziele und Delegation (Stellenbeschreibung) gleichzeitig
- Integration längerfristiger Ziele
- Berücksichtigung qualitativer Ziele
- Zielvorgabe (mitunter unumgehbar)
- Ziele für Gruppen/Teams
- Ziele für die indirekten (Angestellten)Bereiche
  (z. B. Logistik, Finanzbuchhaltung, IT, Personalabteilung…)
- Leistungsvereinbarungen (horizontal)
- Umfassender Gesamtrahmen: EFQM oder Balanced Scorecard
- Regelungsabrede mit Betriebsrat und/oder Gewerkschaft
- Betonung der Einführungsstrategie
- Schulung und Training bei der Einführung
- Ständige Evaluation und Controlling

---

*Abbildung 5: Grenzen des Führens mit Zielen*

---

**Führen mit Zielen hat als Risiken zu berücksichtigen…**

- Stellenspezifische Probleme bei der Operationalisierung von Zielen
- Beschränkung auf wirtschaftliche Ziele
- Fehlsteuerungen durch Orientierung an kurzfristigen und quantitativen Zielen
- Überforderung durch permanente Höchstleistungsziele („Spiel ohne Grenzen")
- Mangelnde Beeinflussbarkeit durch die Mitarbeiter
- Fehlende Autonomie bzw. Kompetenz der Mitarbeiter
- Zielvorgabe (und Zielhierarchie)
- Schwierige Situation für den Vorgesetzten („Spagat" bzw. „Kuschelkurs")
- Asymmetrische Möglichkeiten des Mitarbeiters (Hierarchie, Schulung ...)
- Anwendung nur in den oberen Etagen

Quelle: vgl. Breisig 2005

---

---

*Abbildung 6: Zwecke des Führens mit Zielen*

---

**Führen mit Zielen dient diesen Zwecken...**

**Führung**
- Selbst-Führung
- Mitarbeiter-Führung
- Team- und Bereichs-Führung
- Unternehmens-Führung (Steuerung der Leistungserstellung)

**Motivation**
- Sinn-Vermittlung
- Eigen-Verantwortung
- Materielle Anreize

**Entwicklung**
- Mitarbeiter-Entwicklung
- Unternehmens-(Kultur)-Entwicklung
- Steigerung der Wirtschaftlichkeit
- Entwicklung des Unternehmenswertes

---

Eine weitere Einschränkung liegt in dem bislang weitestgehend fehlenden *Controlling bzw. der Evaluation* des Einführungsprozesses, des Umsetzungsstands und der Erfolgsbeiträge (siehe den Beitrag von Bergmann in diesem Buch). Checklisten zur kritischen Überprüfung des Führens mit Zielen im konkreten Fall sowie Fragenkataloge zur Einschätzung des Zielvereinbarungsgesprächs oder Zielaudits, die zu quantifizierbaren Aussagen über den Reifegrad des Führens mit Zielen im Unternehmen führen („Das Führen mit Zielen ist zu 85% gut verwirklicht"), finden sich bislang eher verstreut bzw. als zaghafte Evaluationsansätze (vgl. Meier 1995, S. 126 f. und S. 136 f.; Bühner 1996, S. 141). Darauf könnten Benchmarking-Aktivitäten zum Führen mit Zielen aufbauen und zu einem Prozess kontinuierlicher Verbesserungen führen.

Aus *individualarbeitsrechtlicher Sicht* (Erforderlichkeit einer einvernehmlichen arbeitsvertraglichen Regelung, Zielvorgabe vs. Zielvereinbarung, Dokumentationspflicht, Abmahnungsmöglichkeit bei fehlender Zielerreichung sowie vielfältige Störungsmöglichkeiten, wie z.B. Krankheit) und aus *kollektivrechtlicher Perspektive* (Mitbestimmungsrechte des Betriebsrats nach §§ 87 und 94) (vgl. z.B. Deich 2005; Friedrich 2006; Baum 2007; Hinrichs 2009) respektive aus der Sicht von Betriebsräten bzw. Gewerkschaften tut sich ein zusätzliches Problemfeld auf: die Regelungen zum Führen mit Zielen in Betriebsvereinbarungen bzw. in Tarifverträgen. Dies wird im Normalfall dann zum Thema, wenn die Einführung variabler und zielbezogener Entgeltsysteme für tarifliche Arbeiter und Angestellte sowie für außertarifliche Mitarbeiter zur Diskussion steht. Neuere Flächentarifverträge, z.B. ERA im Metallbereich und der TVöD im Öffentlichen Dienst haben die kollektivrechtlichen Diskussionen stark befördert. In diesem Zusammenhang hat Breisig einen Katalog von Regelungstatbeständen vorgelegt, der als sehr weitgehend und umfassend gelten kann (siehe Abbildung 7). Er skizziert auch die gewerkschaftlichen Positionen, die mitbestimmungsrechtliche Situation und dokumentiert Praxisbeispiele abgeschlossener Verträge und Vereinbarungen (vgl. Breisig 2007, S. 101-120 und S. 163-189; siehe auch Hinrichs 2009).

---

*Abbildung 7: Regelungspunkte in Betriebsvereinbarungen bzw. Tarifverträgen*

---

**Gestaltungsmöglichkeiten/-felder in Betriebsvereinbarungen bzw. Tarifverträgen**

**können sein...**

- Zentrale Steuerung der Ziel-Bereiche (Zielarten)
- Beteiligte/einzubeziehende Bereiche bzw. Mitarbeiter-Gruppen
- Regelungen zum Zielvereinbarungsgespräch
- Regelungen zu festzulegenden Zielen (Zahl, Anforderungen, Arten ...)
- Freiwilligkeit der Zielvereinbarung
- Laufzeiten (Turnus)
- Regelung der Rahmenbedingungen
- Festlegung der Kriterien der Zielüberprüfung
  und der Folgen der Zielerreichung (vor allem Entgelt)
- Echte Vereinbarung/Konfliktlösung nach dem Prinzip der Parität
- Dokumentation der vereinbarten Ziele und Unterschriften
- Verfahren zur Zielkorrektur
- Ständige Informationsansprüche
- Überprüfung der Zielerreichung/Soll-Ist-Vergleich (Unstimmigkeiten)
- Regelungen zur Abrechnung bei Entgeltbezug (auch bei Teams)
- Nachteilsausschluss
- Datenablage/Datenschutz
- Wahlrecht für ältere Arbeitnehmer
- Schulung (Führungskräfte und Mitarbeiter)
- Auf Wunsch Hinzuziehung eines Mitglieds des Betriebsrats
- Rechte des Betriebsrats

Quelle: vgl. Breisig 2007, S. 127-162

Einen weiteren Aspekt bilden die Zielabstimmungen auf horizontaler Ebene, (d.h. zwischen Bereichen), die so genannten *Leistungsvereinbarungen bzw. service level agreements (SLA)*. Leistungsvereinbarungen und Zielvereinbarungen gehören gleichermaßen zu einem umfassenden Konzept des Führens mit Zielen (vgl. Krieg/Drebes 1996). Bezüglich der Leistungsvereinbarungen, die vor allem bei Profit-Center-Konzepten eine gewichtige Rolle spielen, besteht erheblicher Umsetzungsbedarf.

Schließlich taten sich die meisten Unternehmen mit der *Verknüpfung der Ziele über die verschiedenen Ebenen* deshalb schwer, weil ein breit angelegtes und zur Mitarbeiterführung mit Zielen kompatibles Konzept für die Leitung und Führung auf oberster Ebene bis vor kurzem fehlte. Geschäftsergebnisse (quantitative Ziele der herkömmlichen betriebswirtschaftlichen Rechnungslegung, z.B. das ROI-Konzept) wurden deutlich überbewertet, andere – vorrangig qualitative Zielinhalte – der Unternehmenssteuerung hingegen kaum berücksichtigt, so zum Beispiel die Kundenzufriedenheit, die Mitarbeiterzufriedenheit und die gesellschaftliche Verantwortung (corporate social responsibility – CSR).

An dieser Stelle kann z.B. das *Europäische Qualitätsmodell (EFQM)* weiterhelfen, das zu einer umfassenden Sicht verhilft und die einseitige Betrachtungsweise des Shareholder-Value-Ansatzes zu überwinden vermag (siehe den Beitrag von Bernatzeder in diesem Buch; vgl. Kolb/Bergmann 1997, S. 27-34). Dies gilt in ähnlicher Form auch für die aus dem Unternehmenscontrolling kommende *Balanced Scorecard*, die die Führung von Unternehmen konsequent an Visionen und Strategien ausrichten und die strategischen Ziele – über das Führen mit Zielen – herunterbrechen und kommunizieren will.

Führen mit Zielen stellt in diesem Kontext ein Schlüsselinstrument zur Umsetzung der Unternehmensstrategien dar, das dem einzelnen Mitarbeiter bzw. Team den Sinn seiner Ziele (bzw. Tätigkeit) im gesamten Kontext erschließen kann. Auch in diesem Konzept gelingt die Erweiterung der einseitigen Orientierung an vergangenheitsorientierten, finanzwirtschaftlichen Kenngrößen um die Bereiche Kunden, interne Prozesse und Mitarbeiter (siehe den Beitrag von Bernatzeder in diesem Buch; vgl. Friedag/Schmidt 1999; Neher/Kolb 2004).

Die neuen Qualitäts- bzw. Steuerungskonzepte für Unternehmen verhelfen dem Führen mit Zielen aktuell zu einer nie da gewesenen Bedeutung. In der betrieblichen Praxis lässt sich beobachten, dass das Balanced-Scorecard-Konzept seit mehreren Jahren einen rasanten Aufschwung und dementsprechende Verbreitung und Bedeutung erfährt; das trifft für das EFQM-Modell in dem Maß nicht zu, obgleich es sich geradezu aufdrängt, beide Konzepte miteinander zu verknüpfen und von den jeweiligen Stärken zu profitieren.

Resümierend lassen sich folgende *Hauptprobleme* bzw. teils unauflösbare Dilemmata des Führens mit Zielen festhalten: die Konzepte zur Gesamtsteuerung von Organisationen mit Zielen, die eher kurzfristige Orientierung an Jahreszielen, Zielvereinbarungen in indirekten Bereichen, die eingeschränkte Messbarkeit qualitativer Ziele, die manchmal nicht zu vermeidende Vorgabe von Zielen an die Mitarbeiter, die Notwendigkeit der Anpassung bei geänderten Rahmenbedingungen und die schwierige Frage der Anbindung von Vergütungsaspekten.

Führen mit Zielen hat weitreichende Bezüge zu allen wesentlichen Feldern eines *modernen Personalmanagements* (Human Resources Management) (siehe Abbildung 8; Quelle: Human Resources Competence Center der Hochschule Pforzheim 2010). Es findet seinen Niederschlag sowohl im vorgelagerten personalpolitischen und strategischen Bereich (z.B. als Führungskonzept), in den Kernbereichen der Personalbetreuung und der Personalwirtschaft (z.B. als Grundlage leistungsorientierter Entgeltgestaltung), der Mitarbeiterführung und Zusammenarbeit (z.B. als Ziel- und Leistungsvereinbarung) sowie der Personal- und Organisationsentwicklung (z.B. als Feststellung von Entwicklungsbedarf), als auch im (nachgelagerten) Personalcontrolling (z.B. als Soll-/Ist-Vergleich).

*Mein Fazit*: Führen mit Zielen ist alles Andere als ein unproblematisches Breitbandtonikum; es kann als modernes und in vielen Situationen sinnvolles sowie flexibles Führungs- und Steuerungskonzept gelten; zu berücksichtigen sind aber auf alle Fälle auch die Nebenwirkungen. Das Führen mit Zielen stellt fraglos ein aktuelles und brauchbares Managementkonzept dar, das eine neue Führungskultur anstoßen und dauerhaft bewirken kann, man muss aber die kritischen Stellen kennen und darf es nicht als Allheilmittel bei jeder Art von Problemen anwenden – Führen mit Zielen ist kein „eierlegendes Wollmilchschwein"!

> *„Wer nicht täglich*
> *seinem langfristigen Ziel näher kommt,*
> *erreicht es nie!"*
> *(Coca Cola)*

*Abbildung 8: Modernes Personalmanagement*

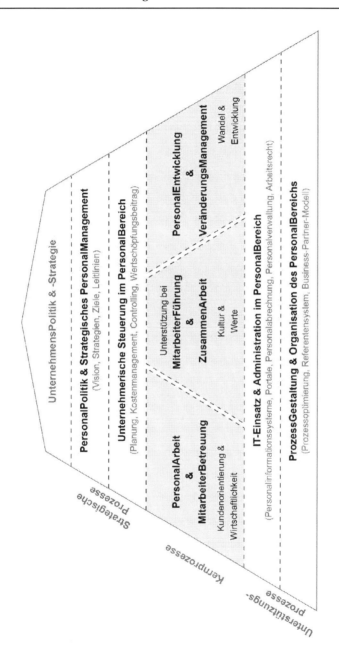

**Markus-Oliver Schwaab**

# Anwendungsfelder des Führens mit Zielen

*„Wer all seine Ziele erreicht, hat sie*

*wahrscheinlich zu niedrig gewählt."*

*(Herbert von Karajan)*

Mit Zielen kann fast überall geführt werden. Diese zugleich banale und sehr weitreichende Feststellung kann sich auf den privaten und sportlichen Bereich beziehen, gerade aber auch auf ein ökonomisches Umfeld. Während im Sport die wichtigsten Ziele regelmäßig direkt aus den Spielregeln abgeleitet werden können, hängen sie in der Wirtschaft von den speziellen Gegebenheiten ab. Zunächst wird in diesem Beitrag ein kurzer Überblick über die betrieblichen Anwendungsfelder des Führens mit Zielen gegeben, danach auf einige wesentliche Aspekte näher eingegangen. Abschließend wird genauer beleuchtet, wie sich der allgegenwärtige Wandel auf das zielbezogene Führen auswirkt.

# 1 Überblick über die Anwendungsfelder

Ziele können genutzt werden, um einzelne Mitarbeiter, Teams oder auch ganze Bereiche, Standorte oder sogar Belegschaften zu führen (vgl. Bungard 2002). Dies kann mithilfe von Leitlinien oder Grundsätzen geschehen, die den relevanten Mitarbeitern kommuniziert werden und somit eine Orientierung geben, aber auch in Form von Zielen, die spezifisch für bestimmte Mitarbeiter oder Gruppen festgelegt werden und für diese damit eine größere Verbindlichkeit erlangen. Dabei können die Ziele hinsichtlich ihrer Fristigkeit unterschieden werden. Während kurzfristige Ziele in Tagen oder maximal Monaten bemessen werden und meist einen operativen Charakter besitzen, spricht man von mittelfristigen Zielen, wenn der zeitliche Horizont zwischen 6 und 24 Monaten beträgt. Bei darüber hinaus gehenden Zeiträumen ist gewöhnlich von langfristigen Zielen die Rede. Je langfristiger ein Ziel angelegt ist, desto mehr wird damit eine strategische Ausrichtung verfolgt.

In der betrieblichen Praxis wird, obwohl dies im Prozess der betrieblichen Leistungserstellung eigentlich unbegrenzt möglich wäre, regelmäßig nur in Teilbereichen mit Hilfe von konkreten Zielen geführt, sieht man einmal von den veröffentlichten unternehmenspolitischen Leitlinien ab. Der Unternehmensleitung und den Mitarbeitern, die in leitender Stellung in markt- oder vertriebsnahen Aufgabenbereichen tätig sind, werden fast immer Ziele gesetzt. In den marktfernen Tätigkeiten ist dies dagegen deutlich seltener, wenn auch zunehmend der Fall (siehe Abbildung 1). Ein wichtiger Grund hierfür ist, dass bevorzugt Ziele ausgewählt werden, die sich direkt in Zahlen fassen oder zumindest recht einfach quantifizieren lassen. Bei Vertriebs- oder auch Produktionszielen ist dies meist ohne Weiteres möglich. Schwieriger wird es dagegen in den betrieblichen Bereichen, die überwiegend eine Unterstützungsfunktion wahrnehmen (vgl. Schröder 1996, S. 797). Bei ihrer Leistungserbringung sind sie oft auf Dienst- oder Vorleistungen anderer angewiesen und damit in weiten Teilen fremdbestimmt.

*Abbildung 1: Beispiele für Ziele im Prozess der betrieblichen Leistungserstellung*

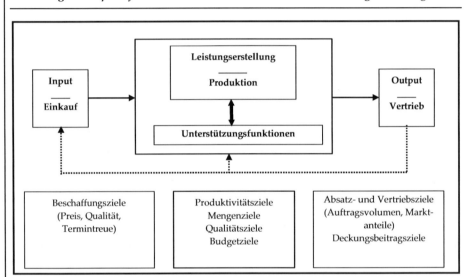

Da eine konsequente Kundenorientierung für das Überleben im Wettbewerb essenziell ist, wirken sich die Kundenwünsche über die Vertriebsziele auf die vorgeschalteten betrieblichen Ziele aus. Ein Beispiel hierfür ist das beharrliche Kostenmanagement vieler Industrieunternehmen. Wie man in der Vergangenheit besonders gut in der Automobilbranche beobachten konnte, wurden viele Zulieferbetriebe aufgrund des großen Preisdrucks gezwungen, ihre Produktionsprozesse grundlegend zu optimieren und die administrativen Funktionen zu verschlanken. Ihre Einkaufsziele mussten sie ähnlich wie ihre Kunden neu definieren; den Produktivitätsdruck gaben sie damit wiederum an ihre Lieferanten weiter. Ein weitreichender Schneeballeffekt war letztlich die Folge. Um die erforderlichen Reorganisationen zu meistern, wurde in den Unternehmen eine Vielzahl von Projekten initiiert, deren klar zielbezogener Charakter das Führen mit Zielen mehr denn je einforderte.

Das Führen mit Zielen wird in der Praxis unterschiedlich gelebt. Es reicht vom Führen mit Zielvereinbarungen bis hin zum Führen mit Zielvorgaben (vgl. Schmidt/Kleinbeck

2006, S. 4, Breisig 2007, S. 146ff.), auch wenn inzwischen eine breite Übereinstimmung dahingehend herrscht, dass ein funktionierender Zielvereinbarungsprozess die zeitgemäße, die Mitarbeiter stärker motivierende Führungskultur darstellt. Doch Vorsicht, häufig verbirgt sich hinter diesem Konzept in der Realität etwas ganz anderes, das diesen Namen eigentlich nicht mehr verdient. Es kommt ganz wesentlich auf die Art und Weise an, mit der tatsächlich geführt, genauer gesagt: informiert und kommuniziert wird. Schenkt man den Aussagen zahlreicher Praktiker Glauben, ähneln nicht wenige vermeintliche Zielvereinbarungen mehr oder weniger elegant verpackten Zielvorgaben. In einem Zeitalter, in dem vielerorts der Shareholder-Value-Ansatz noch dominiert und ausgewogene Managementkonzeptionen weniger verbreitet sind, vermag dies nicht zu überraschen. Der Ergebnisdruck und die ambitionierten Ziele der Unternehmensspitzen werden konsequent nach unten weitergegeben. Ernst gemeinte Bottom-up-Prozesse sind in diesem Kontext fehl am Platz. Auch für objektive Zielvereinbarungen, die den Besonderheiten der einzelnen Bereiche oder betroffenen Personen gerecht werden, bleibt hier nur ein stark eingeschränkter Spielraum.

In der betrieblichen Umsetzung ist das Führen mit Zielen nicht als isolierter Managementansatz zu sehen. Vielmehr wird es regelmäßig in ein System integriert, das gleichzeitig die Vergütungsgestaltung, die Leistungsbeurteilung und die Personalentwicklung beinhaltet. Das Kernelement dieses Systems stellt immer häufiger ein strukturiertes Mitarbeitergespräch dar. Neben Leistungs- und Verhaltenszielen hat es auch zum Gegenstand, wie die Mitarbeiter vom Unternehmen und ihren Vorgesetzten bei der Erreichung dieser Ziele gefördert werden können (vgl. Mentzel/Grotzfeld/Haub 2009).

Das traditionelle Führungsverständnis erfährt zunehmend Ergänzungen. Geführt wird nicht mehr nur von oben, sondern auch von unten, der Seite oder von außen! In der Tat: Mit Zielen führen nicht nur Vorgesetzte die ihnen zugeordneten Mitarbeiter. Seit Vorgesetzte von ihren Mitarbeitern ein Feedback erhalten oder sogar beurteilt werden, bilden die daraus entwickelten Zielvereinbarungen die Basis für eine verbesserte Zusammenarbeit (vgl. Nerdinger 2005). Eine besondere Art des Führens mit Zielen findet in vielen Kunden- bzw. Lieferantenbeziehungen statt, sowohl innerbetrieblich als auch die Unternehmensgrenzen überschreitend. Ausgangspunkt dafür sind immer häufiger Befragungen interner und/oder externer Kunden, moderierte Feedbackworkshops oder ein 360-Grad-Feedback (vgl. Schwaab/Frey 1999). Zahlreiche Unternehmen schreiben im Übrigen ihren Zulieferern oder den einzelnen Unternehmensbereichen bestimmte Standards vor, die so den Charakter verbindlicher Ziele erlangen.

# 2 Mitarbeiterführung mit Zielen

Klare Visionen und Ziele eines Unternehmens können zur generellen Identifikation und Motivation der Mitarbeiter beitragen. Sie sind jedoch kaum als Basis für individuelle Zielvereinbarungen mit den Mitarbeitern geeignet. Die Führungskräfte haben die anspruchsvolle Aufgabe, die übergeordneten Ziele auf die nachgelagerten Ebenen herunterzubrechen. Wichtig ist, dass die mit einzelnen Personen festgelegten Ziele wirklich in deren Einflussbereich liegen, mit den Unternehmenszielen kompatibel und von der Dimensionierung realistisch sind.

Edwin A. Locke (1968) hat mit seiner Goal-Setting-Theorie eine wissenschaftliche Basis für das Führen mit Zielen gelegt (siehe auch Locke/Latham 1984). Er zeigte auf, wie sich Ziele auf die Motivation und das Leistungsverhalten auswirken. Zugleich plädierte er dafür, die Mitarbeiter bei der Zielfindung einzubinden. Die Nähe zu einem partizipativen, kooperativen Führungsstil wird hier schon deutlich. Zu den wesentlichen Annahmen von Locke gehörte, dass Zielvereinbarungen zu einer größeren Akzeptanz der Ziele bei den Mitarbeitern führen als gleichlautende Vorgaben. Wenn die Mitarbeiter in den Prozess der Zielformulierung eingebunden werden, so ergibt sich zudem ein höheres Zielniveau als bei Vorgaben der Führungskräfte. Als Managementkonzept erlangte das Führen mit Zielvereinbarungen erst unter der Bezeichnung „Management by Objectives" einen größeren Bekanntheitsgrad.

Das Führen mit Zielen stellt erst einmal die gleichen Anforderungen an einen Vorgesetzten wie eine Führungsaufgabe ganz allgemein, da es sich hierbei um nichts anderes als eine besondere Art zu führen, um einen speziellen Führungsstil handelt. Nur wenn die Information und Kommunikation zwischen dem Vorgesetzten und seinen Mitarbeitern funktioniert, kann dieser für die Unternehmensziele Akzeptanz finden und individuelle Ziele vereinbaren. Dabei gilt, dass nur eine überzeugte Führungskraft überzeugend(e) Ziele mit den Mitarbeitern diskutieren und festlegen kann. Eine wichtige Voraussetzung für ein erfolgreiches Führen mit Zielen ist daher, dass es von oben herab vorbildlich gelebt wird.

Unabhängig davon, ob ein Ziel mit dem Mitarbeiter vereinbart oder ob es ihm im Endeffekt doch vorgegeben wird, handelt es sich immer um die Definition eines angestrebten Ergebnisses, das durch bewusst ausgerichtetes Handeln erreicht werden soll (vgl. Breisig 2007, S. 30). Entscheidendes Merkmal des Führens mit Zielen ist, dass die Art und Weise, wie dieses erreicht werden soll, offen bleibt. Das Ziel dient somit der klaren Orientierung des Mitarbeiters, belässt ihm aber die Freiheit, die aus seiner Sicht geeigneten Handlungen auszuwählen. Dies kann man als Chance ansehen, kreativ und flexibel zu sein, aus einem anderen Blickwinkel jedoch auch als Zwang, selbst Verantwortung übernehmen und Entscheidungen treffen zu müssen. Je nach Erfahrung, Qualifikation und persönlicher Reife kann so der Mitarbeiter gefordert, aber auch überfordert werden. Dessen sollten sich Führungskräfte stets bewusst sein und ihr Verhalten situativ von den Personen abhängig machen, die sie führen.

Mit Zielen kann grundsätzlich jeder Mitarbeiter geführt werden. Seitens des Mitarbeiters setzt das Führen mit Zielen jedoch ein umso höheres Abstraktionsvermögen voraus, je komplexer die formulierten Ziele bzw. je vielschichtiger die Handlungsfelder sind, deren Zusammenspiel der Mitarbeiter verstehen und beherrschen muss, um die gesteckten Ziele zu erreichen. Verbreitet ist das Führen mit Zielen vor allem bei den oberen und mittleren Führungsebenen, mit denen meist individuelle Ziele vereinbart werden. In vielen Unternehmen werden auch die in der Hierarchie weiter unten angesiedelten Führungskräfte mit Zielen gesteuert. Zum Teil trifft diese Aussage auch auf Mitarbeiter in besonders qualifizierten Referenten- oder Sachbearbeitungsfunktionen zu. Über die leistungsabhängige Gestaltung der Vergütung hat das zielbezogene Führen zudem indirekt im Produktionsbereich zahlreicher Unternehmen Einzug gehalten. Auch wenn in diesem Zusammenhang nur selten von einer auf Zielen basierenden Entgeltgestaltung die Rede ist, so verbirgt sich hinter der Prämien- oder Akkordentlohnung nichts anderes als für Mitarbeiter eines bestimmten Aufgabenbereichs vorgegebene Leistungsziele.

Wie die verschiedenen Phasen des Führens mit Zielen aussehen können, skizziert Abbildung 2.

*Abbildung 2: Phasen des Führens mit Zielen*

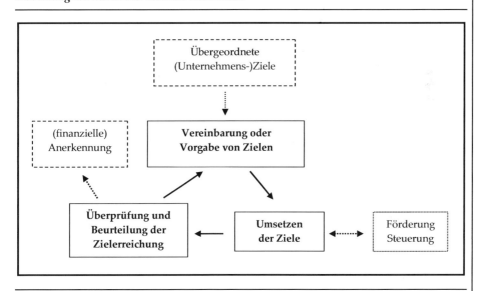

Das Führen von Mitarbeitern mit Zielen ist keine punktuelle, sondern eine kontinuierliche Aufgabe. Die Führungskräfte sind zunächst bei der Festlegung der Ziele der einzelnen Mitarbeiter gefordert, sei es im Rahmen der Gespräche, die zur Vereinbarung der Ziele zu führen sind, oder aber bei der Vorgabe der Ziele. Wichtig ist, die Erwartungen unmissverständlich zum Ausdruck zu bringen sowie die Zielerreichungsgrade klar zu definieren. Danach können sich die Mitarbeiter eigenverantwortlich auf den Weg machen, um ihre Ziele zu erreichen. Ihre Vorgesetzten sollten sie dabei aktiv begleiten, unter anderem jederzeit als Ansprechpartner für Fragen zur Verfügung stehen, aber auch z.B. gemeinsame Teil- oder Zwischenziele definieren, wenn dies dienlich ist. Voraussetzung dafür ist ein regelmäßiger Kontakt. Die erforderlichen Personalentwicklungsmaßnahmen sind so früh wie möglich in die Wege zu leiten. Insgesamt ist es die Pflicht der Führungskräfte, die Voraussetzungen dafür zu schaffen, dass die an sie berichtenden Arbeitskräfte ihre Ziele effizient verfolgen können.

Eine weitere Aufgabe der Führungskräfte ist in dieser Phase, stets den Stand der Zielerreichung im Auge zu behalten, damit sie im Bedarfsfall rechtzeitig eingreifen können. Als hilfreich haben sich in der Praxis flexible Informations- und Reportingsysteme erwiesen, die ein zeitnahes Verfolgen („tracking") der Entwicklung der realisierten Fortschritte ermöglichen. Die Führungskraft hat die Aufgabe, bei registrierten oder absehbaren Abweichungen das Gespräch mit den Mitarbeitern zu suchen. Ist man schließlich in der Phase angelangt, in der die anvisierten Ziele erreicht sein sollten, gilt es, dies zu überprüfen und davon ausgehend die gezeigte Leistung zu beurteilen. Ein entsprechendes Feedback – falls vorgesehen auch in Verbindung mit einer finanziellen Anerkennung – sollte schließlich selbstverständlich sein.

Überlegenswert ist in diesem Zusammenhang auch ein alternatives Vorgehen mit umgekehrter Rollenverteilung: Hier wird dem Mitarbeiter nicht nur die Verantwortung übertragen, das Ziel selbstständig zu verfolgen, sondern auch die, die Zielerreichung selbst zu überwachen. Wenn er absehen kann, dass er die vereinbarten Ziele erreichen wird, dann hat er weiter nichts zu tun. Nur wenn er erkennt, dass er die Ziele voraussichtlich verfehlen wird, dann muss er seinen Vorgesetzten darüber informieren, um mit ihm das weitere Vorgehen abzustimmen.

Abhängig von dem Erfahrungshintergrund und der Selbstständigkeit der Mitarbeiter ist der Vorgesetzte gefordert, mehr oder weniger stark zu steuern und zu unterstützen. Er sollte seinen Mitarbeitern mit Rat und – wenn erforderlich – auch Tat zur Seite stehen. Kurzfristig sollte er ihnen bei Bedarf zur Verfügung stehen, um gemeinsam mit ihnen Möglichkeiten zu erörtern, wie die angestrebten Ziele erreicht werden können. In Ausnahmefällen muss dann vielleicht auch eine Zielkorrektur vorgenommen werden, wenn sich die Rahmenbedingungen grundlegend verändert haben. Doch Vorsicht: Eine Zielanpassung sollte wirklich die absolute Ausnahme und nicht die Regel sein, sonst besteht die Gefahr, dass die vereinbarten Ziele nicht mehr für voll genommen werden und die Mitarbeiter sich mehr mit der Gültigkeit der Ziele als mit deren Erreichung beschäftigen.

Zielvereinbarungen, die tatsächlich gemeinsam mit den Mitarbeitern entwickelt werden, führen zu einer größeren Akzeptanz und Identifikation als reine Zielvorgaben (vgl. Koreimann 2003, S. 23). Für Letztere spricht allerdings besonders in zeitkritischen Situationen, dass die vorgelagerten Abstimmungsprozesse deutlich schlanker ausfallen. Gibt man Ziele vor, ist eine umso größere Überzeugungskraft notwendig, um die Einsatzbereitschaft der Beschäftigten zu mobilisieren. Überzeugungskraft darf dabei nicht mit Überredungskunst verwechselt werden! Nur Führungskräfte, die auf Dauer glaubwürdig sind und das Vertrauen ihrer Mitarbeiter genießen, können nachhaltig etwas bewegen.

Das Messbarmachen der Ziele ist eine besondere Herausforderung beim Führen mit Zielen. Nicht selten ist in der Praxis zu beobachten, dass sich die Führungskräfte auf Ziele „stürzen", die unmittelbar in Zahlen gefasst werden können (z.B. Umsatz, Zuwachsraten, Kosteneinsparungen). Oft bleiben dann Ziele auf der Strecke (z.B. Prozess- und Produktqualität, Führung), die einen ähnlich großen oder größeren Stellenwert im Hinblick auf das Erreichen der Unternehmensziele haben sollten. Was kann man dagegen tun? Vermeiden lassen sich solche Fehler bei der Zielfestlegung dadurch, dass zunächst nur die Aufgabengebiete ermittelt werden, die in Bezug auf das Erreichen der wichtigsten Unternehmens- oder Bereichsziele von Bedeutung sind. Erst in einem zweiten Schritt sind diese Aufgaben dann weiter zu konkretisieren und mit griffigen, so weit wie möglich quantifizierten Zielen zu versehen. Auch qualitative Ziele lassen sich dabei in vielen Fällen durchaus operational quantifizieren (Eyer/ Haussmann 2005, S. 37ff.).

Die wachsende Popularität des Führens mit Zielen hat in vielen Unternehmen bedauerlicherweise zu einer Inflation der Ziele geführt. Damit ist nicht die Größenordnung der gesteckten Ziele gemeint (die allerdings teilweise jeglichen Realitätsbezug vermissen lässt und mehr Abschreckungs- denn Motivationswirkung verbreitet), sondern die Zahl der Ziele. Immer häufiger klagen Mitarbeiter darüber, dass sie vor lauter Zielen nicht mehr wissen, welche eigentlich wichtig oder überhaupt noch von Bedeutung sind. Zu viele Ziele sind zweifellos kontraproduktiv – sie sorgen für mehr Verwirrung als der vollständige Verzicht darauf. Die Zahl sollte für die einzelnen Mitarbeiter so gering gehalten werden, dass sie sie gut überschauen können und die Ziele wirklich noch einen Orientierungscharakter haben (vgl. Kohnke 2002, S. 67). Die Prioritäten müssen dabei immer klar sein, gerade wenn nachträglich – was der Grund vieler Schwierigkeiten ist – zusätzliche Ziele hinzukommen. Ein ganzer Unternehmensbereich ist sicherlich nicht mit drei oder fünf Zielen zu führen, dennoch sollte das Festlegen weiterer Ziele gut überlegt und im Zweifel eher Zurückhaltung geübt werden. Daran ändern auch die immer umfangreicheren Informationssysteme nichts, denn was nützen die komplexesten Navigationsinstrumente, wenn deren Informationsflut den Piloten letztlich überfordert. Weber und Schäffer haben dies – bezogen auf den Balanced Scorecard-Ansatz, der sicherlich eine Entwicklung in die richtige Richtung darstellt – mit ihrer Forderung auf den Punkt gebracht: „In Deutschland geht es nicht darum, mehr Instrumente zur Steuerung hervorzuheben, sondern aus dem Wust von Instrumenten nur einige wenige erleuchtet zu lassen, die anderen jedoch abzudunkeln" (Weber/Schäffer 2000, S. 6). Entscheidend ist es, nicht viele Ziele, sondern die richtigen, zentralen Ziele zu vereinbaren! Manager mit dem Blick für das Wesentliche sind gefragt!

Nicht unterschätzt werden darf auch die Bedeutung der Integration der Ziele. Werden sie konsequent aus den zentralen Unternehmenszielen abgeleitet und sind diese widerspruchsfrei, so hält sich die Gefahr in Grenzen, dass auf den nachgeordneten Hierarchieebenen widersprüchliche Ziele festgelegt werden. Dennoch muss mit Hilfe von Abstimmungsprozessen auf den nachgelagerten Ebenen, gerade in großen Organisationen, besonders darauf geachtet werden. Werden nämlich an verschiedenen Stellen Initiativen gestartet, die in die gleiche oder entgegengesetzte Richtung gehen, bedeutet dies eine suboptimale Ressourcenallokation. Mit den Abstimmungen ist anzustreben, dass die verfolgten Ziele so weit wie möglich komplementär sind. Die geschilderten Prozesse werden umso schwieriger und damit aufwändiger, je unabhängiger voneinander die Zielformulierungen vorgenommen werden. Die intensivste Abstimmung wird bei Bottom-up-Zielfindungsprozessen erforderlich; die Vorgabe von Zielkorridoren hat sich hier als förderlich erwiesen, um die Komplexität zu reduzieren.

Die Mitarbeiterführung mit Zielen ist gerade in den zunehmend flacheren Hierarchien eine probate Führungsmethode. Die größeren Leitungsspannen verlangen von den Vorgesetzten einen effizienten, zielorientierten Führungsstil. Nur wer einerseits loslassen und Freiräume gewähren sowie andererseits die Mitarbeiter mit klaren Zielen zum eigenverantwortlichen Arbeiten anspornen kann, wird auf Dauer als Führungskraft Erfolg haben.

# 3 Zielbezogene Entgeltgestaltung

Was ist ein Entgelt? Es ist eine finanzielle Gegenleistung, die ein Mitarbeiter erhält, wenn er eine bestimmte betriebliche Aufgabe ausfüllt, die ihm übertragen wurde. Damit er sich besonders engagiert und nicht nur einen „Dienst nach Vorschrift" verrichtet, werden zusätzlich gerne Ziele festgelegt. Für den Fall, dass er diese erreicht, werden ihm dann – neben einem garantierten Grundentgelt – als Leistungsanreiz weitere, variable Vergütungsbestandteile in Aussicht gestellt (vgl. Eyer/Haussmann 2005).

Bei den Zielen kann es sich zum einen um solche handeln, die am Erfolg eines Unternehmens (oder eines bestimmten Teils von diesem) festmachen. Nachteil der daran anknüpfenden erfolgsabhängigen Entgelte ist regelmäßig, dass der einzelne Mitarbeiter seinen Beitrag zur Zielerreichung nur als den eines Zahnrads unter vielen wahrnimmt, somit kein direkter Leistungsanreiz existiert. Unbestritten ist jedoch, dass diese Form der Mitarbeiterbeteiligung wesentlich zur Stärkung der Identifikation der Beschäftigten mit ihrem Arbeitgeber beitragen kann.

Ziele können zum anderen an Größen ausgerichtet werden, die durch die einzelnen Mitarbeiter oder Gruppen direkt über ihre Leistung beeinflusst werden können. Aufgrund der unmittelbaren Möglichkeit, auf die Zielerreichung und damit die Vergütung einzuwirken, üben diese Entgeltformen einen größeren Anreiz aus, eine besondere Leistung zu bringen. Im Weiteren wird unter einer zielbezogenen Vergütungsgestaltung verstanden, dass ein Mitarbeiter in Abhängigkeit von der Erreichung individueller Ziele über das Grundentgelt hinaus ein zusätzliches Entgelt erhält. Die gruppenbezogene Betrachtungsweise wird nachfolgend nicht vertieft, jedoch lassen sich die zu einzelnen Mitarbeitern gemachten Ausführungen auf überschaubare Gruppengrößen weitgehend übertragen. Zu beachten ist dabei jedoch, dass sich die gruppeninternen Beziehungen nicht nur positiv auf die Leistung und damit die Zielerreichung auswirken können, sondern auch Konflikte möglich sind (vgl. Bungard 2002, S. 28).

Die Unternehmen verfolgen mit der zielbezogenen Vergütungsgestaltung primär die Absicht, bei den Mitarbeitern dank der „Motivationsmacht des Geldes" (Cisek 1997, S. 198) eine größere Leistungsbereitschaft zu erzielen und somit insgesamt ein höheres Leistungsniveau zu erreichen. Gleichzeitig wird eine konsequente Ausrichtung aller betrieblichen Aktivitäten an den geschäftspolitischen Zielen angestrebt. Zudem versuchen die Unternehmen aber auch, die Vergütung dahingehend zu flexibilisieren und zu differenzieren, dass nur für zielkonforme Leistungen die volle Gegenleistung des Arbeitgebers in Form der kompletten Gesamtvergütung fällig wird. Durch die Option, leistungsabhängig mehr zahlen zu können, ohne damit gleichzeitig die Fixkosten zu erhöhen, kann auch die Attraktivität am Arbeitsmarkt erhöht und im Ergebnis die Wettbewerbsfähigkeit verstärkt werden (vgl. Fischer/Steffens-Duch 1998, S. 18).

Bei der zielbezogenen Gestaltung der Vergütung liegt die Herausforderung in der Definition der richtigen Zielgrößen. Führungskräfte und Mitarbeiter tun sich schwer, „realistische, herausfordernde, jedoch nicht überfordernde Ziele" (Klaus/Schneider 1997, S. 157) miteinander zu vereinbaren. Einerseits ist ein Ziel auszuwählen, dessen Erreichung der einzelne Mitarbeiter beeinflussen kann. Andererseits muss das Ziel so festgelegt werden, dass der Einzelne es als erreichbar ansieht, es jedoch nur dann erreichen kann, wenn er bei der Erfüllung seiner Aufgaben eine besondere Leistung erbringt. Gleichzeitig gilt es, mögliche Rahmenfaktoren zu berücksichtigen, die sich auf die Zielerreichung auswirken können, ohne dass die Mitarbeiter darauf einen Einfluss haben. Nicht zuletzt sind die Führungskräfte auch unter ethischen Gesichtspunkten gefordert; sie müssen darauf achten, dass die angestrebten Ziele in dieser Hinsicht zu verantworten sind.

Mit der Frage des Einflusses eines Mitarbeiters auf das Erreichen eines Zieles ist auch die Frage der Zurechenbarkeit eng verbunden. Für die Akzeptanz der Ziele ist ebenso die Tatsache wichtig, dass das Erreichen bestimmter Ziele eindeutig einer Person zugeordnet werden kann. Es reicht nicht aus, dass ein Mitarbeiter in der Lage ist, zur Zielerreichung beizutragen. Entscheidend ist, dass er tatsächlich einen wahrnehmbaren Beitrag leistet und ihm somit ein bestimmbarer Teil der Zielerreichung zugerechnet werden kann. Dieser Teil muss der leistungsabhängigen Vergütung zugrunde gelegt werden, wenn eine leistungsgerechte Vergütung angestrebt wird.

Im Zusammenhang mit der zielbezogenen Entgeltgestaltung stellt sich immer wieder die Frage, welcher Teil der Leistung bereits mit dem Grundentgelt abgedeckt wird. Schließlich wird diese Vergütung in der Regel dafür gezahlt, dass ein Mitarbeiter eine bestimmte Funktion zuverlässig ausfüllt und eine Grundleistung erbringt, nicht schon dafür, dass er zur Arbeit erscheint.

Der Zusammenhang zwischen der Zielerreichung oder dem Grad der Zielerreichung und den finanziellen Konsequenzen sollte eindeutig formuliert werden. Wird dies vernachlässigt, kann der motivierende Charakter des Führens mit Zielen nachträglich zu einem frustrierenden werden. Während diese klaren Verhältnisse bei der bereits erwähnten Prämien- und Akkordentlohnung qua System regelmäßig gegeben sind, muss dies bei individuellen Formen der Zielfestlegung durch eine klare, objektiv nachzuvollziehende Absprache und eine saubere Dokumentation erst sichergestellt werden. Ein formalisiertes, unternehmenseinheitliches Vorgehen bietet sich an.

Eine Gefahr bei der zielbezogenen Gestaltung der Vergütung besteht darin, dass die Mitarbeiter bei Zielvereinbarungen eine indirekte Optimierung ihrer Einkünfte anstreben. Das Vereinbaren der Ziele und der verschiedenen Zielerreichungsgrade entspricht dann eher einer Verhandlung. Hinter vorgehaltener Hand sprechen Führungskräfte teils belustigt, teils reichlich desillusioniert sogar von einem „Zielbasar". Während die Mitarbeiter moderate und gut zu erreichende Ziele anstreben, ist es meist im Interesse der Vorgesetzten, möglichst anspruchsvolle Ziele festzulegen, um so gute Voraussetzungen für das Erreichen ihrer eigenen Ziele zu schaffen. In diesem Kontext ist ebenfalls auf ein Phänomen hinzuweisen, das insbesondere in Vertriebsbereichen anzutreffen ist. Gerne wird bei der Formulierung der Ziele für die Folgeperiode auf die erreichten Ergebnisse der jeweiligen Mitarbeiter im letzten Zeitraum abgestellt. Aus Sicht des einzelnen Mitarbeiters besteht die Gefahr, dass überragende Ergebnisse in der Vergangenheit zu entsprechend hohen Erwartungen des Arbeitgebers hinsichtlich der Basisleistung in der Zukunft führen. Finanziell betrachtet kann eine mit einer hohen Anerkennungsprämie verbundene Leistung so eine Hypothek für zukünftige Zusatzentgelte darstellen. Es verwundert nicht, dass sich diese Tatsache bei wirtschaftlich denkenden Mitarbeitern alles andere als leistungsfördernd auswirkt, sondern zu taktischen Überlegungen führt. So absurd es auch klingen mag: Spitzenleistungen werden durch manch ein zielbezogenes Entgeltsystem verhindert, nicht unterstützt!

# 4 Personalentwicklung mit Zielen

In der Personalentwicklung gibt es zwei Dimensionen des Führens mit Zielen. Die Personalentwicklung hat zunächst aus Unternehmenssicht die Aufgabe, die Mitarbeiter dabei zu unterstützen, die mit ihnen vereinbarten Ziele und damit indirekt die Unternehmensziele zu erreichen. Dabei kann es sich einerseits um langfristige, perspektivische Ziele handeln. Genauso kann es aber auch sein, dass im Zentrum des Interesses die Beseitigung von akuten Defiziten steht, die aufgrund von neu definierten Geschäftszielen oder von existierenden Zielabweichungen offenkundig geworden sind. Meist ergeben sich Ansatzpunkte für entsprechende Aktivitäten im direkten Kontakt zwischen den Führungskräften und ihren Mitarbeitern.

Um die Voraussetzungen für das Erreichen der individuellen und unternehmerischen Ziele zu schaffen, werden von den PE-Verantwortlichen Qualifizierungsmaßnahmen oder auch laufbahn- und karrierebezogene Entwicklungsschritte in die Wege geleitet. Dabei setzt die Personalentwicklung auf spezifische Ziele, auf die nachfolgend näher eingegangen wird. Diese Ziele haben alle eines gemeinsam: Sie motivieren die Mitarbeiter, sich für die eigene Weiterentwicklung und damit indirekt für die Zukunft ihres Unternehmens zu engagieren.

Wird bei einem Mitarbeiter ein Qualifikationsdefizit und daran anknüpfend ein individueller Entwicklungs- oder Bildungsbedarf festgestellt, so ist es noch lange nicht ausreichend, anschließend eine passende Fortbildungsmaßnahme zu initiieren und durchzuführen. Erst der erfolgreiche Transfer der im Lernfeld vermittelten Kenntnisse, Fertigkeiten oder Fähigkeiten ins Funktionsfeld zeichnet eine gelungene Qualifizierung aus. Damit es zu diesem Transfer kommt, kann der Vorgesetzte des Mitarbeiters einen wesentlichen Beitrag leisten, indem er mit ihm unter anderem konkrete Ziele für die vorgesehene Fortbildungsmaßnahme und für die anschließende Umsetzung der vermittelten Inhalte vereinbart (vgl. Schwaab 2002, S. 62, 71). Es hat sich als motivierend und transferunterstützend erwiesen, neben entsprechenden vorbereitenden Gesprächen kurze Zeit nach der Maßnahme auch nachbereitende Gespräche zu führen. Dabei können auftretende Transferwiderstände und Möglichkeiten ihrer Überwindung diskutiert sowie arbeitsplatzbezogene Ziele für die Umsetzung der Lerninhalte gemeinsam festgelegt werden. Diese Zielvereinbarungen sind – in Kombination mit verbindlichen zeitlichen Absprachen – besonders gut geeignet, um die gewünschten dauerhaften Veränderungen zu erreichen.

In der Praxis ist der eben beschriebene Fortbildungsprozess allerdings häufig nicht in dieser – unter Transfergesichtspunkten empfehlenswerten – Form anzutreffen. Improvisation ist vielerorts an der Tagesordnung. Die unvorbereitete Übernahme einer neuen Aufgabe und das Training on the (new) job nehmen einen immer breiteren Raum ein, vor allem in schnell wachsenden oder sich stark verändernden Organisationen. Das Führen der Mitarbeiter mit dem vorgegebenen Ziel, die „neuen Herausforderungen" so schnell wie möglich „in den Griff" zu bekommen, nimmt zu. Dies bedeutet nichts anderes, als dass (pointiert formuliert) immer mehr Mitarbeiter ihrem eigenen Schicksal überlassen werden – es ist zunächst ihre Angelegenheit, sich die notwendige Qualifikation anzueignen; man ist versucht zu sagen: „egal wie". Vor dieser Form des Führens mit Zielen ist allerdings zu warnen. Sie mag sich vielleicht kurzfristig nicht nachteilig auf den Unternehmenserfolg auswirken, auf Dauer ist es jedoch aus betrieblicher Sicht äußerst bedenklich, sich voll und ganz auf das Engagement und das Improvisationsvermögen der Mitarbeiter zu verlassen. Der strategischen Bedeutung der Qualifikation von Mitarbeitern, die sich nicht zuletzt im EFQM-Modell und dem Balanced Scorecard-Ansatz niedergeschlagen hat, kann man so auf keinen Fall gerecht werden. Den Bemühungen eines internen oder externen Personalmarketing erweist man zugleich einen Bärendienst, denn qualifizierte Mitarbeiter erwarten von ihrem Arbeitgeber, dass er zugleich in die gemeinsame Zukunft und in ihre Employability investiert.

In zahlreichen Unternehmen werden kurz-, mittel- und langfristige Planungen hinsichtlich zukünftiger Nachfolgeregelungen oder anderer Neubesetzungen aufgestellt. In diese Überlegungen fließen gewöhnlich die Ergebnisse von Mitarbeitergesprächen und Potenzialeinschätzungen ein. Oft werden bei diesen Gelegenheiten mit den Beschäftigten die Entwicklungsperspektiven und damit zusammenhängende (Zwischen-)Ziele besprochen. Genaue Aus- oder Zusagen hinsichtlich zukünftiger Funktionen sind allerdings umso schwieriger und seitens des Arbeitgebers meist auch umso weniger gewollt, je weiter entfernt der Planungshorizont ist; denn schließlich sind damit auch immer Erwartungen (und möglicherweise spätere Enttäuschungen) verbunden. Je näher der nächste Entwicklungsschritt rückt, desto konkreter werden allerdings die Planungen, desto offener wird darüber auch mit den tangierten Mitarbeitern und ihrem Umfeld kommuniziert.

Trotz aller planerischen Schwierigkeiten ist es wichtig, den Mitarbeitern eine realistische Perspektive und schlüssige Entwicklungsschritte aufzuzeigen. Das Vereinbaren laufbahn- und karrierebezogener Ziele ist für die Motivation vieler Beschäftigten von großer Bedeutung, die sich – vor dem Hintergrund ganz unterschiedlicher Interessenlagen (vgl. Berthel/Becker 2007, S. 313f.) – beruflich weiterentwickeln wollen. Gleichzeitig wird mit einem solchen Engagement in der Personalentwicklung eine wichtige Voraussetzung für ein funktionierendes internes Personalmarketing geschaffen, das wiederum auf den externen Arbeitsmarkt ausstrahlt und die Rekrutierungsmöglichkeiten verbessert.

Die Ziele, die den beruflichen Werdegang betreffen, sind regelmäßig langfristiger angelegt als diejenigen, die sich auf das Aneignen, den Erhalt oder den Ausbau einer bestimmten Qualifikation beziehen. Zwischen den beiden Zielarten besteht dennoch ein enger Zusammenhang, da die Übernahme einer weiterführenden beruflichen Aufgabe üblicherweise mit erweiterten oder veränderten beruflichen Anforderungen verbunden ist, somit einen Qualifikationsbedarf mit sich bringt. Aus den Karrierezielen lassen sich so im Regelfall konkrete Qualifizierungsziele ableiten.

Auf einen eigentlich selbstverständlichen Aspekt sei abschließend aufgrund von Beobachtungen des Autors in der betrieblichen Praxis besonders hingewiesen. Es macht streng genommen nur dann auf Dauer Sinn, mit den Mitarbeitern Laufbahnziele zu fixieren und weiterführende Personalentwicklungsmaßnahmen zu initiieren, wenn das personalpolitische Ziel vorhanden ist und entschlossen verfolgt wird, Vakanzen so weit wie möglich aus den eigenen Reihen zu besetzen. Sieht die Realität der Personalbesetzungen aber anders aus, werden bei den Mitarbeitern nur falsche Erwartungen geweckt und die Personalentwicklungs-Budgets alles andere als zielführend eingesetzt. Auch hier zeigt sich: Das Führen mit Zielen setzt voraus, dass man sich der Konsequenzen und Tragweite der Ziele wirklich bewusst ist.

# 5 Ziele im ständigen Wandel

Ziele leben davon, dass sie von allen Seiten als verbindlich und glaubwürdig angesehen werden. Kurzum: Auf Ziele muss man sich verlassen können. So groß die Zustimmung zu dieser Aussage auch sein mag, so schwierig ist es jedoch, diesem Anspruch in Zeiten gerecht zu werden, in denen „organisatorischer Wandel zur Konstanten geworden" (Scholz 2000, S. 15) ist und immer mehr in virtuellen Organisationen gedacht wird.

Die Zahl der Vorgesetztenwechsel, Versetzungen, Reorganisationen und geschäftspolitischen Neuausrichtungen hat in der Tat beachtlich zugenommen. Damit stellt sich aber immer auch die Frage, welche Gültigkeit die mit einem Mitarbeiter vereinbarten Ziele unter diesen Vorzeichen noch haben. Man stelle sich vor, bei der Tour de France werde den Fahrern nach zwei Dritteln einer langen Flachetappe überraschend mitgeteilt, dass aus organisatorischen Gründen entgegen der Planung noch zwei Alpenpässe zu bewältigen seien. Oder ein ausgewiesener Bergspezialist würde bei dieser Gelegenheit angewiesen, vertretungsweise als Sprinter die Etappe für sein Team zu gewinnen oder gar das Trikot eines anderen Rennstalls vorübergehend überzustreifen. Was im Sport nur allgemeines Kopfschütteln auslösen würde, ist in der betrieblichen Praxis häufig bittere Realität. Ungeplante Zusatzaufträge und Projekte, die „nebenbei" bewältigt werden dürfen, sind mehr die Regel denn die Ausnahme; kaum eine Abteilung oder Arbeitsgruppe beendet das Jahr in der Zusammensetzung, in der sie es begonnen hat. Dennoch werden munter weiter Ziele vereinbart, stets mit der Annahme, dass alles Bestand hat. Macht es aber unter den beschriebenen Bedingungen überhaupt noch Sinn, Ziele zu vereinbaren? In der traditionell am meisten verbreiteten Form sicherlich nicht, denn die Anfang eines Jahres vereinbarten Ziele sind in vielen Fällen schon bald überholt. Oft sind Ziele, die zuvor viel diskutiert und akribisch festgelegt wurden, bereits nach wenigen Wochen oder Monaten kaum mehr das Papier wert, auf dem sie stehen.

Diese ernüchternde Erkenntnis darf jedoch nicht zum Verzicht auf das Führen mit Zielen führen! Ein viel versprechender Ansatz, um negative Auswirkungen ständiger Veränderungen zu vermeiden, könnte der Abschied vom starren, einmal jährlich stattfindenden Zielvereinbarungsprozess sein. Stattdessen sollte eine konsequente Synchronisierung der Zielvereinbarungen und der Aufgabenzyklen angestrebt werden. Die einzelnen Ziele sollten immer auf die Zeiträume abgestimmt sein, in denen eine bestimmte Aufgabe klar abgegrenzt werden kann. Es sollte sich eine Zielvereinbarungskultur durchsetzen, die sich eng an der orientiert, die schon heute in vielen Unternehmen beim Festlegen von Projektzielen existiert. Zu kurzfristigen Zielen mit einer Planungsreichweite von wenigen Monaten (z.B. erfolgreiche Durchführung einer wichtigen Kundenveranstaltung) könnten sich so durchaus auch mehrjährige Ziele (z.B. Aufbau einer neuen Niederlassung) gesellen. Mehrere, mit unterschiedlichen Zeithorizonten versehene Ziele wären von einem Mitarbeiter im Rahmen der ihm zur Verfügung stehenden Kapazitäten parallel zu verfolgen. Eine leistungsbezogene Vergütung müsste konsequenterweise ebenfalls an diesen Aufgaben festgemacht werden, von der jahresbezogenen Betrachtungsweise wäre auf eine „verursachungsgerechtere" Vergütung überzugehen, um besondere Leistungen zeitnah anerkennen zu können, was auch unter Motivationsgesichtspunkten zu empfehlen ist.

Die geforderte Neuausrichtung des Zielvereinbarungsprozesses sollte primär in den Bereichen und für die Mitarbeiter greifen, die dem ständigen Wandel unterschiedlichster Art verstärkt ausgesetzt sind. Entbehrlich erscheint sie noch dort, wo von einer größeren Kontinuität ausgegangen werden kann, auch wenn hier ebenfalls vieles dafür spricht, zeitlich besser auf die Aufgaben abgestimmte Ziele festzulegen.

Bei einem Führungskräftewechsel oder bei Reorganisationen (oft findet beides ja gleichzeitig statt) ist darauf zu achten, dass die bereits existierenden Ziele überprüft und, wenn erforderlich, angepasst werden. Soweit möglich, sollte zwischen eventuell ausscheidenden Vorgesetzten und ihren Mitarbeitern ein abschließendes Gespräch geführt werden, um die aktuelle Zielerreichung festzuhalten. Gerade wenn mit den Zielen finanzielle Anreize verknüpft sind, ist dies unbedingt einzufordern, da sonst in vielen Fällen keine transparente Basis für das vielleicht zu zahlende leistungsabhängige Entgelt vorhanden ist. Findet das Gespräch nicht statt oder wird es nicht dokumentiert, mündet das Führen mit Zielen häufig in wenig fruchtbare Diskussionen, wenn der Mitarbeiter später seine Rechte geltend macht. Der Arbeitgeber hat dann oft nur noch die Wahl zwischen zwei unbefriedigenden Alternativen: 1. Die Forderungen des Mitarbeiters zurückzuweisen und dessen Frustration (oder sogar mehr) zu riskieren, 2. Auf die Forderungen des Mitarbeiters einzugehen, ohne überhaupt zu wissen, inwieweit diese tatsächlich gerechtfertigt sind.

Die Fusionen und Reorganisationen zahlreicher Unternehmen bedeuten, dass verschiedene Führungs- und Zielkulturen zusammentreffen. Für involvierte Personalmanager kann dies die ganze Bandbreite von der partizipativen Zielvereinbarung bis zur direktiven Zielvorgabe bedeuten. Besonders international betrachtet stellt es keine geringe Herausforderung dar, verschiedene Kulturen zu integrieren oder zumindest kompatibel zu machen. Gleichzeitig bieten diese fundamentalen Veränderungen immer auch die Chance, ganz neue Orientierungspunkte für alle Betroffenen einzuführen (vgl. Schwaab 2003, S. 168). Wird ein solcher Prozess gut gemanagt, kann der Abschied von vielleicht vorhandenen defizitären Führungsmethoden eingeleitet und ein breit akzeptiertes Instrument zum Führen mit Zielen etabliert werden.

Die angesprochenen Fusionen und Reorganisationen wirken sich auch massiv auf die Personalpolitik der Unternehmen und die berufliche Entwicklung vieler Mitarbeiter aus. Konnte lange Zeit von einer gewissen Kontinuität ausgegangen und konnten die Laufbahn- und Karriereziele entsprechend ausgerichtet werden, so ist heute Flexibilität in jeder Hinsicht gefragt. Wo früher eine Hand voll Szenarien als Planungsgrundlage ausreichte, muss heute eine Vielzahl von Handlungsalternativen bedacht werden. Die einzelnen Mitarbeiter können sich nicht mehr darauf verlassen, dass ein von ihnen ausgewählter Arbeitgeber bei guten Leistungen einen lebenslangen Arbeitsplatz bieten wird. Sie selbst müssen dafür sorgen, dass sie mit ihrer Qualifikation immer den Anforderungen genügen können und damit beschäftigungsfähig bleiben (vgl. Schwaab 2009, S. 35). Wollen sie sich beruflich weiterentwickeln, so müssen sie angesichts der wachsenden Zahl der Unternehmensverschmelzungen und der flacheren Hierarchien auch zunehmend bereit sein, unternehmensübergreifend zu denken. Der Einzelne muss sich mehr als zuvor um seine Zukunft kümmern. Mehr denn je muss er sich dazu seiner persönlichen Ziele bewusst sein. Der berufliche Aufstieg durch einen Arbeitgeberwechsel wird zur Normalität, blinde Loyalität kann jedoch in die Sackgasse führen.

Die Werthaltungen, wie sie sich in Deutschland bis heute herausgebildet haben, sind von einer nicht zu unterschätzenden Bedeutung für das Führen mit Zielen. Der Leistungsgedanke, der zwischenzeitlich etwas ins Abseits geraten war, erfreut sich jetzt wieder einer breiteren Zustimmung (vgl. Opaschowski 2006, S. 452). Die Arbeit soll daneben auch Spaß machen. Mit dem, was man beruflich tut, will man sich zudem identifizieren und ein Stück weit selbst verwirklichen können. Vor diesem Hintergrund wird deutlich, dass das Führen mit Zielen auf einen guten Nährboden stößt. Um die emanzipierten Mitarbeiter zu motivieren, kann der Weg jedoch nur über das Vereinbaren und nicht über die Vorgabe von Zielen führen.

Auch wenn der berufliche Erfolg von vielen Personen als ein zentrales Lebensziel gesehen wird, so gibt es andere Ziele im privaten Umfeld, die ebenfalls einen großen Stellenwert hinsichtlich der Lebensqualität haben. Partnerschaft, Familie, Freizeit, Sportverein oder gesellschaftliche Verpflichtungen – in vielen Bereichen verfolgen Mitarbeiter persönliche Ziele, die teilweise mit den beruflichen konkurrieren oder sogar im Konflikt stehen. Besonders die in mancherlei Hinsicht erwartete Flexibilität zwingt die Mitarbeiter immer häufiger zu Kompromissen zulasten des Privatlebens. Die Zahl der Wochenendbeziehungen nimmt beispielsweise zu. Viele Vereinstermine können aufgrund längerer Ladenöffnungszeiten, flexibler Arbeitszeiten oder wechselnder Einsatzorte nicht oder nur noch eingeschränkt wahrgenommen werden. Aufgabe des Vorgesetzten, der seine Mitarbeiter sowohl mit Zielen als auch wertschätzend führen will, ist es, Verständnis für deren unterschiedliche Ambitionen aufzubringen, sie aber zugleich für die betrieblichen Ziele zu gewinnen.

Ein weiterer Aspekt, der die Ziele der Unternehmen tangiert, hat in den letzten Jahren deutlich an Bedeutung gewonnen. Die Forderungen – und damit auch der öffentliche Druck – haben zugenommen, wonach Unternehmen ihrer sozialen Verantwortung in der Gesellschaft dadurch gerecht werden sollten, dass sie sich auch für das Gemeinwohl einsetzen und den moralischen Verpflichtungen nachkommen, die sie gegenüber ihren Beschäftigten und anderen Interessengruppen haben (vgl. Heidbrink 2008). Immer mehr Unternehmen sind sich ihrer Corporate Social Responsibility bewusst. Nicht nur die Global Reporting Initiative hat dazu geführt, dass eine wachsende Zahl von Organisationen regelmäßig Nachhaltigkeitsberichte erstattet (vgl. Global Reporting Initiative 2010). Die Indikatoren, auf die dort eingegangen wird (vgl. z.B. Henle 2008), sorgen dafür, dass die damit verbundenen Ziele aufgrund der größeren Transparenz eine höhere Verbindlichkeit erlangen als dies zuvor der Fall war. Dies schlägt sich konsequenterweise auch in den Zielen nieder, die von den Unternehmensleitungen ausgegeben und von den Führungskräften mit ihren Mitarbeitern vereinbart werden.

# 6 Führen mit Zielen - anwenden oder verzichten?

Das Führen mit Zielen ist sicherlich kein Allheilmittel. Bei unzweckmäßiger Ausgestaltung kann damit auch mehr Schaden angerichtet werden, als Nutzen zu erwarten ist. Trotzdem sollte man Führungskräften Mut machen, mit dieser Führungsmethode zu arbeiten, und sie seitens des Personalmanagements bei deren Einführung und Umsetzung aktiv unterstützen, wenn erforderlich auch mit entsprechenden Fortbildungs- und Coachingmaßnahmen. Denn eines ist sicher: Der Nutzen des Führens mit Zielen, der für alle Beteiligten bei Beachtung der zentralen Grundregeln möglich ist (siehe Abbildung 3), übersteigt bei weitem die Kosten, die für die Implementierung und die kontinuierliche Realisierung zu veranschlagen sind (vgl. Hoch/Wegge/Schmidt 2009, S. 312).

*Abbildung 3: Nutzen der Mitarbeiterführung mit Zielen*

| Mitarbeiter | Führungskraft | Unternehmen |
|---|---|---|
| • Mehr Eigenverantwortung<br><br>• Kreative Freiräume, somit mehr Möglichkeiten zur Selbstverwirklichung<br><br>• Größerer Leistungsanreiz<br><br>• Größere Wertschätzung<br><br>• Klare, dokumentierte Orientierungsgrößen und Bewertungskriterien<br><br>• Eindeutige Prioritäten, mögliche Zielkonflikte werden eher erkannt<br><br>• Basis für Laufbahn-, Karriere- und Qualifikationsziele<br><br>• Insgesamt bessere Qualität der Führung und Zusammenarbeit | • Schlankerer Führungsstil mit weniger Kontrollaufwand<br><br>• Mehr Freiräume für situatives Führen der Mitarbeiter<br><br>• Offenere Kommunikation über erwartete Leistungen<br><br>• Transparenz der Zielerreichung<br><br>• Klare Beurteilungsbasis für leistungsabhängige Entgelte<br><br>• Versachlichung der Beurteilungsgespräche | • Klare Ausrichtung aller Mitarbeiter an den Unternehmenszielen<br><br>• Verknüpfung der Ziele des Unternehmens mit der Leistungsbereitschaft der Mitarbeiter<br><br>• Mitarbeiterpotenziale werden durch höhere Motivation und Leistungsbereitschaft besser genutzt<br><br>• Intensivierung des Austauschs zwischen Führungskräften und Mitarbeitern<br><br>• Führungs- und Informationsprozesse werden systematisiert<br><br>• Flexiblere Entgeltstrukturen<br><br>• Ausgangspunkt für eine verbesserte Personalentwicklungsplanung<br><br>• Insgesamt Steigerung der Wettbewerbsfähigkeit |

Wichtig ist für Vorgesetzte, die für das Führen mit Zielen gewonnen werden sollen, dass sie damit selbst positive Erfahrungen gesammelt haben. Einmal mehr sind die obersten Führungsebenen aufgefordert, ein überzeugendes Vorbild zu geben und andere mitzureißen. Werden dagegen in den Chefetagen Alibi-Zielvereinbarungen getroffen oder wirken sich dort unterschiedliche Zielerreichungsgrade nicht aus, so darf niemand überrascht sein, wenn auf den unteren Führungsebenen das zielbezogene Führen wenig Akzeptanz findet oder nur inkonsequent umgesetzt wird.

Vereinbarte Ziele sind die besseren Ziele! Heißt das, dass vorgegebene Ziele schlechte oder gar unbrauchbare Ziele sind? Mitnichten. Es gibt immer wieder Situationen im beruflichen Umfeld, die keine Zielvereinbarungen zulassen und eindeutige Zielvorgaben notwendig machen. Häufig sind zeitliche Aspekte hierfür ausschlaggebend, weil ein zügiges Handeln gefragt ist und keine Zeit für Abstimmungsprozesse zur Verfügung steht. Außerdem sind bahnbrechende Veränderungen in bestimmten Fällen auch nur dann auf den Weg zu bringen, wenn eine Führungskraft, die das Vertrauen der Mitarbeiter genießt, entschlossen Ziele vorgibt. Zielvereinbarungen sind also zweifelsohne wünschenswert, doch unter bestimmten Umständen muss das Führen mit Zielen ein Führen mit Zielvorgaben sein.

## Günther Bergmann & Meinulf Kolb

# Führen mit Zielen –
# die (Ohn-)Macht des Geldes

*„Der Rückgriff auf selbstregulierende Anreizsysteme*

*ist der Offenbarungseid der Führungskraft."*

(Reinhard K. Sprenger)

In fast allen Unternehmen, die mit Zielvereinbarungen arbeiten, ist die Zielerreichung mit einem variablen Vergütungssystem verknüpft (vgl. Eyer/Haussmann 2005; Femppel/Böhm 2007). Dieses besteht in der Regel aus einem *leistungs- und einem erfolgsabhängigen Anteil*. Unter dem leistungsabhängigen Anteil versteht man diejenigen variablen Vergütungsbestandteile, die in Abhängigkeit von der Team- oder Gruppenleistung oder unter Bezug auf die individuelle Leistung, dem Erreichen von vereinbarten Zielen, festgelegt werden. Der erfolgsabhängige Anteil bemisst sich an dem Ergebnis des Unternehmens, welches durch geeignete Kenngrößen wie z. B. EVA (Economic Value Added) des Unternehmens definiert wird.

# 1 Motivationale Wirkung von Vergütung

Wenn man die zunehmende Verbreitung einerseits und den Vorbereitungs- und administrativen Aufwand andererseits berücksichtigt, so scheinen die Unternehmen von einer erheblichen Motivationswirkung variabler Vergütungselemente überzeugt zu sein.

Die aktuelle Diskussion über die motivationalen Wirkungen der materiellen Vergütung ist wesentlich zurückhaltender. Eindeutig herrscht die Auffassung vor, dass eine *dauerhafte Motivation* nur erzielt werden kann über das, was man tut, also durch eine interessante und verantwortungsvolle Tätigkeit, die Herausforderungen und Lernmöglichkeiten bietet. Nur die Tätigkeit selbst kann demzufolge als „Zufriedenmacher" (Motivator) gelten, nicht hingegen die äußeren Begleitumstände, unter denen Menschen ihre Tätigkeit verrichten, also die Arbeitsplatzausstattung, die Arbeitszeitbedingungen und schließlich auch die Bezahlung. Die äußerlichen Aspekte wirken als „Unzufriedenmacher" (Hygienefaktoren), die bei positiver Wahrnehmung und Bewertung durch die Mitarbeiter allenfalls Unzufriedenheit verhindern. Diese Zusammenhänge sind spätestens seit den Untersuchungen von Herzberg, Mausner und Snyderman (1959) bekannt; durch die weit verbreitete Schrift von Sprenger, „Mythos Motivation" (1998), haben sie deutlichen Auftrieb erhalten.

Eine variable Vergütung kann in beide Richtungen wirken, zufriedenheits- und unzufriedenheitsauslösend. Erwartet wird einerseits eine *faire Gegenleistung* für die zurückliegend erbrachte Leistung; bleibt sie aus, entsteht Demotivation und Unzufriedenheit. Andererseits kann die mit einer Vergütung einhergehende *Anerkennung* zukunftsbezogen Motivation und Zufriedenheit bewirken (siehe Abbildung 1). Dabei kommt es wesentlich auf die Ausgestaltung der variablen Vergütung an, damit der zentrale Aspekt der Anerkennung zum Ausdruck kommen kann. Die wesentlichen Anforderungen an variable Vergütungssysteme sind letztlich ausschlaggebend dafür, ob bzw. inwieweit sich die erhofften Wirkungen einstellen.

*Abbildung 1: Wirkungen variabler Vergütung*

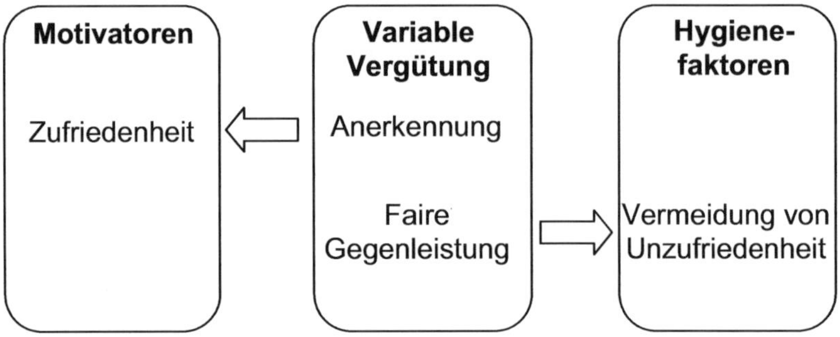

## 2 Anforderungen an Vergütungssysteme auf der Grundlage von Zielvereinbarungen

An variable Vergütungssysteme auf der Basis von Zielvereinbarungen sind im Kern ähnliche Anforderungen zu stellen wie an Vergütungssysteme generell. Aus Mitarbeitersicht sollte eine Vergütung anforderungs- und leistungsgerecht sein; weitere „Entgeltgerechtigkeiten" können die nutzbaren Fähigkeiten (Qualifikationsgerechtigkeit) oder das Innovationsverhalten (Innovationsgerechtigkeit) betreffen, sind jedoch bislang weniger verbreitet.

Aus betrieblicher Perspektive müssen die erwähnten Anforderungen um zwei weitere Aspekte ergänzt werden. Aus Sicht des Unternehmens muss die Vergütung marktgerecht sein; schließlich sollten die Vergütungen der Mitarbeiter auch dem Unternehmenserfolg Rechnung tragen. In Zeiten guter Ertragslage kann und sollte mehr, bei schlechter Wirtschaftssituation weniger bezahlt werden (siehe Abbildung 2).

Der Aspekt der *Erfolgsgerechtigkeit* (Orientierung am Unternehmensergebnis) erweist sich für viele Unternehmen als kritisch. Bei guter Konjunkturlage werden Fixvergütungen auf hohem Niveau vereinbart, die bei schlechter Konjunktur nicht mehr zu tragen sind. Daraus ergeben sich zwei Probleme: Einerseits sind die Mitarbeiter nicht an variable Vergütungen gewöhnt, und sie gehen deshalb bei geplanten Kürzungen auf die Barrikaden. Andererseits wollen die Unternehmen, dass die Arbeitnehmer in schlechten Zeiten Opfer bringen, ohne dass sie in gleichermaßen konsequenter Form an den herausragenden Gewinnen der guten Zeiten beteiligt sind. Die Angst um den Arbeitsplatz lässt viele Mitarbeiter den Reduzierungen von Zulagen und Sozialleistungen in schlechten Zeiten zustimmen; aber am Ende stellt sich die Frage nach der Fairness (und somit nach der Ethik), mit der viele Unternehmen (nicht) agieren.

*Abbildung 2: Anforderungen an Vergütungssysteme*

| Ziel | Ansatzpunkte | Instrumente |
|------|--------------|-------------|
| **Arbeitsmarkt-gerechtigkeit** | Marktwert | Vergütungsvergleich |
| **Anforderungs-gerechtigkeit** | Funktionsbewertung | Fixe Vergütung |
| **Leistungs-gerechtigkeit** | Zielerreichung | Variable Vergütung |
| **Erfolgs-gerechtigkeit** | Unternehmenserfolg | Erfolgsbeteiligung |
| **Verhaltens-gerechtigkeit** | Mitarbeiterverhalten | Mitarbeiterbeurteilung |
| **Qualifikations-gerechtigkeit** | Qualifikationsbreite | Qualifikationsdatei |

Mit der Leistungsbeurteilung versucht man, die Arbeitsergebnisse, d.h. die Zielerreichung und die Aufgabenerfüllung des Mitarbeiters zu beurteilen. Leistung bedeutet hierbei mehr als nur Mengenleistung oder Qualität der Leistung. Qualifikation und Potenzial, Verhalten sowie Führung (bei Vorgesetzten) werden ebenfalls beurteilt und machen aus der reinen „Leistungsbeurteilung" eine umfassend angelegte „Mitarbeiterbeurteilung". Es ist kaum strittig, dass neben der Leistung (im engeren Sinne) weitere Aspekte des Verhaltens langfristig leistungsrelevant sind: Zusammenarbeit, Weiterbildungsbereitschaft, Innovationsverhalten (Verbesserungsvorschläge), Loyalität u.a.m.

Letztlich erweist sich die *Leistungsbeurteilung* mit Blick auf die variable Vergütung jedoch als *problematisch*. Zuvorderst ist sie manipulierbar in dem Sinn, dass die beurteilende Führungskraft u.U. zuerst das festlegt, was finanziell herauskommen soll und dann erst die (dazu passende) Beurteilung erstellt. An der Leistungsbeurteilung kann weitere Kritik angebracht werden. Setzt sie ausschließlich bei der Leistung i.e.S. an, so greift sie zu kurz; berücksichtigt sie weitere Aspekte des Arbeitnehmerverhaltens, dann wird sie zwangsläufig weniger objektiv, und da es um ein Verteilungsproblem (Geld) geht, gibt es auch Grenzen für einvernehmliche Beurteilungen von Mitarbeiter und Führungskraft.

Trotz dieser Kritik stellt die Verknüpfung von Zielerreichung und leistungsbezogener variabler Vergütung (sei sie gruppenbezogen oder individuell) eine konsequente Alternative dar. Die Anbindung von vorab definierter Leistung und materieller Anerkennung wird nachvollziehbar. Hieraus ergibt sich allerdings auch ein operatives Problem. Motivationstheoretisch betrachtet soll die *Anerkennung einer Leistung zeitnah* zu ihrer erfolgreichen Erbringung stattfinden. Die Durchsprache der Gehaltsbemessung ist jedoch in der betrieblichen Praxis überwiegend einmal jährlich zu einem Zeitpunkt fixiert, der nicht unbedingt genau mit der Laufzeit einer Zielvereinbarung zusammenfällt. Die materielle Anerkennung für ein im zurückliegenden Jahr erbrachtes Leistungsresultat begrenzt die motivationale Wirkung. Es liegen allerdings Beispiele in der betrieblichen Praxis vor, bei denen variable Vergütungsanteile in Abhängigkeit von der Zielerreichung auch unterjährig ausgezahlt werden (vgl. Sold/Uepping 1999). Somit ist eine zeitnahe entgeltliche Anerkennung durchaus möglich.

Hinsichtlich der *Mängel flexibler Entgeltsysteme* heben Nagel und Schlegtendal (1998) u.a. folgende Punkte hervor:

- Geleistetes ist zu wenig transparent und deswegen wird nicht gerecht beurteilt,

- die Beurteilungsgrundlagen sind häufig einseitig und auf bestimmte Leistungsaspekte ausgerichtet,

- die Beeinflussbarkeit von Zielen ist nicht gegeben,

- Partizipation am Erfolg des Unternehmens ist nicht vorgesehen.

Viele der derzeit eingesetzten Bezugsgrößen für die Bestimmung des erfolgs- oder leistungsbezogenen variablen Anteils haben für Führungskräfte einen geringeren Stellenwert (vgl. Jetter 2000, S. 236). Hiernach haben konkrete *vereinbarte Ziele* die *größte Akzeptanz* mit einer Beurteilung von +120 auf einer Skala von –200 bis +200. Mit deutlichem Abstand folgen das Betriebsergebnis (+82) oder der Unternehmensgewinn (+80). Der Shareholder-Value als „moderner" Maßstab findet mit +38 nur eine sehr geringe Akzeptanz. Vermutlich entspricht diese Reihenfolge dem subjektiv empfundenen Ausmaß, die Bezugsgröße durch eigene maßgebliche Aktivitäten beeinflussen zu können. Zielvereinbarungen und deren Erreichung scheinen für Führungskräfte in erster Linie nachvollziehbare Bezugsgrößen für variable Gehaltsanteile zu sein.

# 3 Erfolgsabhängige Anteile in einem variablen Vergütungssystem

Von einem erfolgsabhängigen variablen Anteil geht somit nur eine *geringe motivierende Wirkung* aus. Dies widerspricht deutlich der Philosophie amerikanischer bzw. amerikanisch geführter Unternehmen, so wie auch vieler deutscher Unternehmen, die auf Erfolgsbeteiligungen setzen. Eine Besonderheit mag jedoch darin liegen, dass in amerikanischen Unternehmen und auch in Unternehmen der New Economy ertragsabhängige Auszahlungen gelegentlich einen erheblichen Umfang haben (etwa ein halbes Jahresgehalt), sodass sich niemand dieser Zugabe verschließen wird.

Letztlich entsteht eine Wirkung bei erfolgsabhängiger Vergütung am ehesten im Sinne der Identifikation mit dem Unternehmen. Unmittelbar handlungsbezogene Motivationseffekte treten jedoch nicht ein, da keine individuell beeinflussbare, leistungsbezogene Koppelung vorliegt. Motivierung ist allenfalls in sehr kleinen Einheiten zu erwarten, z.B. in Mittelbetrieben oder in Profit-Centern. Schließlich können hohe erfolgsabhängige Anteile auch zu Mitnahmeeffekten führen, die jedoch eventuell vorliegende demotivierende Faktoren der Arbeitsbedingungen oder der Führung für einen begrenzten Zeitraum kompensieren können.

Bei den Formen materieller erfolgsabhängiger Anteile kann man entgeltliche bare Zahlungen von den investiven Kapitalbeteiligungen unterscheiden (vgl. Fiedler-Winter 1998; Kramarsch 2000; Schwetzler 1999; Wagner 1999). Die *investiven Kapitalbeteiligungen* erfolgten häufig in Form von Aktienoptionsplänen (Stock Options) bei börsennotierten Unternehmen oder durch nicht stimmberechtigte Genussscheine bei anderen Gesellschaftsformen (vgl. Mark 2000). Wenngleich bei der Kapitalbeteiligung der Ertrag, hier der Börsenwert des Unternehmens, die zentrale Bezugsgröße darstellt, sind auch individuelle, leistungsabhängige Komponenten bei der Zumessung von Optionsscheinen denkbar und Praxis (vgl. z.B. Bertram/Ünal 1998). Während Kapitalbeteiligungen in Form von Aktienoptionen in den Jahren 1995 bis 1998 eine Hochkonjunktur erlebten, sind sie im Verlauf der Einbrüche bei der New Economy und später der Baisse an den Börsen durch die Finanz- und Wirtschaftskrise Ende 2008 obsolet geworden. In 2009 spricht niemand mehr davon, dass Aktienoptionspläne ein geeignetes Steuerungs- und Motivationsinstrument sein können – weder für Manager, noch für Mitarbeiter. Jedoch wäre auch ohne die krisenbedingt unkalkulierbaren Schwankungen der Aktienkurse das Scheitern von aktienoptionsbasierten Kapitalbeteiligungsmodellen absehbar gewesen.

*Aktienoptionspläne zur Kapitalbeteiligung* von Mitarbeitern sind aufgrund der Vielzahl steuerlicher und rechtlicher Rahmenbedingungen hoch komplex. Darüber hinaus führen Unternehmen weitere Regularien ein, um einen unerwünschten Missbrauch von Seiten der Mitarbeiter zu verhindern. Solche Regelungen sind die Ausübungssperrfrist (während der ersten i.d.R. drei Jahre ist eine Ausübung der Optionsrechte nicht möglich) und eine Begrenzung der Anzahl der zu erwerbenden Aktien. Diese Regelungen verweisen auf einen immanenten logischen Widerspruch: Zuerst (ver-) führt man Mitarbeiter zu einem fiktiven Shareholder-Value-Standpunkt, dann untersagt man ihnen zu tun, was man mit Aktien gemeinhin unternimmt, nämlich mit ihnen aus unmittelbar materiellen Gründen zu spekulieren. Für die oberste Managementebene gibt es solche Regelungen nicht, jedoch greift hier das Verbot des Insiderhandels der Börsenaufsicht. Dass immer wieder Verstöße von Top-Managern gegen dieses Verbot verfolgt werden, verweist auf die Widersprüchlichkeit des Systems der Kapitalbeteiligung. Im Zuge der politischen Aufarbeitung der Finanz- und Wirtschaftskrise ist das Prinzip der Orientierung an einem kurzfristigen Shareholder Value endgültig in Verruf geraten, da dies – zumindest für den Bankenbereich – als eine Ursache für hochriskante Derivatgeschäfte angesehen wurde, die einen unmittelbaren Auslöser der Krise darstellten.

Für eine *erfolgsabhängige Vergütung von Top-Managern* entwickelte VW Ende 2009 eine interessante Alternative. Ab 2010 führt VW einen „Langzeitbonus" ein, der sich auf eine vorangegangene Periode von vier Jahren bezieht, um eine enge Verknüpfung der Bonuszahlung mit dem Erreichen von strategischen Zielen zu gewährleisten. Die Bonusbemessung orientiert sich an vier Kriterien: der Rendite, dem Erreichen von geplanten Wachstumszielen (Marktanteile, Absatzsteigerungen), der Kundenzufriedenheit und der Mitarbeiterzufriedenheit (dpa-Meldung vom 17.12.2009). Dieses Modell ist höchst interessant, da Kundenzufriedenheit sowie Mitarbeiterzufriedenheit, operationalisiert durch entsprechende empirische Befragungen, zu handfesten Kriterien des „Erfolgs" werden. Ein denkbares Argument gegen das Kriterium Mitarbeiterzufriedenheit besteht darin, dass diese Befragungsergebnisse in hohem Maße abhängig sind von aktuellen Einflussgrößen, etwa einem anstehenden Personalabbau. Durch die 4-Jahres-Perspektive wird dieser Einwand jedoch entkräftet. Eine ähnliche Argumentation gilt auch für das Kriterium Kundenzufriedenheit. Schwerlich lässt sich dagegen argumentieren, dass Kundenzufriedenheit ein entscheidendes, langfristiges Erfolgskriterium für einen Automobilhersteller darstellt.

Es ist zu diskutieren, ob eben diese Kriterien nicht auch für die *erfolgsabhängige Vergütung im oberen Management* herangezogen werden sollten, dies einheitlich für alle Manager, gleich aus welchen Funktionsbereichen. Ein Gegenargument könnte in der Frage der Beeinflussbarkeit des Ergebnisses liegen (Was kann die Führungskraft im Entwicklungsbereich dafür, wenn die Verkaufszahlen konjunkturbedingt sinken? Was kann die Führungskraft im Vertrieb dafür, wenn nachhaltige Qualitätsmängel zu einer nachlassenden Kundenbindung führen?). Die Replik ist nahe liegend, jeder verantwortliche Manager kann in seinem Verantwortungsbereich etwas dafür tun, dass ein aktuelles Problem in der Zukunft nicht zu einem Einbruch führt bzw. dass dieser Einbruch kompensiert werden kann. Ein solches Kriteriensystem könnte einen Beitrag zu einer gesamtunternehmerischen Verantwortung im Management leisten – gerade in Großkonzernen. Die letztlich variable Höhe des entgeltlichen Anteils in einem zielabhängigen Vergütungssystem ist hierbei nicht entscheidend, entscheidend ist die Signalwirkung der Kriterien.

Dass *Mitarbeiter ohne Führungs- oder Fachverantwortung* allein durch eine Kapitalbeteiligung zu „Mitunternehmern im Unternehmen" werden, stellt eine Fiktion dar, insbesondere wenn die Arbeitsprozesse ein in der Realität erlebbares Mitunternehmertum nicht zulassen (vgl. hierzu auch Schanz 1985). Zu denken ist hier an Effekte der Hierarchiedominanz, fehlende Entscheidungskompetenzen, mikropolitisch motivierte Entscheidungsprozesse, zentralistische Zielvorgaben etc. Diesen Überlegungen folgend, lässt sich an dem motivationstheoretischen Ausgangspunkt anknüpfen:

> *Ein bisschen Geld motiviert nicht,*
> *viel Geld schon, aber nur für einen begrenzten Zeitraum.*

Nun sollte nicht vorschnell der Schluss gezogen werden, die Erfolgsbindung variabler Anteile ganz aufzuheben. Aus Unternehmenssicht ist es völlig plausibel, dass nicht verteilt werden kann, was nicht erwirtschaftet wurde. Dagegen können und sollen Mitarbeiter an einer positiven Ertragslage des Unternehmens partizipieren. Auch ohne ideologische Überfrachtung ist dieser Zusammenhang einfach, klar und darstellbar. Je schlichter die Modelle, die diesen Zusammenhang zum Ausdruck bringen, desto überzeugender sind sie. In jedem Fall ist die Frage der geeigneten Bezugsgröße für den wirtschaftlichen Erfolg eines Unternehmens zu lösen (Kapitalrendite, ROI, Ebit, EVA u.ä.); der Unternehmensgewinn als Kriterium schließt viele steuerlich bedingte Gestaltungsfaktoren ein und erscheint daher wenig zweckmäßig.

Mitarbeiterkapitalbeteiligungen stellten in den Jahren 2007 und Anfang 2008 ein politisch stark diskutiertes Thema dar, als in Zeiten einer guten Ertragslage deutscher Unternehmen eine Beteiligung der Mitarbeiter am Produktivvermögen forciert wurde. Von der Bundesregierung wurde ein Referentenentwurf für ein Mitarbeiterbeteiligungsgesetz auf den Weg gebracht, welches steuerlich geförderte Beteiligungsmöglichkeiten in so genannten Mitarbeiter-Fonds vorsieht. Dieses Gesetz sollte im Frühjahr 2009 verabschiedet werden, löste jedoch angesichts der Wirtschaftskrise und der damit verbundenen Insolvenzrisiken heftige Widerstände aus. Im Unterschied zu dem hier diskutierten Zusammenhang variabler Vergütungssysteme geht es bei diesem Gesetzesentwurf um dem Mitarbeiter zur Verfügung stehende Anlageoptionen und nicht um ein von Unternehmen zu entscheidendes, individuell umsetzbares Anreizsystem.

Mitten in der Wirtschaftskrise wurde Ende Februar 2009 eine Kapitalbeteiligung durch Mitarbeiter unter einem anderen Vorzeichen diskutiert. Bei dem Rettungsplan unter der Federführung von Magna wurde angesichts einer drohenden Insolvenz von Opel in Europa ein Lohnverzicht der Mitarbeiter vorgeschlagen, welcher mittels Kapitalbeteiligungen kompensiert werden sollte. Nachdem der Mutterkonzern GM die unternehmerische Führung nicht aufgeben wollte, ist diese Form der Mitarbeiterbeteiligung unwahrscheinlich geworden. Für diese und ähnliche Formen der Mitarbeiterbeteiligung gilt jedoch, dass es sich – durch den Anlass gegeben – nicht um ein individuell wirkendes Anreizsystem mittels Kapitalbeteiligung handelt.

Mit Blick auf die konkreten *Entwicklungsrichtungen bei der Mitarbeitervergütung* lässt sich – zumindest im Bereich der Vergütung von Führungskräften – allgemein feststellen, dass die Fixbezüge (Monatsgehalt, Urlaubsgeld, Weihnachtsgeld...) stagnieren, dass die variablen Bezüge (leistungsbezogenes Entgelt, Erfolgsbeteiligung, Sonderzahlungen...) steigen und dass die Benefits (Altersversorgung, Direktversicherung, Firmenwagen, Incentives, Zusatzurlaub...) mehr leistungs- und erfolgsabhängig sowie flexibler ausgestaltet werden. Damit stellt sich die Frage nach den Möglichkeiten zur Bemessung der leistungs- und erfolgsabhängigen variablen Anteile sowie deren Verknüpfung.

# 4 Leistungsabhängige Anteile in einem variablen Vergütungssystem

Der Studie von Jetter (2000) folgend finden von Zielvereinbarungen abhängige variable Anteile eine hohe Akzeptanz im Management. Die generellen Probleme materieller Anreizsysteme sollen jedoch nicht vernachlässigt werden. Materielle Anreizsysteme sollen die extrinsische Motivation fördern; sie wirken indirekt dadurch, dass eine von der Tätigkeit getrennte Belohnung zu einer Bedürfnisbefriedigung führt. Die intrinsische Motivation ist auf Aktivitäten gerichtet, die um ihrer selbst willen ausgeführt werden und die eine direkte Bedürfnisbefriedigung versprechen (vgl. Frey/Osterloh 2002; Osterloh/Weibel 2006). Eine intrinsische Motivation kann dem gegenüber nur bei einem Mindestmaß an Entscheidungsfreiheit und Autonomie in der Tätigkeit entstehen (vgl. Keddi 2008; Sprenger 1998). Dies entspricht (auch) der Theorie des *Flow-Erlebnisses*, wonach Motivation in der Tätigkeit selbst begründet ist und eine unmittelbare Befriedigung verschafft (vgl. Csikszentmihalyi/Csikszentmihalyi 1995; Csikszentmihalyi 2008). Hiermit sind die Grenzen intrinsischer Motivationsfaktoren gesetzt: Bei stark fremdgesteuerten und kontrollierten Arbeitsprozessen dürfte die extrinsische Motivierung einen stärkeren Einfluss auf das Leistungsverhalten haben, da solche Tätigkeiten keinen Raum für intrinsische Motivatoren bieten.

Die Motivationsforschung hat sich seit den siebziger Jahren intensiv auch mit der Frage beschäftigt, ob es zu einem *Verdrängungseffekt der intrinsischen Motivation durch extrinsische Motivationsfaktoren* kommt, was von Deci (1975) bestätigt wurde. Der Grund für diesen Effekt könnte in der Verschiebung des „locus of control" liegen, einem psychologischen Konstrukt, welches das Verhältnis von Fremd- und Selbstattribution des eigenen Verhaltens beschreibt (vgl. Jost 2008). Unter Rückgriff auf mehrere empirische Studien sprechen Frey und Osterloh (2002) von einem Verdrängungseffekt der intrinsischen Motivation durch materielle Anreizsysteme. Wenn man davon ausgeht, dass zumindest im Bereich qualifizierter Mitarbeiter eine intrinsische Motivation vorherrscht, so führt die Dominanz extrinsischer Faktoren zu einer Überlagerung und Unterhöhlung der Eigenmotivation. Plausibel ist diese Überlagerung auch insofern, als ein Vergütungssystem handlungsleitend ist, es legt über die Belohnungsstruktur fest, was in einem Unternehmen letztlich wichtig ist, z.B. der kurzfristige Bilanzerfolg. Das Verhalten mancher Top-Manager scheint diese Vermutung zu bestätigen.

Jedoch kann auch von einem *Verstärkungseffekt der intrinsischen Motivation durch extrinsische Faktoren* gesprochen werden. „Vertrauen" als „prozedurale Fairness" in einer Organisation kann als verstärkender extrinsischer Motivator angesehen werden (vgl. Osterloh/Weibel 2006, S. 44). Auch die Anerkennung von Leistungen in einer persönlichen und glaubwürdigen Form kann zu einem Verstärkungseffekt führen. Umstritten bleibt weiterhin, ob materielle Anreizsysteme die intrinsische Motivation verstärken können. Eine unfangreiche empirische Untersuchung von Keddi (2008) an rund 1.300 Mitarbeitern eines Maschinenbauunternehmens stellt den Nutzen materieller Belohnungen in Frage, weil „extrinsische Faktoren wie die Vergütung und die finanzielle Anerkennung beruflicher Leistung durch das Unternehmen auf das emotionale Erleben und die Arbeitsmotivation keinen nennenswerten Einfluss" (Keddi 2008, S. 226) haben. Allerdings stellt der Autor auch fest, dass solche materiellen Anreize sich nicht grundsätzlich negativ auf die intrinsische Motivation auswirken.

Häufig diskutiert wird ferner das *Problem der Konkurrenzbeziehungen*: Eine individuelle leistungsorientierte Vergütung kann eine Konkurrenzsituation innerhalb einer Mitarbeitergruppe hervorrufen oder verstärken. Während in Vertriebs- bzw. Verkaufsfunktionen eine solche Konkurrenzsituation häufig gewollt ist, kann sie sich auch massiv kontraproduktiv auswirken. Eine notwendige kollegiale Unterstützung, eine flexible Übernahme von Aufgaben anderer Kollegen in Krisen- oder Belastungssituationen, die Bereitschaft, Wissen zu teilen und weiterzugeben, all diese Prozesse können dauerhaft beeinträchtigt werden. Es ist also sehr sorgfältig zu prüfen, ob und inwieweit bei einzelnen Funktionen eine individuelle Leistungskomponente evtl. mehr Schaden als Nutzen anrichten könnte. Alternativ ist an eine gruppenbezogene leistungsabhängige Komponente zu denken.

Wenn im Interesse der geforderten Objektivität das System der Zumessung von entgeltlichen Anteilen hoch differenziert geregelt wird, besteht weiterhin die Gefahr, dass wichtige kommunikative Bestandteile der Führungsfunktion, z.B. Feedback und Anerkennung, aus dem persönlichen Führungsprozess heraus auf ein „selbstregulierendes" System übertragen werden. Diesen Zusammenhang pointiert Sprenger (1998) in dem eingangs erwähnten Zitat. Darüber hinaus können hoch geregelte Systeme Subjektivität zwar reduzieren, ein Gewinn an Gerechtigkeit stellt sich jedoch nicht immer ein, weil der Einzelfall nicht gewürdigt werden kann. Das bedeutet, dass Korrekturen an den Kriterien der Zielerreichung in Anbetracht von besonderen Umständen möglich sein müssen. Das Postulat der Objektivität gerät dann schnell ins Wanken.

Bei der Verbindung von Zielvereinbarungen mit variablen leistungsabhängigen Anteilen sind *erhöhte Anforderungen an die Zielvereinbarungen* zu stellen; „falsche" Ziele können die Zielverfolgung erheblich beeinträchtigen. Ein Beispiel anhand eines „einfachen" quantitativen Ziels gibt Lurse (1997, S. 46):

Verkaufsleiter:

| | |
|---|---|
| Ist-Umsatz Vorjahr: | 150 Mio. EURO |
| Ziel-Umsatz laufendes Jahr: | 200 Mio. EURO |
| Ist-Umsatz laufendes Jahr: | 180 Mio. EURO |
| Ziel-/Ist-Abweichung lfd. Jahr: | - 20 Mio. EURO |
| Wachstum Markt: | 0 Prozent |

Wenn wir nichts anderes betrachten als die Zielerfüllung, heißt das: Zielerfüllung - 20 Millionen EURO und Bonus erheblich kleiner als 100 Prozent. Ist diese Konsequenz für die Bonusfestsetzung auch dann noch richtig, wenn dieser Verkaufsleiter ein Wachstum von 20 Prozent realisiert hat, obwohl der Markt in der gleichen Periode mit 0 Prozent Wachstum stagnierte? Vielleicht war das Unternehmen bei seiner Umsatzplanung noch von einem erheblichen Marktwachstum ausgegangen. Die Verknüpfung von quantitativen Zielen mit variablen Gehaltsanteilen scheint also nur auf den ersten Blick eindeutig und „gerecht" zu sein.

In der Praxis stellt sich häufig ein weiteres Problem. Die *Gespräche zwischen Vorgesetzten und Mitarbeitern* über die Frage der Zielerreichung werden nicht von sachlichen Gesichtspunkten bestimmt, sondern von der Zumessung des variablen Anteils dominiert. Der Streit richtet sich auf das Aushandeln von Prozentpunkten der Zielerreichung (zu 50 Prozent oder zu 70 Prozent erreicht?) oder darauf, warum äußere Faktoren die Zielerreichung verhindert haben. Das Problem beginnt bereits in der Phase der Zielvereinbarung: Je niedriger die Messlatte für den Mitarbeiter gelegt wird, desto besser sind seine Aussichten auf die Erreichung bzw. Überschreitung des „vereinbarten" Ziels.

Bei allen kritischen Aspekten, die im Rahmen der Führungsaufgabe aufgefangen werden müssen, dürfen die *Vorteile variabler Vergütungen auf der Basis von Zielen* nicht negiert werden. Eigenverantwortliches Handeln, Kosten- und Effizienzbewusstsein werden gefördert und erhalten durch die entgeltliche Anerkennung die nötige Nachhaltigkeit (siehe Abbildung 3).

*Abbildung 3: Pro und Contra einer leistungsorientierten Entgeltfindung auf Basis von Zielen*

| Pro | Contra |
|---|---|
| • Konsequenzen des eigenen selbstverantwortlichen Handelns werden unmittelbar spürbar. | • Der erfolgreiche Abschluss einer anspruchsvollen Aufgabe zählt mehr als eine materielle Belohnung. |
| • Ziele werden mit mehr Ernsthaftigkeit verfolgt. | • Ziele werden unter dem möglichen Anspruchsniveau vereinbart, um „auf der sicheren Seite" zu bleiben. |
| • Finanzieller Erfolg oder Misserfolg bildet die Unternehmensrealität ab – auch was die Konsequenzen nicht beeinflussbarer Rahmenbedingungen betrifft (z. B. konjunkturelle Schwankungen). | • Die Führungskräfte in einer Organisation – auch die Center-Leiter von ergebnisverantwortlichen Einheiten – sind nicht mit dem „Eigentümer-Unternehmer" vergleichbar. Seine Gestaltungsspielräume sind höher – auch seine Identifikation mit dem eigenen Unternehmen. |
| • Unternehmerisches Denken und Handeln werden gefördert. | • Um keine Karrierenachteile und finanziellen Verluste in Kauf zu nehmen, erfolgt eine ausschließliche Fixierung auf die vereinbarten Ziele. Neue, nicht vorhersehbare Impulse und Ideen werden nicht aufgegriffen, Anfragen anderer Bereiche nach Unterstützung vernachlässigt, die Flexibilität in der Aufgabenwahrnehmung sinkt. |
| • Die Vorgesetzten erhalten einen größeren Gestaltungsspielraum (und damit auch mehr unternehmerische Verantwortung) bezüglich der Entgeltfindung. | • Das Zielvereinbarungsgespräch degeneriert zu einem Rechtfertigungsgespräch (z.B. Diskussion des Einflusses veränderter Rahmenbedingungen). |

Quelle: Krieg/Ehrlich 1998, S. 123

# 5 Modelle variabler Vergütung

In der Unternehmenspraxis wie auch in der Literatur werden unterschiedliche Modelle der variablen Vergütung auf Zielbasis diskutiert. Hieraus lässt sich noch kein Best-Practice-Verfahren identifizieren; zu unterschiedlich sind die unternehmensspezifischen Ausgangsbedingungen. Die Festlegung des Geltungsbereichs ist die Ausgangsbasis unterschiedlicher Modelle. Wie beim Führen mit Zielen muss auch für ein Modell variabler Vergütung der *Personenkreis* definiert werden, für den das Verfahren gelten soll. Entsprechend den Überlegungen an anderer Stelle (siehe den Beitrag von Bergmann in diesem Buch) sollte die anfängliche Implementierung des Führens mit Zielen von der Einführung eines variablen Vergütungsmodells zeitlich abgekoppelt werden (nachgelagerte Einführung). Wenn man beide Systeme als prinzipiell unabhängig voneinander ansieht, stellt es kein Problem dar, auch den Geltungsbereich unterschiedlich zu definieren. So könnte man Sachbearbeitungs- oder Sekretariatsfunktionen durchaus in das Führen mit Zielen einbeziehen, individuelle leistungsabhängige Vergütungsanteile zunächst jedoch nicht vorsehen. Grund: Nur ein kleiner Teil der ansonsten durch Routineabläufe geprägten Tätigkeiten lässt sich sinnvoll in Zielvereinbarungen abbilden. Deren Erreichung stellt jedoch keinen ausreichenden Maßstab für den leistungsabhängigen variablen Anteil dar; teamorientierte Ziele sind besser geeignet.

Hinsichtlich des Geltungsbereichs variabler Vergütungsmodelle sind drei Hauptgruppen von Mitarbeitern zu unterscheiden: *leitende Führungskräfte* (i. S. des BetrVG), außertarifliche Mitarbeiter (Führungskräfte wie auch Fachkräfte) und Mitarbeiter im Tarifbereich (siehe Abbildung 4). Für die erstgenannte (kleine) Gruppe der leitenden Führungskräfte (leitende Angestellte) sind variable Vergütungsmodelle (ähnlich der Tantieme) seit langem Tradition. Im Mittelpunkt steht hier der erfolgsabhängige Anteil, der zwischen 20 Prozent und 40 Prozent des Grundgehalts ausmacht. „Klassiker" sind ferner *vertriebsorientierte Funktionen*, die die leistungsbezogene Seite betonen.

Ausschließlich auf Zielvereinbarungen beruhende variable Anteile sind seltener Praxis, da isolierte bzw. separate Zielvereinbarungen nicht die gesamte unternehmerische Verantwortung widerspiegeln und eher als artifiziell empfunden werden. Zur Bestimmung des erfolgsabhängigen Anteils kommt der Erfolg des Unternehmens oder bei Konzerngesellschaften das Bereichsergebnis zusätzlich in Betracht.

Da variable Bestandteile weitgehend einzelvertraglich festgelegt werden, sind sie i.d.R. nicht Bestandteil von Modellen variabler Vergütung mit einem breiten Geltungsbereich. Allgemeine Gründe für die geringe Verbreitung variabler Vergütungssysteme im Tarifbereich liegen auch in den *restriktiven rechtlichen Rahmenbedingungen*. Das Prinzip des Tarifvorrangs gemäß § 77, 3 BetrVG verhindert allgemeine Verhandlungskompetenzen der Betriebsräte, es sei denn, tarifvertragliche Öffnungsklauseln wurden vereinbart. Solche Öffnungsklauseln gewinnen an Bedeutung, so dass für Unternehmen

*Abbildung 4: Überblick über den Geltungsbereich variabler Vergütungssysteme*

| Verbreitung und Verbreitungspotenzial variabler Vergütung | | | |
|---|---|---|---|
| | Verbrei-tung | Potenzial | Bezug des variablen Anteils* |
| A | Leitende Führungskräfte | hoch | gleich-bleibend | UE |
| B | Führungskräfte (AT) | hoch | hoch | UE + IL |
| C | Mitarbeiter in Projektteams (AT) | gering | hoch | GL |
| D | Fachkräfte / Spezialisten (AT) | gering | gering | IL + UE |
| E | Führungskräfte (Tarif) | gering | hoch | GL + IL |
| F | Mitarbeiter (Tarif außer G/H) | gering | gering | GL + IL |
| G | Mitarbeiter in teilautonomen Arbeitsgruppen | hoch | hoch | GL |
| H | Mitarbeiter (Tarif) in Projektteams | gering | hoch | GL |

*Wesentliche oder derzeit verbreitete Bezugsgrößen zur Berechnung des variablen Anteils:

UE = Unternehmenserfolg

GL = Gruppenleistung auf Basis von Zielvereinbarungen

IL = Individuelle Leistung auf Basis von Zielvereinbarungen

und Betriebsräte zunehmend die Möglichkeit besteht, variable Modelle in Betriebsvereinbarungen zu berücksichtigen (vgl. Breisig 2007).

Variable Vergütungsmodelle im Tarifbereich sind immer noch eher selten zu beobachten. Wichtige Ausnahmen hierzu stellen der sog. *ERA*, der *Entgeltrahmentarifvertrag der Metall- und Elektroindustrie*, sowie der *TVöD* für den Bereich des Öffentlichen Dienstes dar. Der Entgeltaufbau nach ERA unterscheidet drei Bestandteile: das Grundentgelt, das Leistungsentgelt und die Belastungszulage. Das Leistungsentgelt kann grundsätzlich durch Kennzahlen (Messen), durch Beurteilung (Leistungsbeurteilung), durch Zielvereinbarung oder durch eine Kombination aus diesen drei Basismethoden ermittelt werden; hierüber entscheiden Arbeitgeber und Betriebsrat. Je Mitarbeiter kann es zwischen 0 Prozent und 30 Prozent (bezogen auf das Grundentgelt) betragen, im Durchschnitt aller Mitarbeiter müssen jedoch 15 Prozent als Leistungsentgelt ausgeschüttet werden. Genaue Zahlen über den Rückgriff auf Zielvereinbarungen als Instrument der leistungsbezogenen Vergütung liegen bislang nicht vor; hingegen berichten einzelne Unternehmen von positiven Erfahrungen mit dem neuen, flächendeckend eingeführten System, das bei der Walter AG auf eine Kombination von Zielvereinbarung und (herkömmlicher) Mitarbeiterbeurteilung aufbaut: Das Unternehmen „verbindet die Einführung des ERA-TV mit der Implementierung von individuellen oder kollektiven Zielen bis auf die Ebene der Mitarbeiter im tariflichen Bereich. Mit dem neuen System wird Klarheit zu den Erwartungen im Arbeitsverhalten und zu erbrachten Arbeitsergebnissen geschaffen… Leistung wird transparenter und ist objektiver bewertbar." (Herrmann/Windmüller 2006, S. 32).

Eine weitere Ausnahme (zur eher geringen Verbreitung variabler zielbasierter Vergütung) sind *gruppenbezogene variable Anteile* bei Gruppenarbeitsprozessen *in der Produktion*, die eine erhebliche Verbreitung gefunden haben. Bei teilautonomen Arbeitsgruppen (Gruppenarbeit in der Produktion) sind variable Entgeltsysteme unverzichtbar, um ältere Akkordlohn-Strukturen zu ersetzen, die eine veränderte Produktionsorganisation gegenläufig beeinflussen (vgl. Eyer 1994, S. 102; Eyer/Haussmann 2007). Maßstab der Bemessung variabler Anteile bilden in erster Linie Kennzahlen zur Beurteilung der Gruppenleistung; verbreitet sind Kennzahlen zur Produktivität (Stückzahl etc.), zur Qualität und zur Maschinennutzungsdauer. Für eine eigenverantwortliche Steuerung der gruppenbezogenen Abläufe benötigen teilautonome Gruppen diese Kennziffern ohnehin (vgl. Bergmann/Ernst 1996). Daher ist es nahe liegend, die Orientierung an diesen Kenngrößen mit variablen Entlohnungsmodellen zu koppeln (vgl. z.B. Bihl/Meusel/Seemüller 1998; Eyer/Haussmann 2007; Gieseking/Sehnke/Roos 1998; Ueberschaer 1998). Zusätzliche Kennziffern können sich aus etablierten internen Kunden-Lieferanten-Beziehungen mit Schnittstellenverantwortung ergeben (z.B. unter Bezug auf das Business-Modell der EFQM; vgl. Schmette/Wingen 2000). Darüber hinaus können gruppenbezogene Qualifikations- und Flexibilitätsziele die Grundlage für variable Entgeltbemessungen darstellen (vgl. Wahren 1999).

Bei der Einführung variabler Gruppenentlohnung ergibt sich eine Schwierigkeit aus den *unterschiedlichen Lohngruppen innerhalb einer Arbeitsgruppe*. Die Ausgangsbasis in Form des fixen Vergütungsanteils ist also nicht für alle gleich, selbst wenn unter Bedingungen von Gruppenarbeit nahezu ähnliche Arbeit geleistet wird. Andererseits zählt eine einmal erreichte Lohngruppenzuordnung zum Besitzstand und kann nicht ohne weiteres angetastet werden. Eine von Mitarbeitern als ungerecht empfundene Lohndifferenzierung ergibt sich in der Praxis insbesondere dann, wenn z.B. die Funktionsgruppe der Einrichter in Gruppenarbeitsprozesse integriert wird. Der variable Gruppenleistungsanteil kann nun entweder in gleichen Beträgen für alle, in Beträgen relativ zur Lohngruppe oder entsprechend individueller Leistungsbeiträge auf die Mitarbeiter in einer Gruppe verteilt werden (vgl. Nagel/Schlegtendal 1998, S. 123). Dabei ist darauf zu achten, dass die häufig als ungerecht empfundene Grundgehaltsdifferenzierung nicht noch weiter verstärkt wird.

Im Mittelpunkt der Diskussion und der Praxis variabler Vergütungssysteme steht derzeit die Gruppe der *außertariflichen Mitarbeiter mit und ohne Führungsverantwortung*. Die meisten neu eingeführten Praxismodelle adressieren diese Mitarbeitergruppe; die folgende Betrachtung des relativen Anteils von fixen und variablen Gehaltbestandteilen bezieht sich primär auf diese Gruppe. Wenn man von 100 Prozent als angepeiltem Zieleinkommen ausgeht, liegt der Anteil des Grundgehalts in der Regel bei 70 Prozent bis 80 Prozent. Bei einem variablen Anteil von 30 Prozent an der Gesamtvergütung teilt dieser sich in 10 Prozent Erfolgsbeteiligung (Unternehmensergebnis) und in 20 Prozent leistungsabhängigen Anteil (Zielerreichung) auf (vgl. Jetter 2000; Krieg/ Ehrlich 1998; siehe Abbildung 5).

---

*Abbildung 5: Relative Anteile von leistungs- und erfolgsabhängigen Vergütungs- bestandteilen*

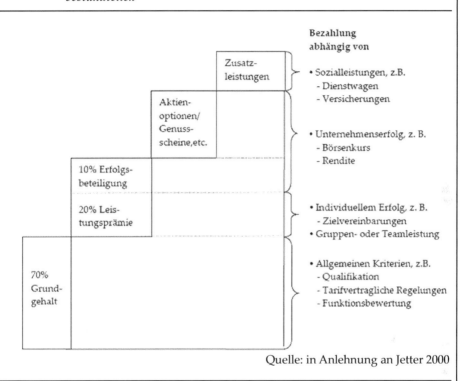

Quelle: in Anlehnung an Jetter 2000

---

Zusätzlich kann die effektive Gesamtvergütung auch durch Aktienoptionen und Zusatzleistungen nach dem Cafeteria-System (vgl. Kolb/Bergmann 1997, S. 133-135) ergänzt werden. Aktienoptionen und viele Zusatzleistungen haben einen langfristig variablen Charakter, wogegen Erfolgsbeteiligung und leistungsabhängiger Anteil kurzfristig variabel sind, d.h. in der Regel einmal jährlich festgesetzt werden. Die Erfolgsbeteiligung kann sich aus dem Bereichsergebnis und dem Gesamtergebnis zu gleichen Teilen zusammensetzen (bei Konzerngesellschaften). Die Relation zwischen erfolgs- und leistungsabhängigem Anteil von 1 zu 2 findet sich in der Praxis auch umgekehrt, d.h. 20 Prozent erfolgs- und 10 Prozent leistungsabhängig. Bei einer expliziten Teamstruktur kann der individuelle leistungsabhängige Anteil durch einen gruppenleistungsabhängigen Anteil ersetzt werden, wobei man auf eine individuelle Entgeltdifferenzierung verzichtet. Dies findet man in der Praxis vor allem bei Fachkräften, die in ständigen Teams oder in Projektteams zusammenarbeiten. Für andere Fachkräfte (Spezialisten) bietet sich gegebenenfalls ein individueller leistungs-abhängiger Anteil oder eine Mischung an.

Für *die Relation zwischen fixen und variablen Gehaltsanteilen* gilt folgende Grundregel: Je höher die Gehaltsgruppe, desto deutlicher kann der relative variable Anteil insgesamt ausfallen. Während z.B. bei Führungskräften im oberen AT-Bereich die Relation von Grundgehalt zu variablem Anteil 60 Prozent zu 40 Prozent betragen kann, liegt dieses Verhältnis bei Fachkräften im unteren AT-Bereich eher bei 80 Prozent zu 20 Prozent. Diese Differenzierung begründet sich aus dem steigenden Verantwortungsbereich, was mit einer erhöhten Bereitschaft zur Übernahme unternehmerischer Risiken ein-hergehen sollte. In der Beispielrechnung (siehe Abbildung 6) wird von einem 1/3-Anteil des leistungsabhängigen Anteils ausgegangen.

*Abbildung 6: Rechenbeispiel bei variablen Vergütungsanteilen*

| Bezugsgrößen | Ergebnisfaktor (in %) | Maximale variable Anteile | | Anteilige variable Vergütung |
|---|---|---|---|---|
| Unternehmensergebnis | 80 % | 1/3 | 10.000,- | 8.000,- |
| | | | + | + |
| Individual- oder Gruppenergebnis | 70 % | 2/3 | 20.000,- | 14.000,- |
| | | | = | = |
| | | 3/3 | 30.000,- | 22.000,- |
| | Gesamtjahres-bezüge (max. 150.000,-) | Maximale variable Vergütung (20% der Jahresbezüge) | | Erreichte variable Vergütung |
| Jahreseinkommen | EURO 120.000,- + EURO 22.000,- = **EURO 142.000,-** | | | |

Quelle: in Anlehnung an Jetter 2000, S. 243

Der Zielerreichungsgrad bzw. Ergebnisfaktor wurde mit 80 Prozent und 70 Prozent angenommen. Da meist ein maximal erreichbarer variabler Anteil in Abhängigkeit vom Grundgehalt vorgesehen ist (als Kappungsgrenze nach oben), wird im Beispiel von einem Maximum für den variablen Anteil von 25 Prozent des Grundeinkommens (ohne Zusatzleistungen) ausgegangen.

Dies wirft hinsichtlich der individuellen Zielvereinbarungen die *Frage nach dem „An-ker"* auf. Sind 100 Prozent die erwartete (Normal-)Leistung, die durch variable Anteile bereits gratifiziert wird? Oder ist dies die zu erwartende (Normal-)Vergütung, die nur bei schlechteren Leistungen unterschritten wird? Macht es vor diesem Hintergrund Sinn, bei Zielvereinbarungen sozusagen planmäßig Ziele über zu erfüllen? Haben solchermaßen vereinbarte Ziele dann noch den Charakter von Herausforderungen? Oder ist es besser, bei einer optimalen Zielerreichung 100 Prozent Erreichungsgrad als Anker anzugeben (realistische, aber herausfordernde Ziele)? Diese Fragen sind mehr als eine semantische Finesse. Das Setzen eines Ankers für den „normalen" oder den optimalen Zielerreichungsgrad wird entscheidend sein für die Praxis der Bemessung des leistungsabhängigen Anteils durch die Führungskräfte. Wenn diese implizit davon ausgehen, dass es sich bei einem Erfüllungsgrad von unter 100 Prozent der erwarteten Leistung um einen „schlechten" Mitarbeiter handelt, würden in der Anwendungspraxis solche Unterschreitungen eher selten sein (schließlich müsste man sich von solchen Mitarbeitern trennen). Außerdem wird sich kaum ein Mitarbeiter im Zielvereinbarungsgespräch auf eine Unterschreitung der 100-Prozent-Marge einlassen.

Hierzu existieren mittlerweile *vielfältige Praxisbeispiele*. Ein differenziertes System der Koppelung von Zielvereinbarungen und variabler Vergütung liegt von der debis AG vor (vgl. Deller/Münch 1999). Hier wird im Arbeitsvertrag eine „Zieltantieme" vereinbart, die ebenenspezifisch in unterschiedlichen Bandbreiten unter- oder überschritten werden kann. Der variable Anteil kann dabei im Rahmen einer Deferred Compensation als „Ruhekapital" zur Altersversorgung verwendet werden. Bei einer oberen Führungskraft auf der ersten Ebene unterhalb des Vorstands ist der variable Anteil (100%) zu 30 Prozent vom Unternehmenserfolg, zu 35 Prozent vom Ergebnis des eigenen Geschäftsbereichs und zu 35 Prozent vom Erreichen persönlicher Zielvereinbarungen abhängig, wobei letztere auch qualitative Ziele einschließen sollen. Die 100-Prozent-Marge des variablen Anteils kann nicht unter-, aber bis zu 200 Prozent überschritten werden.

Erfahrungswerte, aber auch einfache „logische" Überlegungen besagen, dass bei allen Verfahren der leistungsbezogenen Vergütung unbedingt darauf zu achten ist, dass die „Chance" mehr zu verdienen für den Mitarbeiter deutlich höher angesetzt wird, als das „Risiko" weniger zu verdienen. Bezugspunkt ist dabei das „Zielentgelt" von 100 Prozent. Wenn das Risiko bei Schlechtleistung im konkreten Fall darin besteht, von 100 Prozent auf 75 Prozent abzusacken, dann sollte die Chance bei herausragender Leistung bei mindestens 140 Prozent liegen.

Die Praxis verbindet immer häufiger – vor allem bei Führungskräften – die individuelle Mitarbeiterleistung mit dem kollektiven Erfolg des Unternehmens. Beide Elemente werden *multiplikativ miteinander verknüpft*. Die Individualleistung und der Unternehmenserfolg werden zur Ermittlung der Gesamtprämie multipliziert, ggf. kommt das Team- bzw. Bereichsergebnis zur Individualleistung (additiv) hinzu. Diese „Konstruktion" führt zu folgenden Konsequenzen:

- Bei gutem Gewinn, aber schlechter Individualleistung erhält der Mitarbeiter wenig bzw. nichts.

- Bei gutem Gewinn und guter Individualleistung erhält der Mitarbeiter „klotzig" viel.

- Bei schlechtem Gewinn erhalten die Mitarbeiter – unabhängig von der Individualleistung – wenig bzw. nichts.

Die Vorteile gegenüber dem additiven Verfahren: In Zeiten schlechter Gewinnlage müssen keine hohen Prämien gezahlt werden, also dann wenn das Unternehmen sparen muss. Leistungsschwache Mitarbeiter partizipieren kaum am Gewinn (zu dem sie wenig beigetragen haben); leistungsstarke Mitarbeiter werden durch die Aussicht auf sehr hohe Prämien motiviert.

Schließlich bieten solche Systeme auch die Möglichkeit, den Umfang bzw. Anteil des variablen Anteils an der Gesamtvergütung durch den Mitarbeiter selbst bestimmen bzw. wählen zu lassen – je höher der variable Anteil, desto höher sind Chancen und Risiken. Allerdings werden solche Modelle bislang nur in Einzelfällen in der Praxis eingesetzt.

Eine Alternative zu einem systematischen (und aufwändigen) variablen Vergütungssystem stellt die seit langem bekannte *„freihändige" Prämienhonorierung* dar. Hiermit ist es möglich, hervorragende individuelle Leistungen anzuerkennen – dies mit signifikanten Beträgen, die für den Betroffenen zu einer spürbaren Aufstockung seines privaten Budgets führen. Dieses eher traditionelle Verfahren widerspricht nicht dem Führen mit Zielen; die Honorierung erfolgt allerdings weniger kalkulierbar. Dies kann man als Nachteil interpretieren; man kann jedoch auch einen Vorteil darin sehen, dass eine Kalkulation auf dem materiellen Resultat besteht. Natürlich ist ein solches Prämiensystem weniger objektiv, dafür flexibler. Um bei einer guten Ertragslage des Unternehmens signifikante Auszahlungsbeträge zu ermöglichen, ist eine Festlegung des Prämienvolumens in Anteilen des Unternehmensertrags möglich.

Um nicht von der individuellen „Großzügigkeit" einzelner Führungskräfte abhängig zu sein, erfordert ein solches System eine gemeinsame und individualisierte Gehaltsdurchsprache der Führungskräfte eines Bereichs mit dem jeweiligen Vorgesetzten. Dies ist recht aufwändig, führt jedoch zu einer größeren Transparenz und Verteilungsgerechtigkeit und zu einer Verbindlichkeit für die jeweiligen Führungskräfte. Das Verfahren der individualisierten Einschätzung von Mitarbeitern in der Runde der Führungskräfte eines Bereichs hat sich im Übrigen bei der Potenzialeinschätzung im Rahmen der Management-Entwicklung bewährt. Ein solches System (Gehaltsdurchsprache in einem „Compensation Committee") unter Zuhilfenahme eines 360°-Feedbacks wird z.B. von der Firma Gore erfolgreich angewendet; hier allerdings für die Festgehaltsanpassung, nicht für eine variable Vergütung.

# 6 Grenzen in der operativen Umsetzung variabler Vergütungssysteme

Im Hinblick auf das operative Umsetzen variabler Vergütungsanteile können einige generelle Probleme festgehalten werden (siehe Abbildung 7). Wenn man der Auffassung folgt, dass eine entgeltliche Honorierung individueller Leistung einen Motivationseffekt auslöst, dann müsste diese *Honorierung für den Betroffenen signifikant* sein. Hierzu ein Rechenbeispiel (an Abbildung 6 anknüpfend): Bei maximal 150.000 EURO Jahresgehalt und einem variablen Anteil von insgesamt 30.000 EURO können bei 2/3 leistungsabhängigem (und 1/3 erfolgsabhängigem) Anteil maximal 20.000 EURO ausgezahlt werden; dies ergibt nach Steuern und Abgaben rund 10.000 EURO. Wenn die erfolgsabhängigen Komponenten hingegen 2/3 betragen und der individuelle Anteil lediglich 1/3, können hierfür maximal 10.000 EURO ausgezahlt werden und nach Steuern verbleiben nur rund 5.000 EURO. Da in der Mehrzahl der Fälle kein Maximum ausgezahlt wird, wird sich auch diese Summe noch vermindern. Aus einer Untersuchung der Unternehmensberatung Watson Wyatt (1997) ergab sich, dass in der praktischen Umsetzung nur 30 Prozent des variablen Anteils „echt variabel" sind. Mit anderen Worten: Der wirklich variable Anteil an der Gesamtvergütung beträgt insgesamt weniger als 10 Prozent; in unserem Rechenbeispiel also 10.000 bis 15.000 EURO.

---

*Abbildung 7: Probleme der operativen Umsetzung variabler Vergütung*

- Der von der individuellen Leistung (Zielerreichung) abhängige Anteil wird in der entgeltlichen Auswirkung gering, weil erfolgsabhängige Komponenten dominieren.

- Da im Normalfall eine Erreichung von individuellen Zielen nicht unter 50% Erreichungsgrad festgestellt wird, ist die entgeltliche Auswirkung noch marginaler.

- Die real beobachtbare Variabilität des gesamten variablen Anteils sinkt von den intendierten 30% auf 10% oder weniger des Grundgehalts ab.

- Die Verankerung der erwarteten Normalleistung mit 100% als bereits zusätzlich honorierte Individualleistung führt zu einer tendenziellen Überzahlung (Kostentreiber bei den Personalkosten).

---

Durch die Praxis der betrieblichen Umsetzung, in der extreme Ausschläge sowohl beim erfolgs- als auch beim leistungsabhängigen Anteil vermieden werden, zählt also ein stabiles Gehalt von ca. 140.000 EURO bald zum Besitzstand. Der dann verbleibende leistungsabhängige Bestandteil von netto einigen 1.000 EURO ist in der Gehaltsabrechnung so weit marginalisiert, dass für den Betroffenen kaum von einer Signifikanz in der Honorierung seiner Leistung ausgegangen werden kann.

Diesen eher mageren Ergebnissen steht eine nicht unerhebliche *Erhöhung der Personalkosten bei der Einführung* eines variablen Vergütungssystems gegenüber. Den Autoren ist in keinem Fall bekannt, dass die Einführung eines variablen Vergütungssystems auch nur annähernd kostenneutral erfolgen konnte, selbst wenn bisher fixe Leistungen gestrichen oder reduziert wurden, um einen Etat für die variablen Vergütungen zu erhalten. Diese Einsparpotenziale werden in der Regel nicht ausreichen, um die faktischen Mehrausgaben zu neutralisieren. Die Mehrausgaben für ein variables Vergütungssystem resultieren dabei aus konzeptionellen und operativen Faktoren. Konzeptionelle Ursache ist, dass aus Gründen der Besitzstandswahrung bisher fixe Leistungen nur in begrenztem Umfang zurückgefahren werden können. Andererseits muss eine berechenbare Perspektive für Mehrverdienste bestehen, wenn (Betriebsräte oder) Mitarbeiter einvernehmlich einer Neuregelung zustimmen sollen. Die oben genannten operativen Faktoren führen zu dem Resultat, dass die reale Variabilität der beurteilten Zielerreichung selten unter 50 Prozent reicht, sondern erst bei 60 Prozent bis 70 Prozent ansetzt. Die tatsächlichen Kosten der Einführung eines variablen Vergütungssystems wurden bisher von keinem Unternehmen öffentlich beziffert. Nach einer vorsichtigen Schätzung der Autoren ist von einem Mehraufwand in Höhe von mindestens 10 Prozent der Personalkosten auszugehen.

Schließlich besitzt die gesamte Thematik auch eine mitunter kritische *arbeitsrechtliche Seite*. Aus individual-arbeitsrechtlicher Sicht (Erforderlichkeit einer einvernehmlichen arbeitsvertraglichen Regelung, Zielvorgabe vs. Zielvereinbarung, Dokumentationspflicht, Abmahnungsmöglichkeit bei fehlender Zielerreichung sowie vielfältige Störungsmöglichkeiten, wie z. B. Krankheit) und aus kollektiv-rechtlicher Perspektive (Mitbestimmungsrechte des Betriebsrats nach §§ 87 und 94) (vgl. z. B. Deich 2005; Friedrich 2006; Baum 2007; Hinrichs 2009) tun sich zusätzliche Problemfelder auf. Neuere Flächentarifverträge, z. B. der ERA-TV im Metallbereich und der TVöD im Öffentlichen Dienst haben die kollektivrechtlichen Diskussionen stark befördert.

# 7    Fazit

Der in der betrieblichen Praxis festzustellende *„run" auf leistungs- und erfolgsabhängige Vergütungssysteme* resultiert wohl eher aus

▨ der Vermutung, eine motivierende Wirkung werde sich schon einstellen,

▨ der Unterschätzung des Aufwands, der mit solchen Systemen einhergeht bzw. der Annahme, kostenneutral operieren und die Vorteile variabler Personalkosten nutzen zu können,

▨ der Befürchtung, einen „Zug der Zeit" zu verpassen bzw. dem „Druck", der durch die Vielzahl von z.T. hektischen Neueinführungen in anderen Unternehmen – und damit der Forderung nach Marktgerechtigkeit der Vergütung – entsteht.

Zweifellos stellt das *Führen mit Zielen eine wichtige Basis für variable Vergütungssysteme* dar. Die Einführung will jedoch gut überlegt und das System einfach, aber charmant konzipiert sein. Ferner gilt: Schnellschüsse sind zu vermeiden und mit Führen mit Zielen sollten zuerst Erfahrungen gesammelt werden; erst wenn dieses „sauber läuft", sind die finanziellen Konsequenzen einzubinden. Die Absicht dazu muss jedoch von Anfang an klar kommuniziert werden. Ständiges Controlling hat schließlich sicherzustellen, dass das neue Vergütungssystem nicht aus dem Ruder läuft oder gar ein Eigenleben entwickelt, das sich kontraproduktiv auf Engagement, Eigeninitiative und den „Spaß an der Arbeit" auswirkt.

## Günther Bergmann

# Führen mit Zielen - Implementierung und Evaluation

> *„Als wir das Ziel endgültig aus den*
> *Augen verloren hatten, verdoppelten wir*
> *unsere Anstrengungen."*
>
> *(Mark Twain)*

Abhilfe in der von Mark Twain karikierten Situation verspricht das Führungsinstrument „Führen mit Zielen". Seit 1992 wurde diese Management-Methode als ein systematisches Führungsinstrument in zahlreichen mittleren und großen Unternehmen neu eingeführt oder bereits vorhandene frühere Ansätze wurden erneut aufgenommen. Die unternehmensspezifischen Begriffe für „Führen mit Zielen" sind unterschiedlich; EFA – Entwickeln, Fördern, Anerkennen (Siemens), BFG – Beratungs- und Förderungsgespräch (Festo) oder Zielentfaltungsprozess (Bosch). Gemeinsamer Kern der unterschiedlichen Praktiken ist es, strategische Unternehmensziele auf die Handlungsebene der ausführenden Mitarbeiter herunterzubrechen, konkreter zu fassen und überprüfbar zu machen. Entgegen dem Anschein, dass Führen mit Zielen ein unter allen Umständen universell geeignetes Führungsinstrument darstellt, sind die hierzu notwendigen Voraussetzungen und Rahmenbedingungen kritisch zu prüfen. Nicht selten kann diese Prüfung ergeben, besser auf eine Implementierung zu verzichten, als ein für die Unternehmensentwicklung oder die Unternehmenskultur eher abträgliches Instrument einzusetzen.

# 1 Ausgangssituation

„Führen mit Zielen" hat eine Tradition, die in Deutschland in die sechziger und siebziger Jahre zurückreicht. Ausgangspunkte waren in dieser Zeit Bestrebungen zur Humanisierung der Arbeit und zur stärkeren Einbindung von Mitarbeitern. Damals – wie auch in der aktuellen Diskussion heute – unterschied man ein Führen mit Zielvereinbarungen von dem amerikanisch geprägten Management by Objectives, einem Führen mit Zielvorgaben. Für die seit den neunziger Jahren zu beobachtende Renaissance des Führens mit Zielen scheint es von Unternehmensseite zwei hauptsächliche Motivationen zu geben, zum einen den Versuch – oder vielleicht auch nur das Ideal – der Steuerung einer komplexen Organisation in sich schnell wandelnden Märkten. Es besteht weitgehende Einigkeit darüber, dass mit rein quantitativen, von oben verordneten Umsatzvorgaben die Potenziale eines Unternehmens und seiner Mitarbeiter für ein innovatives, am Markt erfolgreiches Agieren nicht in ausreichendem Maße erschlossen werden können. Zum anderen haben die meisten Unternehmen inzwischen variable, erfolgsabhängige Einkommensbestandteile eingeführt. Diese sollen am Erreichen vereinbarter Ziele bemessen werden, um einen Motivationseffekt auszulösen.

Gerade die Initiativen zur (Wieder-)Einführung des Führens mit Zielen Anfang der neunziger Jahre waren nicht immer eine Geschichte des Erfolgs. Die Gründe des Scheiterns erster Einführungsversuche sind mannigfaltig. Zu nennen sind hier eine mangelnde Nachhaltigkeit von Seiten der Unternehmensführung, eine Dominanz von Zielvorgaben gegenüber den auf Commitment beruhenden Zielvereinbarungen, der Unwille vieler Führungskräfte gegenüber klar strukturierten (und damit kontrollierbaren) Zielen sowie unzureichende Aktivitäten bei der Implementierung. Auch auf Mitarbeiterebene sind zahlreiche Vorbehalte zu beobachten. Am deutlichsten traten diese in Entwicklungsabteilungen in Erscheinung: Das Selbstbild des (deutschen) Entwicklungsingenieurs liegt eher darin, mit Kreativität und individuellem Ehrgeiz technisch optimale Produkte zu konstruieren, als sich an vorab definierte Spezifikationen, Kostenaspekte, Prozesse und Termine zu halten. Klar festgelegte Ziele können somit als einengend angesehen werden.

Inzwischen hat sich sowohl auf der Führungs- als auch auf der Mitarbeiterebene ein substanzieller Wandel vollzogen. Die Einsicht ist gewachsen – und aus vielen Prozessen in der Großindustrie nicht mehr wegzudenken – dass ein strukturiertes Arbeiten in der Prozesskette mit definierten Schnittstellen, Zeitbudgets und Kostenvorgaben in den meisten Funktionen unerlässlich ist. Auch im Dienstleistungssektor hat sich eine prozessorientierte Betrachtungsweise durchgesetzt. Unter dem Gesichtspunkt der Kundenorientierung spielen Effizienz, Schnelligkeit und natürlich auch Kosten eine bedeutende Rolle in der Definition der zu erbringenden Serviceleistungen. Der notwendige Wandel im Verständnis von Arbeitsleistung, der diesen inzwischen durchgesetzten Prinzipen zugrunde liegt, erfordert einen Prozess der Führung, der sich orientiert an Zielen und nicht an (gleichbleibenden) Aufgaben, gleich gar nicht an der Arbeitszeit als einem aus Unternehmenssicht, dem Aspekt des Leistungsresultats, völlig äußerlichen Kriterium.

Unternehmensstrategische Steuerungsinstrumente wie Quality Function Deployment (siehe den Beitrag von Hartwich in diesem Band), Geschäftsprozessoptimierung und Prozessmanagement (vgl. Gaitanides u.a. 1994), Excellence Model der European Foundation for Quality Management (siehe den Beitrag von Bernatzeder in diesem Band) und Balanced Scorecard (vgl. Horváth & Partner 2000; Kaplan/Norton 1997) bilden darüber hinaus den Wandel in der Auffassung von Arbeitsleistung deutlich ab. Im Rahmen dieser Steuerungsinstrumente zu entwickelnde Zielvorstellungen sind in zahlreichen Unternehmen nicht mehr Postulat sondern Realität. Die Umsetzung dieser Zielvorstellungen erfolgt konsequenterweise über Zielvereinbarungen mit den jeweils verantwortlichen Mitarbeitern (vgl. Koreimann 2003; Stroebe/Stroebe 2006).

Die damit verbundenen erhöhten Anforderungen und auch Härten für Mitarbeiter wie auch für ihre Führungskräfte sind nicht zu leugnen, etwa unter Verweis auf die immer wieder bemühte Motivation. Der bekannte Buchtitel „Besser – Schneller – Schlanker" (Mehdorn/Töpfer 1994) bringt dies (wohl eher ungewollt) auf den Begriff: Für eine Leistungserbringung zählt immer weniger der individuelle Aufwand, sondern mehr und mehr das Resultat; dies ist durch die Beschleunigung der Prozesse gekennzeichnet. Eine faktorenanalytische Untersuchung der semantischen Konnotationen des Begriffs „Qualität" zeigt einen Zusammenhang von sozial erwünschten normativen Aspekten und als belastend empfundenen, negativen Aspekten. Sozial positiv bewertete Merkmale von Qualität sind im Empfinden von Mitarbeitern negativ besetzt und werden mit Belastung, Mehrarbeit etc. verbunden (vgl. Müller/Blickle 1994).

Führen mit Zielen stellt ein Instrument zur Erreichung von Unternehmenszielen entsprechend der strategischen Ausrichtung dar, welches mit einschneidenden Veränderungen verbunden ist. Daher sollte nicht davon ausgegangen werden, dass Mitarbeiter und Führungskräfte unisono diese Innovationen vorbehaltlos begrüßen. Im Gegenteil – es ist mit Widerständen zu rechnen (vgl. Jetter 2000). Ein adäquater Umgang mit Widerständen setzt hohe Maßstäbe an die Implementierungsstrategie. Es ist zu vermuten, dass bei den wenig erfolgreichen Versuchen der Implementierung derartige Widerstände zu wenig oder gar nicht berücksichtigt wurden. Hier sind (und dies ist keineswegs neu) Aspekte der Organisationsentwicklung zu berücksichtigen, u.a. das bekannte Motto „Betroffene zu Beteiligten machen" (vgl. z.B. Doppler/Lauterburg 2008; Gairing 2008). In diesem Sinne resümieren auch Schmidt und Kleinbeck (2006, S. 10): „Mitarbeiter reagieren umso positiver auf Zielvereinbarungsprogramme, je stärker sie an deren Aufbau und Gestaltung beteiligt sind."

Folgende Ausgangsüberlegung bietet sich grundsätzlich an: Welche Vorteile können für Mitarbeiter darin bestehen, sich bei höheren Anforderungen an einem System der Zielvereinbarung zu beteiligen? Diese Vorteile können in folgenden Faktoren liegen:

▨ Zunahme an Selbstständigkeit in Arbeitsprozessen

Dies bedeutet für die Mitarbeiter, weniger aufgabengetaktet arbeiten zu können sowie größere Spielräume für Entscheidungsfreiheit und Verantwortung (Empowerment) zu gewinnen. Hierdurch sind Maßstäbe für das Führungsverhalten der Führungskräfte gesetzt.

▨ Möglichkeiten, eigene Vorstellungen zu verwirklichen

Innovations- und Qualitätsmanagement können hierfür eine Plattform bieten, z.B. fordert das EFQM Excellence Model Systeme, mit denen die Eigeninitiative von Mitarbeitern unterstützt und anerkannt wird. Auch andere gängige Modelle, die einen kontinuierlichen Verbesserungsprozess (KVP) anstoßen sollen, erfahren durch Führen mit Zielen eine ideale Ergänzung.

▨ Gewinn an Klarheit über die Ziele des Unternehmens und die eigene Rolle bei der Zielerreichung

Häufig fühlen sich Mitarbeiter auf Grund von Informationsdefiziten von Unternehmenszielen und -strategien ausgeschlossen. Strategische Entwicklungsrichtungen zu kennen, ist bereits ein Wert an sich. Dies führt bei der weiteren Entwicklung von operationalen Zielen zu einem besseren Verständnis der eigenen Rolle und dient dem bei vielen Mitarbeitern vorhandenen Bedürfnis nach Identifikation (weit mehr als ein Corporate Image).

■ Abwechslung durch neue und herausfordernde Aufgaben/Ziele

Dass über Jahre gleichförmige Routinetätigkeiten den Tod der intrinsischen Motivation bedeuten, ist bekannt. Es sei an Sprenger's „Mythos Motivation" (1998) erinnert.

Natürlich greifen diese Motivationsfaktoren nur in Abhängigkeit vom Funktions- und Verantwortungsumfang des Mitarbeiters. Auch individuelle Faktoren („Reifegrad") sind zu berücksichtigen. Andererseits – und dies stellt während der Implementierungsphase eine zentrale Botschaft an die Führungskräfte dar – sind diese potenziellen Motivatoren nicht damit zu negieren, dass Mitarbeitern häufig ein „Nicht-Können" oder „Nicht-Wollen" unterstellt wird. Die Entwicklungswege von chronisch unterforderten Mitarbeitern zeigen dies sehr deutlich.

Aus diesen allgemeinen Überlegungen ergeben sich folgende Schritte der Implementierung, die in den nachfolgenden Kapiteln näher ausgeführt werden:

■ Rahmenbedingungen im Bereich der Unternehmensführung

■ Rahmenbedingungen in den Bereichen Organisation und Unternehmenskultur

■ Notwendigkeit und Begründung

■ Einrichtung einer Projektgruppe

■ Einbeziehen der Führungskräfte und Interessengruppen

■ Mitarbeiterkommunikation

■ Prozessevaluation

Auch bei einer bereits getroffenen Grundsatzentscheidung der Geschäftsführung sind die ersten drei Schritte sorgfältig zu erarbeiten, will man sich nicht kopflos in einen Implementierungsaktionismus stürzen.

# 2 Rahmenbedingungen im Bereich der Unternehmensführung

Hierzu zählen zunächst die Bereitschaft und das aktive Interesse der Geschäftsführung, aktuelle Unternehmensziele und -strategien zu kommunizieren und mit den oberen Führungskräften offen zu diskutieren. Diese Bereitschaft könnte man für selbstverständlich halten, wenn nicht zahllose Erfahrungen aus der betrieblichen Praxis dagegen sprächen. Nicht selten weigern sich Top-Manager, konkrete Ziele zu kommunizieren und handeln nach dem Motto: möglichst viel Druck machen und schauen, was dabei herauskommt. Ein systematisches Führen mit Zielen ist ein Steuerungsinstrument des Gesamtunternehmens (Zielhierarchie) und erfordert kommunizierbare und operationale Unternehmensziele, die nicht nur in abstrakten Visionen bestehen (zur Zielhierarchie vgl. Bergmann 1995; Jetter 2000) (Stichwörter: Strategie-Workshops, Methoden der Strategieentwicklung).

Zum anderen darf die Praxis der bisherigen Zielentwicklung (evtl. Zielvorgaben) nicht in Widerspruch zu dem Instrument „Führen mit Zielen" stehen. So ist beispielsweise die Verfahrensweise von Geschäftsführungen deutlich kontraproduktiv, Ziele von ihren Bereichsleitern abzufragen und anschließend ohne weitere Rücksprache linear um 30 Prozent nach oben zu korrigieren. Mitarbeiter und Führungskräfte gehen in diesem Fall berechtigt davon aus, dass von Seiten der Unternehmensführung keinerlei Bereitschaft zu Zielvereinbarungen besteht. Wenn solche Erfahrungen die Unternehmenskultur bestimmen, muss die Geschäftsführung sehr deutliche Signale setzen, um von der Ernsthaftigkeit einer anderen Vorgehensweise zu überzeugen.

Zur Frage der Stimmigkeit zählt auch das entsprechende Gehaltssystem, wenn es in seinen variablen Anteilen auf das Erreichen von vereinbarten Zielen ausgerichtet ist. Im Übrigen kann es durchaus empfehlenswert sein, zuerst eine Implementierung des Führens mit Zielen ohne Verknüpfung mit dem Gehaltssystem vorzunehmen. Die Verknüpfung kann nach einem oder zwei Jahren als eine Art Probelauf erfolgen. Neben den in der Einführungsphase fast zwangsläufigen operativen Unklarheiten und Unsicherheiten spricht hierfür vor allem eines: Das Hauptaugenmerk sollte für alle Beteiligten darauf liegen, welchen immateriellen Nutzen das Instrument für sie bringt, nicht in welchem Geldbetrag sich dies letztlich auswirkt. Diese lästige und unproduktive Diskussion verstellt häufig den Blick auf das Wesentliche.

Eine problematische Konfusion des Führens mit Zielen kann mit der jeweiligen Praxis der Mitarbeiterbeurteilung entstehen. Es ist zu klären, ob Führen mit Zielen die bisherige Mitarbeiterbeurteilung ablösen oder ergänzen soll. Wenn letzteres der Fall ist, ist zu entscheiden, ob Beurteilungs- und Zielvereinbarungsgespräche gleichzeitig geführt werden sollen. Auf Stimmigkeit der Instrumente ist unbedingt zu achten. Gerade in der Einführungsphase ist eher davon abzuraten, ein bisheriges (oft negativ besetztes) Instrument der Mitarbeiterbeurteilung mit dem neuen Instrument zu verschmelzen. Die traditionelle Mitarbeiterbeurteilung (vergangenheits- und aufgabenorientiert) und Führen mit Zielen (zukunftsorientiert) haben einen grundsätzlich anderen Charakter. Wenn dieser Aspekt sich nicht in der Anwendungspraxis durchsetzt, können die Kernelemente des neuen Systems verloren gehen.

# 3 Exkurs: Beyond Budgeting – Führen mit flexiblen Zielen

Wie im vorangegangenen Kapitel ausgeführt, stellt Führen mit Zielen nicht nur ein Instrument der Personalführung dar. Als Instrument der Unternehmensführung sind Controlling-Prozesse Bestandteil des Gesamtsystems, wie dies auch in der Balanced Scorecard deutlich wird. Diese Controlling-Prozesse sind bei einem traditionellen Führen mit Zielen mit dem Ansatz der Budgetierung von Leistungsbereichen verbunden. Die Budgetierung umfasst ergebniswirksame Leistungen ebenso wie Kosten, auf deren Basis Gewinnprognosen errechnet werden. Führen mit Zielen geschieht daher in Abhängigkeit von Controlling-Prozessen. Daher ist es nicht verwunderlich, dass quantitativ bestimmte Zielvorgaben hinsichtlich Leistungen und Kosten die Umsetzungspraxis des Führens mit Zielen dominieren – entspricht diese Vorgehensweise doch einem verbreiteten Controlling-Ansatz. Nachdem seit einigen Jahren wieder eine zunehmende Zentralisierung von kostenwirksamen Entscheidungsprozessen in die Unternehmenszentralen zu beobachten ist (vgl. das New Management Model von Daimler), gewinnen die zentralen Finanzplanungsprozesse noch stärker an Bedeutung.

Vor diesem Hintergrund ist es bemerkenswert, dass gerade aus dem Controlling eine fundamentale Kritik gegenüber dem Führen mit Zielen geäußert wird. Diese kritischen Positionen sammeln sich unter dem Schlagwort „Beyond Budgeting" (Hope u.a. 2003; Horváth & Partners 2004a; Pfläging 2006; Weber/Linder 2008) – siehe hierzu auch den Beitrag von Krieg in diesem Band. Insbesondere Pfläging (2006, S. 9) dehnt seine Kritik auf das Personalführungsinstrument Zielvereinbarungen aus und setzt eine provokante These an den Anfang seiner Ausführungen:

*„Management mit Zielen? Glorreich gescheitert!"*

Der Autor fährt fort: „Wirtschaft und Gesellschaft haben sich verändert, die Managementmethoden und Prinzipien, nach denen wir führen und steuern, sind jedoch die gleichen geblieben. Zielvereinbarungen, vorfixierte Ziele, individuelle Mitarbeiterbewertungen, so genannte leistungsorientierte Vergütung, Budgets, Plan-Ist-Vergleiche und Mikromanagement von der Unternehmensspitze her – alles gut etablierte Standards. Aber ist das alles heute noch zeitgemäß? ... Unternehmen, die auf fixierte Ziele, individuelle Leistungsbewertungen, gängige Planung, Budgets und viele andere verbrauchte Rituale verzichten, werden auf lange Sicht erfolgreicher sein als andere" (Pfläging 2006, S. 9-10).

Diese Position lässt sich knapp zusammenfassen in einigen zentrale Forderungen: mehr Konzentration auf den Markt als auf interne Controlling Prozesse, mehr Flexibilität für Kundeninteressen und Marktgeschehen durch dezentrale Entscheidungskompetenz, mehr Führung und weniger (Kennzahlen getriebenes) Management. Fixierte Ziele und Leistungsverträge führen hingegen zu Hierarchiehörigkeit und erzeugen eine Illusion der Kontrolle und Objektivität (Pfläging 2006, 2008). Es handelt sich um eine Illusion von Kontrolle, weil zumindest jede Führungskraft über ein Arsenal an Möglichkeiten verfügt, Zielvorgaben unauffällig zu unterlaufen. Dies bedeutet nicht, dass es keine Ziele geben dürfe, im Gegenteil, Führen mit flexiblen Zielen bedeutet, Ziele von Führungskräften und Mitarbeitergruppen einzufordern, der Bottom-up-Ansatz gewinnt also an Bedeutung.

Somit ist zu prüfen: Lassen die Controllingprozesse des Unternehmens einen Spielraum für Zielvereinbarungen oder herrscht ein Diktat von leistungs- und kostenbezogenen Zielvorgaben vor? Ist letzteres der Fall, so lohnt es sich nicht, sich über Zielvereinbarungsgespräche Gedanken zu machen, denn man kann nicht mit Mitarbeitern etwas vereinbaren, was ohnehin im Detail festgelegt ist. Damit wird auch deutlich, dass die strategischen Ziele weiterhin von der Geschäftsführung kommen werden; es kommt auf den Ausgestaltungsspielraum für Führungskräfte und Mitarbeiter an.

# 4 Rahmenbedingungen in den Bereichen Organisation und Unternehmenskultur

Hier sind mögliche Kontraindikationen des Instruments Führen mit Zielen zu prüfen, denn das Instrument selbst ist kein „Allheilmittel" für jegliche Konstellationen in Unternehmen (siehe den Beitrag von Kolb in diesem Buch). Zu berücksichtigen sind aber auch besonders weit fortgeschrittene Unternehmenskulturen, bei denen es einen Rückschritt darstellen könnte, dieses Instrument einzuführen. Es muss betont werden, dass Führen mit Zielen ein hierarchiegebundenes Verfahren darstellt, in dem Zielvereinbarungen entlang der Hierarchie von oben nach unten fortschreitend konkretisiert werden. Insofern entspricht dieses Verfahren der Realität in der überwiegenden Mehrzahl der Unternehmen.

Es gibt jedoch Ausnahmen. Ein Beispiel ist die Firma Gore (bekannter Markenname Gore-Tex), in der die Unternehmensentwicklung in starkem Maße von einzelnen Teams mit beeinflusst wird. Diese können (und hierfür gibt es in der Erfahrung der Mitarbeiter verankerte Beispiele) aufgrund von Eigeninitiative und in weitgehender Selbstständigkeit Innovationen generieren und umsetzen. Dem entspricht die Unternehmensphilosophie der „Zellteilung", die besagt, dass sich operative Einheiten von mehr als ca. 200 bis 300 Mitarbeitern als selbstständige Unternehmensbereiche abspalten und unter eigener Leitung tätig werden (es geht also nicht um Hierarchie-Freiheit). Diese Philosophie wird unterstützt durch ein gelebtes Führungssystem von Leadership und Sponsorship, das gerade nicht darin besteht, mit klaren Zielen auch auf Mitarbeiterebene zu operieren, sondern weite Gestaltungsspielräume bietet. Vielmehr geht es um das Aufzeigen von Grenzen des selbstständigen Agierens („Waterline"; bei Gefährdung des Gesamtunternehmens). Bei der Firma Gore wurde entschieden, dass der hierarchie-betonte und notwendiger Weise formalisierende Aspekt des Führens mit Zielen für das Unternehmen nicht geeignet ist und in Widerspruch zu seiner dynamischen Unternehmenskultur steht.

Eine ähnliche Kontraindikation ist denkbar bei kleinen, dynamischen Neugründungen im IT-Bereich, bei denen ein höherer Formalisierungs- und Verbindlichkeitsgrad von Arbeitsprozessen den Lebens- und Arbeitsgewohnheiten der Mitarbeiter widersprechen kann. Führen mit Zielen könnte hier die Dynamik eher behindern als fördern. Allerdings sind kritische Wachstumsgrößen der Mitarbeiterzahl zu bedenken. Solange die Kommunikation der Unternehmensleitung mit jedem Mitarbeiters funktionieren kann, solange sind zentrale Steuerungsprozesse eher überflüssig. Bei einer Mitarbeiterzahl ab etwa 60 und dann erneut bei etwa 100 entstehen jedoch zwingende Notwendigkeiten für Struktur- und Prozessregelungen. In diesem Moment greift auch das Instrument Führen mit Zielen in einem angemessenen, nicht an Großunternehmen orientierten Formalisierungsgrad.

An kleinen selbstständigen Einheiten orientiert ist das Modell der „fraktalen Fabrik" (vgl. Warnecke 1992). Auch hier ersetzt eine partikulare unternehmerische Verantwortung ein zentrales Führungssystem, das als Koordinationssystem nur noch notwendige Prozessabstimmungen vornimmt. Das Modell der „fraktalen Fabrik" ist weitgehend Theorie geblieben. Allerdings finden sich in der Kfz-Zulieferindustrie Beispiele, die diesem Modell durchaus nahe kommen.

Von diesen grundsätzlich unterschiedlichen Organisationsmodellen abgesehen, findet man in der Regel eine hierarchiegebundene Struktur vor, für die Führen mit Zielen grundsätzlich geeignet ist als Steuerungsinstrument (siehe Abbildung 1). Unter dem Gesichtspunkt einer flexiblen Team- und Projektorganisation sind allerdings Modifikationen und Einschränkungen des klassischen Modells der Zielhierarchie notwendig.

Eine erste Modifikation greift bereits dann, wenn – dem Prinzip von Lean Management folgend – in einer Abteilung mehrere teilautonome Teams geführt werden. Hier ist nicht nur an die industrielle Produktion zu denken; teilautonome Arbeitsgruppen findet man heute auch in der Sachbearbeitung bei Banken und Versicherungen. In diesen Fällen werden leistungsbezogene Zielvereinbarungen vom Vorgesetzten mit einem Team als Ganzem getroffen. Leistungsbezogene individuelle Ziele würden dem Gedanken der Teambildung zuwider laufen. Verhaltens- und entwicklungsbezogene Individualziele können jedoch in der direkten Kommunikation zwischen Mitarbeiter und Führungskraft vereinbart werden (siehe Abbildung 2). Entwicklungsziele auf Gruppenebene können auch mit Teams (Projektteams oder ständige Gruppen) vereinbart werden. Diese beziehen sich auf die gruppeninterne Zusammenarbeit, auf die Zusammenarbeit über die Gruppe hinaus oder auf einen Qualifikationszuwachs der Gruppenmitglieder als Auftrag an das Team selbst (vgl. Eyer/Haussmann 2007; zu einer Verbindung von Gruppen- und Individualzielen siehe Schmidt/Kleinbeck, 2006; mehrere Beiträge zu Zielvereinbarungen bei Gruppenarbeit in der Produktion siehe Bungard/Kohnke 2002; Wahren 1999). Diese Ziele, wie auch hierarchiegebundene Leistungsziele, können in Zielvereinbarungs-Workshops mit dem Team entwickelt werden (siehe Abbildungen 1 und 2).

*Abbildung 1: Traditionelles hierarchiegebundenes Führen mit Zielen*

*Abbildung 2: Hierarchiegebundenes Führen mit Zielen bei Teamorganisation*

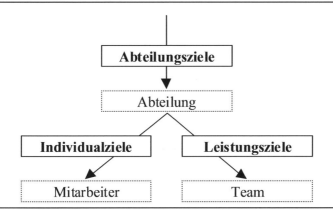

Diese Überlegungen führen zu einem weiteren Einschränkungsbereich des Führens mit Zielen. In einer konsequent prozessorientierten Aufbau- und Ablauforganisation wird der größte Teil der leistungsprozessbezogenen Ergebnisse nicht mehr über die Hierarchie vermittelt und kontrolliert. In der Prozesskette nach gelagerte Teams nehmen die Produkte der Vorinstanz ab und treffen untereinander Leistungsvereinbarungen, nicht Zielvereinbarungen in traditionellem Sinne. Natürlich existiert auch hier weiterhin eine hierarchische Führung, jedoch müssen sich diese Zielvereinbarungen notwendigerweise auf individuelle Verhaltens- und Entwicklungsziele konzentrieren, denn leistungsbezogene Ziele sind weitgehend durch horizontale Leistungsvereinbarungen abgedeckt. Der Vorgesetzte erhält durch Reporting eine Rückkoppelung über die Leistungsvereinbarung (siehe Abbildung 3).

**Abbildung 3: *Führen mit Zielen bei Prozessorganisationen mit internen Kunden-Lieferanten-Beziehungen***

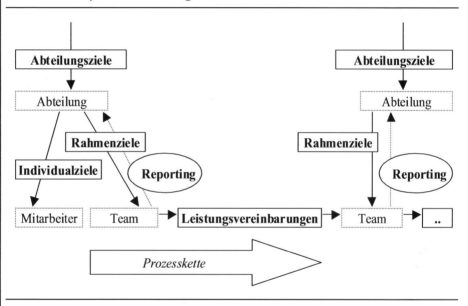

Ein ähnlicher Sachverhalt ergibt sich für fortschrittliche Modelle der Dienstleistungsorientierung von indirekten Unternehmensfunktionen (Kompetenzcenter). In einer Matrixorganisation treffen beispielsweise Mitarbeiter der Personal- und Organisationsentwicklung dokumentierte Leistungsvereinbarungen mit zugeordneten Unternehmensbereichen (Modell der Personalentwicklungsarbeit bei Heidelberger Druck). Führen mit Zielen ist demzufolge kein primär abteilungsinterner hierarchiebezogener Prozess, sondern umfasst im Feld der Leistungserbringung ebenso den unternehmensinternen Kunden (dies gilt auch für die Rolle des HR Business Partners innerhalb des neuen Geschäftsmodells des Personalmanagements). Maßgebliche Ziele werden vom internen Kunden gesteuert, nicht von der eigenen Führungskraft (siehe Abbildung 4).

Auf die notwendige Erweiterung des Top-down-Beurteilungsprozesses um das sogenannte 360°-Feedback (vgl. z.B. Edwards/Ewen 2000; Neuberger 2000; Ward 1995) sei
in diesem Zusammenhang nur verwiesen.

---

*Abbildung 4: Führen mit Zielen bei Dienstleistungsorganisationen im Kompetenz-
center (indirekter Bereich)*

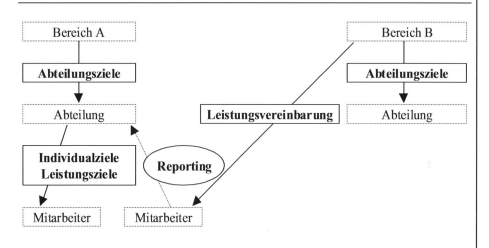

---

Eine weitere Einschränkung des Geltungsbereichs für Führen mit Zielen entsteht bei
einer (in der Realität gelebten) Projektorganisation. Insbesondere im Entwicklungsbereich finden sich multifunktionale Projektteams mit wechselnder Besetzung, in
denen die Mitarbeiter nur noch formell Abteilungen zugeordnet sind. Ihre Leistungen
erbringen sie in mehreren Projektteams mit unterschiedlichen Zeitverläufen. Unter
diesen Umständen macht es keinen Sinn, wenn der Abteilungsleiter arbeitsprozessbe-
zogene Leistungsziele mit seinen Mitarbeitern vereinbart. Umso mehr wird es um
qualitative, verhaltens- und entwicklungsbezogene Individual- und Gruppenziele
gehen. Leistungsziele sollte allerdings auch der Projektleiter nicht vereinbaren. Dies
würde dem Teamgedanken widersprechen. Leistungsziele sind teambezogen bei einer
durchgesetzten Prozessorganisation mit dem Prozesseigner (process owner; Prozess-
verantwortlicher) abzustimmen; dabei kann es sich um eine Führungs- oder Fachkraft
eines anderen Bereichs handeln. Andererseits sind Leistungsziele mit dem Abnehmer
des Entwicklungsauftrags, dem internen Kunden, für das Projektteam als Ganzes zu
vereinbaren (siehe Abbildung 5).

*Abbildung 5: Führen mit Zielen bei Projektorganisationen mit geringem Hierarchie-Bindungsgrad*

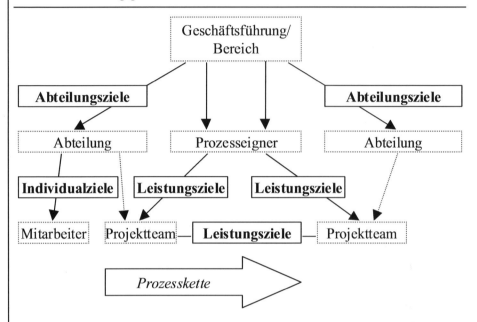

(Multifunktionale Projektteams mit Mitarbeitern aus verschiedenen Abteilungen)

An den genannten Beispielen wird deutlich, dass meist nicht das System des Führens mit Zielen insgesamt obsolet wird. Bei der Implementierung ist aber differenziert zu entscheiden, welcher Geltungsbereich gemeint ist und welche Modifikationen notwendig sind. Beachtet man dies nicht, so läuft ein Unternehmen Gefahr, eine gewünschte personalstrategische Richtung (z.B. Arbeit in Projektteams) durch ein zentrales Instrument zu konterkarieren.

# 5 Notwendigkeit und Begründung

In der Vergangenheit haben nicht wenige Unternehmen das Führen mit Zielen eingeführt, ohne ihren Mitarbeitern die Notwendigkeit begründen zu können. Es reicht nicht aus, mit modernen Führungsinstrumenten oder mit Motivation und Selbstverantwortung zu argumentieren. Nachvollziehbare Gründe (im Sinne einer Notwendigkeit) ergeben sich vielmehr aus den unternehmensstrategischen Perspektiven. In diesem Beitrag wurden die Zusammenhänge mit Qualitätsmanagement, Prozessanalyse und Kundenorientierung bereits aufgezeigt.

Mit solchen unternehmensspezifischen Strategiebezügen sollte die Einführung des Führens mit Zielen verbunden werden (Aufzeigen einer Handlungsnotwendigkeit im Sinne der Organisationsentwicklung). Diese unternehmensspezifischen Strategiebezüge müssen für eine abgesprochene Kommunikationsstrategie aufbereitet werden. Wichtig ist die Einbeziehung der Geschäftsführung, d.h. aller Geschäftsführer bzw. Vorstände, damit eine einheitliche Kommunikationsstrategie glaubhaft verfolgt werden kann. Eine entsprechende schriftliche Ausarbeitung ist sinnvoll, denn diese Argumentationslinien bestimmen die Gespräche mit Führungskräften, Betriebsrat und sonstigen ggf. einzubeziehenden Interessengruppen. Es geht hierbei um die Beweggründe und Prinzipien des Führens mit Zielen, noch nicht um Festlegungen des genauen Procedere, der Fristen, der Berichtswege etc.

# 6    Einrichtung einer Projektgruppe

Es empfiehlt sich, frühzeitig eine Projektgruppe mit Schlüsselpersonen, ggf. auch mit einem externen Berater, zu installieren. Aufgabe der Projektgruppe ist es, die Kultur- und Organisationskonformität zu prüfen, die Notwendigkeit von Modifikationen zu diskutieren und Vorschläge zum Procedere auszuarbeiten. Auch der Geltungsbereich ist festzulegen (Modifikationen in Abhängigkeit von der Organisationsstruktur, Einbeziehung von weniger qualifizierten Mitarbeitern, Mitarbeitern in der Produktion etc.). Die Vorschläge der Projektgruppe werden mit der Geschäftsführung abgestimmt. Die weitere Implementierungsstrategie kann in der Projektgruppe besprochen und geplant werden. In der Regel ergeben sich hier wertvolle Hinweise, mit welchen Widerständen in welchen Bereichen gerechnet werden muss. Diese Informationen ermöglichen ein besseres Eingehen auf Vorbehalte und dienen der Verbesserung der Kommunikationsstrategie. Ein zentraler Vorteil einer Projektgruppe liegt darin, dass Schlüsselpersonen als positive Multiplikatoren bei der Umsetzung fungieren können. Außerdem kann die vorhandene Unternehmenskultur in ihrer Breite abgebildet werden.

# 7 Einbeziehen der Führungskräfte und Interessengruppen

Dass der Betriebsrat und – in großen Unternehmen – der Sprecherausschuss der leitenden Angestellten möglichst parallel zur Projektgruppe einzubeziehen ist, versteht sich von selbst. Wichtig ist, die Führungskräfte einzubinden und ein möglichst weitgehendes Commitment zu erreichen. Optimal ist es, die Thematik des Führens mit Zielen mit einem Führungstraining zu verbinden. Auf diese Weise kann die Verhaltenskomponente, die geeignete Art der Gesprächsführung bei Zielvereinbarungsgesprächen, praktisch umgesetzt werden (zur Qualifikation von Führungskräften für Zielvereinbarungen siehe Webers, 2007). Außerdem besteht genügend Gelegenheit, übergeordnete Fragen der Einstellung in der Mitarbeiterführung zu thematisieren und zu bearbeiten. Dies setzt voraus, dass in kurzer Zeit alle Führungskräfte mit einem Führungstraining erreicht werden können. Ist eine Verbindung mit einem mehrtägigen Führungstraining nicht möglich, sollte ein mindestens eintägiges Kurztraining mit allen Führungskräften durchgeführt werden, die Zielvereinbarungsgespräche aus der Vorgesetztenrolle führen. Inhalte eines solchen Kurztrainings sind:

- System des Führens mit Zielen (Input)

- Notwendigkeit in diesem Unternehmen (s.o. Begründung sowie Verzahnung mit anderen Systemen der Unternehmenssteuerung)

- Mögliche Konfliktfelder (Moderation)

  (Mitarbeiterinteressen, Interessen der Führungskräfte)

- Probleme aus Sicht der Mitarbeiterrolle (Moderation)

- Gesprächsführung (Übung)

- Vorgehensweise (Diskussion der unternehmensspezifischen Vereinbarungen)

- Definition von operativen Zielen (Übung)

  (Erfahrungsgemäß ist es notwendig, anhand verschiedener Beispiele aus dem Teilnehmerkreis Erfahrungen zu sammeln, wie tragfähige Zielformulierungen aussehen können)

- Abschluss: Reaktionen (moderierte Abfrage)

Bei einem etwas größeren Zeitumfang bietet es sich an, nach den ersten beiden Einstiegspunkten einen Positiv/Negativ-Themenspeicher zu erstellen und diesen in der Diskussion abzuarbeiten. Dies ist die sicherste Methode, alle vorhandenen Vorbehalte und Befürchtungen aufgreifen zu können. Zielvereinbarungsgespräche sind Führungsgespräche (in der Regel Bestandteil des regelmäßigen Mitarbeitergesprächs), die möglichst in den größeren Zusammenhang des Führungsprozesses insgesamt eingebunden werden sollten. Daher ist auch die Komponente des wechselseitigen Feedbacks von zentraler Bedeutung (siehe Abbildung 6). Die Verbindung von Feedback mit Zielvereinbarungen muss jedoch unternehmenseinheitlich vereinbart werden.

Für Führungskräfte, die sich individuell auf Zielvereinbarungsgespräche vorbereiten möchten, liegt eine Vielzahl von Ratgeber-Literatur vor (z.B. Koreimann 2003; Rückle/Behn 2007).

---

*Abbildung 6: Struktur eines Mitarbeitergesprächs*

---

1. **Vorbereitung und Organisation**

   Information, rechtzeitige Einladung, persönliche Vorbereitung, ausreichender Zeitrahmen, Raum, Störungsfreiheit

2. **Zusammenarbeit**

   Wie war die Zusammenarbeit im vergangen Jahr?

   Was ist gut, was weniger gut gelungen?

   - aus der Sicht des Mitarbeiters

   - aus der Sicht des Vorgesetzten

3. **Zielerreichung und Zielvereinbarung**

   in der vergangenen Periode/für die folgende Periode

   - aus der Sicht des Mitarbeiters

   - aus der Sicht des Vorgesetzten

4. **Wechselseitiges Feedback**

   Führungsverhalten und Mitarbeiterverhalten

5. **Weiterentwicklung des Mitarbeiters**

   Persönliche Ziele, Förderung, Weiterbildung

---

# 8 Mitarbeiterkommunikation

Eine lediglich schriftliche Information, dass das Unternehmen Führen mit Zielen einführen wird (mit Begründung, Zielen, Procedere), stellt sicherlich nur ein Minimalprogramm dar. Zumindest sollte eine solche Information über ein persönliches Anschreiben erfolgen. Besser ist es, Mitarbeiter in Workshops auf das Führen mit Zielen vorzubereiten, denn bei ihnen liegt ein erheblicher Teil der Initiative und der Verantwortung (z.B. für das Formulieren eigener Ziele). Zumindest gilt dies für die qualifizierten Mitarbeiter (je nach Definition des Geltungsbereichs).

Bei einer überschaubaren Anzahl von Mitarbeitern ist die Durchführung eines eintägigen Workshops realistisch und möglich. Ein Beispiel: In einem Elektrotechnik-Unternehmen mit 700 Mitarbeitern zählten ca. 60 zum Kreis der qualifizierten Mitarbeiter (außer den Führungskräften). Für diese Mitarbeiter wurden fünf eintägige Workshops einschließlich des Vorabends durchgeführt, so dass das Einführungsprogramm kompakt in einer Woche umgesetzt werden konnte. Am Vorabend begann der Workshop um 18.00 Uhr mit einer Information durch den Geschäftsführer (s.o. Notwendigkeit, Begründung, Ziele) und einem gemeinsamen Abendessen. Diese durch sein persönliches Engagement dokumentierte Nachhaltigkeit war eine entscheidende Erfolgsbedingung der Implementierungsstrategie. Außerdem fand eine Verzahnung mit einer Information über die strategischen Unternehmensziele statt.

Neben den üblichen informatorischen Inhalten spielte eine zentrale Moderationsfragestellung für die weitere Diskussion eine entscheidende Rolle. Die Fragestellung (zweiseitig; aus bekannten moderationstechnischen Vorteilen) lautete:

- Welche Vorteile/Chancen sehen Sie beim Führen mit Zielvereinbarungen?
- Welche Nachteile/Risiken/Schwierigkeiten sehen Sie beim Führen mit Zielvereinbarungen?

Die Ergebnisse (mit Priorisierung; Klebepunkte) stellen eine gute Basis sowohl für die Diskussion als auch für die weitere Prozesssteuerung dar (Original der Ergebnisse siehe Abbildung 7; Strukturierung durch den Verfasser).

Die Ergebnisse der Kartenabfrage wurden kurz darauf in einen Workshop mit den Führungskräften eingespielt. Mit dem Mitarbeiter-Feedback erhielten diese deutliche Hinweise, was bei der Umsetzung des Führens mit Zielen zu vermeiden ist.

Bei einer größeren Zahl zu beteiligender Mitarbeiter ist neben dem klassischen Workshop-Format auch eine Großgruppenmoderation vorstellbar. Solche Großgruppenmoderationen wurden bisher vorwiegend bei strategischen Zielbildungsprozessen eingesetzt („Real Time Strategic Change"; zur Bonsen 2008). Es liegt nahe, eine Großgruppenkonstellation auch für die Implementierung des Führens mit Zielen zu nutzen, d.h. alle Mitarbeiter des primären Geltungsbereichs kommen zu einer eintägigen

Tagung zusammen. Moderationsfragestellungen können ebenso bearbeitet werden. Nachteil ist allerdings, dass kritische Aspekte nicht individuell in angemessener Weise gewürdigt werden können. Außerdem bringen Großgruppenmoderationen einen erheblichen organisatorischen Vorbereitungsaufwand mit sich.

*Abbildung 7: Ergebnisse der Kartenabfrage bei Mitarbeitern (N=60)*

| Ergebnisse einer Kartenabfrage bei Mitarbeitern | |
|---|---|
| **Vorteile/Chancen** | |
| - Akzeptanz der Unternehmensziele <br> - Zukunftsorientierung <br> - Kreativität/Ideen umsetzen <br> - In Summe der Zielvereinbarungen bessere Planbarkeit im Unternehmen <br> - „Roter Faden" im Fachbereich <br> - Bessere Information über Unternehmens- und Abteilungsziele <br> - Information „von unten nach oben" <br> - Realistische Planung <br> - Gestaltung der Führungskultur | - Selbständiges Handeln <br> - Ziel, nicht Weg vorgeben <br> - Vorgesetzte wird in die Pflicht genommen <br> - Abfrage der unteren Ebene <br> - Kommunikation zwangsläufig verbessert <br> - Nicht einmalig, sondern permanenter Prozess <br> - Positive Motivation <br> - Selbstbestätigung <br> - Erfolgserlebnisse <br> - Mitbestimmung <br> - Eigeninitiative gefördert |
| **Nachteile/Risiken/Schwierigkeiten** | |
| Probleme der Führung <br> - Diktierte Zielvereinbarung <br> - Unrealistische Zielvereinbarung <br> - Ziel und Weg vorgegeben <br> - Risiko: Missbrauch als hierarchisches Führungsinstrument <br> - Nicht permanenter Prozess, sondern einmaliges Ereignis <br> - Vorgesetzter nicht empfänglich für Kritik <br> - Kontrollinstrument | Probleme der Organisation/der Zielverfolgung <br> - Nichterkennen neuer Ziele <br> - Einschränkung der Flexibilität <br> - Koordinationsprobleme <br> - Fehlende Mittel <br> - Risiko bei falscher Zielvereinbarung <br> - Falsch formulierte Zielvereinbarung <br> - Nicht bedachte, unbeeinflussbare Störfaktoren |
| Probleme der Zusammenarbeit <br> - Reibungsverlust zwischen Abteilungen <br> - Profilierung <br> - Konkurrenzprobleme <br> - Überschätzung der Erreichbarkeit der Ziele im Gespräch <br> - „Egoismus" auf der unteren Ebene <br> - Nur Forderungen von Seiten des Mitarbeiters | Probleme des Arbeitsverhaltens <br> - Überforderung des Mitarbeiters (in der Anfangsphase) <br> - Erhöhter Leistungs- bzw. Erwartungsdruck <br> - Zusätzliche Belastungen durch neue Aufgaben <br> - Euphorische Blindleistung <br> - Risiko: Vernachlässigung des Tagesgeschäfts <br> - Zielkonflikte wenn der Zieltermin näher rückt (Prioritätensetzung zu Lasten des Tagesgeschäfts) |

# 9 Prozessevaluation

Eine Evaluation der Umsetzung eines neuen Personalführungsinstruments sollte selbstverständlicher Bestandteil der Implementierungsstrategie sein. Dies ist in der Praxis leider oft nicht gegeben. Unternehmensinterne oder veröffentlichte Evaluationsstudien sind ausgesprochen selten. Es ist zu hoffen, dass in Zukunft ein stärkeres Augenmerk auf Evaluationsstudien gelegt wird; dies umso mehr, da im Business-Modell der EFQM (siehe hierzu den Beitrag von Bernatzeder in diesem Band) das Beurteilungskriterium „Deployment" (Breite der Umsetzung) vorgegeben ist. Für dieses Kriterium werden nicht vage Einschätzungen, sondern beurteilbare (quantifizierbare) Fakten erwartet. Entsprechendes gilt auch für das Beurteilungskriterium „Results", z.B. unter dem Kriterium „mitarbeiterbezogene Resultate".

Für eine Evaluation des Führens mit Zielen besteht eine erste, grundlegende Erfassung darin festzustellen, ob die Zielvereinbarungsgespräche in den einzelnen Abteilungen mit allen Mitarbeitern des Geltungsbereichs überhaupt geführt worden sind. Diese Erfassung kann rein mechanistisch geschehen, per Meldung an die Personalabteilung. Besser ist es, eine Rückmeldung von den Vorgesetzten der Führungskräfte einzufordern. Diese Erhebung kann verbunden werden mit der Aufforderung, ein Gespräch mit den Führungskräften über das Gelingen der Zielvereinbarungsgespräche zu führen. Auf diese Weise wird Top down Nachhaltigkeit signalisiert.

Dieses Beispiel macht deutlich, dass es bei einer Evaluation nicht nur darum geht, Zahlen zu sammeln. Vielmehr ist es das Ziel einer Prozessevaluation, bedeutungsvolle Informationen für das Nachsteuern einer Initiative zu erlangen. Ebenso ist es das Ziel, mit der Art der Evaluation Nachhaltigkeit zu erzeugen (ein Controlling ohne erhobenen Zeigefinger). Natürlich ist das Ergebnis, dass z.B. 90 Prozent der geplanten Zielvereinbarungsgespräche stattgefunden haben, noch keine umfassende Evaluation. Über die Qualität der Gespräche oder der Zielvereinbarungen ist damit noch nichts ausgesagt. Um die Ebenen der Evaluation differenzieren zu können, ist eine Systematik von Easterby-Smith (vgl. Easterby-Smith 1994, S. 33) hilfreich. Er unterscheidet für Trainingsmaßnahmen fünf Evaluationsebenen (siehe Abbildung 8):

---

*Abbildung 8: Evaluationsebenen*

---

Reaction Effects

⇩

Learning Effects

⇩

Job Behaviour Effects

⇩

Organisation Effects

⇩

Ultimate Value Effects

---

Wenn man die „Ultimative Value Effects", die äußerst schwer zu beurteilen sind, außer Acht lässt, ergeben sich für Führen mit Zielen vier Evaluationsebenen, die nach zwei Zielgruppen, Führungskräften und Mitarbeiter, zu differenzieren sind. „Reaction Effects" lassen sich relativ leicht in einer Seminar- oder Workshop-Situation erheben. Die oben am Beispiel geschilderten Reaktionen der Gruppe der Mitarbeiter stellen eine solche, initiale Evaluation dar. Ähnliche qualitative Daten können aus dem Kurztraining für Führungskräfte gewonnen werden. Ihr Vergleich bietet interessante Ausgangspunkte für die Prozess-Steuerung.

Lerneffekte werden weniger aus einem Kurztraining, als aus einem Führungskräfte-Seminar erwartet. Zur Systematik, zur Vorgehensweise und zur Gesprächsführung könnten Lerneffekte durch Selbstauskunft der Teilnehmer nach einem Seminar erhoben werden. Jedoch sind diese Daten nicht wirklich aussagekräftig, da lediglich ein Selbstbild erfragt wird. Meines Erachtens ist diese Evaluationsebene im Falle des Führens mit Zielen verzichtbar.

Die beiden weiteren Evaluationsebenen folgen nach der Phase der Umsetzung, also nachdem die Zielvereinbarungsgespräche stattgefunden haben. Zunächst interessieren die „Job Behaviour Effects". Optimal ist ein kurzer, eintägiger Workshop mit den Führungskräften, in dem Erfahrungen, Schwierigkeiten etc. in Art eines Follow up-Seminars bearbeitet werden können. Die Kartenabfragen aus entsprechenden Moderationsfragestellungen können durch Priorisierung quantifiziert werden und bilden eine solide, aussagefähige Datenbasis. Ersatzweise sind Interviews mit Führungskräften denkbar, die zwar eine Datenbasis gleicher Qualität bieten, jedoch weniger zur Nachhaltigkeit und Prozessoptimierung beitragen. Fragebogen haben die geringsten Effekte hinsichtlich der letztgenannten Ziele.

Wegen des zahlenmäßigen Umfangs bietet sich andererseits ein Fragebogen für eine Befragung der Mitarbeiter an. Aber auch Workshops (halbtägig) mit einer repräsentativen Anzahl von Mitarbeitern sind ein effektives Evaluationsinstrument, bei dem tiefer gehende Daten gewonnen werden können. Wenn man sich für einen Fragebogen entscheidet, sind mehrere Evaluationsaspekte sinnvoll. Auf Mitarbeiterebene handelt es sich hier im übrigen sowohl um „Reaction Effects" als auch um „Job Behaviour Effects" auf das erlebte „Führen mit Zielen" (siehe Abbildung 9).

---

*Abbildung 9: Fragestellungen der Evaluation auf Mitarbeiterebene*

---

## Fragestellungen der Evaluation auf Mitarbeiterebene

- Kenntnis der Unternehmensziele

- Zufriedenheit mit der Gesprächsatmosphäre

- Zufriedenheit mit dem Prozess der Zielvereinbarung

- Akzeptanz der vereinbarten Ziele

- Möglichkeit und Realität, eigene Ziele einzubringen

  Wenn andere Aspekte des Führungsgesprächs (s.o.) umgesetzt wurden:

- Möglichkeit, Feedback an den Vorgesetzten zu geben

- Akzeptanz des erhaltenen Feedbacks

- Bei einer späteren Evaluationsrunde nach Ablauf der Periode sind außerdem diejenigen Aspekte zu ergänzen, die sich auf die Diskussion der Zielerreichung beziehen.

---

Die erstgenannte Fragestellung nach der Kenntnis der Unternehmensziele ist keineswegs banal. Sowohl aus Mitarbeitersicht (der häufig beklagte Informationsmangel) als auch aus Unternehmenssicht (Mitarbeiter müssen übergeordnete Ziele kennen, um verantwortungsvoll arbeiten zu können) ist dieser Aspekt höchst bedeutsam. Nach der Implementierung des Führens mit Zielen werden die deutlichsten Verbesserungen in der Regel bei diesem Thema erreicht.

Nicht immer ist es notwendig, eine eigenständige Evaluationsstudie aufzulegen. Eine Koordination mit anderen Instrumenten der Mitarbeiterbefragung bietet sich an, um Mitarbeiter nicht mit einer Vielzahl unterschiedlicher Fragebogen zu überlasten. Wenn im Unternehmen eine regelmäßige Vorgesetzten-Einschätzung mittels Fragebogen vorgenommen wird, können ausgewählte Aspekte der Umsetzung des Führens mit Zielen integriert werden (ein Beispiel hierzu bei Bergmann u.a. 1997). Ein Vorteil ist dabei, dass eventuelle Unzulänglichkeiten in der Handhabung des Führungsinstruments im unmittelbaren Feedback der Mitarbeiter an den Vorgesetzten diskutiert werden können.

Für die „Organization Effects" liegt eine Integration in das Instrument der unternehmensweiten Mitarbeiterbefragung nahe. Solche generellen Befragungen sind sowohl im EFQM-Modell (Kriterium „mitarbeiterbezogene Resultate") als auch in der Balanced Scorecard („Lernen und Innovation") gefordert. Mit Daten zur Akzeptanz des Führens mit Zielen sind allerdings die Effekte auf die Organisation noch nicht vollständig abgedeckt. Es interessiert auch der messbare Nutzen der Implementierung des Instruments, wenngleich dies ein schwierigeres Unterfangen darstellt. Durch eine Evaluation auf Organisationsebene ist zu beantworten, welche Qualität die Zielvereinbarungen haben, die getroffen wurden. Nach Ablauf einer Periode der Zielvereinbarung und Zielerreichung kann eine solche Erhebung sinnvoll vorgenommen werden. Datenbasis sind die Zielvereinbarungen selbst (nach Aktenlage, wenn verfügbar) und eine Befragung der Vorgesetzten. Deskriptive und Einschätzungskriterien können sein:

▨ die Art der Ziele: verhaltensbezogene, entwicklungsbezogene und Leistungsziele

▨ die Anzahl der Ziele pro Mitarbeiter

▨ Anzahl der Ziele, die in der Periode nicht weiterverfolgt wurden

▨ die Einschätzung des Zielerreichungsgrades, differenziert nach der Art der Ziele

▨ der Anteil quantitativ messbarer und qualitativer Ziele

▨ bei quantitativ messbaren Zielen: Abschätzung des Nutzens in Abhängigkeit

   vom Zielerreichungsgrad, ggf. auch monetär kalkulierbar

▨ bei qualitativen Zielen: Abschätzung des Nutzens in nachvollziehbaren

   Kennwerten.

Selbstverständlich dürfen quantitativ nicht fassbare Parameter nicht künstlich in fiktive Zahlen übersetzt werden. Wenn es aber gelingt, nur einen kleinen Teil der Zielvereinbarungen quantitativ und in Kennziffern fassbar zu machen, ist durchaus ein Nutzen auf Organisationsebene nachweisbar. Neben dem Überzeugungsgewinn gegenüber skeptischen Führungskräften (die Kraft positiver Beispiele) ist dies ein weiteres Element für mehr Nachhaltigkeit und Stabilität des Zielvereinbarungsprozesses. Die Balanced Scorecard allerdings fordert ohnehin klare Aussagen zum Erreichungsgrad messbarer Ziele.

Bei allen Bemühungen um Messbarkeit sollten allerdings wichtige Effekte auf Organisationsebene nicht übersehen werden: ein Mehr an Kommunikation zwischen Mitarbeitern und Führungskräften, ein Mehr an Klarheit über Erwartungen und Kompetenzen auf Mitarbeiterebene, mehr Eigeninitiative und Identifikation. Solche Veränderungen werden sich in Mitarbeiterbefragungen abbilden, auch wenn neben dem Führen mit Zielen andere Entwicklungen für positive Resultate verantwortlich sein sollten.

Petra Bernatzeder

# Zielvereinbarungssysteme im Rahmen der Balanced Scorecard und des Excellence Modells der European Foundation for Quality Management

# 1 Neuro-Leadership - transformationale Führung - Führung im Wandel mit neuen Werkzeugen?

Es ist noch nicht so lange her, da war man kraft unternehmerischen Könnens oder dank besonderer Fachkompetenz Vorgesetzter seiner Mitarbeiter. Heute spiegeln die Anforderungen und Erwartungen an die Führungskräfte die Komplexität unseres Unternehmensalltags wider. In den Zeiten, in denen Arbeitsverdichtung, Informationsüberflutung und Zeitdruck kaum noch zu steigern scheinen, wird klare Führung noch wichtiger. Führungskräfte sollen als Veränderungsagenten agieren und ihre Mitarbeitenden befähigen, Innovations- und Transformationsprozesse erfolgreich zu bewältigen. Mit der transformationalen Führung (vgl. Bass & Avolio 1994) unterstützen sie ihre Mitarbeitenden, sich künftigen Herausforderungen positiv zu stellen und entwickeln deren Fähigkeiten und Eigenverantwortung kontinuierlich weiter. Der Weg dieses zu leisten, liegt in der Formulierung anspruchsvoller, emotionaler großer Ziele und Visionen, die die Mitarbeitenden auf mehreren Ebenen ansprechen. Dies unterstützt das Paradigma, dass Menschen eigenverantwortlich aufgrund fachlicher Expertise und entsprechender Erfahrung die besten Lösungen finden werden, wenn die Ziele klar genug sind.

Die Ergebnisse der Neurobiologie und Gehirnforschung (vgl. Hüther 2006) unterstützen diesen Ansatz und machen den Einfluss klarer, wohlgeformter Ziele mit emotionalem Bezug auf die Umsetzung von Verhalten sichtbar.

Zielvereinbarungssysteme sind aus dem betrieblichen Alltag kaum noch wegzudenken, sei es im Zusammenhang mit variablen Gehaltssystemen, sei es im Rahmen von Projekt- oder Prozessmanagement. In manchen Organisationen sind sie darüber hinaus vernetzt mit Managementsystemen wie der Balanced Scorecard (BSC) oder dem Business Modell der European Foundation for Quality Management (EFQM). Der vorliegende Artikel behandelt die möglichen Verknüpfungen und Vernetzungen dieser drei Systeme.

# 2 Ziele, Vereinbarungen und Bewertungen

Die Idee, mit Mitarbeitern Ziele zu vereinbaren, ist in der Tat nicht neu. Wenn die wesentlichen Kriterien des kooperativen oder transformationalen Führens ernst genommen und umgesetzt werden, ergibt sich ein Zielvereinbarungssystem von selbst. Im Alltag der Unternehmen finden verschiedene Mutationen der Grundidee statt, die dem dieser Systematik zugrunde liegenden Wert „Talente und Eigenständigkeit fördern und fordern" entgegenwirken:

▨ Qualität der Ziele

Wir unterscheiden Annäherungs- und Vermeidungsziele und bewerten nach Wohlgeformtheit. Zum Beispiel: Die Ziele Abzunehmen oder zum Nichtraucher zu werden sind unklare und wenig ansprechende Ziele. Auf etwas zu verzichten, ohne dafür ein positives Bild zu haben, führt schnell wieder zurück zu vorhandenen Gewohnheiten. Das Ziel, sich wohler zu fühlen, sich schlank schöner zu finden oder beweglicher zu sein, sind Annäherungsziele, die durch das positive Zielbild und die damit verbundene emotionale positive Erwartungshaltung besser wirken.

Eine Umsatzsteigerung um 15 Prozent ist nur dann ein ansprechendes Ziel, wenn dahinter klar ist, was das bedeutet. Das Ziel hinter dem Ziel ist das eigentlich Motivierende. Zum Beispiel, wenn die 15 Prozent Umsatzsteigerung das Überleben des Unternehmens sichern oder die Unabhängigkeit von Banken oder technische Innovationen ermöglichen. Das sind Ziele, für die es sich lohnt zusätzlichen Einsatz zu bringen.

▨ Vereinbarungen statt Vorgaben

Manche Führungskräfte neigen leider immer noch dazu, den vermeintlich einfacheren Weg zu beschreiten, indem sie im Mitarbeitergespräch ihre eigenen Ziele abnicken lassen. Sicher, die Gespräche werden kürzer, sie sparen sich vordergründig betrachtet wertvolle Zeit; bei flachen Hierarchien und einer daraus resultierenden großen Führungsspanne ein wichtiger Aspekt.

Mit Fragen zu führen, Raum zu geben für die Einbindung der Expertise, Erfahrung und kreative Ideen der Mitarbeitenden aufzugreifen, verbessert die Qualität und die Motivation. Persönlich formulierte Ziele sind in der Regel qualitativ fundierter und wesentlich verpflichtender als übergestülpte!

▨ Vernetzung von quantitativen Zielen mit qualitativen Zielen

Die ausschließliche Konzentration auf die finanziellen Ergebnisse, z.B. Umsatzsteigerung, greift zu kurz, wenn es darum gehen soll, den Erfolg des Unternehmens nachhaltig zu sichern. Richtig ist, dass die Verknüpfung der so genannten weichen

Faktoren, z.B. Mitarbeiterorientierung, mit den harten Geschäftsergebnissen schwierig ist und immer wieder neu in den Unternehmensbereichen verankert werden muss. Dies wird mit Hilfe von Systemen wie der Balanced Scorecard und des EFQM-Modells wesentlich erleichtert.

▧ Operationalisierung qualitativer Ziele ist ein Mittel der Verständigung

Das Wichtige an der Vereinbarung qualitativer Ziele ist der Prozess der Verständigung über die Bedeutung dieser Faktoren für die Abteilung bzw. das Unternehmen. Wenn ein Messverfahren und ein daraus abgeleiteter Wert z.B. für die Bewertung der Kundenzufriedenheit benutzt werden, sollte der Einsatz dieses Verfahrens abgestimmt sein. So sollte die Frage geklärt sein, ob das Verfahren für die adäquate Beschreibung des Kundenkontaktes in dieser Abteilung das passende ist? Darüber hinaus sollte allen klar sein, dass der Wert ein Hilfsmittel ist. Die Komplexität der Kundenbeziehung ist nur in einem Ausschnitt damit zu bewerten. Aber man hat sich auf dieses Mosaiksteinchen gemeinsam verständigt.

▧ Abrechenbarkeit von Erfolgen

Die laufende Kontrolle, ob die vereinbarten Ziele erreicht werden können, die Gespräche über Erfolge und auch Misserfolge halten das System am Leben. Wenn Ziele nicht erreicht werden, hat das nicht unbedingt mit der Unfähigkeit der Beteiligten zu tun, sondern möglicherweise mit veränderten Rahmenbedingungen. Aus Sorge um Demotivation werden nicht erreichte Ziele manchmal unter den Teppich gekehrt. „Lieber nicht ansprechen" ist die Devise mancher Führungskräfte. Jedoch: Nicht über nicht erreichte Ziele zu sprechen, schürt Frustration und schadet der Motivation, neue Ziele zu klären.

Bei der Einführung eines Zielvereinbarungssystems kann auf folgende Hilfsmittel zurückgegriffen werden:

▧ Abstimmung der Zielkaskade

Mit Blick auf die Vision und auf die Basis der Unternehmenswerte erfolgt die strategische Planung an der Unternehmensspitze. Langfristige Ziele bilden den Rahmen. Sie werden in einzelnen Unternehmensbereichen kaskadenartig konkretisiert und von Abteilungen, Teams und Mitarbeitenden mit eigenen Ideen angereichert.

▧ Konzentration auf das Wesentliche

Studien (z.B. Covey 2006) und Erfahrungen belegen: Vielen Beschäftigten fehlt die Übersicht über die wesentlichen Unternehmensziele und damit auch die Verbindung zur eigenen Leistung. Wenn die Zahl der Ziele zu hoch wird, fehlt die Priorisierung auf das Wesentliche. Nur dann sind die Chancen der Realisierung gegeben.

▓ Schulungsangebote für Mitarbeiter und Führungskräfte

Persönliche Ziele zu formulieren ist gar nicht so einfach. Häufig genug sind es Aufgaben, die für Ziele gehalten werden. Sicher ist es eine Frage der Perspektive: Was für einen Mitarbeiter Ziel ist, ist auf der nächst höheren Ebene Teil einer Aufgabe. Es ist außerdem Übungssache, Ziele zu formulieren. Zu Beginn sind Fragen hilfreich wie: Was will ich in einem Zeitraum X erreichen? Wie sieht mein Arbeitsgebiet in drei Jahren aus? Was ist dann anders als heute? Woran werde ich erkennen, dass sich etwas verändert hat?

▓ Konfliktmanagement

Bei der Bilanzierung der Zielerreichung sind bei unterschiedlicher Wahrnehmung des Umsetzungsgrades Konflikte wahrscheinlich. Hier gilt es zu lernen, dieses Konfliktpotential aufzulösen und einen beiderseitigen Lernprozess anzustoßen.

▓ Gesprächsleitfäden

Zielvereinbarungen finden im Rahmen von Mitarbeitergesprächen statt, die möglichst gleichartig innerhalb eines Unternehmens ablaufen sollten. Sie bieten Führungskräften zu Beginn eine wertvolle formale Hilfe, um sich voll auf die inhaltliche Klärung konzentrieren zu können.

▓ Checklisten

Sie dienen der Systematisierung der Ziele. Ein positiver Lerneffekt entsteht, wenn das System so formuliert ist, dass es leicht einprägsam ist (siehe Abbildung 1).

# 3　　Balanced Scorecard

Die Balanced Scorecard (BSC) geht auf Arbeiten von Kaplan und Norton (1997) zu Beginn der 90er Jahre zurück. Sie basiert auf der Notwendigkeit eines breit gefächerten Kennzahlensystems für alle betrieblichen Leistungsparameter – von internen Prozessen bis zur Kundenzufriedenheit. Die BSC geht somit über die allgemein gebräuchlichen finanziellen Kennzahlensysteme hinaus. Es werden zusätzlich zu den bekannten finanziellen Messgrößen weitere Perspektiven (Kunden-, interne Geschäftsprozess-, Lern- und Entwicklungsperspektive) in die Betrachtung mit einbezogen, um ein ausgewogeneres Bild der Situation des Unternehmens aufzuzeigen.

Ergänzung findet die bisherige Vorgehensweise durch den Einsatz so genannter strategischer Landkarten. Damit wird der emotionale Ankerpunkt für die BSC hervorgehoben. In einer Studie von Horváth & Partners (2008), an der sich 137 Unternehmen beteiligten, wurde der Nutzen für die Kommunikation der Strategie betont.

---

*Abbildung 1: Beispiel für eine Checkliste zur Zielsystematisierung*

---

„Unsere Ziele sind SMART":

▶ Spezifisch:

für die Mitarbeitenden verständlich, einfach und konkret.

▶ Messbar:

Zwischenergebnisse müssen definiert werden, die Zielerreichung muss anhand eines eindeutigen Kosten-Nutzen-Bezuges deutlich werden.

▶ Anspruchsvoll:

aber erreichbar; die Rahmenbedingungen müssen eine Erreichung des Zieles unterstützen und das Erreichen soll ermöglichen, stolz zu sein.

▶ Realistisch:

alle Beteiligten sagen: „Erreichbar!" Das Ziel ist den Fähigkeiten und den Rahmenbedingungen entsprechend gewählt.

▶ Terminiert:

Termin für Endergebnis

Termine für Zwischenergebnisse

Termine für Feedbacks

---

Dem Konzept der BSC bescheinigte die Studie einen hohen Reifegrad: Jedes zweite der befragten Unternehmen wendete die BSC seit über fünf Jahren an, knapp 30 Prozent führten sie bereits 2001 oder früher ein. Über 60 Prozent der DAX-Unternehmen setzten die BSC ein. 80 Prozent der befragten Unternehmen waren mit dem Konzept insgesamt sehr zufrieden. Die Anwender waren im Drei-Jahres-Vergleich überdurchschnittlich erfolgreich und erzielten ein höheres Umsatzwachstum im Vergleich zum Wettbewerb. Ein positiver Einfluss zeigte sich unter anderem bei Kennzahlen wie Kundenzufriedenheit (65% Zustimmung), Qualität (65%), Mitarbeiterzufriedenheit (57%) und Kostensenkung (55%). Je intensiver die Nutzung, desto größer wurde der Erfolg eingeschätzt. So sahen 40 Prozent aller Unternehmen, die das Konzept intensiv nutzten, bei sich selbst absolute Stärken in der Strategieumsetzung – bei weniger intensiver Anwendung waren es sieben Prozent.

Auf den ersten Blick erscheint die BSC als einfaches Kennzahlensystem mit vier wesentlichen Steuergrößen. Neben monetären Aspekten und der Kundenorientierung stehen als kritische Größen die internen Prozesse sowie die Entwicklung, das Lernen der Mitarbeiter/Innovation und Wachstum im Fokus, also die so genannten weichen

Faktoren. Die Reduktion auf diese vier Bereiche soll der leichteren Nutzung von Controlling-Daten dienen. Komplexität zu reduzieren und damit handhabbar zu gestalten, scheint zunächst der wesentliche Aspekt. Ziel des Systems ist, Strategien und Ziele in messbaren Größen, Indikatoren und Kennzahlen zu dokumentieren. Der Begriff „Balanced" in der Bedeutung von „ausgeglichen" steht für die Verknüpfung der Kennzahlen (siehe Abbildung 2).

*Abbildung 2: Elemente und Struktur einer Balanced Scorecard*

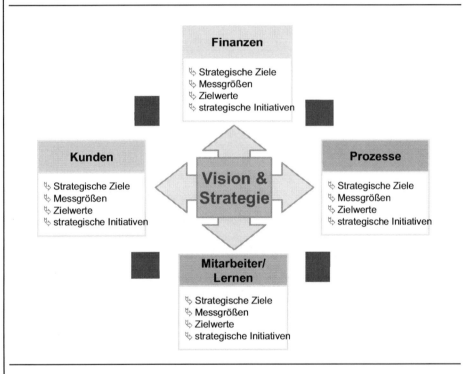

Hier setzt auch einer der Hauptkritikpunkte des Systems an, die sehr aufwändige Vernetzung des Datenmaterials über alle Ziele, Unternehmensbereiche bis hin zu den Mitarbeiterzielen. In der Kritik stehen die Aufwände für eine mögliche „Messgrößen-Bürokratie", wenn dadurch der Blick für die Erreichung der strategischen Ziele verschwindet. So haben sich auch einige Unternehmen von der BSC wieder verabschiedet.

Für mittelständische Unternehmen werden inzwischen Software-Tools angeboten, die die nicht im Vordergrund stehende, aber dennoch notwendige, technische Umsetzung der BSC unterstützen.

Bei der Entwicklung der BSC werden die Inhalte der strategischen Ausrichtung aus Sicht der Shareholder und Kunden sowie in Bezug auf die Gestaltung der Prozesse und die Entwicklung des Unternehmens konkretisiert und jeweils mit der Frage nach Erfolgsfaktoren und Messgrößen operationalisiert (siehe Abbildung 3).

---

*Abbildung 3: Entwicklung einer Balanced Scorecard*

Zusätzlich zur übersichtlichen und verzahnten Darstellung der Zielbereiche ist die Arbeit mit dem Managementsystem von Interesse: Ausgangspunkt ist ein gemeinsamer Kommunikations- und Abstimmungsprozess an der Unternehmensspitze. Jeder Unternehmensbereich konkretisiert die BSC mit seinen möglichen Beiträgen. Dieses Abteilungsergebnis wird als Basis aller individuellen Zielvereinbarungen mit den Mitarbeitern genutzt. Zu den einzelnen operativen Zielen können Gewichtungen festgehalten werden, die den Führungskräften und Mitarbeitern die Einordnung und Bewertung von Erfolg erheblich erleichtern (siehe Abbildung 4).

*Abbildung 4: Beispiele für die Inhalte einer Balanced Scorecard*

| | Strategische Ziele | Meßgrößen und konkrete Ziele | Strategische Initiativen |
|---|---|---|---|
| Finanzen | • Schnelles Wachstum | • Umsatzwachstum in Zielmärkten > 10% | • Kauf von 2 Unternehmen im Raum XY |
| Kunden | • Steigerung internationaler Marktanteile | • Umsatzanteil internationaler. Kunden > 15% | • Vertriebspartnerschaften im Ausland |
| Prozesse | • wirtschaftliche und exzellente Leistungserbringung | • 80% Projekte ohne Budgetüberschreitung | • Vertriebsunterstützung durch IT-Innovation |
| Mitarbeiter, Lernen, Innovation | • Hohe MA-Kompetenz<br>• Hohe MA-Bindung<br>• ........ | • Index MA-Zufriedenheit + 10%<br>• Durchführungsquote MA-Gespräche 100%<br>• Fluktuation < 8% | • MA-Feedbacks für alle Vorgesetzte<br>• Ausrichtung der MA-Skills an Kernaufgaben<br>• ...... |

Die Protagonisten der BSC betonen folgende Vorteile auch im Hinblick auf Zielvereinbarungssysteme:

▨ Im Modell werden Zusammenhänge zwischen Ursachen und Wirkungen formuliert, die an sich logisch sind: Lern- und Wachstumsziele sichern die Erfüllung der Kundenziele sowie die optimale Gestaltung der internen Prozesse. Die Qualität der Prozesse wirkt sich auf die Ziele bezogen auf die Kunden aus. Die finanziellen Ziele sind die Größen, in denen sich alle anderen widerspiegeln, z.B. erhöhen zufriedene Kunden den finanziellen Ertrag.

▨ Spannend ist allerdings, dass mit Hilfe des Modells diese formulierten Ursache-Wirkungs-Zusammenhänge überprüfbar sind. Damit lässt sich der Nachweis führen, dass sich eine Investition in Innovation und Lernen letztlich in einer Ertragssteigerung ablesen lässt.

▨ Der Blick ist in die Zukunft gerichtet und legt keinen Wert – wie dies im Controlling oft gehandhabt wird – auf das Durchforsten der Vergangenheit.

▨ Die Konzentration liegt auf dem Wesentlichen, wodurch Freiräume für das Top-Management entstehen. Die Reduktion auf die vier genannten Bereiche und ihre Kernaussagen erleichtert die Steuerung des Unternehmens.

- Die Ziele des Top-Managements werden kommuniziert. In einer Studie von Horváth (Horváth & Partner 2000) wurde nachgewiesen, dass nach Einführung der BSC 80 Prozent der Mitarbeiter eines Unternehmens die strategische Ausrichtung kennen, wohingegen es vorher nur 25 Prozent waren.

- Kennzahlen werden ermittelt, die die Basis für die zielgerichtete Strategieumsetzung sind. Feedbackschleifen ermöglichen die Überprüfung.

- Der Klärungs- und Abstimmungsprozess von Messmöglichkeiten kann z.B. für Benchmarking oder Veränderungsmessungen über die Zeit genutzt werden.

- Jeder Unternehmensbereich konkretisiert die BSC mit seinen spezifischen Aktivitäten und bindet jeden einzelnen Mitarbeiter mit den persönlichen Zielen ein.

Die BSC ist somit eine von vielen Anwendern geschätzte Matrix für unternehmensspezifische Zielvereinbarungen. Der wesentliche Nachteil soll nicht verschwiegen werden: Die Etablierung des Systems ist sehr aufwändig und kostet Zeit. Wenn diese allerdings als Investition in den Bereichen Innovation und Lernen angesehen wird, sollte sie sich in der Folge als Ertragssteigerung niederschlagen.

# 4 Business Excellence mit der European Foundation for Quality Management

Welche Noten geben Mitarbeiter ihren Chefs für gute Führung? Wie erarbeiten Führungskräfte die Mission, die Vision und die Werte? Wie agieren Führungskräfte als Vorbilder für eine Kultur der Excellence? Wie werden Mitarbeiter bei der kontinuierlichen Verbesserung der Geschäftsprozesse eingebunden? Wie nutzen Unternehmen und Verwaltungen alle Potenziale zur Sicherung und Verbesserung ihrer Wettbewerbsposition, die sie haben? Welche konkreten Ansatzpunkte für Verbesserungen gibt es? Antworten auf diese Fragen und Unterstützung bei der Umsetzung bietet das Modell für Business Excellence der European Foundation for Quality Management (EFQM).

1988 ergriffen 14 führende europäische Unternehmen die Initiative zur Gründung der EFQM. Ausgehend von japanischen und US-amerikanischen „Erfolgsstories" (z.B. American Malcolm Baldrige Award) erkannten sie die Möglichkeit, durch den Einsatz von Umfassendem Qualitätsmanagement (TQM) Wettbewerbsvorteile für den Wirtschaftsraum Europa zu erzielen. Über 600 europäische Unternehmen, Organisationen des Gesundheits- und Sozialbereichs sowie der öffentlichen Verwaltung zählen europaweit zu den Mitgliedern.

Zur Verwirklichung ihrer Mission stellt die EFQM allen europäischen Organisationen, kleinen, mittleren und großen Unternehmen ein praxisorientiertes Managementmodell zur Verfügung, dessen konsequente Anwendung die Verbesserung der eigenen Wettbewerbsfähigkeit und Wirtschaftlichkeit unterstützt. Seit 1991 gilt dieses System für eine zunehmende Zahl europäischer Unternehmen als Werkzeug und Maßstab ihrer Qualitätsverbesserungen. Nach den Kriterien des Modells werden der European Quality Award (EQA) und auch der deutsche Qualitätspreis, der Ludwig-Erhard-Preis, verliehen. Unternehmen sowie Verwaltungen können sich um den Preis bewerben. 1998 ging der Ludwig-Erhard-Preis an das Hotel Schindlerhof, das im selben Jahr auch als erstes deutsches Unternehmen den EQA verliehen bekam. Zu den Gewinnern zählen BMW, TNT Express, Yell, Bosch, Nokia, Knorr Bremse, Vaillant, Volvo wie auch kleinere Organisationen, wie St Mary's College in Nordirland oder Maxi Co-co-Mat in Griechenland.

Weit über die verbreitete Norm DIN EN ISO 9000 ff. hinausgehend, hilft das EFQM-Modell bei der Realisierung eines umfassenden Qualitätsmanagements. Auf dem Weg zur Business Excellence steht die regelmäßige und systematische Selbstbewertung im Vordergrund. Ein auf den neun Dimensionen des Modells beruhender Fragenkatalog erlaubt es, die eigene Organisation kritisch auf Stärken und Verbesserungspotentiale hin zu überprüfen und daraus Handlungspläne abzuleiten. Die Ergebnisse geben Ansatzpunkte und Prioritäten für Verbesserungsmaßnahmen, die durch die Selbstbewertungsschleifen kontrolliert werden (siehe Abbildung 5).

*Abbildung 5: Das EFQM Business-Modell für Excellence*

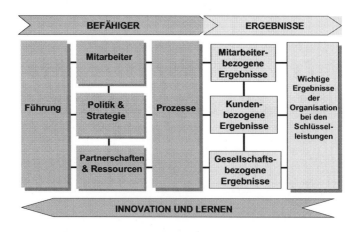

Die fünf Befähiger-Kriterien stellen die Handlungsfelder innerhalb der Organisation dar, die für die Herstellung erstklassiger Produkte und Dienstleistungen ausschlaggebend sind. In den vier Ergebnis-Kriterien lassen sich die Erfolge der Geschäftstätigkeit ablesen. Diese Daten dienen gleichzeitig als Controllingsystem für das Vorgehen in den Handlungsfeldern.

Das Modell ist damit kein Qualitätssicherungs-System mit detaillierten Richtlinien, Handlungsanweisungen und einer externen Auditierung. Vielmehr ist es ein Management-Werkzeug für die Unternehmensführung, um Veränderungsprozesse optimal zu steuern (Zink 2004)! Besonders bestechend ist auch hier die konsequente und messbare Koppelung der weichen Faktoren mit den Geschäftsergebnissen. Ein Beispiel: Messungen zur Mitarbeiterzufriedenheit werden mit Ergebnissen zur Kundenzufriedenheit und verbesserten Erträgen in einen statistisch eindeutigen Zusammenhang gebracht. Eine Studie des Center of Quality Excellence der University of Leicester, The British Quality Foundation (2005) zeigte auf, wie sich Preisträger von anderen Unternehmen hinsichtlich wichtiger finanzwirtschaftlicher Kenndaten unterschieden.

Die Preisträgerunternehmen generierten im Zeitraum von drei bis fünf Jahren nach dem Preisgewinn:

- einen um 36 Prozentpunkte höheren Aktienkurs (statistisch signifikant),

- eine um 76 Prozentpunkte höhere Umsatzsteigerung (statistisch signifikant),

- eine um 4,4 Prozentpunkte größere Kostenreduzierung (zum Teil statistisch signifikant)

- eine um 44 Prozentpunkte größere Steigerung der Vermögenswerte (statistisch signifikant)

- bei der Kennzahl „Investitionen zu Vermögenswerten" eine um 46 Prozentpunkte größere Steigerung (statistisch signifikant).

Die Untersuchung liefert somit bemerkenswerte Hinweise darauf, dass die Implementierung des EFQM-Modells zu Performance-Steigerungen in den genannten Bereichen führt.

Im Sinne eines Wertesystems basiert das Managementsystem der EFQM auf folgenden Annahmen:

▦ Ergebnisorientierung

Ausbalancieren und Berücksichtigen der Erwartungen aller Interessengruppen (Mitarbeiter, Kunden, Lieferanten und der Gesellschaft).

▦ Kundenorientierung

Die Kundenmeinung entscheidet letztlich über die Qualität von Produkten. Die klare Ausrichtung auf Kundenbedürfnisse optimiert Kundenbindung und Marktanteil.

▦ Führung und Zielkonsequenz

Das Verhalten der Führungskräfte schafft Klarheit und Einigkeit hinsichtlich der Ziele sowie der Werte der Organisation und ein Umfeld für überragende Leistungen.

▦ Management auf Grundlage von Prozessen und Fakten

Analysieren und Managen von komplexen Aktivitäten; Entscheidungsprozesse auf Grundlage von Informationssystemen mit kurz- und langfristiger Perspektive.

▦ Mitarbeiterentwicklung und -beteiligung

Freisetzung des gesamten Potentials von Mitarbeitern durch gemeinsame Werte sowie eine Kultur von Vertrauen, Ermächtigung und Beteiligung aller!

▦ Kontinuierliches Lernen, Innovation und Verbesserung

Maximale Leistung aufgrund von Wissensmanagement in einer von Lernen, Innovation und Verbesserung geprägten Kultur.

▦ Aufbau von Partnerschaften

Aufbau und Förderung von Beziehungen, die auf Vertrauen, Gleichberechtigung, Austausch von Wissen und Integration bauen.

▦ Verantwortung gegenüber der Öffentlichkeit

Ethisch korrektes Vorgehen und die Orientierung an gesellschaftlichen Erwartungen und Vorschriften dienen den Mitarbeitern und der Organisation.

# 5 Verknüpfungen des EFQM-Modells mit Balanced Scorecard und Zielvereinbarungen

Ganz eindeutig ist das Modell für Business Excellence der EFQM das umfassendere Konzept, dem eine explizit formulierte Philosophie zugrunde liegt. Aussagen zur Führungskultur oder zur Mitarbeiterbeteiligung stehen nicht umsonst zu Beginn der Bewertungsdimensionen. Die Bedeutung der weichen Faktoren findet im Modell ihren Niederschlag, vor allem da sie sich mit den finanziellen Geschäftserfolgen in einen eindeutigen Zusammenhang stellen lassen. Widerstände gegen die gezielte Beeinflussung und gegen die Investition in diese weichen Faktoren werden dadurch reduziert; das Beispiel anderer Unternehmen, die Transparenz von Fakten und Kennzahlen unterstützt dies. Im Kriterium „Politik & Strategie" werden keine zu verwendenden Modelle vorgeschlagen, wichtig sind der Bearbeitungs- und Kommunikationsprozess sowie der Nachweis, alle relevanten Quellen genutzt zu haben. Zielvereinbarungssysteme sind selbstverständliches Führungsinstrument für mehr Mitarbeiterorientierung und zur Umsetzung strategischer Prozesse. Die Inhalte der Zielvereinbarungen leiten sich aus den jährlichen Bewertungsprozessen von Abteilungen und Unternehmensbereichen ab und sollen mit den strategischen Zielen gekoppelt sein.

Die BSC hat mit der Auswahl der relevanten Themenfelder die meisten EFQM-Kriterien erfasst, auch ist die Logik des Modells deckungsgleich, jedoch deckt sie nicht die ganze Palette der relevanten Befähiger-Felder ab. Im Besonderen fehlt das wesentliche Thema „Führung". Wenn Führung bewusst im Feld Innovation und Lernen angesprochen wird, könnte damit zumindest dem Eindruck entgegengewirkt werden, dass Führung nicht auch auf dem Prüfstand steht.

Die Arbeit mit der BSC hat eine andere Zielsetzung, sie soll Komplexität auf wesentliche strategische Ausrichtungen reduzieren. Das EFQM-Modell mit den Bewertungen von Stärken und Schwächen trägt zu einem möglichst breit gefächerten Gesamtbild der Organisation bei. Somit ist die BSC ein nützliches Werkzeug um das Kriterium „Politik und Strategie" besser bearbeiten zu können (siehe Abbildung 6).

Der Bezug zu persönlichen Zielvereinbarungen scheint mit der BSC enger verknüpft. Der Zusammenhang von Unternehmens- oder Abteilungszielen und persönlichen Zielen ist in der Regel einfacher abzuleiten.

*Abbildung 6: Mögliche Synergien von Balanced Scorecard und EFQM-Modell*

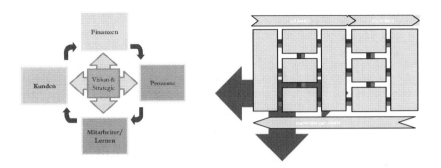

## Hohe Strukturähnlichkeit mit wechselseitigen Ergänzungen:

▸ **BSC:** Klare strategische Ableitung, klarer Fokus, sparsame Struktur, eindeutige Kennzahlen, Maßnahmen, hohe Sichtbarkeit, klare Rückmeldung

▸ **EFQM:** Hohe Ziele („best in class"), anschauliche (best practice-) Beispiele, starke Selbstverantwortung in Zielsetzung und Durchführung (self-assessment), (benchmarking)

# 6 Konsequenzen für Zielvereinbarungssysteme

Ein BSC-System erfüllt seinen Hauptzweck – nämlich Transparenz von wesentlichen, auch qualitativen Zielen mit der Zuordnung von Kennzahlen – wenn der Top-Down-Prozess von allen Unternehmensbereichen kaskadenartig konkretisiert wird. Dies erfordert einen durchgängigen Kommunikationsprozess. Wenn dies gelingt, sind alle Zielvereinbarungen übersichtlich in ein Gesamtkonzept eingebettet. Das EFQM-Modell bietet die passende Wertestruktur und Logik. Es liefert über die Selbstbewertung Verbesserungspotenziale innerhalb des Unternehmens sowie im Austausch mit anderen Unternehmen Beispiele für best practice als Anregung zur internen Umsetzung.

## Erich Karnicnik

# Zielvereinbarungen als Führungs- instrument - woran sie scheitern können

# 1    Nutzen der Zielvereinbarungen

Die Zielvereinbarung ist weder ein sicher wirkendes Dopingmittel für gesunde Unternehmen noch ein Allheilmittel für kränkelnde oder kranke Organisationen. Sie ist aber eines der plausibelsten und akzeptiertesten Führungsinstrumente. Neben dem Mitarbeitergespräch ist sie vermutlich auch am meisten verbreitet. Größere Bekanntheit erlangte die Zielvereinbarung in Deutschland mit der Einführung des Management by Objectives-Modells in den 50er Jahren. Dieser für ein Managementsystem ungewöhnliche Langzeiterfolg liegt vermutlich in der Plausibilität, der vermeintlichen Einfachheit und der vielfältigen Einsatzmöglichkeiten des Instruments. Gut gemachte Zielvereinbarungen bringen Mitarbeitern und Unternehmen einen erkennbaren Nutzen und sind notwendige Voraussetzung für unternehmerisches Handeln.

Ziele geben den Mitarbeitern zum einen Orientierung, da sie wissen, welche Ziele sie in welchem Zeitraum erreichen und welchen Beitrag sie zu den übergeordneten Zielen leisten sollen. Zum anderen halten Zielvereinbarungen Freiräume bereit, da die Mitarbeiter innerhalb ihrer Möglichkeiten über den geeigneten Weg zur Zielerreichung selbstständig entscheiden und ihre Kompetenzen somit zielgerichtet in den Arbeitsprozess einbringen können. Die materielle und immaterielle Anerkennung von Leistung wird nachvollziehbar und glaubwürdig, was zur Motivation der Mitarbeiter beiträgt.

Für das Unternehmen tragen Zielvereinbarungen zum Geschäftserfolg bei, da die übergeordneten Ziele des Geschäfts in operative, individuelle Ziele übersetzt werden. Die Erreichung dieser Ziele führt zum Geschäftserfolg. Darüber hinaus wird es für die Führungskräfte möglich, größere Verantwortungsbereiche und Führungsspannen zu bewältigen. Denn eine klare Ausrichtung an den übergeordneten Zielen sorgt dafür, dass alle in die gewünschte Richtung agieren. Nicht zuletzt sind Zielvereinbarungen ein wesentlicher Schritt zur Erreichung der angestrebten Führungskultur und unterstützen das Unternehmensleitbild.

In der Plausibilität und Einfachheit des Instruments liegen auch Gefahren. Untersucht man Misserfolge in der Praxis, findet man drei klassische Kernprobleme:

- bei den Beteiligten herrschen unklare oder unterschiedliche Vorstellungen darüber, warum Zielvereinbarungen eingeführt werden sollen,

- Vorbehalte, Barrieren und Probleme der Beteiligten werden nicht erkannt und berücksichtigt,

- notwendige Rahmenbedingungen fehlen, um Zielvereinbarungen mittel- und langfristig am Leben zu erhalten.

Wenn im Folgenden auf Probleme und Fehlerquellen im Zusammenhang mit Zielvereinbarungen eingegangen wird, soll aber keineswegs der Eindruck entstehen, dass Zielvereinbarungen ausschließlich aus Problemen bestehen und somit kein taugliches Führungsinstrument sind. „Führen mit Zielvereinbarungen" ist in der Masse der Managementtheorien und -methoden noch immer das überzeugendste Instrument! Die Aufgabenstellung für diesen Beitrag erzwingt allerdings eine Fokussierung auf die Probleme, die aus zwei verschiedenen Blickwinkeln diskutiert werden: Aus personaler Sicht (Führungskräfte und Mitarbeiter) und aus einer phasenbezogenen Sicht (Vorbereitung, Einführung und langfristige Anwendung).

# 2 Probleme aus Sicht der Führungskräfte und Mitarbeiter

Die Zielvereinbarung zwischen Führungskraft und Mitarbeiter, d.h. die konkrete Vorgabe messbarer Ziele, birgt ein natürliches Konfliktpotenzial. Mitarbeiter können z.B. der Meinung sein, dass es sich um „falsche" oder zu ehrgeizige Ziele handelt, die mit den verfügbaren Ressourcen nicht erreichbar sind. Für andere stellt sie eine willkommene Gelegenheit dar, endlos über die „sowieso verfehlte Ausrichtung der Abteilung" zu diskutieren. Hier ist die Überzeugungskraft des Vorgesetzten gefordert. Warum, so könnte man als Führungskraft fragen, soll man ein solches Gespräch führen, wo doch die kurzfristige Arbeitsanweisung das gleiche Ziel erreicht. Und außerdem muss man sich dabei auch nicht schriftlich festlegen.

Akzeptiert ein Mitarbeiter die Zielvereinbarung, verliert man als Führungskraft möglicherweise die Chance, kurzfristig neue oder zusätzliche Aufgaben zu verteilen. Die Kapazitäten des Mitarbeiters sind mit der abgeschlossenen Zielvereinbarung mehr oder weniger bereits ausgelastet und schließlich ist man auch als Führungskraft an die Vereinbarung gebunden. Man müsste die Zielvereinbarung „kündigen", um neue Jobs zu delegieren. Im Bewusstsein der Führungskraft gehen somit kurzfristige Steuerungsmöglichkeiten verloren.

Im Rahmen der Zielvereinbarung trägt der Mitarbeiter die Verantwortung für die Zielerreichung; die Führungskraft jedoch dafür, dass die richtigen, d.h. die Erfolg versprechenden oder sogar die den Erfolg erzwingenden Ziele vereinbart werden. Wenn nun die Führungskraft einmal die „falschen" Ziele vorgibt, tritt der fatale Fall ein, dass zwar die Ziele erreicht werden, der Erfolg aber trotzdem nicht eintritt. Dramatisch wird das vor allem dann, wenn an die Zielerreichung Incentives gekoppelt sind.

Vorbehalte gegenüber Zielvereinbarungen gibt es nicht nur auf Seiten der Führungskräfte, auch Mitarbeiter haben Bedenken gegenüber dieser Form von Führung, obwohl bei Umfragen gerade von Mitarbeitern immer wieder „klare Ziele" gefordert werden. Besonders bei neuen Aufgaben können Mitarbeiter häufig nicht genau abschätzen, inwieweit sie in der Lage sein werden, die vereinbarten Ziele auch tatsächlich zu erreichen. Das Gespenst der Überforderung steht im Raum und bremst die Begeisterung für die Zielvereinbarung. Die Befürchtung, die Ziele nicht zu realisieren, lässt die Gedanken sofort um das Thema der Konsequenzen kreisen. Hierüber wird aber beim Abschluss der Zielvereinbarung in der Regel nicht gesprochen. Wie eng werden die Kontrollen sein? Was passiert mit meinen momentanen Freiräumen? Wie attraktiv wird ein Arbeitsleben mit einer Zielvereinbarung? Diese Fragen beantworten sich Mitarbeiter meist nur selbst, und häufig bleiben im Vorfeld große Zweifel, ob eine Zielvereinbarung wirklich zu einer Verbesserung führt.

Nun sind unterschiedliche Interessenlagen und Befürchtungen bei Führungskräften und Mitarbeitern im Arbeitsleben nichts Ungewöhnliches und auch noch kein Grund, bestimmte Führungsinstrumente nicht anzuwenden. Problematisch wird es erst, wenn beide Parteien die gleichen Befürchtungen haben; diese gibt es durchaus beim Thema Zielvereinbarungen. Beide müssen sich z.B. verbindlich festlegen (lassen), psychischen und zeitlichen Aufwand leisten und sind häufig vom konkreten Nutzen nicht überzeugt. Somit hat das Instrument „Zielvereinbarung" schlechte Karten mit Begeisterung und Empathie gelebt zu werden.

Typische Probleme bei der Einführung von Zielvereinbarungen sind zusammenfassend:

- für Mitarbeiter:

  - Angst vor Überforderung

  - Angst vor Konsequenzen

  - Angst vor Kontrolle

  - Verlust von Freiräumen

- für Führungskräfte:

  - Konflikte mit Mitarbeitern

  - keine kurzfristige Steuerung möglich

  - Ziel erreicht, aber kein Erfolg

- für Führungskräfte und Mitarbeiter:

  - sich festlegen müssen

  - großer Aufwand

  - fraglicher Nutzen

# 3 Motive für die Einführung

Ein häufiges Motiv für die Einführung von Zielvereinbarungen ist, das Unternehmen besser steuern zu wollen, indem man dafür sorgt, dass auch tatsächlich an den übergeordneten Zielen gearbeitet wird. Dies verlangt, dass die Ziele konsequent von „oben" nach „unten" kaskadiert werden und die Summe der „unten" erarbeiteten Ergebnisse sich somit zum übergeordneten Ziel aufsummiert. Dieses Verfahren führt im Unternehmen zu einer dauerhaften Durchführung von Zielplanung, Zielkaskadierung, Zielvereinbarung und Zielcontrolling; es wird als „Policy Deployment" bezeichnet.

Der Wunsch, variable Einkommensbestandteile einzuführen, wird häufig an die Einführung individueller Zielvereinbarungen gekoppelt. Die Zielvereinbarung dient hierbei vor allem dazu, die Zurechnung der variablen Einkommensteile für die Mitarbeiter nachvollziehbar zu gestalten. Wenn Mitarbeiter über ein zu enges Führungskorsett klagen, können ihnen Zielvereinbarungen die nötigen Freiräume bei der Erledigung der Aufgaben geben. Dies kann die Motivation und Zufriedenheit der Mitarbeiter erhöhen.

In den vergangenen Jahren konnte in vielen Unternehmen eine Erhöhung der Führungsspannen beobachtet werden. Je höher aber die Zahl der zu führenden Mitarbeiter, um so weniger ist direkte Führung möglich. Ein Ausweg bietet hier die Zielvereinbarung, deren Umfang sich nach dem Verantwortungsbereich und Reifegrad des Mitarbeiters richtet.

# 4 Kommunikation bei der Einführung

Bei der Einführung von Zielvereinbarungen kommt es entscheidend darauf an, dass eine möglichst große Zahl von Beteiligten mit einer positiven Einstellung oder mit Begeisterung hinter dem Vorhaben steht. Nur so lassen sich die mit Sicherheit eintretenden Anlaufschwierigkeiten konstruktiv bewältigen. Da aber in der Regel wenig persönliche Erfahrungen mit Zielvereinbarungen vorliegen, entstehen Hoffnungen und Befürchtungen meist nur aus der Kommunikation des Vorhabens. Hierbei stehen drei Fragen im Mittelpunkt: Was wird kommuniziert? Was ist möglicherweise gemeint? Was wird von den Empfängern interpretiert?

Während sich im ersten Beispiel das Engagement der Mitarbeiter für die neu einzuführenden Zielvereinbarungen vermutlich in sehr engen Grenzen halten wird, wird es im zweiten Beispiel (siehe Abbildung 1) vermutlich deutlich höher sein. Für die verantwortlichen Manager bedeutet dies, dass sie sich sehr genau darüber informieren müssen, was die Mitarbeiter über die Zielvereinbarung wirklich denken, nur dann können sie bereits bei der Einführung des Instruments eine ausreichend hohe Akzeptanz erreichen.

*Abbildung 1: Kommunikation – Absicht – Interpretation*

| Was wird kommuniziert? | Was ist möglicherweise gemeint? | Was wird von den Empfängern möglicherweise interpretiert? |
|---|---|---|
| „All unsere Aktivitäten sollen konsequent auf die gemeinsamen Geschäftsziele ausgerichtet sein!" | Um Kosten einzusparen, soll ausschließlich an den direkt messbaren Geschäftszielen gearbeitet werden. | Nur noch Umsatz und Produktivität zählen, keine Zeit mehr für Qualität und Zukunftssicherung. |
| „Zielvereinbarungen verschaffen dem Mitarbeiter Freiräume und sie wissen genau, woran ihre Leistung gemessen wird!" | Leistung wird konkret messbar.<br><br>Ehrgeizige Ziele motivieren zu verbesserter Leistung.<br><br>Das Know-how der Mitarbeiter wird besser genutzt. | Ich weiß genau, was ich zu tun habe und wie meine Leistung gemessen wird.<br><br>Ich habe Freiräume, die Wege zur Zielerreichung weitgehend selbst zu bestimmen. |

# 5 Konstanz von Zielvereinbarungen

In Abhängigkeit von den Motiven für die Einführung von Zielvereinbarungen stehen teilweise auch die Probleme, die auftreten, wenn man Zielvereinbarungen über einen längeren Zeitraum wirkungsvoll durchführen möchte. Prozesse zur Zielvereinbarung werden manchmal zusätzlich zu den bereits im Unternehmen eingeführten Planungsprozessen implementiert und dies führt in einzelnen Fällen zu Doppelprozessen oder sogar konkurrierenden Verfahren. Dabei kommt es nicht selten zu vermeintlich konkurrierenden oder nicht akzeptierten Kennzahlen (z.B. Produktivität und Mitarbeiterzufriedenheit). Eine solche Situation stellt somit einen wirkungsvollen Beitrag zur

Desorientierung der Mitarbeiter dar, da für sie nicht mehr genau erkennbar ist, worauf es wirklich ankommt.

Beim Policy Deployment-Verfahren ist es notwendig, dass die Kaskadierung der Ziele von „oben" nach „unten" möglichst schnell erfolgt, da ansonsten das Geschäftsjahr deutlich vorangeschritten ist und viele Mitarbeiter noch keine Ziele für das laufende Geschäftsjahr haben. Dies kann bei den Mitarbeitern zum Eindruck führen, dass es „ohne Ziele auch ganz gut funktioniert".

Die verschiedenen Funktionsbereiche eines Unternehmens akzeptieren in unterschiedlichem Maße Zielvereinbarungen, Kennzahlen und die eventuell damit verbundenen variablen Einkommensbestandteile. Während diese Koppelung zwischen Zielen und Kennzahlen, z.B. im Vertrieb und in der Fertigung, bereits eine lange Tradition hat, gibt es in anderen Funktionen, z.B. Entwicklung und Verwaltung, immer wieder Probleme hinsichtlich der Akzeptanz von messbaren Zielen.

Zielvereinbarungen und die damit für den Mitarbeiter verbundenen Freiräume können zu einer Erhöhung der Motivation und Engagements führen. Dies setzt aber voraus, dass die Mitarbeiter die Ziele wirklich akzeptieren oder besser noch, dass die Ziele die Wünsche und Interessenlage der Mitarbeiter treffen. Hierzu ist es notwendig, dass die Führungskräfte die Interessen, die Stärken und Schwächen der Mitarbeiter kennen und bei der Zielvereinbarung nach Möglichkeit berücksichtigen.

# 6    Akzeptanz von Zielvereinbarungen

Neben den genannten Problemen können sich weitere Faktoren als problematisch erweisen, die die Wirkung und Akzeptanz von Zielvereinbarungen vermindern:

▨ Wenn Führungskräfte nicht die notwendigen Kompetenzen besitzen, Zielvereinbarungsgespräche sach- und mitarbeitergerecht zu führen, fehlt die wichtige Balance zwischen der notwendigen Vorgabe von Zielen und der Einbindung der Mitarbeiter in die Zielvereinbarung.

▨ Wenn Zielvereinbarungen häufig aus kaum nachvollziehbaren Gründen geändert oder „außer Kraft gesetzt" werden, werden diese nicht mehr nachhaltig verfolgt. Tagesaktuelle Themen bestimmen zu einem großen Teil die Arbeit und es bleibt kaum Zeit, an den vereinbarten Zielen zu arbeiten.

▨ Wenn trotz deutlicher Veränderung der Umfeldbedingungen hinsichtlich Markt- oder Unternehmensentwicklungen die Zielvereinbarungen nicht angepasst, sondern „blind" weiterverfolgt werden, werden Unternehmensziele nicht erreicht (z.B. ein Produkt wird sich erkennbar nicht verkaufen lassen).

▨ Unternehmensziele werden gleichfalls nicht erreicht, wenn es nicht gelingt, die Ziele und Zielgrößen in einen nachvollziehbaren Zusammenhang zum Erfolg der Abteilung und des Unternehmens zu stellen. Dies ist beispielsweise der Fall, wenn der Umsatz die zentrale Steuergröße ist, jedoch Qualitätsziele vereinbart werden.

▨ Die Akzeptanz vorgegebener Ziele ist letztendlich auch abhängig von der aktuellen öffentlichen Meinung und Diskussion. Geht diese in eine andere Richtung als die konkreten Ziele im Unternehmen, kann es zu intrapersonalen Konflikten kommen. Beispiele hierfür gibt es zahlreiche: Ökologische Diskussion in der Öffentlichkeit vs. Bau sogenannter „Benzinfresser" oder enorm hohe Rendite(erwartungen) der Unternehmen vs. Abbau von Arbeitsplätzen.

▨ Die Akzeptanz geht auch verloren, wenn die Ziele von vielen als unangemessen hoch oder sogar als manipulativ betrachtet werden (z.B. „Wir fordern 120%, damit wir 100% erhalten").

▨ Die Wahrscheinlichkeit der Umsetzung sinkt, wenn die Zielvereinbarungen weit neben der Funktion oder Stellenbeschreibung der Mitarbeiter liegen, ohne dass diese angepasst wird (z.B. umfangreiche Vertriebsziele für Servicetechniker).

▨ Wenn die Zielvereinbarungen in Form und Ablauf den Prozessen im Unternehmen nicht entsprechen, treten Widersprüche auf (z.B. Ziele werden auf ein Jahr vereinbart, der wesentliche Berichtszeitraum ist aber das Quartal).

▨ Schließlich: Ziele werden nicht „s.m.a.r.t." formuliert: (spezifisch-konkret, messbar, aktiv beeinflussbar, realistisch aber ehrgeizig, terminiert).

# 7    Ein versöhnlicher Schluss

Die meisten der aufgeführten Probleme sind zu bewältigen, wenn man sie im Vorfeld bedenkt und sich immer wieder fragt, ob das Instrument tatsächlich noch wirksam ist und von den Beteiligten akzeptiert wird. Abschließend sei nochmals betont, dass trotz aller aufgeführten Probleme und Gefahren die Zielvereinbarung eines der akzeptiertesten Führungsinstrumente darstellt.

**Klaus Götz**

# (Ver-)Führen mit Zielen?!

*Wir wissen zwar nicht genau,*

*was wir messen,*

*aber was wir messen,*

*das messen wir genau!*

Die Managementpraxis orientiert sich an einem neuen, vermeintlichen Zauberslogan: „Führen mit Zielen". Leistungsbeurteilungen und (variable) Vergütungen hatten und haben die zwischen dem Vorgesetzten und dem Mitarbeiter vereinbarten Ziele als Prüfkriterium. Neben dem positiven Grundansatz zeigt die Konzeption aber einige deutliche Defizite. Hier ist z.B. eine Überbetonung der Beurteilungskompetenz des Vorgesetzten zu nennen, deren Problematik auch durch so genannte Integrationsrunden nicht ausreichend zu kompensieren ist. Ebenso ist fraglich, ob eine zu starre Ausrichtung an (statischen) Zielen mit den sich verändernden Umwelten der Organisation (dynamisch) noch kompatibel ist. „Verführen" Ziele zum „Dienst nach Vorschrift"? Können auf der Grundlage von zu starren Zielvorgaben noch Visionen gedeihen? Diese und andere Fragen stehen im Mittelpunkt dieses Beitrags, der zum Ziel hat, durch eine kritische Würdigung etablierter Systeme des Personalmanagements zu einer Entwicklung von Theorie und Praxis beizutragen.

Zielvereinbarungen sind prinzipiell ein gutes Instrument zur Steuerung von Ergebnisorientierung, Leistung und Wertschöpfung in Organisationen. Das ist unbestritten und die Verbreitung dieses Instruments zeigt, dass es weitgehend akzeptiert ist. Es kann allerdings keine Entwicklung ohne eine kritische Reflexion von Bewährtem geben. Dies soll in fünf kritischen Thesen zur Zielvereinbarung geleistet werden.

# 1 Ziel und Ziele

*Erste These*: *Organisationen (über)leben mit den richtigen Zielen, nicht mit deren richtiger Messung.*

Ziele sind zunächst statisch, nicht dynamisch; sie beschreiben einen Soll-Zustand und nicht einen Ist-Soll-Prozess. Die Zielerreichung ist nicht nur von der Person abhängig, sondern auch von Funktion und Organisation. All dies ist dynamisch. Ziele sind im strengen Sinn nur in der sich laufend verändernden Triade „Person" – „Organisation" –„Funktion" bestimmbar. Wenn also nach den Verursachern zur Erreichung oder Verfehlung eines Ziels gefragt wird, so muss die lineare Gleichung in eine dynamische Gleichung überführt werden.

---

*Abbildung 1: Ziele im Spannungsfeld zwischen Person, Organisation und Funktion*

---

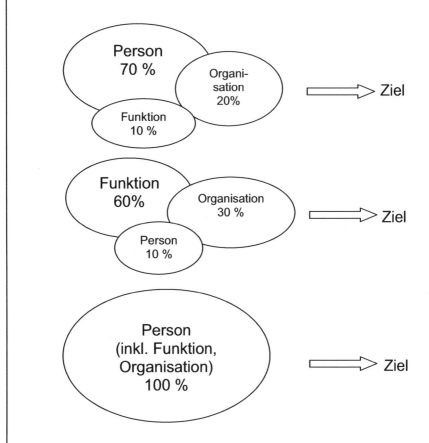

Wenn man im Weiteren von „Führung durch Ziele" spricht, liegt es nahe zu fragen, wie sich Führung eigentlich definieren lässt, und was man tun muss, um erfolgreich zu führen. Ist Führung also Zielerreichung? Ist Führung mehr als Zielerreichung? Ist Führung gar etwas anderes als Zielerreichung? Woran werden wir erkennen, dass wir ein Ziel verfehlt haben?

Zweckrationale Organisationen der Wirtschaft streben danach, bestimmte Ziele unter ökonomischem Mitteleinsatz zu erreichen. Wenn man also wissen will, was zu tun ist, um erfolgreich zu führen, provoziert man die Frage: „Was ist eigentlich unter *Führungserfolg* zu verstehen?"

Die Antwort, der Führungserfolg bestehe im Erreichen der vorgegebenen oder selbstgesetzten Ziele, kann nicht ausreichend befriedigen. Es stellt sich die zentrale Frage, woraus sich diese Ziele ableiten, wie sie begründet und gemessen werden und wie ihre Erreichung honoriert wird. Fordert man konkret dazu auf, verhaltensnah zu beschreiben, woran man den erfolgreichen Vorgesetzten denn erkennt, so wird rasch deutlich, wie vielfältig und unterschiedlich die Kriterien sind, die in diesem Zusammenhang herangezogen werden. Man denke z.B. an die Zielerreichung des geführten Teams, an die Leistungsbereitschaft der Mitarbeiter, wobei die Zielerreichung gelegentlich kurzfristig – im Sinne von Spitzenleistung – oder langfristig – im Sinne von Dauerleistung – definiert wird.

Unterschieden wird dabei zwischen quantitativen und qualitativen Aspekten der Leistung, zwischen zuverlässig-unoriginellen Leistungen oder originell-innovativen Ansätzen etc. Als Indikatoren erfolgreicher Führung werden aber auch geringere Fehlzeiten und Fluktuationsraten genannt, außerdem Konfliktfreiheit in der geführten Einheit, Zufriedenheit der Geführten, ihre steigende fachliche und menschliche Qualifikation, Identifikation der Geführten mit dem Unternehmensziel und vieles anderes mehr. Welche dieser Erfolgsfaktoren für die definierte Zielerreichung besonders wichtig erscheinen, ist schwer zu bestimmen.

Allerdings wird selten nur ein Erfolgsziel relevant sein. In der Praxis misst man Vorgesetzte an verschiedenen Zielkriterien, die zum Teil gleichberechtigt, zum Teil aber auch hierarchisch geordnet sind. Erscheinen mehrere Ziele wichtig, so gilt es zu prüfen, wie diese zueinander stehen:

- Sind sie positiv korreliert? Fördert vielleicht sogar die Annäherung an das eine das Erreichen des anderen? (+)

- Sind sie unkorreliert und unabhängig voneinander? (0)

- Sind sie negativ korreliert? Behindert möglicherweise das Anstreben des einen das Erreichen des anderen? (-)

- Kennt man die Beziehung zwischen den Kriterien einfach nicht? (?)

Es kann ratsam erscheinen, die Ziele in Matrixform zu bringen und sodann die Beziehung zwischen ihnen systematisch durchzudiskutieren, wie es Abbildung 2 als Beispiel zeigt.

**Abbildung 2: Beziehung von Zielen**

## Beziehungen von Zielen zueinander

|        | Ziel 1 | Ziel 2 | Ziel 3 | Ziel 4 | Ziel 5 |  |
|--------|--------|--------|--------|--------|--------|--|
| Ziel 2 | +      |        |        |        |        |  |
| Ziel 3 | −      | −      |        |        |        |  |
| Ziel 4 | 0      | +      | 0      |        |        |  |
| Ziel 5 | ?      | +      | −      | ?      |        |  |
|        |        |        |        |        |        |  |

Wie komplex die Verflechtung der Ziele sein kann, zeigt die oft untersuchte Beziehung zwischen Arbeitsleistung und Arbeitszufriedenheit. Ähnlich verhält es sich mit der Zielerreichung und der Zielzufriedenheit. Häufig vernimmt man die Auffassung, dass die Zufriedenheit über ein erreichtes Ziel mit den Anstrengungen, die hierzu unternommen wurden, positiv korreliert sei. Zusätzlich wird noch behauptet, die Zielzufriedenheit begünstige die dafür notwendigen Investitionen („Glückliche Kühe geben mehr Milch"). Tatsächlich zeigt die empirische Forschung, dass die Beziehung zwischen Ziel-Input und Ziel-Output im Durchschnitt sehr niedrig ist, jedoch von Fall zu Fall höchst unterschiedlich ausfallen kann. Betrachtet man nur die Extremkonstellationen, so kommen in der Praxis alle Kombinationen vor, wie Abbildung 3 zeigt.

**Abbildung 3: Die Beziehung zwischen Ziel-Input und Ziel-Output**

|             |         | Ziel-Input |         |
|-------------|---------|------------|---------|
|             |         | hoch       | niedrig |
| Ziel-Output | hoch    | 1          | 2       |
|             | niedrig | 3          | 4       |

Die Höhe des Ziel-Inputs und Ziel-Outputs ist zwar oft korreliert, muss es aber nicht sein. Es wäre naiv zu glauben, dass ein höherer Ziel-Input gewissermaßen „automatisch" einen höheren Ziel-Output nach sich zöge und umgekehrt. Die „Supervision der Ziele" bleibt damit Führungsaufgabe in dem Sinne, dass die Führungskräfte laufend fragen müssen: „Haben wir die richtigen Ziele und stimmt der Aufwand, den wir zur Zielerreichung betreiben?" Im „worst case" hieße dies nämlich: „Wir hatten die falschen Ziele und wir haben viel unternommen, diese zu erreichen."

---

*Abbildung 4: Wir hatten die falschen Ziele und wir haben viel unternommen, diese zu erreichen.*

---

Aus den empirischen Befunden kann deshalb für den Bereich der Zielvereinbarungen geschlossen werden, dass die Höhe der Zielerreichung nicht notwendigerweise mit der Höhe der Investition zur Erreichung des Ziels gekoppelt ist; d.h. die Höhe bzw. die Energie, die für die Erreichung eines Ziels aufgewendet wird, steht, so ist zu vermuten, in keinem kausalen Zusammenhang mit der tatsächlichen Zielerreichung.

Abschließend kann zu dieser These gesagt werden, dass die Formulierung der richtigen Ziele bedeutsamer ist als die 150%ige Erfüllung mittelmäßiger Ziele. Damit bleibt eine gute Diagnose als Inputkategorie für die Erreichung der Kernziele – der „richtigen" Ziele – die wichtigste Voraussetzung. Das sollte gut überlegt sein und braucht Zeit. Außerdem hat es eine Auswirkung auf die Messbarkeit der Ziele. Alle im Rahmen einer naiven „Balanced Scorecard" definierten Maßstäbe, die auf reine Output-Größen schauen (Anzahl von ...), sind mehr als fragwürdig.

# 2    Ziele und Grenzen

*Zweite These*: Die Beurteilung der Zielerreichung bewegt sich innerhalb der Grenzen des eigenen Systems (Führungskräfte und Führungsstruktur) – diese sind eng.

Organisationen und deren Mitglieder verhalten sich autopoietisch, d.h. sie nehmen mit Vorliebe das wahr, was sie wahrnehmen wollen. Dieses Phänomen kann im Zusammenhang mit Zielvereinbarungen und deren Messung fatale Konsequenzen haben. Organisationen haben nämlich strukturelle Schwächen, d.h. bestimmte Strukturmerkmale, die die Entwicklung hemmen bzw. den Bestand der Organisation insgesamt gefährden.

Der amerikanische Psychologe Irving L. Janis (vgl. Lüthgens u.a. 1994) untersuchte das sogenannte Groupthink-Phänomen. Er konnte zeigen, dass Führungs-gremien, die in angestammten Bahnen denken, direktiv geführt werden und sich aus Mitgliedern der gleichen Denkrichtung zusammensetzen (so genannte homogene Gruppen), trotz aller fachlichen Kompetenz sich vor kontroversen Meinungen schützen und eher an einer Aufrechterhaltung des Gruppenkonsenses als an einer aktiven Problemlösung interessiert sind. Diese Führungskräfte bzw. Führungsgremien werden relativ ignorant gegenüber Informationen und Personen, die nicht mit ihren eigenen Überzeugungen und Zielen im Einklang stehen.

Vorgesetzte tendieren dazu diejenigen Mitarbeiter zu fördern, die ihnen möglichst gleich sind (bzw. die eigene Karriere unterstützen). Zielvereinbarungen werden dazu missbraucht, Homogenität und Konsens mit der Meinung der Vorgesetzten zu erzielen. Die Bereitschaft von Menschen, ihren formellen und informellen Führern zu folgen, erzeugt einen zunehmenden Gruppendruck gegenüber Andersdenkenden. Diese werden ausgegrenzt und Warn- oder Alarmsignale werden nicht ernst genommen oder gar ignoriert. Aus eigenen Karriereinteressen passt man sich der Meinung seiner Vorgesetzten an, selbst wenn die Risiken erkannt werden.

Zielvereinbarungen können auch dazu missbraucht werden, unliebsame Mitarbeiter auszugrenzen und zu diffamieren. In diesem Fall erweist sich jegliche – vermeintlich angelegte – Objektivität hinsichtlich der Messbarkeit einer Zielerreichung plötzlich als nutzlos. Macht hat über Mut gesiegt, das Unbewusste wurde Herr über das Bewusste.

---

*Abbildung 5: Zielvereinbarungen können dazu missbraucht werden, Querdenker auszugrenzen.*

---

# 3 Ziele und Klarheit

*Dritte These: Ziele können Klarheit postulieren, aber Weitsicht kaschieren.*

Betrachten wir das „Führen durch/mit Zielen" vor dem Hintergrund des Wandels, der permanenten Veränderungsprozesse bzw. des organisationalen Lernens, so treten einige bedenkliche Probleme auf. Wenn nämlich Ziele in den Mittelpunkt organisationalen Handelns gestellt werden, so tangieren diese im Veränderungsprozess zunächst das lineare Anpassungslernen (Handlungen) und das reflektierte Veränderungslernen (Ziele), nicht aber das sogenannte reflexive Prozesslernen.

Was bedeutet das? Es geht dem Management letztlich um die Verbesserung von Operationsweisen von Organisationen mit dem Ziel der Veränderung. Indem man individuelle oder organisationale Lernprozesse in Gang bringt, soll die Optimierung der innerbetrieblichen Funktionalität erreicht werden. Die Interventionen können auf verschiedenen Systemebenen ansetzen:

▧ Auf der Ebene der *Handlungen* spricht man von *linearem Anpassungslernen* („Trial-and-error-learning"). Es geht hier um das Ausprobieren alternativer Handlungsmuster bis zur Erreichung des unverändert gebliebenen Ziels. Diese Art des Lernens entspricht den bisherigen Lernprozessen in Organisationen.

▧ Auf der Ebene der *Ziele* spricht man von *reflektiertem Veränderungslernen*. Häufen sich die Misserfolge eigener Handlungen, so geht man möglicherweise dazu über, die eigenen Handlungsziele zu hinterfragen.

▧ Auf der Ebene der *Wirklichkeitskonstruktionen* schließlich spricht man von einem *reflexiven Prozesslernen*. Wenn es wenig nützt, nur einzelne Zielvorstellungen zu korrigieren, muss ein Reflexionsprozess eingeleitet werden, der das gesamte eigene (Um-)Welt-Wirklichkeitsbild und damit auch die eigene Identität zum Gegenstand hat (vgl. Götz 1999, S. 74).

Die letzte Stufe, das organisationale Lernen im engeren Sinne, ist mit Zielvereinbarungen nicht kompatibel. Es geht in dieser Stufe nämlich nicht um die Erreichung von Zielen, sondern um das Gegenteil – das radikale Infragestellen der Ziele. Es geht nicht um die Optimierung des Bestehenden, sondern um die Verabschiedung von bisher als richtig Betrachtetem und den Entwurf von etwas völlig Neuem; es geht nicht um die Verbesserung der Dichtungsringe am Motor, sondern um die Diskussion neuer Verkehrskonzepte; es geht nicht um eine Reform des Beamtenstatus, sondern um dessen Abschaffung.

Das erzeugt Widerstand! Und es ist bekannt, dass Veränderung, die das Überleben von Organisationen sichert, Innovation voraussetzt, Widerstand provoziert und Wandel einleitet. Die Richtung der Veränderung bleibt jedoch offen.

Auf der Landkarte der Strategie eines Unternehmens kann man Ziele einordnen. Innovationen hingegen entledigen sich sowohl des Kompasses als auch der Landkarte und orientieren sich an Utopischem.

---

*Abbildung 6: Lernprozesse werden angestoßen, die nicht der Erfüllung der Ziele, sondern dem Infragestellen ihrer zu Grunde liegenden Wirklichkeit dienen.*

---

---

# 4 Ziele und Visionen

*Vierte These: Ziele vertragen sich nicht notwendigerweise mit Visionen.*

Mit Hilfe von Zielen lassen sich viele Dinge managen – Führen braucht aber darüber hinaus Visionen. Diese benötigen Freiraum und Freiheit. Bei der Überführung von Visionen in Ziele ist durchaus auch ein Charisma der Person, der Gruppe und der Organisation notwendig; nur so kann aus einer Einzelvision eine – wie die Amerikaner es nennen – „shared vision" entstehen und gedeihen.

Wo aber bleibt im Alltagsgeschäft der Zielerreichung hierfür Platz? Ist die Visionsarbeit wirklich nur der Job der Tophierarchie? Man ist geneigt zu behaupten, dass mit dem Gehalt eines Vorstands neben einer Frustrationstoleranz auch ein Stück Visionsarbeit abgedeckt sein sollte. Aber entstehen Visionen nur in den Köpfen (und Herzen) des Topmanagements? Was wird eigentlich tagtäglich in Organisationen getan, um Visionen zu verhindern?

---

*Abbildung 7: Das Pflanzen von Visionen neben dem vorgegebenen Weg zum Ziel.*

---

---

Vielleicht muss zum Abschluss dieser These über eine Negation des Buchtitels nachgedacht werden, obwohl dies absolut nicht in unsere Landschaft passt: „Führen ohne Ziele?" – nicht in seiner Absolutheit, nur ab und zu, ein klein wenig – dies mit dem Ziel, Raum zu gewähren für das Gedeihen von Visionen, von Neuem – „Wachstum regt sich".

# 5 Ziele und Individuum

*Fünfte These: Ziele, die ihren Ausgang an der individuellen Leistung nehmen, verkennen, dass jede Zielerreichung oder -verfehlung das Ergebnis kollektiven Handelns ist.*

Im individualistisch geprägten Abendland herrscht der Irrglaube, dass bestimmte, mit einer Einzelperson besprochene Ziele in ihrer Erreichung oder Verfehlung auf das Individuum rückführbar seien. Diese Annahme ist nur zum Teil richtig, in ihrer Gesamtheit betrachtet sogar falsch.

Arbeitsergebnisse in Organisationen sind in keinem Fall das Resultat individueller, sondern immer kollektiver Leistung, kollektiver Interaktion und Kooperation. Manchmal mehr, manchmal weniger. Organisationen können ohne diese ergebnisorientierten Vernetzungen nicht existieren; sie wären keine Organisationen, wenn es nichts zu organisieren gäbe. Dies geschieht nicht individuell, sondern kollektiv.

In Japan sind deshalb Modelle bekannt, die nicht die individuelle Zielerreichung, sondern die der Gruppe bewerten – nicht nur hinsichtlich ableitbarer Incentives, sondern auch hinsichtlich der Fehlersuche. Bei aller Problematik, die mit der Bewertung einer Gruppenleistung verbunden ist, ist doch zu prüfen, wie derartige Verfahren in der Organisation implantiert werden können. Natürlich unter Rücksichtnahme auf deren Geschichte, Kultur und Ziel.

*Abbildung 8: Zielerreichung bzw. Zielverfehlung ist nicht das Ergebnis individuellen, sondern kollektiven Handelns.*

# 6    Fazit

Was waren zusammenfassend die Hauptbotschaften dieses Beitrags?

- *Ziel und Ziele*: Messen ist gut, die richtigen Ziele zu haben ist besser.

- *Ziele und Grenzen*: Man muss vor lauter Zielen noch das Ziel sehen können.

- *Ziele und Klarheit*: Nicht nur die Erreichung der Ziele ist wichtig; manchmal ist der Abschied von ihnen noch wichtiger.

- *Ziele und Visionen*: Wir brauchen auch den Mut, Nicht-Messbares als wichtig zu erachten.

- *Ziele und Individuum*: Es sind Zweifel an dem abendländischen Egozentrismus angebracht, nach dem die Einzelperson das Maß aller Dinge ist.

Der Titel „(Ver-)Führen durch Ziele" könnte absichtliches Handeln suggerieren – dies muss relativiert werden. Man sollte jedoch unbedingt darauf aufmerksam machen, dass Menschen und Organisationen unbewussten Prägungen und Mustern unterliegen, die sich in einem ständigen Kampf mit einer postulierten Objektivität befinden. Ziele sind gut, Führen mit Zielen ist noch besser. Aber welch tief verwurzelte Angst liegt in Organisationen verborgen, die glauben, mit Messbarkeit den Stein der Weisen in Händen zu halten. Die ständige kritische Reflexion des Tuns ist dabei unabdingbar. Lassen Sie sich deshalb zum Abschluss dazu verführen, den verborgenen Wunsch nach „Wahrheit" bei der Formulierung und Messung von Zielen zu finden und laufend in Frage zu stellen, denn:

*„Je mehr wir uns der Wahrheit nähern,*

*desto mehr entfernen wir uns von der Wirklichkeit." (J. S. Lec)*

Fritz Gairing

# Sich Selbst Führen?!
# Denkansätze zum SelbstManagement

*„Life is what happens*

*while you are planning life."*

*(John Lennon)*

Viele Manager zahlen für den beruflichen Erfolg und ihre Karriere einen hohen Preis. Fast zwangsläufig scheint die Führungsaufgabe einen Lebensstil zu fordern, der das Primat des Arbeitslebens – vermeintlich unhinterfragbar – zum Standard macht. 12 bis 14-Stundentage sind die Regel, Arbeitszeiten bis in die Abendstunden selbstverständlich, auch Sonntage schon lange nicht mehr heilig. Die persönliche FreiZeit schrumpft nicht selten auf wenige Stunden am Tag. Die Anforderungen der Managementaufgabe – Entscheidungsdruck, Strategieplanung, häufig hektische Terminenge, Abstimmungsprozesse, Mitarbeitergespräche – sind für manche Führungskräfte belastend, für andere ein vitalisierender Stimulus. Viele empfinden vor dem Hintergrund dieser Fülle an Aufgaben und Hektik jedoch ein Gefühl der Unzufriedenheit, auch weil die eigentlichen Führungsaufgaben – Mitarbeiterführung, Aufgabenplanung und -controlling, Strategieentwicklung – häufig durch eine Unzahl sachlich trivialer, aber sperriger Alltagsaufgaben letztlich zum Randthema werden (vgl. Linneweh/Hofmann 1999, S. 80).

Als selbstkritisch-polemische Beschreibung dieser Situation habe ich in Managementtrainings sehr häufig das Bild vom „Hamsterrad" gehört: Eingesperrt in einen Käfig sitzt der Hamster in einem ursprünglich zu seinem Nutzen und Plaisir erdachten Rad, das er durch eigene Anstrengung zu drehen beginnt. Der Schwung, den er damit auslöst, wird aber zunehmend zu einer Eigendynamik, die den Antreiber zum Angetriebenen macht und letztlich eine scheinbar ausweglose Situation in – im wahrsten Sinn des Wortes – atemberaubendem Tempo erzeugt. Das Bild vom Hamsterrad beschreibt Manager als Gefangene und Getriebene ihrer eigenen Aktionen und offenbart die Unzufriedenheit und Ohnmacht als Folge dieser fatalen Situation.

In einem anderen metaphorischen Szenario sehen sich Führungskräfte in der Situation einer permanenten Gratwanderung und stilisieren sich damit selbst zu Helden, zu Drachentötern, die auch in lebensfeindlicher Situation (und eine solche würde durch dieses Selbstverständnis ja implizit vorausgesetzt) bereit sind, sich dem „Drachen", der Bedrohung mutig entgegenzuwerfen. Einziger Trost für viele – oft auch heimlich für diese Helden, sofern sie noch nicht süchtig nach Heldentum sind – ist die Hoffnung, dass der Stress und die Hektik nur vorübergehend seien („Dieses Projekt muss noch zu Ende gebracht werden, aber danach wird sich die Situation wieder etwas entspannen.") oder dass spätestens auf der nächsten Karrierestufe, deren Erreichung ja ein nicht unwesentlicher Teil der Motivation für das kräftezehrende Engagement ist, eine verträglichere Arbeitsgestaltung zu erreichen sei. Ziemlich sicher eine Illusion.

Gleichzeitig wächst die Gefahr, dass man schleichend und allmählich in einen Zustand gerät, „bei dem das Leben außerhalb des Berufes – Familie, Freizeit, Erholung, Muße, soziale Kontakte, persönliche Interessen, Hobbies – zu einer ‚Restgröße' zusammengeschrumpft sind. Spätestens hier wird deutlich, dass nicht nur die Führungskräfte selbst, sondern auch ihr berufliches und privates Umfeld – Kollegen, Mitarbeiter, die Familie, Freunde und Bekannte – die Kosten einer solchen Lebensführung mittragen müssen" (Linneweh/Hofmann 1999, S. 80); oder aber nicht mehr bereit sind, diese Kosten mitzutragen und sich aus einer solchen Kostengemeinschaft „verabschieden".

Diese Empfindung des „Fremdgesteuertseins" erzeugt bei vielen Führungskräften das – oft diffuse – Unbehagen und Ohnmachtsgefühl, das eigene Leben nicht mehr unter Kontrolle zu haben, von Ereignissen und Umwelteinflüssen bestimmt zu werden, ein Getriebener zu sein, anstatt ein Treiber. Dieser Umstand ist um so erstaunlicher, wenn man bedenkt, dass diejenigen, die sich hier als ohnmächtig und getrieben erleben, eben diejenigen sind, die in Unternehmen die Weichen stellen, die erfolgreich und mit oft hoher Professionalität Mitarbeiter motivieren, Prozesse organisieren und das Handwerk der strategischen Planung und des Controlling solide beherrschen. Wie kommt es, dass es Managern eher seltener gelingt, die handwerkliche Professionalität des Führens auch auf die eigene Person anzuwenden? Vielleicht, weil das Management-Handwerk dazu nicht ausreicht? Vielleicht, weil in der operativen Hektik, die kaum Zeit für die „echten" Managementaufgaben lässt, erst recht keine Zeit für SelbstManagement bleibt? Kann aber auf längere Sicht ein Manager erfolgreich sein, wenn es ihm nicht gelingt, auch seine persönliche Lebensstrategie zu planen, zu realisieren und zu controllen? Ist SelbstManagement nicht geradezu die essenzielle Voraussetzung für erfolgreiches Management?

Diese Fragen sollen in den folgenden „Denkansätzen zum SelbstManagement" angesprochen und diskutiert werden. Vielleicht gelingt es dabei auch, neben den richtigen Fragen auch noch einige hilfreiche Antworten zutage zu fördern. Und vielleicht sind meine Reflexionen und Impulse, die sich dem Thema auf sehr unterschiedliche Weise nähern, Möglichkeiten für den Leser, sich an- oder aufregen zu lassen und sich damit seine eigenen Gedanken über Sinn, Nutzen und Form von SelbstManagement zu bilden. Das wäre nicht schlecht. Denn: Sich Gedanken über sich und seine eigene Situation zu machen ist bereits eine Übung, die sich ins Zentrum von SelbstManagement wagt.

# 1    SelbstManagement überschreitet die Grenzen der Rationalität

Oswald Neuberger vergleicht das Angebot an wissenschaftlichen Führungstheorien mit dem Sortiment eines Bauchladens und erzählt die (selbstverständlich erfundene) Geschichte von einem Manager, der auf der Suche nach nützlichen Führungskonzepten von jedem Experten, den er befragt, eine andere Antwort bekommt (vgl. Neuberger 2003 S. 42). Eine wissenschaftlich fundierte Präzision zum Thema Führung kann – so Neuberger – nicht in einem theoretisch-soliden Verständnis von Eindeutigkeit gefasst werden. Neuberger behauptet sogar: „Führung ist im Wesentlichen irrational" (Neuberger 2003, S. 43). Soweit würde ich nicht gehen. Allerdings sind im Führungsprozess Dynamiken am Werk, die mit Vernunft-Kategorien allein sicher nicht zu fassen sind. Diese Dimensionen von Führung lassen sich nur jenseits von klassischer Rationalität fassen und beschreiben. Dabei geht es meines Erachtens vor allem um intra- und interpersonale kommunikative Prozesse, die bezüglich ihrer Motivation, Prägung, Wirkung und Dynamik unser Verständnis von funktionaler Vernunft deutlich überschreiten.

Wenn denn schon „Führung" ein kaum rationales Phänomen beschreibt – wie Neuberger belegt – dann ist es erst recht notwendig, die rationale Begrenztheit eines Faktums zu verdeutlichen, das letztlich „nur" eine metaphorische Ableitung eines offensichtlich in seiner ursprünglichen Bedeutung bereits vieldeutigen Phänomens ist. Deshalb muss ein Konzept des SelbstManagements sich bewusst sein, dass es die Begrenztheit der zweckrationalen Betrachtung weit überschreitet. Denn hier geht es beispielsweise um die Fähigkeit, die eigenen Motive, Werthaltungen, Verhaltensmuster, Sinnkategorien, Wünsche und Sehnsüchte realistisch und angemessen zu erkennen und zu verstehen. Diese die Rationalität überschreitende Dimension ist notwendig, weil weder Organisationen noch soziale Gruppen (ob Abteilungen, Projektteams, Lehrerkollegien oder Fußballnationalmannschaften) noch Individuen nach berechenbaren rationalen Gesetzmäßigkeiten „funktionieren". Allerdings agieren sie auch nicht völlig willkürlich, sondern durchaus nach oft historisch und sozialpsychologisch nachvollziehbaren Mustern. Um diese „andersartigen" Gesetzmäßigkeiten von „sozialen Systemen" adäquat zu verstehen, braucht SelbstManagement zuallererst die Kompetenz, die eigenen, nicht „klassisch-mechanistisch-linear-rational" zu fassenden intra- und interpersonalen Verhaltensweisen zu erkennen, zu verstehen und, wenn möglich und sinnvoll, zu steuern. In einem zweiten Schritt müsste es dann darum gehen, auch die Basiselemente interpersonaler, sozialer Dynamik zu (er-)kennen und damit Möglichkeiten der Gestaltung solcher Prozesse zu erhalten. Wer diese Ebene der „soziologischen" Dynamik im Führungsprozess (ob in der Unternehmens-, Mitarbeiter- oder SelbstFührung) ausblendet, bleibt beim SelbstManagement an der technokratisch-handwerklichen Oberfläche.

# 2 SelbstManagement ist eine Metapher

Der Begriff SelbstManagement ist nichts anderes als der – zuerst einmal sprachliche – Versuch, ein interpersonales und funktionales Handeln, nämlich Führung, auf die eigene Person, in unserem speziellen Fall auf eine Führungskraft, zu beziehen. Wenn bereits der Begriff der Führung – von Machiavelli bis Malik – zutiefst an vor-bewusste Metaphern und Bilder geknüpft ist (vgl. Morgan 2008, S. 23-27), dann werden diese Bilder in einer weiteren Ableitungsstufe auch in einem daraus abgeleiteten Verständnis von „SelbstManagement" verwandt. Oder anders ausgedrückt: „Je nachdem, wie das Organisationsverständnis modelliert ist, wird man die Einflussmöglichkeiten von (personaler) Führung anders sehen. Versteht man Organisation als perfekt geplante Maschine, dann bedeutet Führen konstruieren, warten, reparieren, schmieren, starten, stoppen usw. Modelliert man Organisation nach dem Bild der Kleingruppe oder Familie, dann geht es um vertrauensvolle Beziehungen, Rücksichtnahme, konstruktive Konfliktlösung und harmonische Integration. Hat man als Ur-Bild die Organismus-Metapher, dann wird man mit Führen das Heilen, Amputieren, Transplantieren, Narkotisieren, für gesunde Lebensbedingungen sorgen etc. verstehen" (Neuberger 2003, S. 42).

Ob zum Beispiel eine Organisation in einer tief verinnerlichten Metapher als rational zu begreifende und zu steuernde Maschine angesehen wird, in welcher der Manager, einem guten Ingenieur gleich, alle „Rädchen" (oder heute wohl eher alle „speicherprogrammierbaren Steuerungen") in optimaler Form am Laufen hält und bei Bedarf etwas Schmierstoff zuführt, wird sich in einer sehr konkreten Form auf die Frage nach dem Selbstbild und dem SelbstManagement dieses Managers auswirken.

In der Kognitionspsychologie hat sich die Erkenntnis durchgesetzt, dass all unsere Welt-, Lebens-, Karriere- und Selbstbilder immer von unseren mehr oder weniger bewussten „mentalen Modellen" (vgl. Senge 2008, S. 213-250) abhängen und wir letztlich unsere eigene Wirklichkeit sehr individuell „konstruieren" (vgl. Watzlawick 2010). Diese Erkenntnis, dass im Sozialisationsprozess entwickelte „mentale Modelle" unser Denken und Handeln in zentraler Weise determinieren, scheint mir ein weiterer wichtiger Schritt beim Management des Selbst, weil dieses Verständnis unseres Handelns die Chance böte, nicht nur die uns bewussten Symptome unseres Denkens und Handelns zu ergründen, sondern auch die dahinter liegenden Ursachen und Motive zu erhellen.

Welche Vieldeutigkeit und Interpretationsspielraum in dem metaphorischen Konglomerat „Organisation - Führung - SelbstFührung" steckt, lässt sich unschwer erahnen. Trotzdem ist es keinesfalls meine Absicht, das Thema SelbstFührung zu diskreditieren oder als nicht praxistaugliche abstrakte Metapher zu diffamieren. Mir liegt nur sehr daran, die Vielschichtigkeit und Vieldeutigkeit des Themas Führung zu verdeutlichen und die Fragwürdigkeit eines allzu häufig anzutreffenden schlichten technomorphen Verständnisses beim Umgang mit dieser Thematik bereits an dieser Stelle aufzuzeigen.

# 3 SelbstManagement ist eine notwendige Voraussetzung für erfolgreiche Führungsarbeit

Nachdem „Management by"-Konzepte – und damit auch das sogenannte Management by Objectives – in den Führungsetagen deutscher Unternehmen als ziemlich überholt und wenig tauglich für die Lösung heutiger Führungsaufgaben gelten und die Karawane der Management-Moden längst weitergezogen ist, überrascht es zumindest vordergründig, dass heute sowohl in der wissenschaftlichen Diskussion als auch in der betrieblichen Praxis wieder sehr viel über „Führen mit Zielen" gesprochen wird. Doch vor dem Hintergrund einer strategie- und zielorientierten Unternehmenssteuerung gewinnt das „Führen mit Zielen" eine neue und herausfordernde Bedeutung. Neuere unternehmensstrategische Steuerungsinstrumente wie die Balanced Scorecard oder auch Wertorientierte Unternehmensführung lassen sich nur mit einer stringenten Form der „flächendeckenden" Umsetzung der strategischen Dimensionen auf die operativen Funktionen realisieren und transparent verfolgen. Deshalb hat das Thema „Führen mit Zielen" heute zu Recht eine große Bedeutung in der Diskussion um taugliche strategische Managementkonzepte bekommen. Wie die personalwissenschaftlichen und führungstheoretischen Hintergründe und die alltagspraktische Umsetzung dieses Konzeptes konkret aussehen (und letztlich auch funktionieren), wird im Rahmen dieses Buchs an anderer Stelle aus verschiedensten Blickrichtungen behandelt. Daneben stellt sich bei genauerer Betrachtung jedoch sehr schnell auch die Frage, welche Kompetenzen eine Führungskraft mitbringen muss, um dieses Führungsinstrument effektiv und sinnvoll einsetzen zu können.

Wenn die alte Formel gilt, dass im magischen Dreieck der Führung die Führungskraft in angemessener Form Aufgaben und Menschen miteinander in nutzbringende und zielgerichtete „Bewegung" bringen soll, dann sind Führungsmethoden und –instrumente immer und per Programm gebunden an den Akteur dieser Instrumente, an die Führungskraft. Deshalb ist ein Führungskonzept nie ohne den Bezug zu der sie nutzenden Führungsperson angemessen zu fassen. Das heißt, ein Führungskonzept ist immer nur so gut wie die Führungskräfte, die es anwenden; der Erfolg eines Führungskonzeptes steht und fällt mit der Qualität und Kompetenz des aktiv Ausführenden, der Führungskraft; der Prüfstein jedes Managementkonzeptes ist die konkrete

Umsetzung durch die Manager. Und schließlich: Die Transmissionsscheibe zwischen Unternehmensstrategie und operativem Transfer in die Praxis ist die Führungskraft. Damit ist die essenzielle Bedeutung der Führungsperson im Führungsprozess verdeutlicht.

Dies bedeutet konkret, dass die Führungskraft als Individuum sich selbst, die eigene Persönlichkeit, die persönlichen Fähigkeiten (und Unfähigkeiten) und das persönliche Charisma (so vorhanden) als professionelles Instrument zur Verfügung stellt und sich selbst damit als „Werkzeug" benutzt. Auf den Punkt gebracht heißt das, dass sich ein Manager im Führungsprozess als Person selbst professionell instrumentalisiert. Entwickelt man diesen Gedanken der Führungspersönlichkeit als zentralem Instrument im Führungsprozess weiter, liegt es auf der Hand, dass die Entwicklung und Pflege der Funktionalität dieses „Werkzeugs" eine zwingend notwendige Aufgabe ist. In diesem - eher technischen - Sprachbild wäre SelbstManagement nichts anderes als die permanente Instandhaltung, Qualitätssicherung und Weiterentwicklung des bedeutendsten Führungsinstrumentes: der Person des Managers.

Den untrennbaren Zusammenhang und das notwendige Zusammenspiel zwischen Führungskonzepten, Führungsinstrumenten, Aufgaben, geführten Mitarbeitern und Führungskräften soll Abbildung 1 noch einmal verdeutlichen. Auch soll die Bedeutung und Positionierung der Führungskraft als Katalysator, als Akteur und Werkzeug zugleich in dieser Wechselwirkung des Führungsprozesses und damit auch der Zusammenhang zwischen der Dimension der Führung und der Dimension der Selbst-Führung noch einmal illustriert werden.

# 4 SelbstManagement muss die Spielregeln der Management-Welt kennen

Im Folgenden sollen einige Kontextbedingungen von Führung aufzeigt werden, die nach meiner Einschätzung die aktuelle Praxis und Kultur der Führungsarbeit elementar prägen. Zu den grundlegenden Führungsaufgaben Organisieren, Mitarbeiter führen, Aufgaben und Projekte planen und durchführen, die in besonderer Weise beim Führen mit Zielen durch die konsequente Einbeziehung der Mitarbeiter die kommunikative und interpersonale Kompetenz der Führungskraft fordern, kommen neue und bedeutende Anforderungen auf Führungskräfte zu. Wichtig ist dabei allerdings auch, dass nicht alle Herausforderungen und Belastungen im Management heute durch sachlogische und systembedingte Anforderungen wie zum Beispiel Produktivi-

*Abbildung 1: Interdependenz zwischen SelbstFührung und Führung*

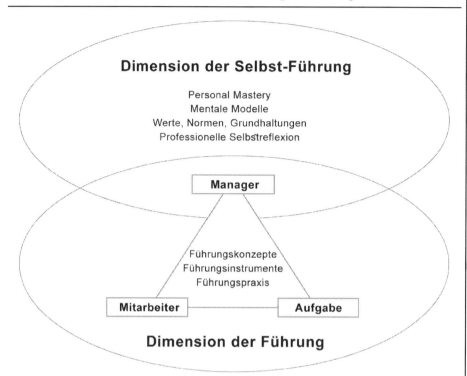

tätssteigerung, Leistungsdichte und Globalisierung ausgelöst werden. Ein nicht unbedeutender Teil der Herausforderung in der Führungsarbeit liegt im reaktiven Umgang mit und/oder der aktiven Gestaltung von mikropolitischen Prozessen zum Aufbau, Erhalt oder der Erweiterung der eigenen Machtsphäre zur Umsetzung persönlicher Interessen. Ob diese mikropolitischen Aktivitäten vorwiegend der sachdienlichen Verfolgung unternehmensstrategischer Ziele dienen oder ob damit vor allem die eigenen – durchaus egoistischen – Macht- und Karriereinteressen verfolgt werden, oder ob das manageriale Handeln ein günstiges Gleichgewicht zwischen Eigen- und Unternehmensinteressen findet, wird sich je nach Persönlichkeitsprofil und Unternehmenskultur sehr unterschiedlich darstellen. Bedeutsam scheint mir allerdings zu sein, dass das Führungshandeln (wohl schon immer und heute in besonderer Weise kultiviert) geprägt ist durch die Symbiose von sachadäquater Funktionalität und mikropolitischen Aktivitäten.

Mikropolitik beschreibt die Tatsache, dass Führungshandeln nicht ausschließlich durch sachrationale Zielgrößen bestimmt wird, sondern dass ein bedeutender Teil des

Managerhandelns durch persönliche Absichten, Taktiken, Strategien und Interessen geprägt ist. Dies bedeutet, dass neben oder hinter den oft wohlfeil und wortmächtig formulierten Sachzielen eines Managers, Optimierung einer Sachaufgabe, eines Projektes, der Abteilungsaufgaben – sehr pointiert und verkürzt ausgedrückt – häufig ein wichtiges Eigeninteresse liegt (Karriere, Macht, narzisstische Befriedigung etc.). Oder, grundsätzlicher ausgedrückt, meint „Mikropolitik das Insgesamt jener alltäglichen Einflussversuche einzelner Akteure, durch die sie ihre eigenen Handlungsspielräume erweitern und sich fremder Kontrolle entziehen wollen. Betrachtet man die Unternehmung als politisches System, in dem sich Koalitionen bilden und so lange erhalten, wie sie von- und durcheinander profitieren, dann wird man sein Augenmerk richten auf das Arsenal jener Techniken, die (Verhandlungs-)Positionen stärken oder ausbauen" (Neuberger 2003, S. 44). Die organisationskulturelle Situation ist in vielen Unternehmen – insbesondere in der aktuellen verunsicherten und krisengeschüttelten Atmosphäre – in hohem Maße von mikropolitischen Aktivitäten geprägt. Deutlich wird dies besonders bei der „Betriebssozialisation" von Nachwuchskräften, die – unausgesprochen und eher unterm Tisch gehandelt – die entsprechenden Verhaltensregeln unbewusst aber unübersehbar in den Verhaltenskodex der angehenden Manager graviert. Karrierestrategien, Profilierungsaktionismus und permanente politische Optimierungen der persönlichen Interessenvertretung (Mit wem muss ich in Kontakt sein? Welche Netzwerke muss ich pflegen? Mit wem sollte ich mal essen gehen? Wen muss ich meiden? Wen sollte ich besser nicht mehr kennen bzw. grüßen? etc.) sind ein faktischer – wenngleich weitgehend tabuisierter – Teil des Führungsalltags. Es gibt Untersuchungen, die davon ausgehen, dass ein nicht geringer Teil der täglichen Führungsarbeit durch mikropolitische Aktivitäten und Arrangements bestimmt wird (vgl. Neuberger 2003, S. 46).

Um keine Missverständnisse aufkommen zu lassen: Mir liegt nicht daran, das Phänomen der Mikropolitik als unmoralisches oder unethisches Handeln zu diskreditieren oder als unseriös im Sinne der heute weit verbreiteten Compliance-Aktivitäten in vielen Unternehmen zu brandmarken. Es scheint mir eher wichtig zu sein, diese essenzielle Triebkraft für Führungshandeln als ein wesentliches Element jeglicher Führungssituation und als bedeutende Größe der Führungspraxis zu positionieren. Mikropolitik und die Gestaltung von Machtinteressen sind keine „unappetitlichen" Verhaltensweisen, die einem (oft heuchlerischen) Anspruch auf „political correctness" nicht genügen, sondern faktische Realität in der sozialen Dynamik von Menschen, die durch ihre Arbeitssituation mit Führungsaufgaben (und damit per Definition mit Macht und Einfluss) betraut sind. Es gilt also, die Realität mikropolitischer Mechanismen zu konstatieren und einen angemessenen, bewussten Umgang mit dieser Realität zu finden. Denn die Frage, ob man diese Realität will oder nicht, stellt sich gar nicht. Mikropolitik ist eine prägende Realität in allen sozialen Systemen – selbstverständlich auch in hierarchisch strukturierten Organisationen. Wichtig für Akteure im mikropolitischen Geschehen einer Organisation ist dann die Frage, welche Kompetenzen entscheidend sind, um in diesem „Spiel" – diese etwas leichtsinnige Metapher sei erlaubt

– angemessen und kompetent mitspielen zu können. Neben der enttabuisierenden Erkenntnis, dass Mikropolitik Teil der Unternehmensrealität ist, wäre die Kenntnis der „mikropolitischen Spielregeln" Voraussetzung für ein aktives und zweckdienliches „Mitspielen". Das Erkennen und Erlernen dieser Regeln bedarf jedoch zuallererst der Reflexion über die eigenen Interessen, Motive, Wünsche, Bedürfnisse in diesem „Spiel". Und damit sind wir wieder beim SelbstManagement.

Ein wesentliches Element des SelbstManagements ist demgemäß die kritische Reflexion des eigenen Verhaltens im Kontext einer bestimmten Umwelt. Die soziodynamischen und mikropolitischen Mechanismen einer Organisation zu verstehen und die eigenen persönlichen Verhaltensmuster zu kennen, sind notwendige Voraussetzungen, um das eigene Verhalten im Wechselspiel mit dem unternehmenskulturellen ZeitGeist kritisch betrachten zu können und in einer selbstverantwortlichen Form Konsequenzen daraus zu ziehen. Ob die Tatsache, dass eine Führungskraft jeden Tag bis 21.30 Uhr im Büro sitzt, durch den Umfang und die Dringlichkeit ihrer Aufgaben bedingt ist oder durch eine unspezifisch bestimmte Arbeitslust oder durch die statistisch nicht unberechtigte Hoffnung auf ein abendliches Laufbahngespräch mit dem Arbeitsdirektor oder einfach nur der Tatsache entspringt, dass man dies „als Führungskraft in unserem Unternehmen" eben so macht („Das ist ein ungeschriebenes Gesetz"), lässt sich allein aufgrund der faktischen, objektiven Rahmenbedingungen nicht zweifelsfrei und eindeutig erklären. Dass ein Manager aber selbst weiß, was ihn – letztlich – jeden Abend bis zu später Stunde an seinem Schreibtisch fesselt, wäre ein wichtiger Schritt zu SelbstAufklärung und SelbstManagement.

# 5 SelbstManagement-Ratgeber-Literatur ist nützlich ... aber auch beschränkt!

Sucht man bei amazon (oder im gut sortierten Buchhandel vor Ort!) unter dem Begriff „Selbstmanagement" nach Veröffentlichungen, so findet man eine nahezu unüberschaubare Flut einschlägiger Titel. Aus den Kurzbeschreibungen lässt sich ablesen, dass die genannten Publikationen im Wesentlichen „Rezeptbücher" sind, die dem Rat suchenden Leser eine mehr oder weniger präzise Anleitung zur soliden und systematischen Vorgehensweise beim SelbstManagement versprechen. Und die Verkaufszahlen beweisen, dass der Markt diese Publikationen dankbar und erwartungsfroh aufzunehmen scheint. In der klassischen SelbstManagement-Literatur wird vor allem eine funktionale Optimierung der eigenen Arbeitsorganisation als Schlüssel zu einer zielgerichteten Form der SelbstFührung vorgeschlagen. Lothar Seiwert, einer der Protagonisten dieses Genres (Life-Leadership (2007), Simplify your life (2007) 30 Minuten für optimale Selbstorganisation (2001)), beschreibt in seinem Buch „Selbstmanagement" (Seiwert, 2000) die wesentlichen Schritte des SelbstManagement am Beispiel des klassischen Management-Regelkreises:

*Abbildung 2: SelbstManagement-Regelkreis*

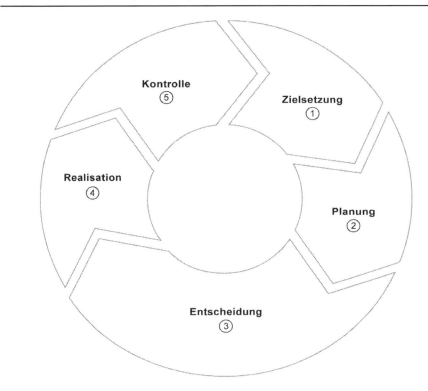

Quelle: in Anlehnung an Seiwert 2000, S. 14

Die einzelnen Schritte werden dabei folgendermaßen beschrieben:

Schritt 1: Analyse und Formulierung der angestrebten Ziele

Schritt 2: Planung als Vorbereitung zur Verwirklichung der Ziele

Schritt 3: Entscheidung über durchzuführende Aufgaben

Schritt 4: Realisation: Organisation und Durchführung der Maßnahmen

Schritt 5: Kontrolle der Zielerreichung und Abweichungsanalyse

Der – unausgesprochene und auch unhinterfragte – Grund dafür, für die Beschreibung eines SelbstManagement-Prozesses ein klassisches Management-Modell als Folie zu nutzen, ist durchaus evident: Ebenso wie ein Unternehmen zielorientiert geführt werden muss, muss auch die eigene Lebens-, Arbeits- und Karriereplanung zielgerichtet gestaltet werden. Seiwert beschreibt dies eher beiläufig: „Die Bearbeitung von einzelnen Aufgaben und Problemen im Rahmen des SelbstManagements entspricht den Stufen des Managementprozesses und läuft auch in dieser Reihenfolge ab" (Seiwert 1999, S. 13). Damit wird ein weiteres Mal deutlich, dass SelbstManagement-Konzepte immer ein Abbild einer – implizit vorausgesetzten – Wirklichkeitskonstruktion von Führung sind. Wird Führung im Sinne von Taylors „Scientific Management" als rational zu planender und durch wissenschaftliche Analyse exakt zu zergliedernder und zielgerichtet auszurichtender „technischer" Prozess betrachtet, ist es naheliegend, dass auch ein davon abgeleitetes SelbstManagement-Konzept den Prämissen einer solchen Wirklichkeitskonstruktion verpflichtet ist. Wenn also der Seiwertsche Ansatz eines SelbstManagement-Konzeptes – stellvertretend für das Gros der SelbstManagement-Literatur – kritisch betrachtet werden soll, dann ist es wichtig, diese Ableitung aus den rational-positivistischen Quellen des „Scientific Management" im Hinterkopf zu haben, um dieses Konzept angemessen zu verstehen und kritisch positionieren zu können.

Insgesamt ist das von Seiwert auf der Basis des klassischen Managementprozesses entwickelte SelbstManagement-Konzept ein pragmatisches und für rationale Zielplanung durchaus nützliches Instrument. Dies macht auch verständlich, weshalb Seiwert und die meisten anderen Autoren, die dieses Thema – häufig eher populärwissenschaftlich und im Stil von rezepthaften „How-to-do"-Büchern – bearbeitet haben, das Thema SelbstManagement im Sinne einer rational abzuarbeitenden Vorgehensweise entwickeln. Und dies erklärt wohl auch, weshalb solche Bücher großen Erfolg haben. Denn offensichtlich bedient das Angebot von präzise getakteten, rational und systematisch aufgebauten Handlungsanweisungen zum SelbstManagement eine marktgängige und von vielen erwartete Nachfrage. Allerdings werden durch diese, ausschließlich auf zweckrationales Vorgehen beschränkte, Betrachtungsweise wesentliche Elemente der SelbstFührung ausgeblendet.

Das Problem der beschriebenen SelbstManagement-Konzeption von Lothar Seiwert und ähnlicher einschlägiger Literatur ist, dass sie das Phänomen SelbstManagement als ein technisch-rationales Zweckhandeln fasst, beschreibt und entwickelt. Dies passt – wie bereits erwähnt – hervorragend zu einem mechanistischen Managementverständnis, das von linearen, berechenbaren Abläufen und einer präzise getakteten, zielorientierten Vorgehensweise ausgeht. Genauso wie aber Frederic Taylors Ansatz eines wissenschaftlichen Managements durch neuere Managementkonzepte, die den sozialen und organisationalen Dynamiken einen besonderen Stellenwert einräumten, ergänzt wurde, muss auch eine Konzeption von SelbstManagement weiter greifen als bis zu den technisch-instrumentellen Methoden eines klassischen Verständnisses von Management.

# 6    Der Mensch ist keine triviale Maschine

Schon die von Seiwert vielfach verwendeten Begriffe „Effizienz" und „Techniken" (vgl. Seiwert 2000, S. 58) machen deutlich, dass sein Konzept-Blick ganz eindeutig auf die zweckrationale Dimension des SelbstManagements wie auch des Führens gerichtet ist. Die Betrachtung von Emotionalität, Verhaltensmustern sowie vor-bewussten Grundhaltungen kommt in diesem Modell des SelbstManagements nicht vor. Und auch in seinem Verständnis von Führung, das in linear-mechanistischen Planungs- und Zielentfaltungsinstrumenten zum Ausdruck kommt, sind kommunikative und interpersonale Elemente mit dem gesamten Spektrum an soziodynamischen Unschärfen nicht enthalten.

Selbst bei der handwerklich präzisen und pragmatisch-funktionalen Beschreibung zur Zielentwicklung wird die emotionale Kraft eigener Visionen nicht weiter ausgeführt. Und genau diese Kraft und deren Wirkung in den Hinterstuben unseres Gehirns machen die magisch-magnetische Wirkung von Visionen so kraftvoll und deshalb für Strategieprozesse (auch Selbst-Strategieprozesse) so wertvoll! Die Vorgehensweise, die in diesen pragmatisch-technizistischen SelbstManagementansätzen zum Ausdruck kommt, gleicht dem, was Heinz von Foerster (vgl. von Foerster 1988, S. 21 f.) mit dem Bild einer der „trivialen Maschine" beschreibt (siehe Abbildung 3).

---

*Abbildung 3: Triviale Maschine*

---

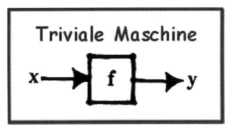

Quelle: von Foerster 1988, S. 21

---

Das Quadrat soll die Maschine darstellen. Die Funktion (f) dieser Maschine soll sein, eine Ursache (causa) (x) mit einer bestimmten Wirkung (effectus) (y) zu verknüpfen. Damit kann (f) als Wirkungsfunktion bezeichnet werden und so heißt die mathematische Formel: $y = f(x)$. Die Trivialität dieser Maschine liegt darin, dass auf eine definierte Ursache immer die gleiche Wirkung produziert wird.

Von Foersters Absicht ist es, deutlich zu machen, dass komplexe Prozesse durch ein mechanistisch-lineares Modell nicht angemessen zu verstehen und zu gestalten sind. Und Management und SelbstManagement sind Paradebeispiele für komplexe Prozesse. Allerdings scheinen viele Menschen das Bedürfnis zu haben, die Komplexität und damit die Unberechenbarkeit von komplexen Prozessen zu reduzieren. Vor allem Menschen, die permanent in Situationen voller Dilemmata, Antagonismen und Widersprüchlichkeiten agieren, scheinen eine tiefe Sehnsucht nach Klarheit, Schlichtheit und Berechenbarkeit zu haben. Das ist durchaus verständlich. Deshalb haben Modelle, die für komplexe Probleme einfache und möglichst einer technisch-systematischen Logik folgende Lösungsansätze bieten, immer noch und heute – bei hektisch steigender Komplexität – anscheinend sogar vermehrt Konjunktur.

Als passenderes Denkmodell, das eine bessere Metapher zum Verständnis vom Umgang mit komplexen Prozessen darstellt, führt von Foerster das Modell der nicht-trivialen Maschine ein (siehe Abbildung 4).

---

*Abbildung 4: Nicht-triviale Maschine*

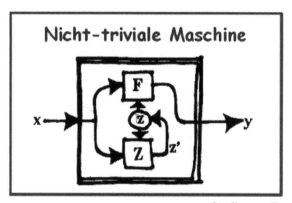

Quelle: von Foerster 1988, S. 23

---

Das Neue an der nicht-trivialen Maschine ist z (im Mittelkreis). Zusammen mit x ist z Input einerseits für F und auch für Z. Wenn man nun den internen Mechanismus von z nicht kennt, ist es unmöglich bei Kenntnis des Inputs x auch den Output y vorherzusagen.

Wenn dieses z zum Beispiel für ein durch die Geschichte geprägtes Verhaltensmuster steht, ist niemals vorauszusagen, wie eine nicht-triviale Maschine auf eine Intervention x reagiert. Je nach historischer Erfahrung kann der Output y sehr unterschiedlich sein. Während triviale Maschinen geschichtsunabhängig sind und immer nach der gleichen

Regel funktionieren, verhalten sich nicht-triviale Maschinen geschichtsabhängig, d.h., sie sind durch frühere interne Zustände determiniert. Ohne die Gesetzmäßigkeiten der Veränderungen des internen Zustandes zu kennen, ist es unmöglich, das Verhalten der Maschine kausal zu erklären. Damit ist sie analytisch unbestimmbar.

Soweit der Ausflug in die wissenschaftstheoretischen Hinterhöfe zum Verständnis von komplexen Systemen. Zum besseren Verständnis der praktischen Relevanz des Unterschieds zwischen „trivialen" und „nicht-trivialen" Handlungsmodellen sei noch ein praktisches Beispiel erlaubt: Ein Mensch ist auf der Suche nach einem Lebens- und/oder Liebespartner. Der Versuch über eine ausgeklügelte Strategie (Situations-Analyse, Zielentwicklung, Maßnahmenkatalog) und ein sorgfältiges Abarbeiten von zielführenden Checklisten (Wie kleide ich mich? Welche Flirttaktik ist situativ angemessen? Welche Orte sind erfolgversprechend? Welcher Zeitpunkt? Wieviel Smalltalk ist notwendig? etc.) dieser Absicht näher zu kommen, kann funktionieren. Die prognostische Wahrscheinlichkeit eines „Erfolges" (Und was ist in diesem Fall schon Erfolg?) ist jedoch in solch komplexen sozialen Prozessen nur schwerlich vorhersagbar, geschweige denn kalkulierbar. Personale und soziale Dynamik, also menschliches Handeln, ist – in letzter Konsequenz und im wörtlichen Sinn – unberechenbar. Und dies gilt letztlich auch für SelbstManagement!

Ich kritisiere in diesem Zusammenhang nicht die grundsätzlichen Aussagen von zweck-rationalen Handlungsanleitungen zur Analyse, Zielentwicklung, Transfer und Kontrolle eigener Lebens- und Arbeitsentwürfe. Im Gegenteil: Ich halte diese Vorgehensweise in vielen Fällen für sinnvoll und nützlich. Was ich jedoch kritisiere, ist die Begrenzung auf diese zweckrationale Betrachtung und die damit verbundene Suggestion, ein sorgfältiges operatives Abarbeiten dieser Checklisten und entsprechender Handlungsschritte führe zu eindeutigen, unmittelbaren und berechenbaren Ergebnissen. Diese Suggestion, die heute bei vielen Bestseller-Autoren und Motivationstrainern in ausverkauften Sportarenen noch viel platter (und teilweise mit psycho-esoterischen Versatzstücken garniert) daherkommt, halte ich, vorsichtig formuliert, für zu kurz gegriffen. Denn die Komplexität von intra- und interpersonalen Prozessen – und dies sind essenzielle Dimensionen von SelbstManagement und Management – ist mit linear-kausalen Buchhaltermethoden nicht angemessen zu fassen, geschweige denn sind daraus angemessene Gestaltungsmöglichkeiten abzuleiten.

Mit der folgenden Abbildung möchte ich deutlich machen, welche Ebenen ein differenzierteres SelbstManagement-Konzept meiner Meinung nach beinhalten sollte:

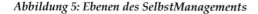

*Abbildung 5: Ebenen des SelbstManagements*

## Ebenen des SelbstManagements

### Ebene 1 „Handwerkszeug"
Diagnose - Ziele - Planung - Transfer - Kontrolle

### Ebene 2 „SelbstAufklärung"
Werte - Gefühle - Ängste - Muster - Antreiber - Sinn -
Emotionale Intelligenz - Soziale Kompetenz - Ambiguitätstoleranz

### Ebene 3 „Entwicklung"
Problemlösungskompetenz - Weiterbildung - Musterüberwindung - Metakognition

Als Ebene 1, die ich „Handwerkszeug" nenne, bezeichne ich die Ebene der zweck-rationalen, aus dem Managementprozess abgeleiteten Steuerungsinstrumente, wie ich sie in der Beschreibung des SelbstManagement-Konzeptes von Lothar Seiwert darge-stellt habe. Die zentralen Schritte, die Nützlichkeit und die Begrenztheit dieser Ebene habe ich eingehend beschrieben.

Mit Ebene 2 „SelbstAufklärung" beschreibe ich die Notwendigkeit der reflektieren-den Auseinandersetzung mit sich selbst. Vor allem mit jenen Schichten der eigenen Persönlichkeit, die jenseits des bewussten und rationalen Verhaltens liegen. Dies ist die Ebene der Gefühle, der Grundwerte, der Lebens- und Verhaltensmuster, der im Sozia-lisationsprozess erlernten Antreiber und der Frage der eigenen persönlichen Sinn-Definition. Diese Dimension habe ich bereits am Anfang meines Beitrags angespro-chen, mit dem Hinweis, dass SelbstManagement – in Analogie zu Management – ein über Zweckrationalität hinausgehender Prozess sei. Der Philosoph Jürgen Habermas beschreibt dieses Phänomen in seiner „Theorie des kommunikativen Handelns" fol-gendermaßen: „Wer aber imstande ist, sich über seine Irrationalität aufklären zu las-sen, der verfügt nicht nur über die Rationalität eines urteilsfähigen und zweckrational handelnden, eines moralisch einsichtigen und praktisch zuverlässigen, eines ästhetisch aufgeschlossenen Subjekts, sondern über die Kraft, sich seiner Subjektivität gegenüber reflexiv zu verhalten und die irrationalen Beschränkungen zu durchschauen, denen seine kognitiven, seine moralisch- und ästhetisch-praktischen Äußerungen permanent unterliegen" (Habermas 1981, S. 43). Diese Fähigkeit, die persönlichen Irrationalitäten reflektierend aufzuklären, zu akzeptieren und zu verstehen und sie dann in einem neuen Verständnis einer „höheren" Rationalität zu integrieren, halte ich für eine notwendige Grunderkenntnis, um sich in einer angemessen umfassenden Form mit dem eigenen Denken und Handeln auseinanderzusetzen.

Die hilfreiche Auseinandersetzung mit diesem „irrationalen" Teil der eigenen Persönlichkeit ist nur über einen Zugang zu den eigenen vor- und unterbewussten Persönlichkeitsschichten möglich. Dies bedeutet jedoch nicht, dass dies zwangsläufig nur über eine lange (und teure) Therapie auf der Couch eines Psychoanalytikers bewerkstelligt werden kann. Es gibt sehr wohl Formen und Möglichkeiten jenseits von therapeutischen Verfahren, um einen Zugang zu dieser SelbstDimension zu erhalten. Ein erster Schritt in diese Richtung könnte bereits sein, sich seiner Gefühle gewahr zu werden. Ein weiterer möglicher Schritt wäre, die eigenen Verhaltensreaktionen (Trigger, Automatismen, Reflexe und Muster) freundlich-kritisch unter die Lupe zu nehmen. Die aus meiner Sicht praktikabelste Form für Manager, sich diesen Zugang zu eröffnen, ist Coaching. Das bedeutet eine bewusste und von einem Berater begleitete Reflexion des eigenen professionellen Verhaltens. Für Fortgeschrittene in diesem Thema bieten sich auch Formen der kollegialen Praxisberatung (Intervision) an.

Mit Ebene 3 beschreibe ich eine Ebene, die noch einen Schritt weitergeht als Selbstreflexion. Ich nenne sie „Entwicklung". Hier ist nicht nur die bewusste Reflexion und Erkenntnis der eigenen „Schattenwelt" (Gefühle, Ängste, Sehnsüchte) gemeint, sondern es geht darum, die eigenen Grundmetaphern und Muster so zu betrachten, dass eine Entwicklung nicht nur der eigenen, möglicherweise dysfunktionalen Denk- und Verhaltensmuster möglich wird, sondern der Prozess und die Hintergründe dieser Muster selbst reflektiert und gegebenenfalls überwunden werden können. Konkret bedeutet das, dass ich nicht nur erkenne, dass mich zum Beispiel bestimmte Situationen (oder Menschen) zur Weißglut bringen, und ich – nachdem ich dies erkannt habe – mir gegebenenfalls beim nächsten Mal, bevor ich explodiere, selbstdiszipliniert auf die Lippen beiße, sondern dass ich erkenne und begreife, welche Formen der Konfliktlösung ich anwenden kann, um eine solche Situation zu überwinden. Wenn SelbstManagement auf dieser Ebene gelänge, wäre eine Führungskraft nicht nur in der Lage, mögliche dysfunktionale Verhaltensmuster zu erkennen und zu überwinden, sondern sie könnte auch und zusätzlich die eigenen Versuche verstehen, problematisches Verhalten zu überwinden. Dies könnte in einem günstigen Fall bedeuten, nicht nur kontraproduktive Verhaltensweisen zu verstehen und zu überwinden, sondern auch die Art der eigenen Problemlösung zu begreifen und damit auch diese Problemlösungsmuster bei Bedarf zu erweitern oder zu überwinden. Damit wäre nicht nur die Fähigkeit erworben, Probleme zu lösen, sondern zudem die Fähigkeit, die eigene Problemlösungskompetenz zu reflektieren und falls notwendig weiterzuentwickeln. Das wäre eine gute Plattform für persönliche Entwicklung.

In der Kognitionspsychologie wird diese Fähigkeit, die eigenen mentalen Modelle zu reflektieren, Metakognition genannt. Das bedeutet, nicht nur über sich selbst nachdenken zu können, sondern auch die Grundmuster des „Über-Sich-Nachdenkens" zu reflektieren. Das klingt zwar nach etwas akademischer Haarspalterei, hat aber im praktischen Handeln eine durchaus sinnvolle Bedeutung. Wenn sich – wie dies heute in teilweise dramatischen Dimensionen geschieht – die Rahmenbedingungen für Leben und Arbeiten radikal und in ihren Grunddimensionen verändern, kann es sinnvoll sein, die eigenen Grundannahmen, die in einem bestimmten Kontext gewachsen sind, auf ihre Sinnhaftigkeit und Nützlichkeit für das Verstehen und Gestalten aktueller Anforderungen zu überprüfen. Und allzu oft reichen da kleinere Verhaltensmodifikationen nicht mehr aus. Es braucht die Fähigkeit zu einem grundsätzlicheren Hinterfragen der eigenen Denk- und Handlungsmodelle. Und diese Fähigkeit – auch „reframing" genannt (den Rahmen neu definieren) – scheint mir in einer sich in ihren Grundparametern verändernden Arbeitswelt von großer Bedeutung zu sein.

Operative SelbstManagement-Konzepte – wie ich sie hier stellvertretend für die Zunft der bestsellertauglichen Selbst- und Zeitmanagement-Autoren kurz skizziert habe – sind als handwerkliche Basis nicht verkehrt, aber: sie sind nach meinem Dafürhalten nicht ausreichend für die notwendige, funktionsübergreifende Form einer SelbstFührung, die in der Lage sein soll, sich kompetent mit den aktuellen und zukünftigen Herausforderungen der Führungspraxis auseinanderzusetzen. SelbstManagement als Basis für die Fähigkeit zum Management komplexer und dynamischer Systeme braucht mehr als eine checklistenfundierte Analyse und Planung der eigenen Karriereentwürfe sowie ein Trainingsprogramm zur persönlichen Arbeitstechnik und zum Zeitmanagement durch einen elaborierten Umgang mit Terminkalendern. SelbstManagement, das sich ernsthaft mit dem fragilen Zusammenspiel der eigenen Person mit einer hochdynamischen und vielschichtigen Umwelt auseinandersetzen will, braucht die Fähigkeit, die eigenen Werthaltungen, mentalen Modelle, Sinndefinitionen und Lebensentwürfe tabulos und konstruktiv vor dem Hintergrund eines professionellen Managerhandelns zu reflektieren.

# 7 SelbstManagement als Personal Balanced Scorecard

Als Abschluss und Ausblick wage ich ein Experiment. Faszinierend finde ich die Idee, das Modell der Balanced Scorecard (siehe dazu den Artikel von Petra Bernatzeder in diesem Buch) auf die Dimension des SelbstManagements zu übertragen. Ich will mit diesem Experiment in meinem letzten Denkansatz zum SelbstManagement die Idee skizzieren, wie ein Modell einer balancierten und reflektierten Lebens- und Arbeitsplanung auf der Basis des BSC-Ansatzes aussehen könnte.

Das Bestechende an dem Controlling- und Steuerungsinstrument der Balanced Scorecard ist die Einführung, einer umfassenden und differenzierten Sicht der relevanten

Unternehmensdimensionen. Es geht bei der Balanced Scorecard also nicht mehr nur darum, ausschließlich ein Finanzcontrolling oder ein Produktcontrolling zu betreiben, sondern um die balancierte Betrachtung und Steuerung der verschiedenen relevanten Unternehmensdimensionen.

Wenn man nun eben genau diese Grundidee der konsequenten Transparenz, Steuerung und des Controlling der balancierten relevanten Dimensionen auf die persönliche Lebens- und Arbeitsplanung bezieht, kommt ein interessantes Denk-Modell heraus. Ich habe den Versuch gewagt, eine Skizze dieser Idee in einem Schaubild zusammenzufassen. Dabei bin ich, anders als beim Originalmodell, auf drei relevante Dimensionen gekommen. Nun ist der persönliche Planungs- und Steuerungsprozess im Vergleich zu einer Unternehmung ja auch (vielleicht) weniger komplex, sodass dies fürs Erste ausreichen mag. Ich bin bei diesen drei Dimensionen von den Bereichen Persönlichkeitssphäre, Privatsphäre und Arbeitssphäre ausgegangen. Dass die „Persönlichkeitssphäre" nicht nur eine Dimension ausmacht, sondern gleichzeitig Akteur und Gestalter ist, war mir dabei durchaus bewusst (siehe Abbildung 6).

*Abbildung 6: Drei Dimensionen des Selbstmanagements*

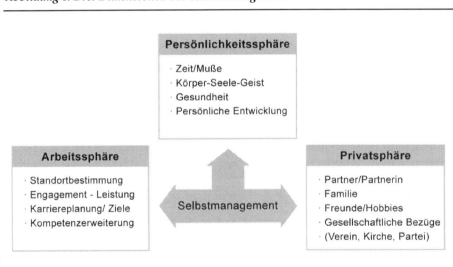

Ich habe den unterschiedlichen Bereichen exemplarische „Kenngrößen" hinterlegt, die sich durchaus ergänzen und modifizieren lassen. Die genannten Beispiele sind erste, mögliche Kategorien. Viel wichtiger wäre mir, dass ein SelbstManagement-Modell, das dieser Idee folgte, mit derselben Stringenz und Konsequenz handelte, wie das Vorbild der Balanced Scorecard. SelbstManagement in diesem Sinn bedeutete eine integrative und balancierte Betrachtung der relevanten Lebensbereiche, eine für personale und soziale Entwicklungen angemessene Form der „Diagnose, der Steuerung und des Controllings" dieser interdependenten und verwobenen Lebensdimensionen. Selbst-Management als aktive Ausbalancierung eines fragilen Work-Life-Mobile.

Halten wir fest: SelbstManagement als permanente SelbstReflexion, SelbstLenkung und SelbstEntwicklung ist eine essenzielle Voraussetzung für Berufe, für die die persönliche, professionelle Instrumentalisierung ein Kernelement ihrer Arbeitssituation darstellt; Berufe, bei denen Kommunikation und soziale Interaktion ein zentrales Handlungsmerkmal sind. Für SelbstManagement bedarf es dabei neben eher operativen Wirkfaktoren wie Zeitmanagement, Zielplanung und -verfolgung mithilfe persönlicher Checklisten vor allem der Reflexion der persönlichen Tiefendimensionen. Denn alle „Menschen-Arbeiter" (Manager, Ärzte, Lehrer, Verkäufer…) sind in ihrem Verhalten – vor allem in emotional angespannten Situationen – zentral von diesen vor- und unterbewussten Dimensionen geprägt. Hilfreich ist dabei neben der angemessen differenzierten und tiefer gehenden Reflexion der eigenen Person auch eine balancierte und ganzheitliche Beachtung des Zusammenspiels der relevanten Lebensbereiche. Das Bild einer „Personal Balanced Scorecard" könnte hier ganz gut passen. Das hier entwickelte Konzept von SelbstManagement überschreitet deutlich die Idee der Steuerung des Selbst als einer „trivialen Maschine", vielmehr folgt es dem Gedanken, die eigene Persönlichkeit als hochkomplexes Gebilde in ihren verschiedenen Schichten (ansatzweise) zu verstehen und weiterzuentwickeln. Und dieses Gebilde entspricht wohl eher dem Bild einer „nicht-trivialen Maschine". Weshalb das Management des Selbst auch bezüglich seiner Reichweite und Berechenbarkeit immer ein äußerst begrenztes Instrument bleiben wird. Zumal sich im Verlauf eines Menschenlebens immer wieder überraschende Dynamiken entwickeln – ausgelöst durch persönlichkeitsinterne Prozesse oder auch durch äußere Ereignisse – die Menschen und Planungen aus der Bahn werfen. Dynamiken, die zu Brüchen und Krisen, aber auch zu Entwicklung und Reifung führen können. Deshalb bleibt SelbstManagement letztlich eine Metapher, die mit Augenmaß und Augenzwinkern zu verstehen ist, mit Respekt vor der Eigenlogik lebender Systeme und der Einsicht, dass die Idee von der Beherrschbarkeit solcher Systeme ein Mythos bleibt. Denn: SelbstManagement ohne Gelassenheit, Demut und Humor ist witzlos.

# Hans-Jürgen Krieg

# Reizwort Bonus – Sinn oder Unsinn variabler Vergütung[1]

---

[1] Der Beitrag "Reizwort Bonus - Sinn oder Unsinn variabler Vergütung" erschien erstmals in der Digitalen Fachbibliothek "Das Flexible Unternehmen" auf USB-Stick im Symposion Publishing Verlag (www.symposion.de)

# 1 Vorbemerkung

Das Wort „Bonus", in dem ja etwas „Gutes" steckt, ist mit Beginn der Wirtschaftskrise zum Reizwort geworden. Dabei sollen Boni einen Ansporn geben, Leistung zu zeigen. Der mit dieser Leistung verbundene Erfolg kann kurzfristiger Art sein. Und er kann einseitig auf finanziell rechenbare Gewinne ausgerichtet werden. Dieses kurzfristige Gewinnstreben war es, das die Kritiker variabler Vergütungssysteme auf den Plan rief. Leistung kann jedoch auch ganz anders definiert werden, zum Beispiel durch Key Performance Indicators, die in einer Balanced Scorecard definiert sind und nicht nur Gewinnkriterien berücksichtigen. Der Erfolg kann dennoch gemessen und im Rahmen eines variablen Vergütungssystems honoriert werden. Dabei können auch Kriterien nachhaltigen Wirtschaftens Eingang finden.

In diesem Beitrag wird – ausgehend von der aktuellen Diskussion um Boni – auf die Motive einer variablen Vergütung eingegangen und die Grundlogik eines Vergütungssystems sowie die Einbindung der variablen Vergütung darin aufgezeigt. Anhand von Praxisbeispielen erfahren Sie die vielfältigen Gestaltungsmöglichkeiten einer variablen Vergütung, mit der *sinnvolle* Ziele realisiert werden können:

- strategische und individuelle Leistungssteuerung,

- nachhaltiges Wirtschaften,

- Verbesserung der Planungsgenauigkeit,

- Verbesserung der Managementkompetenz.

# 2 Der Auslöser für eine der größten Finanzkrisen: ein Gesellschaftsspiel

*„Meiern,* auch als *Mäxchen* oder *Meier* bekannt, ist eines der bekanntesten Würfelspiele in geselligen Runden. Gespielt wird mit zwei Würfeln und einem Würfelbecher mit Untersetzer. Gewürfelt wird reihum. Der Würfelnde darf den ersten Wurf verdeckt ansehen. Anschließend wird der Untersetzer mit den vom Würfelbecher verdeckten Würfeln an den nächsten Spieler weitergegeben, wobei die gewürfelten Punkte angesagt werden müssen. Sofern der Spieler die Runde nicht begonnen hat, muss seine Ansage die vorher verkündete Punktzahl übertreffen. Die angesagte Punktzahl kann wahr sein oder gelogen.

Der nächste Spieler hat folgende zwei Möglichkeiten:

▓ Er würfelt selbst wie oben beschrieben und muss eine höhere Punktzahl ansagen.

▓ Er kann die Ansage bezweifeln und schaut die Würfel an.

Deckt ein Spieler auf, so bekommt entweder der enttarnte Lügner oder der zu Unrecht Zweifelnde einen Minuspunkt. Daraufhin beginnt der aufdeckende Spieler die nächste Runde." (Auszug aus Wikipedia)

Die Parallelen dieses Gesellschaftsspiels zur Finanzkrise sind offensichtlich. Lediglich die als neutral eingestuften Ratingagenturen, welche die Glaubwürdigkeit der weiter-gereichten Würfelkombination – Pardon – des Kreditpakets, attestierten, fehlen im Spiel. Insoweit liegt beim Meiern die Verantwortung beim Spieler. Im realen System dagegen kann der Entscheider einen Teil seiner Verantwortung abschieben und seine Entscheidung mit einem überzeugenden „Triple A" (für die höchste Bonität) begründen. Er hat ja nur im gutmütigen Glauben gehandelt. Ein Systemfehler? Im Spiel be-kommt der enttarnte Lügner oder der zu Unrecht Zweifelnde einen Malus. Wir haben im realen System jedoch immer noch eine Bonus- und keine Malus-Diskussion. Wieso eigentlich? Fest steht doch: Nichts hat der variablen Vergütung als strategisches Vergü-tungskonzept in den letzten Jahren mehr geschadet als die unglückselige Diskussion um die Boni der Bankmanager.[2]

# 3  Was der Gesetzgeber als Lehre aus der Finanzmisere zog

Bedauerlicherweise konzentrieren sich die Lösungsversuche zur Finanzmisere bisher weniger auf das Spiel mit den Finanzprodukten als auf die Vorstandsvergütungen der Banker. Die Große Koalition legte dazu am 17.03.2009 einen Gesetzentwurf zur Ange-messenheit der Vorstandsvergütung vor, der im Kern folgende Regelungen enthält:

▓ Die Vergütung des Vorstands einer Aktiengesellschaft muss künftig auch in einem angemessenen Verhältnis zu den Leistungen des Vorstands und der (branchen- oder landes-) üblichen Vergütung stehen. Es soll aber auch auf die Vergleichbarkeit im Unternehmen geschaut werden. Die Bezüge sollen zudem langfristige Verhal-

---

2 Vgl. dpa-/t-online-Meldung »IWF-Chef nennt neue Bonuszahlungen einen »Skandal«, unter: http://boersenradar.t-online.de/Aktuell/Aktien/IWF-Chef-nennt-neue-Bonuszah-lungen-einen-Skandal-1802.html (30.7.2009); Dörner, A.: Bonuszahlungen übertreffen Gewinne. Frankfurter Rundschau Online (http://www.fr-online.de/in_und_ausland/wirt-schaft/aktuell/1859338_US-Banken-Bonuszahlungen-uebertreffen-Gewinne.html).

tensanreize zur nachhaltigen Unternehmensentwicklung setzen. Es wird klargestellt, dass diese Vorgaben auch für anreizorientierte Vergütungszusagen (sog. „Boni"), wie zum Beispiel Aktienbezugsrechte gelten.

▪ Aktienoptionen können künftig frühestens vier Jahre nach Einräumung der Option ausgeübt werden. Damit wird dem begünstigten Manager ein stärkerer Anreiz zu nachhaltigem Handeln zum Wohl des Unternehmens gegeben.

▪ Die Möglichkeit des Aufsichtsrats, die Vergütung bei einer Verschlechterung der Lage des Unternehmens nachträglich zu reduzieren, soll erweitert werden. Es bedarf hierfür einer ausdrücklichen gesetzlichen Regelung, weil in bestehende Verträge eingegriffen wird. Eine solche Verschlechterung liegt zum Beispiel vor, wenn die Gesellschaft Entlassungen vornehmen muss und keine Gewinne mehr ausschütten kann. Eine Insolvenz ist dafür nicht erforderlich.

▪ Die Entscheidung über die Vergütung eines Vorstandsmitglieds soll künftig vom Plenum des Aufsichtsrates getroffen werden und darf – anders als bislang – nicht mehr an einen Ausschuss delegiert werden. Damit wird die Festsetzung der Vergütung transparenter.

▪ Die Haftung des Aufsichtsrates wird verschärft. Setzt der Aufsichtsrat eine unangemessene Vergütung fest, macht er sich gegenüber der Gesellschaft schadensersatzpflichtig. Damit wird klargestellt, dass die angemessene Vergütungsfestsetzung zu den wichtigsten Aufgaben des Aufsichtsrats gehört und er für Pflichtverstöße persönlich haftet.

▪ Die Unternehmen werden künftig zu einer weitergehenden Offenlegung von Vergütungen und Versorgungsleistungen an Vorstandsmitglieder im Falle der vorzeitigen oder regulären Beendigung der Vorstandstätigkeit verpflichtet. Damit erhalten die Anteilsinhaber einen besseren Einblick in den Umfang der mit dem Führungspersonal getroffenen Vereinbarungen.

▪ Schließlich können ehemalige Vorstandsmitglieder für eine „Cooling-off"-Periode von drei Jahren nach ihrem Ausscheiden aus dem Vorstand nicht Mitglied eines Prüfungsausschusses werden – damit sollen Interessenkonflikte vermieden werden.[3]

Dieser Gesetzentwurf richtet sich also zunächst nur auf die Vorstandsbezüge und in diesem Zusammenhang auf die Pflichten des Aufsichtsrates und nicht generell auf die Managementvergütung. Da aber nicht nur eine angemessene branchen- und landesübliche Vergütung zu realisieren ist, sondern auch auf eine Vergleichbarkeit im Unternehmen geschaut werden soll, sind die in diesem Gesetzentwurf verfolgten Ziele

---

[3] Pressemitteilung des Bundesministeriums der Justiz vom 11.03.2009
(online unter: http://www.bmj.de/managergehaelter)

grundsätzlich auch für die Managementvergütung unterhalb der Vorstandsebene relevant.

In der folgenden Betrachtung soll auf das Vergütungsinstrument *variable Vergütung auf Basis von Zielen* fokussiert werden. Dieses zählt nach allgemeinem Verständnis eher als „Short Term Incentive", während bei Aktienoptionen auch bisher schon längerfristige Ausübungssperren beachtet werden mussten. Sie zählen daher zu den „Long Term Incentives" (LTI) und sollen hier nicht weiter betrachtet werden. Dieser Ausschluss ist auch insoweit zu vertreten, weil meist nur das Top-Management in den Genuss von LTIs kommt, während die große Zahl der Manager vor allem durch variable Vergütungssysteme honoriert wird. Im Folgenden soll der Frage nachgegangen werden, inwieweit die Diskussion um Bonuszahlungen die variablen Vergütungssysteme auf Basis von Zielen in Frage stellt bzw. welche Konsequenzen bei der Gestaltung von variablen Vergütungssystemen zu berücksichtigen sind.

Zum besseren Verständnis sei hier die Grundlogik von Vergütungssystemen veranschaulicht (siehe Abbildung 1):

▨ Über Stellenbewertungen, die sich allein auf Funktionen/Aufgaben beziehen, werden die Gehaltsbandbreiten von Festgehältern definiert.

▨ Die Position der Stelleninhaber innerhalb der definierten Gehaltsbandbreiten erfolgt zum Beispiel durch eine Management-Kompetenzbewertung oder durch die Bewertung des Leistungsverhaltens.

▨ Durch die Bewertung der Zielerreichung, bezogen auf die Arbeitsergebnisse, kommt zum Festgehalt ein variabler Anteil hinzu.

*Abbildung 1: Grundlogik eines Vergütungssystems*

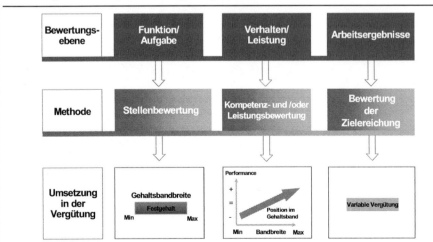

Ausgehend vom oben beschriebenen Gesetzentwurf lassen sich für variable Vergütungssysteme folgende Ziele ableiten:

- angemessenes Verhältnis zu den Leistungen,

- angemessenes Verhältnis zur Branche und zur landesüblichen Vergütung,

- langfristige Verhaltensanreize zur nachhaltigen Unternehmensentwicklung,

- Verringerung der Vergütung bei schlechterer Unternehmenslage.

Anhand von Beispielen wird unten gezeigt, dass keines dieser Ziele im Widerspruch zum bisherigen Vergütungsinstrument *variable Vergütung auf Basis von Zielen* steht. Darüber hinaus gibt es weitere sinnvolle Ziele, deren Realisierung durch eine variable Vergütung unterstützt werden kann. Das Instrument als solches bietet genügend Gestaltungsmöglichkeiten, diese Ziele zu erfüllen. Dies schließt allerdings nicht aus, dass variable Vergütungssysteme in der Form gestaltet wurden, dass sie zu falschen Verhaltensweisen führten oder dass man ihre Umsetzung in der Praxis nachlässig betrieb und unsinnige Ergebnisse produzierte.

Wenn man Erkenntnisse über eine sinnvolle Gestaltung von variablen Vergütungssystemen gewinnen will, kommt man nicht an den Grundsatzfragen vorbei, ob Geld motiviert und ob es sinnvoll ist, das Instrument Zielvereinbarungen mit der Vergütung zu verknüpfen.

# 4 Wie wirkt der Wurstzipfel, der einem vor die Nase gehalten wird?

Zu Sprengers „Mythos Motivation" (1998) ist schon viel geschrieben und diskutiert worden. Seiner Hauptthese soll hier ausdrücklich widersprochen werden. Sie lautet sinngemäß: *Manager können gar nicht motivieren und sie brauchen dies auch nicht zu tun. Jeder Mensch hat einen eigenen Antrieb und ist motiviert genug, wenn er entsprechend seinen Fähigkeiten eingesetzt wird und er Gestaltungsspielräume hat. Das Wichtigste für Vorgesetzte ist es daher, für diese Voraussetzungen zu sorgen und im Übrigen darauf zu achten, ihre Mitarbeiter nicht zu demotivieren.*

Dieser Betrachtung kann man zwar auch positive Seiten abgewinnen. Aber sie vernachlässigt die Begeisterungsfähigkeit vieler Vorgesetzten, die es schaffen, durch ihre Ausstrahlung und ihren Elan ihre Mitarbeiter (oder auch ihre Vorgesetzten) mitzureißen und Energien freizusetzen. Diese Fähigkeit ist im Übrigen eines der fünf Auswahlkriterien für Managementpositionen bei GE (vgl. Welch/Welch 2005, S. 84).

Damit ist allerdings noch keine Aussage zur Motivationswirkung von Geld gemacht.

Man weiß aber nicht erst seit Sprenger, dass die Motivationswirkung von Geld nur sehr flüchtiger Natur ist. Viele Wissenschaftler, darunter Herzberg, um den Bekanntesten zu nennen, haben nachgewiesen, dass Geld kein Motivationsfaktor ist, sondern ein „Hygienefaktor" (vgl. Bernard 2006, S. 123ff). Eine Gehaltserhöhung wirkt nicht langfristig. Hingegen führt das subjektiv als zu gering empfundene Gehalt – insbesondere im Vergleich zu den Kollegen – zur Demotivation. Und da die Wirkung einer Gehaltserhöhung sehr schnell verpufft, verleitet sie Vorgesetzte dazu, bei jedem Leistungsgespräch „noch eins draufzulegen". Entsprechend inflationär steigen die Erwartungshaltungen der auf diese Art gepamperten Mitarbeiter. Genau dieses System führte in der Investmentbranche zu immer höheren Boni. Und auch viele Vertriebsbereiche, in denen die Vergütung häufig eindimensional am Verkaufserfolg hängt, sind nicht vor solchen Auswüchsen gefeit. Auf der Verhaltensseite bewirkt man damit ein Anwachsen der Ansprüche bis hin zur Gier. Von echter Motivation, die mit Spaß an der Tätigkeit verbunden ist, keine Spur. Auch die Rolle des Arbeitgebers, vertreten durch den jeweiligen Vorgesetzten, verkommt dabei zur Figur des Geldonkels. Respekt vor dem Management und Identifikation mit dem Unternehmen bleiben auf der Strecke.

Diese ausschließlich am Gewinn orientierten Boni-Systeme sollte man nicht mit differenzierten variablen Vergütungssystemen auf Basis von Zielen gleichsetzen. Die Motivationswirkung solcher Boni-Systeme ist in der Tat sehr zweifelhaft. Erfolg misst sich nicht allein am Gewinn. Jack Welch zitiert hierzu einen der Leitsätze von „Bank One": „Give customers a good, fair deal. Great customer relationships take time. Do not try to maximize short-term profits at the expense of building those enduring relationships" (Welch/Welch 2005, S. 19).

Was variable Vergütungssysteme betrifft, so kann an dieser Stelle festgehalten werden:

- Ihre Motivationswirkung resultiert aus der Formulierung anspruchsvoller, realistischer Ziele – weniger aus dem materiellen Anreiz.

- Die Verknüpfung der Zielergebnisse mit der Vergütung dient der Leistungsdifferenzierung und damit einer Vergütungsgerechtigkeit. Eine empfundene Ungerechtigkeit – mangels Leistungsdifferenzierung – würde nach Herzberg zur Demotivation führen.

- In die Gestaltung von variablen Vergütungssystemen sind Erfolgskriterien einzubeziehen, welche die nachhaltige Unternehmensentwicklung fördern. Eindimensionale, auf kurzfristige Gewinnmaximierung zielende Erfolgskriterien sind zu vermeiden.

Welche Erkenntnisse lassen sich von anderen Kritikern der variablen Vergütung gewinnen? Seit etwa 10 Jahren kursiert in Controller-Kreisen das Modell des „Beyond Budgeting". Einer der wichtigsten Vertreter dieses Modells im deutschsprachigen

Raum ist Niels Pfläging (2005). Es würde den Rahmen dieses Artikels sprengen, wollte man alle Facetten dieses zweifellos diskussionswürdigen Ansatzes ausleuchten, daher hierzu nur das Wichtigste: Das Beyond-Budgeting-Modell beruht auf 12 Steuerungsprinzipien, die nach Auffassung der Erfinder zusammenwirken und zusammengehören. Sie sollen der Schlüssel sein, zur „Überwindung der gravierenden Defizite, denen heutige Organisationen und ihre Mitglieder durch traditionelle Management-Praktiken wie die Budgetierung ausgeliefert sind" (siehe Abbildung 2).

*Abbildung 2: Das Beyond-Budgeting-Modell*

| 6 Steuerungsprinzipien für empowernde Führung und dezentralisierte Organisation | | |
|---|---|---|
| **Prinzip** | **Tu dies! (Beyond Budgeting)** | **Nicht das! (Budgetsteuerung)** |
| 1. **Kundenfokus** | Fokussierung aller auf die Verbesserung von Kundenergebnissen | Erreichen vertikal verhandelter Ziele |
| 2. **Verantwortung** | Schaffung eines Netzwerkes vieler kleiner, ergebnisverantwortlicher Einheiten | Zentralisierende Hierarchien |
| 3. **Leistungsklima** | Hochleistungsklima, basierend auf relativem Teamerfolg am Markt | Erreichen innengerichteter Ziele „koste es, was es wolle" |
| 4. **Handlungsfreiheit** | Dezentralisierung der Entscheidungsautorität und -fähigkeit an kundennahe Teams | Mikromanagement, Eingriffe von oben und strikte Planeinhaltung |
| 5. **Führung** | Steuerung auf Grundlage klar formulierter Ziele, Werte und Begrenzungen | Detaillierte Regelwerke und Budgets |
| 6. **Transparenz** | Offene und geteilte Information für alle | Restriktiver Informationszugang und Status durch Information |
| **6 Steuerungsprinzipien für flexible Prozesse des Leistungsmanagements** | | |
| **Prinzip** | **Tu dies! (Beyond Budgeting)** | **Nicht das! (Budgetsteuerung)** |
| 1. **Zielsetzung** | Hochgesteckte, bewegliche Ziele für kontinuierliche, relative Verbesserung | Inkrementelle, fixierte Jahresziele |
| 2. **Vergütung** | Gemeinsamen Erfolg im Nachhinein anhand relativer Ist-Leistung belohnen | Erreichen individueller vorab fixierter Ziele |
| 3. **Planung** | Planung als einbeziehbarer, kontinuierlicher und aktionsorientierter Prozess | Planung als jährliches Top-down-Event |
| 4. **Kontrolle** | Kontrolle anhand relativer Leistungsindikatoren zu Markt, Kollegen, Vorperioden und Trends | Plan-Ist-Abweichungen |
| 5. **Ressourcen** | Ressourcen bedarfsbezogen und „ad hoc" verfügbar machen | Jährliche Budgetzuweisungen, Allokationen und Umlagen |
| 6. **Koordination** | Dynamische, horizontale und möglichst marktliche Koordination | Jährliche Planungszyklen |

Die Kritik der Vertreter des Beyond-Budgeting-Modells an den traditionellen Management-Praktiken richtet sich im Wesentlichen auf folgende Punkte:

- Unternehmen haben zu viele und zu detaillierte fixe Ziele (z.B. Bereiche, verregelt mit 30 untereinander gewichteten Zielvereinbarungen).

- Dieser Praxis liegt Misstrauen zugrunde – Sicherheitsbedürfnis auf der einen und Kontrollbedürfnis auf der anderen Seite.

- Die Energie solcher Systeme konzentriert sich nach innen: Auf alle möglichen Manipulierungsstrategien, die dem Zweck dienen, möglichst hohe Boni zu realisieren oder darauf, Leistung intern nachzuweisen, statt kundenrelevante Leistung zu erbringen.

- Die Strategie wird in quantitative, überwiegend finanzielle Maßzahlen übersetzt und Zielvorgaben auf Budgets reduziert. Dieser Prozess selbst ist Opfer von Manipulation und Verhandlung.

- Die nicht-finanziellen Dimensionen der Leistung, mittel- und langfristige Effekte, mögliche Änderungen in Umwelt und Organisation über den Planungszeitraum hinweg, bleiben außer Acht.

- Balanced Scorecards, Konzepte des Wertmanagements, Total Quality Management und neue Techniken der Zielvereinbarung, Mitarbeiterbewertung und Vergütung haben am „fixierten" Leistungsvertrag bislang selten etwas grundlegend geändert.

- Scorecards etwa funktionieren in der Praxis zumeist ganz ähnlich wie Budgets, weil sie letztlich jahresbezogene Ziele festschreiben und die Zielerreichung durch Anreize implizit oder explizit erzwingen.

- Es ist fast unmöglich, Pläne mehr als einmal im Jahr zu aktualisieren oder Veränderungen schnell und angemessen zu berücksichtigen. Sie zwingen im Gegenteil sogar, einem jährlich fest vorgegebenen Weg zu folgen, „koste es, was es wolle".

# 5    Was sind die Forderungen im Beyond-Budgeting-Modell?

Der erste Schritt führt hin zu einem neuen Steuerungsmodell „jenseits der Budgetierung". Es geht darum, fixierte Leistungsverträge zu brechen und durch relative Leistungsverträge zu ersetzen. Ein Beispiel zur Wirkungsweise zeigt Abbildung 3.

---

*Abbildung 3: Wirkung Beyond-Budgeting-Modell*

---

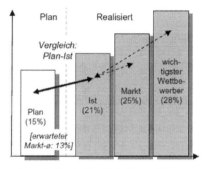
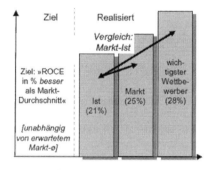

**Fixierte Ziele**

Ziel: *absoluter* ROCE in % (hier: 15%)

Plan | Realisiert

Vergleich: Plan-Ist

Plan (15%) [erwarteter Markt-ø: 13%]

Ist (21%) | Markt (25%) | wichtigster Wettbewerber (28%)

* **Lesart im Plan-Ist-Vergleich:** Plan um 6 Prozentpunkte übertroffen! > positive Wertung
* Bessere ROCE von Marktdurchschnitt und wichtigstem Wettbewerber bleiben ausgeblendet!

**Relative, selbst anpassende Ziel**

Ziel: *relativer* ROCE in % (zum Markt)

Ziel | Realisiert

Vergleich: Markt-Ist

Ziel: »ROCE in % *besser* als Marktdurchschnitt« [unabhängig von erwartetem Markt-ø]

Ist (21%) | Markt (25%) | wichtigster Wettbewerber (28%)

* **Lesart im Ziel-Ist-Vergleich:** Leistung 4 Prozentpunkte hinter Wettbewerb zurück! > negative Wertung
* *Absolute* Annahmen zu Planungszeitpunkt spielen keine Rolle
* Ziele bleiben stets aktuell und relevant!

---

Gefordert wird eine radikale Änderung des Referenzsystems (siehe Abbildung 4).

Der zweite notwendige Schritt zum neuen, relativen Leistungsvertrag ist: Ziele von der Leistungsbewertung und Vergütung abkoppeln. Diese Trennung zwischen Wollen und Bewertung gewährleistet, dass Manager und Teams auf maximale (nicht: verhandelte oder manipulierte) Ergebnisse hinarbeiten. Sie minimiert zugleich die Motivation aller Beteiligten, von vornherein niedrige („erreichbare") Ziele auszuhandeln.

*Abbildung 4: Änderung des Referenzsystems*

- Gegen Plan → **Über den Zeitablauf hinweg!**
  - gegenüber Vorperioden
  - Fortschritt im Vergleich zu Mittelfristzielen
    (2 bis 3 Jahre nach vorn)!

- Interner Fokus → **Externer Fokus!**
  - gegenüber internen »Kollegen«
  - gegenüber externen Wettbewerbern
  - gegenüber Benchmarks/»Stretch«

- Jahresbezug → **Trendbetrachtung und Perioden nach Bedarf**
  - »rollierende« Reports mit stets
    mitlaufenden Referenzperioden
  - Jahresbezug »nur für Steuerfragen«

- Finanzielle Ziele → **Schlüsselindikatoren (KPIs)!**
  - weniger und strategischere Informationen
    im laufenden Reporting
  - Relative Indikatoren statt Finanzpositionen

# 6 Was ist von der Kritik der Vertreter des Beyond-Budgeting-Modells zu halten?

Zweifellos enthält das Modell eine Reihe interessanter Ansätze zur Verbesserung der Unternehmenssteuerung und es ist zu wünschen, dass die Diskussion und das Experimentieren mit diesem Modell vorangetrieben werden, um konkrete Erfahrungen zu machen. Das Modell – oder zumindest seine Darstellung in Pfläglings zugrunde liegendem Artikel – ist aber offenbar auch geprägt durch sehr negative Erfahrungen in der Anwendung und Umsetzung gängiger Managementsysteme. Diese negativen Erfahrungen scheinen die Beurteilungen auch wertvoller Erkenntnisse aus der Praxis des Managements der letzten 50 Jahre zu überstrahlen. Vieles, was an den traditionellen Managementsystemen kritisiert wird, entbehrt jeder Beweisführung. Entweder glaubt man es oder hat entsprechende eigene Erfahrungen gemacht, welche die Kritik rechtfertigen. Es können aber auch andere Erfahrungen vorliegen. Insoweit bleibt die Kritik in einem ideologisierten Raum stehen.

Um einige Beispiele zu nennen:

- Wenn in einem Bereich bis zu 30 Ziele im Auge behalten werden sollen, so ist dies grundsätzlich zu managen. Wichtig ist, dass sich jede Führungskraft, wie auch der Bereichsleiter, nicht mehr als etwa fünf Ziele vornimmt. Diese individuellen Ziele werden dann in einem entsprechenden Workshop auf mögliche Interessenkonflikte hin überprüft und verhandelt. Damit erhalten die Führungskräfte eines Bereichs auch die notwendige Transparenz zu den Zielen der Kollegen und es können Prioritäten gesetzt werden.

- Ob sich die Energie bisheriger Managementsysteme nur nach innen richtet, statt kundenrelevante Leistungen zu erbringen, hängt von den vereinbarten Zielen ab. Eine Balanced Scorecard enthält immer auch die Markt- und Kundenperspektive. In ihr können auch relative Leistungsvereinbarungen – z.B. Ziele in Relation zur Marktentwicklung (wie vom Beyond-Budgeting-Modell gefordert) – verhandelt werden.

- Auch der Vorwurf, Scorecards funktionieren ähnlich wie Budgets, ist bei einer richtigen Anwendung nicht haltbar. Eine Balanced Scorecard enthält per se unterschiedliche, auch nicht finanzielle Perspektiven. Sollte sie fixe Ziele enthalten und sollten sich Rahmenbedingungen ändern, so muss man sich über die geänderten Bedingungen sowieso unterhalten. In diesem Fall wird man auch unterjährig die Ziele verändern.

- Grundsätzlich können in einem variablen Vergütungssystem auch längerfristige Entwicklungspfade vereinbart werden. Es ist jedoch auch von der Management- bzw. Verantwortungsebene abhängig, welche zeitlichen Perspektiven sinnvoll sind. Für die untere und mittlere Führungsebene ist es selten sinnvoll, über einen Zeithorizont von einem Jahr hinauszugehen – es sei denn im Rahmen von Projektmanagement. Auch hier würde man allerdings kurzfristige Reviews, häufig im Abstand von einigen Monaten, als Meilensteine im Projektfortschritt einbauen.

Absolut nicht nachvollziehbar und auch nicht widerspruchsfrei ist die Forderung, die Vergütung von den Zielen zu entkoppeln. Zum einen erlauben variable Vergütungssysteme die Vereinbarung von relativen Leistungszielen – auch wenn sie über den Planungshorizont von einem Jahr hinausgehen, zum anderen wird in der Abbildung 2 (vgl. 2. Prinzip des Leistungsmanagements) eine gemeinsame Belohnung der relativen Ist-Leistung im Nachhinein befürwortet. Damit wird doch wieder eine Verknüpfung von Leistung und Vergütung hergestellt – was letzten Endes auch sinnvoll ist.

Als Fazit lässt sich Folgendes festhalten:

- Vieles, was als Kritik an den traditionellen Managementansätzen dargelegt wird, resultiert aus einer mangelhaften Umsetzung dieser Systeme. Vor dieser mangelhaften Umsetzung ist auch das Beyond-Budgeting-Modell nicht gefeit.

- Ein Steuerungssystem, das sich ausschließlich an verhandelten Budgets orientiert und unterjährig nicht zu korrigieren ist, führt in der Tat zu den dargestellten Fehlplanungen, Manipulationen und negativen Verhaltensweisen.

- Die Forderung nach relativen Leistungsvereinbarungen war bisher schon in variablen Vergütungssystemen darstellbar und wurde auch so praktiziert. Sie sind zweifellos sinnvoll und sollten bei Zielformulierungen stärker berücksichtigt werden. Es darf aber bezweifelt werden, ob damit fixe Ziele hinfällig werden. Ein markantes, nicht widerlegbares Beispiel ergibt sich aus der Vereinbarung von Projektzielen. Hier gibt es zumeist keine Relationen zu einem früheren Zeitraum oder zu einem Wettbewerber.

- Selbst wenn fixe Ziele vereinbart werden müssen, gibt es Möglichkeiten, ein manipulatives Verhandeln, in welchem von vornherein niedrige („erreichbare") Ziele fixiert werden, zu vermeiden (siehe Beispiel unten).

# 7 Das Fazit zur Kritik an variablen Vergütungssystemen

Zweifellos war die Diskussion zu den Bonuszahlungen der Manager nicht unberechtigt. Sie hat geholfen, Fehlentwicklungen zu erkennen und zu thematisieren. Sie wird die Gestaltung von Vergütungssystemen verändern, wobei dadurch nicht die Kernprobleme der Finanzkrise gelöst werden. Die Trends zu mehr Nachhaltigkeit, zur Integration des individuellen Leistungsverhaltens und der Managementkompetenz, zum Benchmarking im Branchenvergleich und zur Festlegung nachhaltiger Performance-Standards relativ zum Wettbewerb sind vorgezeichnet. Diese Entwicklungen ändern nichts an der Sinnhaftigkeit variabler Vergütungssysteme auf Basis von Zielen. Das Instrument ist veränderungsfähig und kann flexibel ausgestaltet werden. Einige Argumente, die dies unterstreichen, wurden in Abbildung 5 zusammengestellt. Darüber hinaus wird im folgenden Abschnitt anhand von Praxisbeispielen ein Eindruck zu den vielfältigen Gestaltungsmöglichkeiten variabler Vergütungssysteme vermittelt.

---

*Abbildung 5: Argumente zugunsten einer variablen Vergütung*

---

1. Variable Vergütungssysteme auf Basis von Zielen zählen zu den strategisch wichtigsten Unternehmenssteuerungssystemen. Fehlentwicklungen ergeben sich häufig aus einer mangelhaften Umsetzung oder fragwürdigen Ausgestaltung.
2. Als Führungsinstrument wirken variable Vergütungssysteme über die vermittelte Zielorientierung. Darüber hinaus wird durch eine nachvollziehbare Leistungsdifferenzierung auch für mehr Leistungsgerechtigkeit gesorgt.
3. Bei der Leistungsbemessung können neben finanziellen Zielen (z.B. Budgets, Umsatz) auch „intangible assets" (z.B. Patente, Managementressourcen, Know-how, Kundenbindung) einbezogen werden. Zur ausgewogenen Zielfindung trägt eine Balanced Scorecard bei.
4. Kriterien nachhaltigen Wirtschaftens können durch das Ansparen von Bonuspunkten in einer Bonusbank berücksichtigt werden. Diese kommen erst nach dauerhafter Zielerreichung (z.B. nach vier Jahren) zur Auszahlung. Allerdings ist es für die untere und mittlere Führungsebene selten sinnvoll, über einen Zeithorizont von einem Jahr hinaus zu gehen – es sei denn im Rahmen von Projektmanagement.
5. Die Wirkung muss in beide Richtungen gehen. In den meisten variablen Vergütungssystemen wird ein Zieleinkommen bei 100 Prozent Zielerreichung, verknüpft mit der Auszahlung eines variablen Zieleinkommens, vereinbart. Dieses kann bei Überschreitung der Zielerreichung deutlich höher sein (Bonus) oder bei Unterschreitung auch niedriger (Malus), bis hin zum Totalverlust des variablen Zieleinkommens.
6. Relative Leistungsvereinbarungen sind sinnvoll und sollten bei Zielformulierungen stärker berücksichtigt werden. Es darf aber bezweifelt werden, ob damit fixe Ziele hinfällig werden.
7. Dem Aushandeln zu niedriger (fixer) Ziele kann durch eine Abflachung der Auszahlungskurve bei Zielüberschreitung entgegen gewirkt werden.

---

# 8 Die Praxisbeispiele

## 8.1 Fallbeispiel 1: Erfolgsabhängige Vergütung mit fixierten und relativen Zielen

Für einen Maschinen- und Anlagenkonzern mit einer Reihe von Gesellschaften wurde die Vergütung der Geschäftsführer neu geordnet. Unter anderem wurde eine erfolgsabhängige Vergütung eingeführt. Diese wurde in einem zweiten Schritt auf die nächste Ebene unterhalb der Geschäftsführungen übertragen.

**Ziele:**

- Marktgerechte Vergütung

- Stärkere erfolgsabhängige Einkommensdifferenzierung

- Chancen > Risiken = attraktive Einkommen bei Erfolg

- Strategiekonformität

- Nachvollziehbare Bestimmung der erfolgsabhängigen Vergütung

- Impuls für die nachhaltige Weiterentwicklung der Management-Qualität

- Unterstützung nachhaltiger Unternehmensentwicklung

**Gestaltungsmerkmale:**

- Neben den Kennzahlen EBITA (Earnings before interests, taxes and amortisation) und Capital Employed wurden auch operative und strategische Arbeitsziele mit den Geschäftsführern vereinbart, die sowohl fixierte als auch relative Ziele enthalten konnten – insbesondere auch qualitative Ziele zur Verbesserung der „intangible assets" (Forschung und Entwicklung, Wissensaufbau, Managementqualität, Geschäftsbeziehungen).

- Um die Verantwortung für den Gesamtkonzern zu unterstreichen und nicht allein den eigenen Bereich zu optimieren, wurden 20 Prozent des variablen Einkommens am EBITA der Obergesellschaft gekoppelt.

- Die Überprüfung der Zieleinkommen erfolgte nicht jährlich, sondern alle zwei Jahre.

- Für sanierungsbedürftige Gesellschaften wurden „Entwicklungspfade" über einen Zeitraum von drei bis fünf Jahren hinweg definiert.

- Die Bewertung der Zielerreichung erfolgt nur bei wenigen finanziellen Zielen rechnerisch, ansonsten durch eine begründete Managemententscheidung. Dies

  bedeutet, dass der Vorgesetzte eine Entscheidung zur Zielerreichung begründen musste.

- Zur Steuerung der Zieleinkommen (Festgehalt + variabler Anteil auf Basis von 100 Prozent Zielerreichung) wurde eine Management-Kompetenzbewertung eingeführt mit folgenden Zielen:

  – Entwicklung exzellenter Managementqualität in den Schlüsselfunktionen als Beitrag zur nachhaltigen Unternehmensentwicklung

  – Weiterentwicklung der Arbeits- und Führungskultur

  – Steuerung der Zieleinkommen im Band

▓ Die Einschätzung zur Managementkompetenz wurde in einem ersten Schritt durch den Vorgesetzten und durch eine Selbsteinschätzung des „Beurteilten" vorgenommen. In einem zweiten Schritt wurden die Ergebnisse aller Einschätzungen in einer Führungskonferenz mit dem zuständigen Vorstand und anderen Vorgesetzten „verprobt".

▓ Um für mehr Planungsgenauigkeit zu sorgen und der Manipulation zu niedrig angesetzter Ziele entgegenzuwirken, wurden unterschiedliche Auszahlungskurven für das variable Einkommen für die negative bzw. positive Zielerreichung angesetzt (siehe Abbildung 6).

---

*Abbildung 6: Variabler Einkommensanteil in Abhängigkeit von EBITA*

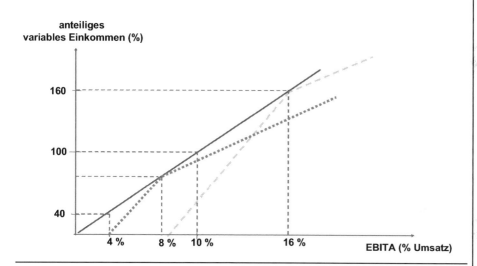

## 8.1.1 Wie ist die Wirkung dieses Modells?

Angenommen, eine durchschnittliche erwartete Sollrendite wird aufgrund eines Benchmarks auf ein EBITA von 10 Prozent des Umsatzes festgesetzt, dann führt dies zu einer Auszahlung von 100 Prozent des anteiligen variablen Einkommens, wenn exakt dieser Wert geplant wurde und erreicht wird. Bei einem linearen Kurvenverlauf würden bei 16 Prozent in diesem Modell 160 Prozent des variablen Anteils zur Auszahlung kommen, bei 4 Prozent EBITA wären es nur noch 40 Prozent, das heißt, die rote Kurve steigt pro Prozentpunkt im EBITA um 10 Prozent in der Auszahlung.

Um einer Manipulation (z.B. „Tiefstapeln", um später besser dazustehen) entgegenzuwirken und die Plangenauigkeit zu erhöhen, wird jedoch nicht nach der linearen Kurve ausbezahlt, sondern nach einem geknickten Kurvenverlauf. Die Kurve fällt in diesem Beispiel um 20 Prozent pro Prozentpunkt EBITA und sie steigt um 7,5 Prozent pro Prozentpunkt EBITA, ausgehend von der verhandelten Zielrendite.

*Beispiel:* Ein Geschäftsführer verhandelt mit dem Vorstand eine Zielrendite von 8 Prozent, ist sich jedoch ziemlich sicher, dass er auf 12 Prozent kommen kann. Das Jahr läuft tatsächlich besonders gut und er erreicht eine Rendite von 16 Prozent. Hätte er nur 8 Prozent erreicht, läge sein variabler Anteil bei 80 Prozent. Für die erreichten 16 Prozent erhält er zusätzlich 8 x 7,5% = 60%. Sein variabler Anteil beträgt 140 Prozent. Hätte er von vornherein optimal geplant, hätte er 160 Prozent erreichen können. Bei seiner „verdeckten" – nach seiner Auffassung aber realistischen Planung von 12 Prozent – wären ihm immer noch 120% + 4 x 7,5% = 150% verblieben, wenn er sich auf diese Planung eingelassen hätte.

## 8.1.2  Fazit zu Fallbeispiel 1

Vielen Unternehmen wird es nicht möglich sein, die Planung und damit auch die Organisation nach dem Beyond-Budgeting-Modell umzustellen. Dagegen spricht z.B. auch die lapidare Forderung in diesem Modell, die nötigen Ressourcen nach Bedarf und ad hoc zur Verfügung zu stellen (vgl. Abbildung 2, Prinzip 5 des Leistungsmanagements). Wie kommt man dann – ohne jedwede Planung – zu einer Größe an finanziellen Mitteln, die zum Teil vorgehalten werden müssten, um sie bei Bedarf auf der Stelle zur Verfügung zu stellen?

In dem Fallbeispiel werden sowohl fixierte als auch relative Ziele verhandelt. In Sanierungsfällen wurden langfristige Entwicklungspfade definiert. Dieses Modell zeigt, dass es auch bei fixierten Zielen Möglichkeiten gibt, der Manipulation entgegenzuwirken. Ganz ausschließen wird man sie jedoch nicht können. Dieses Modell zeigt auch, dass es z.B. durch die Integration einer Management-Kompetenzbewertung Gestaltungsmöglichkeiten gibt, insgesamt die Management-Qualität zu verbessern.

## 8.2 Fallbeispiel 2: Vom mengenorientierten Bonus zu einer variablen Vergütung auf Basis differenzierter Ziele

Für eine in der Solarindustrie tätige Produktionsgesellschaft sollte die bestehende Bonusregelung, die sich ausschließlich an der Produktionsmenge orientierte, durch Zielvereinbarungen differenzierter gestaltet werden. In Interviews mit den Führungskräften wurde das Grundgehalt als wenig wettbewerbsfähig beschrieben. Der maximal vereinbarte Bonus wurde daher von vornherein eingerechnet. Dies entsprach den Einkommenserwartungen.

**Ziele:**

Die variable Vergütung auf Basis von Zielen soll

- die Mitarbeiter am Erfolg beteiligen,

- eine individuelle, leistungsbezogene Einkommensdifferenzierung erlauben,

- „Führen durch Ziele" als Führungsinstrument verankern,

- die Umsetzung der strategischen Unternehmensziele unterstützen,

- eine Kostenvariabilität mit Budget- und Kostenkontrolle ermöglichen.

**Gestaltungsmerkmale:**

- Der bisherige Maximalbonus konnte im neuen Modell bei 100 Prozent Zielerreichung erreicht werden – verbunden mit einem Verlustrisiko von 100 Prozent und einer zusätzlichen Chance von 150 Prozent (siehe Abbildung 7 und 8).

- Die Ergebnisbewertung sollte sich zu gleichen Teilen auf das Unternehmensergebnis (UE) und auf die individuelle Zielerreichung beziehen. Während im oben beschriebenen Fallbeispiel die Management-Kompetenzbewertung die Position im Gehaltsband (Zieleinkommen) beschrieb, wurde sie in diesem Modell in die Berechnung des variablen Anteils einbezogen (siehe Abbildung 9).

- Ein besonderes Gewicht wurde auf den Prozess zur Erarbeitung fundierter Ziele gelegt. Sie mussten bestimmten Bedingungen gerecht werden (siehe Abbildung 10). Die Zielformulierungen wurden trainiert. Insbesondere wurde darauf Wert gelegt, dass Führungskräfte auch qualitative Ziele und persönliche Entwicklungsziele, die in die Personalentwicklung einflossen, so präzise beschreiben konnten, dass die Zielerreichung mit einer begründeten Management-Kompetenzbewertung plausibel zu beurteilen war.

*Abbildung 7: Überleitung vom Bonus zum variablen Anteil*

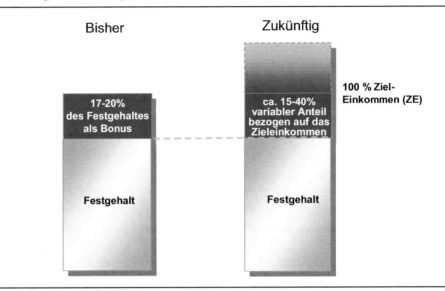

*Abbildung 8: Einkommensstruktur Chance größer Risiko*

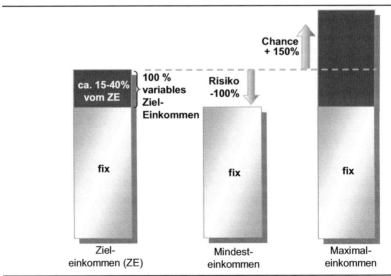

*Abbildung 9: Erfolgsindikatoren und Zielkategorien*

Bewertungskriterien:
variabel
20%
fix
80%
Individuelle Leistung
50%
Unternehmens -ergebnis (UE)
50%
3-5 quantitative und qualitative Ziele
Die wichtigsten Zielkategorien sind
- Kostenziele
- Prozessziele
- Projektziele
- Persönliche Entwicklungsziele
Für die Managementebene wird eine Management-Kompetenz-Bewertung durchgeführt
Beispiel zur Bewertung des Unternehmensergebnisses:
UE= Kosten – Zinsen – Steuern / produzierte Wattpeak

*Abbildung 10: Prüffragen zur Zielvereinbarung und Lösungshinweise*

| | |
|---|---|
| Stimmt die Ausrichtung der Ziele auf die strategischen Herausforderungen? | → Übersicht „strategische Agenda" |
| Konzentration auf die wichtigsten Ergebnisse im Verantwortungsbereich? | → Key Performance Indicators<br>- eindeutige Adressierung?<br>- Möglichkeit der Einflussnahme? |
| Sind die Normen für die Erfolgsbewertung definiert? | → Festlegung worst case/best case |
| Stimmt die Anzahl der Ziele? | → maximal 5 Ziele |
| Sind die Ziele anspruchsvoll? | → Fragestellung: Wie können wir mehr erreichen? |
| Ist die Zielrealisierung sachgerecht geplant? | → Aktivitätenplanung |

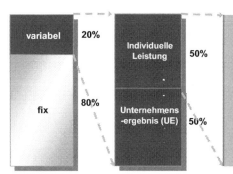

Um die Teamleistung zu honorieren und eine Kostenvariabilität mit Budget- und Kostenkontrolle zu ermöglichen, entschied man sich, die anteiligen variablen Einkommen aus individueller Leistung und dem Unternehmensergebnis nicht zu addieren, sondern durch eine multiplikative Verknüpfung eine Abhängigkeit der individuellen variablen Anteile vom Unternehmensergebnis herzustellen (vgl. Lurse/Stockhausen 2001). Die Wirkung lässt sich anhand einer Modellrechnung beschreiben, wie sie in Abbildung 11 dargestellt ist.

*Abbildung 11: Modellrechnung Multiplikative Verknüpfung*

| Führungs-kraft | Variables Zieleinkommen | Davon individuell | Individuelle Leistung 100% | Ausschüttung individuelle Leistung | *Fall A* Variables Ist-Einkommen | *Fall B* Variables Ist-Einkommen |
|---|---|---|---|---|---|---|
| A | 20.000 | 10.000 | 100 | 10.000 | 24.000 | 14.400 |
| B | 16.000 | 8.000 | 75 | 6.000 | 14.400 | 8.640 |
| C | 12.000 | 6.000 | 150 | 9.000 | 21.600 | 12.960 |
| Gesamt | *48.000* | | | *25.000* | *60.000* | *36.000* |

**Fall A**    **Unternehmensergebnis positiv: +25%**
**Ausschüttungsquote: 125%; Budget = 60.000.**

Faktor UE: $\dfrac{60.000}{25.000} = 2,4$

**Fall B**    **Unternehmensergebnis negativ: -25%**
**Ausschüttungsquote: 75%; Budget = 36.000.**

Faktor UE: $\dfrac{36.000}{25.000} = 1,44$

In dieser Rechnung steht zunächst ein Budget zur Auszahlung der variablen Einkommen von 48.000 (= Summe aller variablen Einkommen bei 100 Prozent Zielerreichung) zur Verfügung. 50 Prozent davon fließen in die Berechnung aufgrund individueller Leistung. Im Beispiel werden dadurch 25.000 für die individuelle Leistung „reserviert". Im Fall A erhöht sich das zur Verfügung stehende Budget durch ein positives Unternehmensergebnis von +25 Prozent auf 60.000. Dadurch errechnet sich ein „Faktor Unternehmensergebnis" (Faktor UE) von 2,4, mit dem die vorläufigen Ausschüttungsbeträge für die individuellen Leistungen multipliziert werden. Im Beispiel profitiert C durch seine individuelle Performance von 150 Prozent besonders viel vom positiven Unternehmensergebnis. Trotz eines gegenüber B geringeren variablen Zieleinkommens erhält er ein größeres variables Ist-Einkommen als B. In der Summe wird nie mehr ausbezahlt, als das Unternehmensergebnis „hergibt", wie auch im Fall B deutlich wird.

Fazit: Das zunächst einseitig auf die Produktionsmenge ausgerichtete Bonusmodell wurde durch ein variables Vergütungsmodell auf Basis von Zielen umgestellt. Während das Bonusmodell den Nachteil hatte, dass sehr bald die „Decke" erreicht war und jährlich der Maximal-Bonus ausgezahlt wurde, war es nun durchaus möglich, bei schlechtem Unternehmensergebnis und schlechter persönlicher Leistung einen Malus zu erhalten. Bei einem sehr guten Unternehmensergebnis bestand allerdings auch die Chance, mehr als 100 Prozent des variablen Anteils dazuzuverdienen.

# 8.3 Fallbeispiel 3: Mit Training ist es nicht getan – der zweijährige Einführungsprozess

Abschließend wird ein Fallbeispiel beschrieben, in dem besondere Erkenntnisse für den Einführungsprozess vorliegen. Es handelt sich um ein Unternehmen der Gesundheitsbranche, das aufgrund seiner Führungsstruktur und sonstigen Größenordnung einem mittelständischen Unternehmen gleichgesetzt werden kann. In diesem Unternehmen partizipierten die Führungskräfte mit einem Bonussystem an der Entwicklung der Privatpatientenzahlen. Bei Übernahme des Projektes wurden Jahresgehälter bezahlt, die im Durchschnitt über dem 1,5-fachen des Marktes lagen. Das Bonussystem wurde durch ein variables Vergütungssystem auf Basis von Zielen ersetzt, und da die Rolle des Beraters nach Einführung des Systems zum Interims-Personalmanager mutierte, war die Gelegenheit gegeben, die Umsetzung des Projektes in den Führungsalltag zu begleiten.

**Ziele:**

Das variable Vergütungssystem soll

- leistungsbezogen sein,

- die Ziel- und Ergebnisorientierung verbessern,

- die Effizienz erhöhen,

- eine Kostenvariabilität unterstützen,

- kostenneutral umgesetzt werden (keine höheren Kosten ohne bessere Ergebnisse).

*Abbildung 12: Überleitung zur neuen Einkommensstruktur*

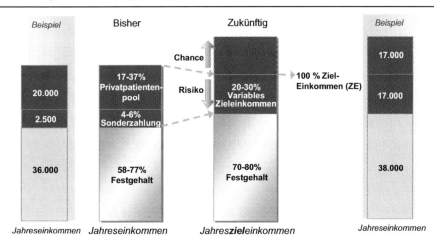

**Gestaltungsmerkmale:**

- Bei der Überleitung vom alten Bonussystem zur neuen variablen Vergütung wurde die in Abbildung 12 dargestellte Rechnung aufgemacht.

- Privatpatienten-Pool und Sonderzahlung mündeten in ein variables Zieleinkommen, das circa 20 bis 30 Prozent des gesamten Zieleinkommens ausmachte.

- Das Festgehalt wurde angehoben.

- Das Gehaltsniveau wurde insgesamt im Durchschnitt (bei 100 Prozent Zielerreichung) abgesenkt.

- Es wurden erstmalig Funktionsbeschreibungen für die Führungskräfte angefertigt, die auf einem Datenblatt folgende Angaben machten:

  – Schwerpunktaufgaben (z.B. Gerätebelegung)

  – Verantwortung für folgende Ergebnisse (z.B. Terminplanung)

  – Indikator (z.B. Wartezeiten)

  – Erforderliche Kompetenz/Fähigkeiten (z.B. Organisationstalent)

- Die variablen Zieleinkommen ergaben sich zu 50 Prozent aus dem Unternehmenserfolg und zu 50 Prozent aus der individuellen Leistung. Wie im zweiten Fallbeispiel wurde eine Bewertung der Führungskompetenz integriert.

**Umsetzungserfahrungen:**

▨ Die Anhebung des Festgehaltes in Verbindung mit den Chancen, die aus einer guten persönlichen Performance und einem guten Unternehmensergebnis resultieren können, führte zu einer breiten Akzeptanz des Vergütungssystems, obwohl das durchschnittliche Jahreszieleinkommen abgesenkt wurde.

▨ Die Ziele wurden in gemeinsamen Gesprächen mit Geschäftsführung, Führungskraft und Berater definiert, dann durch den Berater in eine messbare Zielformulierung nachgearbeitet und von den Beteiligten unterschrieben. Aus dieser Erfahrung heraus kann geschlossen werden, dass zumindest für die ersten beiden Zielvereinbarungsrunden eine Stichprobenkontrolle durch den Fachberater erfolgen sollte und exemplarisch gute und schlechte Formulierungen in Führungskräftetrainings erörtert werden müssen.

▨ Die Einführung kompakter Funktionsbeschreibungen unterstützte die Verhandlung von Zielvereinbarungen.

▨ Insgesamt kann für die Einführung eines variablen Vergütungssystems ein Zeitraum von zwei Jahren mit intensiver Betreuung angesetzt werden. Dies muss nicht durch externe Berater erfolgen. Es ist auch vorstellbar, in der ersten Zielvereinbarungsrunde unter den Führungskräften Multiplikatoren – also interne Fachberater – zu schulen.

▨ Im zweiten Jahr nach der Einführung zeigte sich eine deutliche Akzeptanz und ein hohes Commitment der Führungskräfte mit dem Vergütungssystem, ein stärkerer Leistungsbezug im verantworteten Bereich und ein deutlich gestiegenes Interesse am Geschäftserfolg des Unternehmens.

▨ Der eigentliche Wert des Vergütungssystems auf Basis von Zielen wird von der Geschäftsführung wie auch den Führungskräften in den fundierten Gesprächen zu Zielvereinbarungen gesehen, die deutlich an Qualität zugenommen haben, zu wichtigen Einschätzungen für alle Beteiligten führen und die Führungskultur nachhaltig verändert haben.

▨ Für den Berater war das Projekt mit der wichtigen Erfahrung verbunden, dass der Einführungsprozess nicht mit dem „Kick-off" und Trainings für die Führungskräfte abgeschlossen werden kann. Für die Umsetzung ist eine Fachbegleitung von zwei Jahren zu organisieren.

# 9 Schlussfolgerung

Die Praxisbeispiele zeigen nur annähernd die vielfältigen Gestaltungsmöglichkeiten, die variable Vergütungssysteme auf Basis von Zielen bieten. Wenn zuweilen von unbefriedigenden Erfahrungen berichtet wird, dann vor allem, weil die Gestaltungsmöglichkeiten nicht ausgenutzt und Fehlentwicklungen im Umsetzungsprozess unterschätzt werden. Vor dem Hintergrund der aktuellen Boni-Diskussion sollte Folgendes Beachtung finden:

- Je höher die hierarchische Ebene, desto mehr sollten langfristige Ziele in die Verhandlungen einfließen.

- Relativen Zielen sollte – wo dies möglich ist – der Vorzug vor fixen Zielen gegeben werden. Allerdings muss der Controlling-Bereich auch in der Lage sein, Datenmaterial zur Überprüfung der aktuellen Positionierung zur Verfügung zu stellen.

- Wo ein Bonus möglich ist, muss auch ein Malus möglich sein.

- Die Ziele dürfen nicht einseitig finanzieller Art sein und sollten nicht nur rein rechnerisch in Geld umgesetzt werden. Führungskräfte müssen auch zu einer (wenngleich subjektiven) Einschätzung der Managementleistung ihrer Mitarbeiter fähig sein.

# 10 Zusammenfassung

In diesem Beitrag wird – ausgehend von der aktuellen Diskussion um Boni – auf die Motive einer variablen Vergütung eingegangen. Hierbei werden die Vorschläge des Gesetzgebers sowie Kritikpunkte aus der Wirtschaftsliteratur beleuchtet und Konsequenzen für die „sinnvolle" Gestaltung variabler Vergütungssysteme abgeleitet. Insbesondere werden Forderungen aus dem „Beyond-Budgeting-Modell" diskutiert und in Bezug zur bisherigen Praxis variabler Vergütungssysteme gesetzt. Dabei wird in die Grundlogik eines Vergütungssystems eingeführt und die Einbindung der variablen Vergütung darin aufgezeigt. Anhand von Praxisbeispielen werden ferner die vielfältigen Gestaltungsmöglichkeiten einer variablen Vergütung verdeutlicht. Diese muss nicht grundsätzlich neu erfunden werden. Die Konzepte erlaubten schon bisher – durch eine entsprechende Ausgestaltung – die Verfolgung der Ziele, die unter dem Druck der Finanzkrise als sinnvoll erkannt und in Zukunft stärker berücksichtigt werden sollen:

- nachhaltiges Wirtschaften,

- Verbesserung der Managementkompetenz,

- angemessenes Verhältnis zu den Leistungen und Leistungsdifferenzierung,

- angemessenes Verhältnis zur Branche und zur landesüblichen Vergütung,

- Verringerung der Vergütung bei schlechterer Unternehmenslage.

# Praxis - Beispiele - Sichtweisen

# Erwin Hartwich

# Zielentfaltung (Policy Deployment) als Management-System

# 1    Vorbemerkung

Seit Anfang der 90er Jahre findet unter der Bezeichnung „Policy Deployment" (PD) ein Management-System zunehmende Verbreitung, das auf einem Konzept der systematischen Findung, Abstimmung und Verfolgung von Unternehmenszielen basiert. Es hat seinen Ursprung in Japan (vgl. Akao 1991) und ist eng mit der Philosophie des Total Quality Management (TQM) verbunden. Das bedeutet u.a. die konsequente Einbeziehung der Betroffenen in den Planungsprozess, die Fokussierung auf eigenverantwortliche Teams und die Realisierung nach dem PDCA-Zyklus (Plan–Do–Check–Act).

*Abbildung 1: Vergleich Zielentfaltung und Management by Objectives (MbO)*

|  | **Zielentfaltung** | **Management by Objectives** |
|---|---|---|
| **Zweck** | • **Kontinuierliche Verbesserung** <br> • **Teambezogen** | • **Unternehmenssteuerung durch Leitung** <br> • **Personenbezogen** |
| **Organisation** | • **Alle Mitarbeiter** <br> • **Bottom up/ Top down (Gegenstrom)** | • **Vorgesetzte mit Mitarbeitern gemeinsam** <br> • **Problemlösung orientiert an Zielsetzungen** |
| **Ziel** | • **Qualität** | • **Ergebnisse, Kosten** |
| **Prinzip** | • **Flexibilität** <br> • **Jeder wirkt mit** | • **Politik** <br> • **Top down und partizipativ** |
| **Vorgehensweise** | • **Ergebnisse durch Prozess** <br> • **Selbstdiagnose** <br> • **Keine direkte Verbindung zum einzelnen Mitarbeiter** | • **Ergebnisse durch Ziele** <br> • **Mit Leistungsbewertung und Bezahlung verbunden** |

Abbildung 1 zeigt die wesentlichen Unterschiede zwischen PD und dem aus den USA stammenden und in der westlichen Welt sehr verbreiteten „Management by Objectives" (MbO). Bei Bosch wurde mit der Einführung von PD, das dort „Zielentfaltung" (ZE) heißt, im Rahmen des weltweiten Veränderungsprozesses CIP („Continuous Improvement Process") auf Geschäftsbereichs- und Werksebene im Jahr 1995 begonnen. Die Erfahrungen aus diesem Einführungsprozess sind in den folgenden Überblick eingeflossen.

# 2 Vision als Ausgangspunkt

Ausgangspunkt eines jeden ZE-Prozesses ist die Vision bzw. das Leitbild des Unternehmens oder der Organisationseinheit. Dies ist die konkrete, anschauliche Beschreibung der gewünschten, mittelfristig angestrebten Zukunft des Unternehmens, anspruchsvoll und herausfordernd formuliert, aber doch auch noch realisierbar (siehe Abbildung 2).

---

*Abbildung 2: Positionierung einer Vision*

| | |
|---|---|
| Eine Vision | ist die konkrete, anschauliche Beschreibung der gewünschten Zukunft, sehr anspruchsvoll / herausfordernd, aber doch auch realisierbar; mit der sich alle innerlich identifizieren, und die immer präsent ist. |
| Eine Vision | wirkt als eine Kompass-Funktion für unternehmerisches Handeln, als eine Antriebskraft für Veränderungsprozesse. |
| Eine Vision | wird von den Führungskräften entwickelt unter Partizipation der Mitarbeiter. |
| Eine Vision | tankt ihre Kraft im Erarbeitungsprozess. |

---

Wichtig ist, dass die Vision in der Organisation über einen hohen Grad der Bekanntheit und auch der Identifikation verfügt, was durch eine ausreichende Partizipation bei der Erarbeitung der Vision sichergestellt werden muss. Aus der Vision sind als Input für den ZE-Prozess die strategischen Zielsetzungen abzuleiten. Hierzu ist es notwendig, auch über eine konkrete und objektive Beschreibung der Ist-Situation des Unternehmens zu verfügen sowie über Erkenntnisse zu künftigen Anforderungen und über das Verhalten des Wettbewerbs. Ergebnisse aus regelmäßig durchgeführten Mitarbeiter- und Kundenbefragungen können dabei ebenso einfließen wie die Erkenntnisse aus Audits, Benchmarks und Selbstbewertungen – z.B. nach dem zunehmend Verbreitung findenden Modell für Business Excellence der European Foundation for

Quality Management EFQM (siehe den Beitrag von Bernatzeder in diesem Buch; http://www.efqm.org).

Die Erarbeitung der strategischen Zielsetzungen geschieht zweckmäßigerweise in einem Workshop der Unternehmensleitung unter Mitwirkung der nächsten Führungsebene. Hier werden die grundsätzlichen Zielrichtungen vorgegeben wie z.B. Kundenorientierung, Wachstum oder Betriebsergebnis, und z.T. mit konkreten Mess- und Zielwerten belegt. Im anschließenden Entfaltungsprozess in den einzelnen Organisationseinheiten werden die Ziele dann weiter konkretisiert. Es hat sich praktisch bewährt, mit nicht mehr als fünf Zielen zu arbeiten. Damit diese Ziele auch die für den nachhaltigen Erfolg wesentlichen Felder abdecken, kann z.B. auf das Hilfsmittel der Balanced Scorecard (vgl. Kaplan/Norton 1997) oder auch auf die Kriterienfelder des Business Excellence Modells der EFQM zurückgegriffen werden.

# 3 Der Entfaltungsprozess

Erst wenn diese Ziele klar formuliert sind, kann der eigentliche Prozess der Entfaltung beginnen (siehe Abbildung 3). Dabei werden die Ziele Top down über die einzelnen Hierarchieebenen kommuniziert. Auf jeder Ebene werden in den betreffenden Bereichen und Abteilungen Bottom-up jeweils Unterziele abgeleitet und Ideen und Maßnahmen zur Zielerreichung entwickelt.

*Abbildung 3: Zielentfaltungsprozess (Policy Deployment) in einer hierarchischen Organisation*

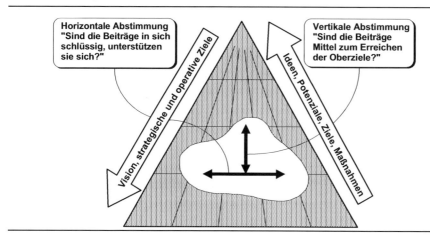

Ergänzend zu diesem vertikalen Abstimmungsprozess erfolgt gleichzeitig auch eine horizontale Abstimmung der Ziele zwischen den einzelnen Bereichen und Abteilungen. Dies ist ein sehr intensiver Kommunikationsprozess, und die Identifikation der betroffenen Mitarbeiter mit den Zielen hängt entscheidend von der Qualität dieses Prozesses ab. Bewährt haben sich hier moderierte Workshops auf Abteilungs- und Bereichsebene sowie das 3-Ebenen-Prinzip, d.h. aktive Präsenz des jeweils nächst höheren Vorgesetzten im Workshop – zumindest zu Beginn und zum Abschluss.

Der Querabgleich der Ziele auf Bereichs- bzw. Abteilungsebene kann mit Hilfe von Informationsmärkten durchgeführt werden, wobei alle Bereiche ihre Ziele wechselseitig präsentieren und dabei notwendigen Abstimmungsbedarf identifizieren. Die jeweils Beteiligten können dann im Anschluss ihre Ziele und Maßnahmen bilateral oder im kleinen Kreis aufeinander abstimmen, wobei im Konfliktfall die jeweils nächst höhere Ebene einzuschalten ist.

Im Prozess der Zielentfaltung ergeben sich immer wieder auch Ziele, die für das Unternehmen sehr wichtig sind, sich jedoch nicht klar einer bestimmten Organisationseinheit zuordnen lassen. Das kann z.B. die Entwicklung und Markteinführung neuer Produkte betreffen oder Veränderungen in der Ablauf- und Strukturorganisation. Dies sind in der Regel zeitlich begrenzte Aufgaben, für die – soweit noch nicht geschehen – bereichsübergreifende Projektgruppen zu bilden sind, die dann für die Realisierung dieser Ziele verantwortlich sind.

Der gesamte ZE-Prozess mündet am Ende in den Wirtschaftsplan des Unternehmens, d.h. er muss zu Beginn des Wirtschaftsplanjahres abgeschlossen sein. Je nach Größe des Unternehmens und der Komplexität der notwendigen Planungen und Abstimmungen muss der ZE-Prozess mit einem ausreichenden zeitlichen Vorlauf gestartet werden und synchron über die einzelnen Ebenen ablaufen. Er endet in der Regel auf der Gruppenebene, in der Fertigung z.B. bei der teilautonomen Arbeitsgruppe. Eine Entfaltung bis zum einzelnen Mitarbeiter ist nur bei sehr weitgehend fixierter Arbeitsteilung zu empfehlen, wie sie manchmal in Stabsabteilungen anzutreffen ist.

# 4    Anforderungen an Ziele

Der ZE-Prozess stellt bestimmte Anforderungen an die Formulierung von Zielen, und es ist gerade für die Einführung der ZE in einem Unternehmen besonders wichtig, dass diese Anforderungen allen Mitarbeitern bekannt und geläufig sind. Unter einem Ziel wird hier die konkrete Beschreibung eines erwarteten Ergebnisses verstanden.

Ein solches Ziel muss

▓ messbar (operationalisiert), d.h. quantifiziert,

▓ zeitlich bestimmt, d.h. der Endtermin liegt fest,

▓ realisierbar, d.h. notwendige Mittel sind verfügbar,

▓ herausfordernd, d.h. ein deutlicher Fortschritt wird angestrebt,

▓ durch eigenes Handeln erreichbar,

▓ verständlich, transparent, klar und

▓ mit Betroffenen abgestimmt und akzeptiert sein;

d.h. der Abstimmungs- und Überzeugungsprozess wird implizit gefordert; ohne Abstimmung gesetzte Ziele erfüllen die Anforderungen nicht. Nur so wird die Identifikation und das Engagement der Betroffenen bei der anschließenden Umsetzung der Ziele erreicht. Es bedeutet auch, dass die Ziele jeweils in der Sprache der Betroffenen zu formulieren sind. So kann z.B. auf der Ebene der Fertigungsgruppe die Messgröße für die Produktivität nur „Gutteile pro Schicht" heißen. Die auf Werksleitungsebene übliche betriebswirtschaftliche Formel für Produktivität wäre dagegen fehl am Platze. In Abbildung 4 wird die schrittweise Erarbeitung von Zielen an einfachen Beispielen verdeutlicht.

*Abbildung 4: Erarbeiten von Zielen und Messgrößen*

| Ziel allgemein | **Beispiel: Kundenzufriedenheit verbessern** | | |
|---|---|---|---|
| Ziel konkret | *Termintreue für Auslieferung verbessern* | *Fehlerrate reduzieren* | |
| Messgröße | *Anzahl der Terminüberschreitungen* | *Anzahl der Feldausfälle* | |
| prüfen: Korrelation mit Ziel, Rückwirkungen | | | |
| Zielwert | *Reduzierung um 50%* | *Halbierung* | *relativ* |
| | *95% der Auslieferungen termingerecht* | *5 ppm* | *absolut* |

# 5    Visualisierung

Ist die ZE abgeschlossen, so sind die Ziele für alle Betroffenen zu visualisieren. Das geschieht zweckmäßigerweise in den einzelnen Abteilungen für alle Mitarbeiter sichtbar auf Pinnwänden. Visualisiert werden dabei nicht nur die Ziele selbst, sondern auch die jeweiligen Istwerte in bestimmten Zeitintervallen sowie die Maßnahmen zur Zielerreichung (siehe Abbildung 5).

*Abbildung 5: Visualisierung von Zielen im Rahmen der Zielentfaltung*

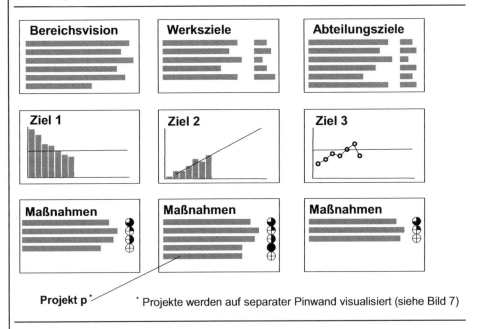

Die Visualisierung erfolgt also vor allem mit dem Zweck der transparenten Zielverfolgung, auf die im Folgenden noch eingegangen wird. Die Intervalle sind abhängig von den Eingriffsmöglichkeiten zu wählen, in indirekten Bereichen in der Regel monatlich oder wöchentlich, in direkten Bereichen aber auch täglich oder pro Schicht.

Wesentlich für die Wirksamkeit der Visualisierung als Mittel zur Zielverfolgung ist es, dass die jeweils betroffenen Mitarbeiter die Erfassung und Darstellung der Istwerte selbst vornehmen. Es ist allenfalls akzeptabel, dass zur Eintragung der Istwerte zentral erstellte und standardisierte Formblätter zur Verfügung gestellt werden. Abbildung 6 zeigt hierfür ein Beispiel.

Den betroffenen Mitarbeitern sollten auch Freiräume für die Gestaltung ihrer Pinwände eingeräumt werden, um den Identifikationsgrad zu erhöhen. Andererseits wird eine gewisse Standardisierung der Darstellungen auf den Pinwänden auf Werks- oder Unternehmensebene zweckmäßig sein, um eine bereichsübergreifende Transparenz zu gewährleisten. Bewährt haben sich hier auch so genannte Cockpit-Charts, in denen die wesentlichen Zielgrößen auf einem Blatt angeordnet sind, ähnlich wie die Anzeigegeräte im Flugzeug-Cockpit.

Grundsätzlich müssen für die Wirksamkeit der Zielverfolgung alle Ziele mit ihren Istwerten in den einzelnen Organisationseinheiten visualisiert werden und für alle Mitarbeiter zugänglich sein. Insbesondere in der Einführungsphase der ZE treten häufig Diskussionen darüber auf, inwieweit auch „sensiblere" Daten transparent gemacht werden können. Dabei zeigt sich, dass es nur sehr wenige wirklich sensible Daten gibt, die mit einer gewissen Vertraulichkeit am Ort der Visualisierung insbesondere gegenüber externen Besuchern wie Kunden oder Lieferanten zu handhaben sind. Das können z.B. Preise, Umsätze oder Marktanteile sein. Es gibt dafür jedoch immer einfache Möglichkeiten wie Kodierungen und Indizierungen einzelner Daten oder auch z.B. das temporäre Verschließen von Pinnwänden im Büro der Werkleitung, wenn dort externe Gäste empfangen werden. Keinesfalls sensibel gegenüber Kunden sind z.B. die aktuellen Daten zur Qualität oder zur Ausbringung: die kennt der Kunde – soweit sie ihn betreffen – sowieso, und er nimmt allenfalls einen positiven Eindruck mit, wenn er sieht, mit welcher Konsequenz hier an Verbesserungen gearbeitet wird.

# 6 Zielverfolgung

Das wesentliche Hilfsmittel zur Zielverfolgung im Rahmen der ZE ist die oben erläuterte Visualisierung. Sie setzt vor allem auf Eigenverantwortung und Selbstkontrolle. Dabei werden – wie bereits erläutert – nicht nur die Ziele selbst und der Grad der Zielerreichung dargestellt, sondern auch die jeweiligen Maßnahmen mit ihrem Umsetzungsgrad. Das entspricht der Vorgehensweise nach der PDCA-Systematik und sichert eine konsequente Zielverfolgung, jedenfalls dann, wenn die notwendigen Maßnahmen zur Zielerreichung offensichtlich sind.

*Abbildung 6: Zielentfaltung: Formblatt zur Zielverfolgung (Beispiel)*

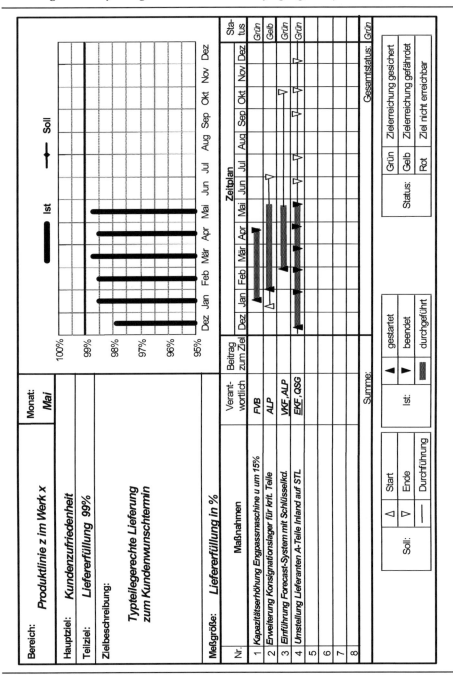

Oftmals treten jedoch bei der Zielverfolgung Schwierigkeiten oder Probleme auf, die erst zu analysieren sind, bevor Erfolg versprechende Maßnahmen erarbeitet werden können. Hier setzt eine systematische Problemlösung an, gestützt auf standardisierte Problemlösungsmethoden (z.B. „Seven Tools", vgl. Theden/Colsman 1997), wobei wiederum eine für alle Beteiligten transparente Visualisierung der Vorgehensweise erfolgt (siehe Abbildung 7).

**Abbildung 7: Projektvisualisierung im Rahmen der Zielentfaltung**

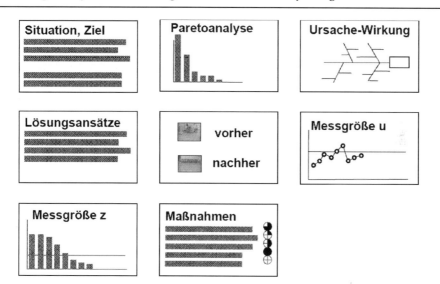

Ein weiteres, sehr wichtiges Element der Zielverfolgung im Rahmen der ZE ist das Ampel-Prinzip in Verbindung mit der Selbstanzeige. Es bedeutet, dass die betroffenen Mitarbeiter für jedes ihrer Ziele regelmäßig ermitteln, inwieweit sie die Zielerreichung zum Jahresende „im Griff" haben, und das mit einem Ampel-Symbol visualisieren. Dabei bedeutet:

Grün:    Zielverfolgung läuft planmäßig, Zielerreichung ist gesichert.

Gelb:    Zielverfolgung läuft unter Plan, Zielerreichung ist gefährdet, aber noch nicht ausgeschlossen. Zusätzliche Maßnahmen aus eigener Kompetenz und mit Hilfe von „Bordmitteln" sind eingeleitet.

Rot:    Zielverfolgung läuft stark unter Plan, Jahresziel ist nicht mehr erreichbar, eigene Gegenmaßnahmen sind ausgeschöpft, weitere Gegenmaßnahmen überschreiten eigene Kompetenz und Ressourcen, fremde Hilfe oder ggf. Zielanpassung sind notwendig.

Dies ist ein Frühindikator für gefährdete Ziele, der ein schnelles Eingreifen und eine rechtzeitige Bündelung der Kräfte ermöglicht. Bei rotem Signal erfolgt eine Selbstanzeige gegenüber der nächsten Führungsebene, um dort ggf. zusätzliche Ressourcen oder Hilfestellungen zu erhalten und damit das gesteckte Ziel doch noch zu erreichen oder – falls dies nicht möglich oder sinnvoll ist – das gesteckte Ziel im Einvernehmen und unter Berücksichtigung der Folgen zu modifizieren. Nur so kann die weitere Motivation zur Zielerreichung bei den betroffenen Mitarbeitern sichergestellt werden.

Die Zielverfolgung erfordert natürlich auch eine Fremdkontrolle. Diese bezieht sich jedoch nicht auf die inhaltlichen Zielsetzungen selbst, sondern ist eher eine Methoden- und Verfahrenskontrolle. Sie besteht darin, dass sich die Führungskräfte der nächst höheren Ebenen in einem regelmäßigen – z.B. monatlichen – Rundgang vor Ort an den jeweiligen Pinnwänden über den Status der Zielverfolgung und ggf. besondere Maßnahmen informieren und sich dabei vor allem auf die Ampelanzeigen stützen. Die Rolle der Führungskräfte ist bei dieser Vorgehensweise die eines Coachs und Sparringspartners für die Mitarbeiter und weniger die eines disziplinarischen Vorgesetzten.

# 7    Prozessreview und Planungszyklus

Am Ende des Geschäftsjahres wird es offensichtlich, inwieweit die gesteckten Ziele im Unternehmen erreicht wurden. Dies wäre auch der geeignete Zeitpunkt für eine kritische Betrachtung des gesamten Planungs- und Realisierungsprozesses, um im Sinne eines PDCA Verbesserungsansätze für die methodische Vorgehensweise zu entwickeln und im nächsten Planungszyklus zu berücksichtigen. Zu erörternde Fragen sind hier z.B., inwieweit

- eine Korrektur der strategischen Ziele notwendig ist,

- die Planungssicherheit erhöht werden kann,

- wesentliche Einflussgrößen früher und besser erfasst werden können,

- die Zielabstimmung vertikal und horizontal zu verbessern ist und

- die Zielverfolgung konsequenter erfolgen kann.

*Abbildung 8: PDCA-Zyklen des Zielentfaltungsprozesses*

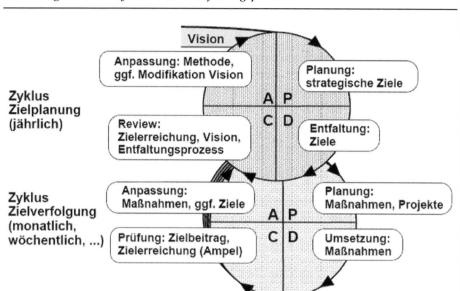

Doch zu diesem Zeitpunkt muss der neue Planungszyklus, der ja einen zeitlichen Vorlauf braucht, bereits abgeschlossen sein. D.h. das jährliche Prozessreview muss – wenn daraus Konsequenzen für den neuen Zyklus gezogen werden sollen – auf den Start dieses Zyklus vorgezogen werden, auch wenn dann noch keine abschließenden Erkenntnisse aus dem laufenden Zyklus vorliegen. Allein aus diesem Grunde, aber auch um die Annahmen und Voraussetzungen für die Planung möglichst aktuell zu halten, ist von einer möglichst kurzen Planungsphase auszugehen, die gerade ausreichen soll, um die notwendigen Kommunikations- und Abstimmungsprozesse zu realisieren. Abbildung 8 verdeutlicht die beiden Ebenen der PDCA-Zyklen: den Zyklus der jährlichen Zielplanung und die Zyklen der (unterjährigen) Zielverfolgung.

# 8 Einführungsprozess

Die Einführung von ZE in einem Unternehmen ist für sich genommen ein tief greifender Veränderungsprozess, der bereits vorhandene Planungs- und Steuerungsinstrumente ergänzt oder ersetzt und Einfluss nimmt auf das Führungs- und Kommunikationsverhalten und die Unternehmenskultur. Diese Veränderungen brauchen eine sorgfältige Vorbereitung unter Berücksichtigung der Ist-Situation, eine umfassende Einbeziehung der Mitarbeiter und eine angemessene Zeit für die Umsetzung. Notwendig ist ein klares Management-Commitment in Kenntnis der Voraussetzungen und Konsequenzen, aber auch der Vorteile und des Nutzens eines solchen Prozesses. Faktoren, die einen Einführungsprozess unterstützen und beschleunigen, sind u.a.:

- das Vorhandensein einer gelebten Vision,

- eine klare, kommunizierte und akzeptierte Unternehmensstrategie,

- eine partizipative, eher auf Vertrauen basierende Führung,

- eine ausgeprägte bereichsübergreifende Kommunikation und Kooperation,

- ein implementierter unternehmensweiter Veränderungsprozess (TQM, KVP, CIP),

- regelmäßige Mitarbeiter- und Kundenbefragungen und

- eine regelmäßig durchgeführte Selbstbewertung, z.B. nach dem EFQM-Modell.

Für die Einführung von ZE in einem größeren Unternehmen empfiehlt es sich, eine funktionsübergreifende Projektgruppe zu bilden, welche die notwendigen Instrumente und Vorgehensweisen entwickelt. Die Implementierung erfolgt am besten stufenweise, beginnend mit der Unternehmensleitung und der nächsten Ebene. In den Folgejahren wird dann jeweils eine weitere Ebene einbezogen. So können sich die Führungskräfte jeder Ebene auf ihren eigenen Lernprozess und die Erfahrungen aus einem Planungszyklus stützen, wenn sie ihre Mitarbeiter in die Planung einbeziehen. Der Einführungsprozess dauert dann zwar einige Jahre, vermeidet aber unnötige Widerstände und Rückschläge, indem er den Mitarbeitern genug Zeit zum Lernen einräumt.

Von einer pilotmäßigen Einführung von ZE zunächst in einem Bereich des Unternehmens ist eher abzuraten, da dann vorübergehend verschiedene Planungssysteme im Einsatz parallel verkraftet werden müssen. Allenfalls ist dies bei Tochterunternehmen mit einer hohen Eigenständigkeit denkbar, wobei wiederum der Nutzen aus der Übertragung der Piloterfahrungen auf das gesamte Unternehmen eher eingeschränkt sein wird.

# 9    Zusammenfassung

Die Zielentfaltung ist ein Planungs- und Steuerungsprozess, der es einem Unternehmen ermöglicht, sich mit allen seinen Funktionsbereichen und Ressourcen auf seine strategischen Zielsetzungen auszurichten. Er setzt in hohem Maße auf die Eigenverantwortung und Selbstkontrolle der Mitarbeiter und nimmt damit auch Einfluss auf die Unternehmenskultur. Seine wesentlichen Vorteile und Nutzenpotentiale sind:

- Förderung der Kommunikation sowohl vertikal als auch horizontal,

- breites Commitment sowohl für Ziele als auch für Maßnahmen,

- umfassende strategische Fokussierung,

- effizientes Prioritäten-Management,

- Motivationsschub bei Mitarbeitern auf allen Ebenen,

- Stärkung von Selbstverantwortung und Eigeninitiative,

- Zieltransparenz durch Visualisierung,

- konsequente Zielverfolgung durch Ampel-Prinzip,

- Förderung des Arbeitens mit Daten und Fakten und

- Institutionalisierung der kontinuierlichen Verbesserung.

Diese Nutzenpotentiale bekommt man natürlich nicht geschenkt. Sie müssen besonders im Einführungsprozess, aber auch später in der regelmäßigen Anwendung erarbeitet werden. Risiken, die sich dabei ergeben und die es zu vermeiden gilt, sind u.a.:

- zu viel auf einmal, zu schnelle Einführung, unzureichender Lernprozess,

- mangelnde Vision, kein Leitbild, zu geringe strategische Ausrichtung,

- zu viel Top-down, zu wenig Bottom-up, eher klassisches MbO,

- keine oder ungenügende Querkommunikation,

- kein Ersatz bestehender Planungs- und Steuerungsinstrumente,

- Verzettelung infolge zu vieler und zu wenig abgestimmter Ziele,

- Messgrößen nicht klar, nicht zielführend, nicht anschaulich,

- mangelhafte Konsequenz in der Zielverfolgung und Visualisierung,

- keine oder ungenügende methodische Reflexion und

- mangelnde Einbindung laufender und neuer Projekte.

Hermann Neher

# Führen mit Zielen - eine integrierte Strategie in einem lernenden Unternehmen

# 1  Lernunternehmen Festo

Festo ist ein weltweit führender Anbieter von Automatisierungstechnik mit 13.500 Mitarbeitern in 57 Ländern. Das global ausgerichtete, unabhängige Familienunternehmen mit Hauptsitz in Esslingen hat sich in über 50 Jahren durch Innovations- und Problemlösungskompetenz rund um die Pneumatik sowie mit einem einzigartigen Angebot an industriellen Aus- und Weiterbildungsprogrammen zum Leistungsführer seiner Branche entwickelt. Innovationen für höchstmögliche Produktivität der Kunden, weltweite Präsenz und enge Systempartnerschaft mit den Kunden sind die Markenzeichen von Festo. Dabei nutzt Festo das einfachste Antriebsprinzip der Welt: Luft. Heute ist die Pneumatik – mit Druckluft- oder Vakuumtechnik – eine Leittechnologie der Automatisierung und Kernkompetenz von Festo. Das Produktprogramm bietet für die pneumatische und elektrische Automatisierungstechnik über 30.000 Produkte für die Fabrik- und Prozessautomation, aus denen durch variantenreiche Baukastensysteme kundenspezifische Lösungen erstellt werden (weitere Informationen über das Unternehmen Festo unter www.festo.com).

Folgende Leitgedanken prägen Festo:

- Wir wollen in der pneumatischen und elektrischen Automatisierungstechnik das beste, weltweit führende Unternehmen der Branche sein. Wir wollen Partner Nr. 1 unserer Kunden sein mit der höchsten Problemlösungskompetenz. Wir wollen unseren Kunden mit innovativen Spitzenleistungen bei der Steigerung der Leistungsfähigkeit ihrer Produkte und ihrer Prozesse dienen.

- Wir sind überzeugt, auch in Zukunft als Lernunternehmen den Anforderungen unserer Kunden auf dem weltweiten Markt am besten gerecht zu werden.

- Unser Ziel ist es, ein sich selbstorganisierendes, selbststeuerndes und sich ständig selbsterneuerndes Festo-Unternehmen zu verwirklichen (siehe hierzu Abbildung 1).

- Wir wissen, dass die Menschen das wesentliche Erfolgspotenzial unseres Unternehmens sind. Qualifizierte, motivierte und gesunde Mitarbeiter schaffen Neues und erbringen Bestleistungen. Durch Wissen und Lernen sichern sie die Weiterentwicklung des Unternehmens und den nachhaltigen wirtschaftlichen Erfolg.

---

*Abbildung 1:* **Philosophie des Lernunternehmens**

---

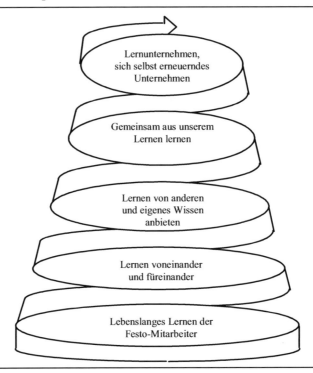

Organisation und Führung schaffen die Grundlagen für eine gemeinsame und erfolgreiche Arbeit. Daraus leitet sich die Verantwortung jedes Einzelnen ab, seinen persönlichen Beitrag zum Unternehmenserfolg zu leisten. Mit dem für Festo zentralen Begriff „Mitarbeiterorientiertes Erfolgsmanagement" soll deutlich gemacht werden, dass der Schwerpunkt der Betrachtung auf der Mitarbeiterebene bzw. beim Human Resources Management liegt; dies setzt die entsprechende Integration in die Strategie des Unternehmens voraus, so dass es auch bei Festo um beide Bereiche und um deren Verknüpfung geht. Als verbindendes Element können die Ziele bzw. die Kommunikation über Ziele angesehen werden (siehe Abbildung 2). Die Weiterführung und Ergänzung durch zusätzliche Elemente eines umfassender gesehenen Performance Managements – Prozessorientierung und neue Organisationsstrukturen, ständige Verbesserung (kontinuierlicher Verbesserungsprozess) sowie Wertesystem des Unternehmens (Personalpolitik) – macht den gesamten Rahmen des Mitarbeiterorientierten Erfolgsmanagements bei Festo sichtbar.

**Abbildung 2: Performance Management bei Festo**

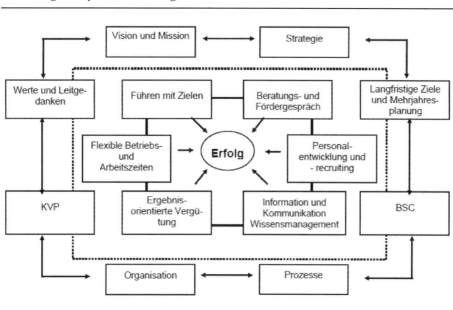

# 2 Führen mit Zielen im Unternehmen Festo

Ziele ermöglichen die Verständigung und damit die Verknüpfung der verschiedenen Ebenen: Individuelle Führung, Führung von Bereichen und von gesamten Organisationen können gleichermaßen unterstützt werden. Bei Festo wird die Brücke von der Vision bis zur individuellen Leistungsoptimierung mit dem Beratungs- und Fördergespräch (BFG) geschlagen (siehe Abbildung 3).

Ein weiterer wichtiger Bestandteil der Philosophie des Führens mit Zielen ist das „Gegenstrom-Verfahren", die Verknüpfung des Bottom up-Ansatzes mit der unternehmerischen Notwendigkeit eines Top down-Ansatzes. Die Verantwortung für die strategische Ausrichtung eines Unternehmens und die Formulierung von unternehmerischen Gesamtzielen ist Aufgabe der Unternehmensleitung; sie bestimmt den Kurs des Unternehmens (Top-down). Der Weg zum Ziel und der letztendliche Beitrag jedes Einzelnen werden durch die Mitarbeiter bestimmt bzw. vorgeschlagen (Bottom-up).

*Abbildung 3: Von der Vision zur Leistungsoptimierung*

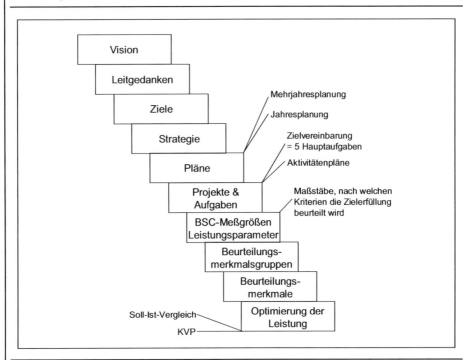

Schnittstelle im Bottom-up- und Top-down-Prozess sind die Verantwortlichen der Leistungszentren (LZ) bzw. Teams als übergeordnete operative Einheiten. Es obliegt dem Leistungszentrum-Verantwortlichen bzw. der Führungskraft:

- zu prüfen, ob die Bottom-up genannten Ziele wirksam die Top-down-Zielerreichung unterstützen,

- Zielkonflikte, die durch den Bottom-up-Prozess sichtbar werden, „nach oben" zu transportieren – gleichzeitig aber auf Teamebene eine Zielpriorisierung/-gewichtung durchzuführen, um kurzfristig Zielvereinbarungen sicherzustellen,

- die Bottom-up definierten Ziele vor dem Hintergrund der Ziellandschaft der Balanced Scorecard zu vereinbaren.

Die Vorteile, Nachteile und Voraussetzungen dieses Verfahrens fasst Abbildung 4 zusammen.

*Abbildung 4: Führen mit Zielen Top-down und Bottom-up*

|  | Top-down-Zielvereinbarung | Bottom-up-Zielverdichtung |
|---|---|---|
| Vorteile | Durchgängige Ausrichtung des Unternehmens an in der Unternehmensleitung nach Marktgegebenheiten/ strategischen Überlegungen formulierten Ziele | Arbeitsinhalt als bedeutende Motivationsquelle: Mitarbeiter/innen möchten dazu beitragen, Ziele zu erreichen, die sie selbst mit aufgestellt haben<br><br>Unstimmigkeiten in den Aufgabenstellungen einer Hierarchieebene werden beim Verdichten sichtbar |
| Nachteile | Zielvereinbarung wird leicht zu einer demotivierenden Zielvorgabe | Hoher Aufwand, Unternehmensausrichtung an strategischen/marktorientierten Vorstellungen schwierig |
| Voraussetzungen | Für das Herunterbrechen von Zielen auf die nächste Hierarchieebene muss Klarheit über die Prozesse dieser Ebene herrschen | Qualifikation der Mitarbeiter/innen nötig (technische, soziale, evtl. konzeptionelle Kompetenz) |

Eine besondere Betonung erfährt bei Festo der prozessuale Ablauf des Führens mit Zielen. Zielentstehung, Zielvereinbarung, Zielerreichung und Erfolgscontrolling als wesentliche Prozessschritte werden jeweils mit konkreten Empfehlungen hinterlegt. Ferner sind die Ziele der Mitarbeiter bei Festo in den größeren Rahmen eines Unternehmenssteuerungskonzepts eingebunden: die Balanced Scorecard (BSC). In der Unternehmens-BSC und/oder in den Bereichs-BSCs sollten sich die Ziele jedes Mitarbeiters direkt oder indirekt wiederfinden. Die Erreichung eines Zieles wird mit einer BSC-Messgröße „controlled". Damit ist sichergestellt, dass der Ressourceneinsatz und das Engagement der Mitarbeiter unternehmenswertsteigernd (Return on Intellectual Capital) erfolgt. Somit entsteht eine geschlossene Kette von den Strategien über die BSC hin zu den Zielen der Mitarbeiter bzw. der Teams.

# 3 Beratungs- und Fördergespräch bei Festo

Beurteilen ist in erster Linie Navigation zum Ziel – und damit die Chance für die Führungskraft, den Mitarbeiter für die Zielerreichung „fit zu machen" und auf dem Weg zum Ziel zu unterstützen bzw. zu führen. Festo setzt in diesem Zusammenhang auf das „Beratungs- und Fördergespräch" (BFG), das eine Mitarbeiterbeurteilung einschließt. Dabei steht das Mitarbeitergespräch im Vordergrund. Festo verknüpft mit dem BFG die folgenden Ziele:

▨ Identifikation mit dem Lernunternehmen, dessen Zielsetzungen und Strategien

▨ Identifikation mit der Leistungseinheit (Team)

▨ Motivationssteigerung der Mitarbeiter

▨ Einbindung in Zielvereinbarungs- und Controllingprozesse

▨ Leistungs-/Performanceoptimierung

---

*Abbildung 5: Beratungs- und Fördergespräch (BFG)*

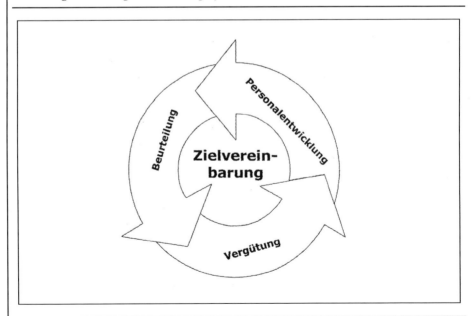

---

Das Beratungs- und Fördergespräch ist als Modul des Performance Managements das Schlüsselinstrument zur Zielerreichung. Es dient der Einigung über die relevanten Erfolgstreiber, der Zielfindung, der Zielvereinbarung, der Zielerreichung und dem Zielcontrolling. Das BFG stellt ein System für alle tarifgebundenen Mitarbeiter dar, es dient der Definition von Leistungszulagen nach Zielerreichung und ist durchgängig von „oben bis unten" angelegt.

Für das Funktionieren des BFG gelten als Voraussetzungen:

▓ Führungskräfte vertrauen den Fähigkeiten ihrer Mitarbeiter

▓ Führungskräfte definieren mit ihren Mitarbeitern den strategischen Handlungs-rahmen und die Freiräume, in denen diese ihre Aufgaben eigenverantwortlich erfüllen

▓ Aufgaben werden möglichst dezentral gelöst

Aus der Perspektive der Organisationsentwicklung stellen die Einführung und die Durchführung von Mitarbeitergesprächen den Dreh- und Angelpunkt beim Aufbau einer Gesprächskultur für Führung und Zusammenarbeit, für Mitarbeiter- und Team-entwicklung sowie für die Entwicklung des Unternehmens dar. Die professionelle Handhabung des BFG schafft durch den strategiefokussierten Ressourceneinsatz und die starke Einbindung der Mitarbeiter eine Corporate Culture im Sinne des Lern-unternehmens und damit ein Alleinstellungsmerkmal.

Nach der vollständigen Implementierung des BFG bei Festo wurde bereits 1997 ein Erfolgscontrolling mittels einer Befragung aller Mitarbeiter durchgeführt. Die wesent-lichen Ergebnisse waren:

▓ 76 Prozent der Befragten halten das BFG für gut bzw. sehr gut,

▓ 70 Prozent der Befragten äußern, dass die Einbeziehung von Mitarbeitern beim Zielfindungsprozess besser oder wesentlich besser geworden ist,

▓ 83 Prozent der Führungskräfte haben Mitarbeiter am Zielfindungs- und –verein-barungsprozess beteiligt,

▓ 67 Prozent der Befragten halten es für sinnvoll, die Mitarbeiter noch stärker am Zielentstehungsprozess zu beteiligen,

▓ 51 Prozent äußern, dass die Identifikation der Mitarbeiter mit dem Unternehmen und dessen Zielen besser oder wesentlich besser geworden ist; es werden keine Verschlechterungen wahrgenommen,

▓ Die Zielerreichung ist nach Aussage von 58 Prozent aller Befragten besser oder wesentlich besser geworden.

# 4 Ergebnisorientierte Führung und Vergütung bei Festo

Beim Management der nachhaltigen Entwicklung ist das Ziel die permanente Verbesserung und „Erneuerung" des Unternehmens von innen. Dies heißt, die Entwicklung der Fähigkeiten der Mitarbeiter gezielt voranzutreiben, die für den zukünftigen Erfolg entscheidend sind. Führen heißt, Visionen zu vermitteln, Ziele aus Visionen abzuleiten und die Voraussetzungen für eine gemeinsame Zukunft zu schaffen – für morgen, für übermorgen, für die nächsten fünf oder zehn Jahre.

Mitarbeiter von Festo haben Anspruch auf qualifizierte Führung, die diese Lernpotenziale entdeckt, fördert und entwickelt. Die Führung wirkt dabei gezielt auf die Leistungsbereitschaft und damit auf die Arbeitsergebnisse/Zielerreichung der Mitarbeiter ein. Die Mitarbeiter werden so am Planungs- und Managementprozess beteiligt und erhalten detaillierte Informationen darüber, welchen Beitrag sie zum nachhaltigen Erfolg des Unternehmens leisten können.

Die ergebnisorientierte Vergütung ist ein weiteres wichtiges Modul der ergebnisorientierten Führung. Vergütungssysteme, welche ausschließlich nach den Parametern „anforderungsgerecht", „leistungsorientiert", „(arbeits)marktgerecht" strukturiert sind, erfüllen die künftigen Anforderungen nicht mehr. Die Veränderungen der Märkte vom Verkäufer- zum Käufermarkt und die Entwicklung vom Denken in tayloristischen Aufgabenstrukturen zum prozessorientierten Lean Management erfordern neue Vergütungssysteme. Produktionstechnische Veränderungen alleine können den Wettbewerbsvorteil nicht schaffen, die Veränderung muss in den Köpfen beginnen. Dies erfordert ein gerechtes und ergebnisorientiertes Vergütungssystem.

Insgesamt besteht der variable Vergütungsanteil bei Festo aus einer Erfolgsbeteiligung (Maßstab ist das Unternehmensergebnis), aus individuellen Zulagen (individuelle Zielerreichung) und ggf. aus einer ergebnisorientierten Teamvergütung. Bei der ergebnisorientierten Teamvergütung besteht eine gemeinsame Vergütungsbasis für alle Mitglieder eines Teams, orientiert an den Erfolgsfaktoren Produktivität, Liefertreue, Qualität und Flexibilität; anstelle der Bewertung einzelner Ergebnisse oder Aufträge wird eine schlanke, durchschaubare Datenermittlung vorgenommen (siehe Abbildung 6).

*Abbildung 6: Leistungsorientiertes Entgeltsystem*

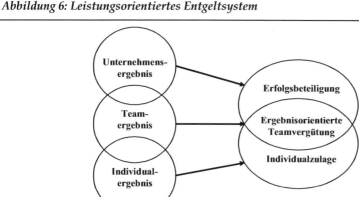

# 5 Wissen und Information als Basis des Lernunternehmens Festo

Festo sieht Wissen und Information als strategische Ressource für die Erreichung von höchster Leistung und Qualität bei der täglichen Arbeit und beim Schaffen neuer Erfolgspotenziale an. Die Balanced Scorecard als integratives Managementinstrument dient der Umsetzung von Vision und Unternehmensstrategien. Dabei geraten die Information und Kommunikation über die Unternehmensziele ins Blickfeld: Jedem einzelnen Mitarbeiter – bis hin zur letzten Stufe – wird sein Beitrag zu den Unternehmenszielen deutlich. Das Intranet (Mitarbeiterportal) stellt den Mitarbeitern Informationen über das Unternehmen und seine Ziele sowie Antworten auf häufig gestellte Fragen bereit.

Das Management-Cockpit (Führungskräfteportal) stellt den Führungskräften alle notwendigen Informationen zur Verfügung, die sie zur Führung ihrer Mitarbeiter benötigen. Die Visualisierung in den Teams (Ziele, Aufgaben, Anforderungen, Kompetenzen, Zielerreichungsgrade usw.) und das BSC-Cockpit sind die Basis für die Navigation zur Zielerreichung.

Das Unternehmen Festo hat sich zum Ziel gesetzt, miteinander und füreinander lebenslang zu lernen. Aufgabe des Vorstandes, der Führungskräfte, der Mitarbeiter und des Human Resources Managements ist es, dafür zu sorgen, dass jeder Mitarbeiter die zu seiner Aufgabenerfüllung und Zielerreichung notwendigen Kenntnisse, Fertigkeiten und Einstellungen hat und diese stetig weiterentwickelt.

Führungskräfte sollen die Stärken, die Lernfelder und das Entwicklungspotenzial ihrer Mitarbeiter erkennen und diese durch entsprechende Maßnahmen entwickeln. Dazu gehört maßgeblich auch die Eigeninitiative der Mitarbeiter. Hierbei wird das BFG als aktives Werkzeug eingesetzt.

Aus der Perspektive der Organisationsentwicklung stellt die Durchführung von Mitarbeitergesprächen den Dreh- und Angelpunkt beim Aufbau einer Gesprächskultur für Führung und Zusammenarbeit, für Mitarbeiter- und Teamentwicklung sowie für die Entwicklung des Unternehmens dar. Organisationsentwicklung bedeutet also nicht mehr und nicht weniger als Organisationen zu befähigen, Veränderungen zu erkennen und diese erfolgreich zu bewältigen. Zentrale Aufgabe der Organisationsentwicklung ist es, ein nach den Notwendigkeiten des Marktes sich selbst erneuerndes Unternehmen zu verwirklichen. Das BFG ist somit ein wichtiger Beitrag für die Organisationsentwicklung. Mitarbeiter- und Organisationsentwicklung sollen schließlich zu höheren Formen des Lernens führen, wobei am Ende dieses komplexen und umfassenden kollektiven Lernprozesses die „Lernende Organisation" bzw. das „Wissensmanagement" stehen. Ständiger Wandel erfordert ständiges Lernen! Ein hoher „Intelligenzquotient des Unternehmens als Ganzes" sichert als Alleinstellungsmerkmal den Wettbewerbsvorsprung.

Lernende Organisation ist jedoch weit mehr als Mitarbeiter- und Organisationsentwicklung. Unternehmen sind nur nachhaltig erfolgreich und können nur dann ihre Zukunft sichern, wenn sie sich den Herausforderungen der Employability, d.h. der lebenslangen Beschäftigungsfähigkeit ihrer Mitarbeiter, mit allen Aspekten stellen und innovative, unternehmensspezifische Lösungsansätze entwickeln. Der Umgang mit den strukturellen Wandlungsprozessen in Gesellschaft und Wirtschaft wird immer entscheidender für die zukünftige Wettbewerbsfähigkeit von Unternehmen. Erfolgreiche Unternehmen zeichnen sich durch Anpassungsfähigkeit und Schnelligkeit bei gleichzeitig hoher Innovationskraft aus.

Hier ist Employability ein Ansatz, eine aus gesellschaftspolitischer Sicht notwendige Dynamisierung des Arbeitsmarktes zu erreichen und eine für die Unternehmen erforderliche flexible Struktur in der Belegschaft zu schaffen. Dabei nimmt Employability Mitarbeiter und Unternehmen gleichermaßen in die Verantwortung. Mitarbeiter müssen bereit sein, ihr Qualifikationsprofil in einem lebenslangen Lernprozess zu erweitern, um die zukünftigen Herausforderungen an das Unternehmen in wirtschaftlicher, technologischer, ökologischer und gesellschaftlicher Sicht bewältigen zu können (siehe Abbildungen 7 und 8).

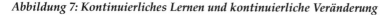

*Abbildung 7: Kontinuierliches Lernen und kontinuierliche Veränderung*

| Globale Ebene | • Organisation mit der Umwelt verbinden<br>• Einschwörung der Akteure auf die gemeinsame Vision |
|---|---|
| Organisationale Ebene | • Sicherstellung der Aufnahme von Lernimpulsen und deren Weitergabe |
| Teamebene | • Förderung der Zusammenarbeit und Lernen lernen |
| Individuelle Ebene | • Ermuntern der Akteure zu prüfen, nachzufragen und zu diskutieren<br>• Ermöglichung kontinuierlichen Lernens (Schaffung einer Lerninfrastruktur und entsprechende Gestaltung der Arbeitsbedingungen) |

*Abbildung 8: Kompetenz als Voraussetzung für Lernen*

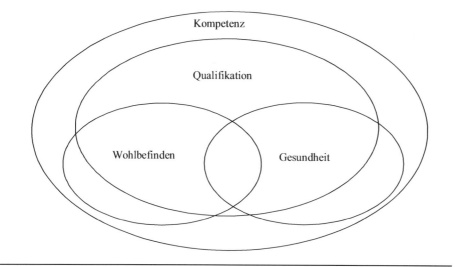

Festo ist sich seiner Verantwortung bewusst und versteht sich deshalb als Lernunternehmen. Neben dem Bekenntnis zur Ausbildung bietet Festo seinen Mitarbeitern und seinen Kunden Qualifizierung und Beratung über die Festo Didactic (www.festo.de/didactic), die Festo Academy (www.festo.de), das Learning Network (www.festo.de/didactic) und das Festo Lernzentrum Saar (www.festo-lernzentrum.de) an. Im Bereich der Qualifizierung von Arbeitssuchenden kooperiert das Unternehmen mit öffentlichen Bildungsträgern. Darüber hinaus engagiert sich Festo in den Bereichen Jugend, Technik, Wissen und Bildung als Bestandteil seiner Corporate Educational Responsibility (CER). Der Festo Bildungsfonds (www.festo-bildungsfonds.de) fördert als erster firmeneigener Bildungsfonds begabte Nachwuchsingenieure in einem exklusiven Netzwerk.

Wir sind überzeugt, auch in Zukunft als Lernunternehmen den Anforderungen unserer Kunden auf dem weltweiten Markt am besten gerecht zu werden. Das Führen mit Zielen ist eine „Schlüsselaktivität" hierfür.

**Marco Wendel**

# Führen mit Zielen - Anwendung, Chancen und Begrenzungen

# 1 Überblick Deutsche Post DHL

## 1.1 Rückblick – von der Behörde zum Weltkonzern

Die Deutsche Post ist in den letzten anderthalb Jahrzehnten durch zahlreiche Akquisitionen zum weltweit größten und führenden Logistikkonzern herangewachsen. 1990 startete der Umbruch des Unternehmens von der Verwaltungsbehörde „Deutsche Bundespost" hin zu einem wettbewerbsfähigen Privatunternehmen. Das einstmals nur in Deutschland tätige Unternehmen richtete sich zudem ab 1997 international aus. Zunächst mit dem Erwerb kleinerer Firmen in Europa. Dem folgten der Kauf des schweizerischen Logistikunternehmens Danzas im Jahr 1999 sowie drei Jahre später die Akquisition des globalen Expressdienstleisters DHL. Vorerst abgeschlossen wurde die durch Übernahmen verwirklichte internationale Expansion durch den Kauf des an der Londoner Börse notierten Logistikkonzerns Exel im Jahre 2005 sowie die Beteiligung am Mehrwertdienstleister Williams Lea. Im Zuge der Integrationen wurde für das erheblich gewachsene Unternehmen eine neue organisatorische Grundlage geschaffen, welche zu signifikanten Umstrukturierungen führte. Gesteuert wird das Unternehmen Deutsche Post DHL heute entlang der vier Geschäftsbereiche Mail, Express, Global Forwarding/Freight und Supply Chain, die von dem internen Servicedienstleister Global Business Services unterstützt werden. Die Finanzbeteiligung an der Postbank wird nicht weiter dem Kerngeschäft zugerechnet. Der Konzern mit seinen starken Marken Deutsche Post und DHL agiert erfolgreich in ca. 220 Ländern und Territorien und ist gemessen an seinen rund 500.000 Mitarbeitern das siebtgrößte Privatunternehmen weltweit.

## 1.2 Aufbruch in eine neue Ära

Die Jahre 2007 und 2008 stellten in vielerlei Hinsicht eine Zäsur für den Konzern dar. Nach Abschluss der Integration der letzten Zukäufe leitete der Vorstand einen Strategiewechsel vom durch Akquisitionen getriebenen externen Wachstum hin zu primär organischem Wachstum sowie einer Fokussierung auf das Kerngeschäft ein. Unterstützt wird diese Neuausrichtung durch die beiden Konzerninitiativen „Roadmap to Value" und „First Choice". Im Rahmen des Kapitalmarktprogramms „Roadmap to Value" erfolgte die Einführung eines neuen zentralen Steuerungsmechanismus EAC - EBIT after Asset Charge, der Verkauf der Mehrheitsbeteiligung an der Postbank sowie die Neuausrichtung des US-inneramerikanischen Expressgeschäftes. Die Initiative „First Choice" fokussiert hingegen auf eine verstärkte Ausrichtung auf den Kunden, bei gleichzeitiger Verbesserung der Prozessqualität im Unternehmen; beides sind Grundvoraussetzungen für erfolgreiches, organisches Wachstum über dem Branchendurchschnitt. Ziel der Neuausrichtung ist es, die Position als erste Wahl bei Kunden, Investoren und Mitarbeitern auszubauen. Begleitet wurde diese Neuausrichtung durch einen Generationenwechsel im Konzernvorstand. Die neue Strategie sieht sich der Herausforderung der schwerwiegendsten Wirtschaftskrise der letzten Jahrzehnte gegenüber. Als stark von der Globalisierung abhängiger Konzern wirkt der Rückgang weltwirtschaftlicher Aktivität überproportional auf Geschäftsentwicklung und Ergebnis des Konzerns.

# 2 Führen mit Zielen in der Praxis

Die Steuerung und Beurteilung von Mitarbeitern und Organisationen erfolgt über die Führungsinstrumente Delegation und Zielvereinbarung. Je dynamischer das Umfeld ist, umso wichtiger und erfolgskritischer wird das Konzept Führen mit Zielen in der Praxis. Im Konzern Deutsche Post DHL hat das Konzept zielorientierter Führung einen sehr wesentlichen Beitrag zur gelungenen Transformation und Weiterentwicklung eingenommen und ist unvermindert das Herzstück der Führungsphilosophie.

Ziele helfen auf allen Ebenen des Konzerns, die Prioritäten im Alltagsgeschäft nicht aus den Augen zu verlieren. Sie geben die Richtung vor und lassen gleichzeitig Freiräume bei der Zielrealisierung. Führen mit Zielen, richtig angewendet, ist ein zentrales Instrument der Personalentwicklung. Mitarbeiter, die Tätigkeiten vorgeschrieben bekommen, können nicht kreativ und verbessernd wirken. Freiheitsgrade beim Weg zum Ziel sind daher der entscheidende Hebel zur Steigerung von Motivation und Produktivität.

Trotz der Bedeutung finanzieller Steuerungsgrößen birgt eine einseitige Ausrichtung auf diese Risiken. Seit mehr als einem Jahrzehnt sind die Vorzüge des Instruments der Balanced Scorecard bekannt. Neben einer drastischen Komplexitätsreduktion, bei gleichzeitiger Erhöhung der Transparenz, erweitert die Balanced Scorecard den Blickwinkel auf weitere – zukunftsbezogene – Dimensionen wie Kunden, Mitarbeiter und Lernen. Eine starke Verankerung dieses Instruments führt daher zu einer insgesamt gesteigerten Qualität und Nachhaltigkeit der Ergebnisse.

*Abbildung 1: Zieldimensionen*

Führungskräfte und Mitarbeiter wollen einen starken und kreativen Beitrag zum Unternehmenserfolg leisten. Die Aufgabe der Führung ist es, das betriebliche Umfeld derart zu gestalten, dass dies unbehindert möglich ist. Um die volle Wirksamkeit des Konzeptes Führen mit Zielen zur Entfaltung kommen zu lassen, ist eine Koppelung mit dem Performance- und Talentmanagement-System erforderlich. Im Konzern Deutsche Post DHL geschieht dies mit Hilfe des jährlichen „motiv8"-Prozesses.

# 3 Zielorientierte Führung als Element im konzernweiten motiv8-Prozess

Die jährliche Leistungsbeurteilung stellt ein Kernelement des motiv8-Prozesses dar. Diese setzt sich gleichwertig aus den Faktoren Zielerfüllung („was wurde erreicht?") sowie der Art, „wie" die Ziele verfolgt und erreicht wurden, zusammen.

motiv8 basiert auf vier Grundbausteinen, die Leistung und Potenzial zuverlässig zu erkennen und zu entwickeln helfen:

▨ Die wertebasierten Kompetenzen sind der Ausgangspunkt des Gesamtprozesses. Sie ermöglichen einen konzernweit einheitlichen Bewertungsmaßstab.

▨ Im Rahmen des Leistungsbeurteilungsprozesses werden Ziele definiert, überprüft sowie Ergebnisse, Verhalten und Kompetenzausprägungen standardisiert beurteilt. Dabei bringen die Mitarbeiter ihre Einschätzungen und Erwartungen aktiv in das (Mitarbeiter-)Gespräch ein. Zum Prozessende erhält der Beurteilte eine offene, aussagekräftige und an festgelegten Kriterien orientierte Rückmeldung über die Erreichung der Ziele sowie die Ausführung der übertragenen Tätigkeiten.

▨ Die Entwicklungskonferenz (das Panel) beurteilt das zukünftige Potenzial zur Übernahme komplexer Fach-, Führungs- und Projektfunktionen. Die gezeigte Leistung, aber auch deren Erhalt und Steigerung, sind dabei wesentliche Input- und Diskussionsfaktoren.

▨ Individuell zugeschnittene Entwicklungsmaßnahmen erlauben den gezielten Ressourceneinsatz, orientiert am Bedarf des Unternehmens, und nutzen so dem Einzelnen und dem Konzern.

*Abbildung 2: Grundbausteine des motiv8-Prozesses*

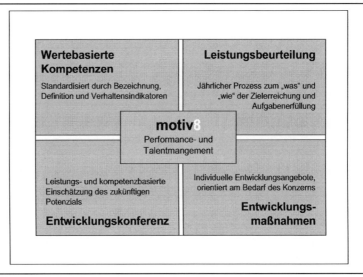

Unterjährig besteht der motiv8-Prozess aus einem fortgesetzten Dialog zwischen Führungskräften und Mitarbeitern hinsichtlich des Realisierungsgrades der vereinbarten Ziele, der gezeigten Leistung sowie des Umsetzungsstandes der vereinbarten Entwicklungsmaßnahmen.

# 4 Verknüpfung mit dem Anreizsystem

Im Konzern Deutsche Post DHL setzt sich die Vergütung aus einer fixen und einer variablen Komponente in Abhängigkeit vom Zielerreichungsgrad zusammen. Zu allen Zielen werden Plan-, Unter- und Oberwerte festgelegt. Ein Mindestbonus wird erst gezahlt, wenn der untere Schwellenwert erreicht ist. Der Maximalbonus kommt bei deutlicher Übererfüllung der geplanten Ergebnisse zur Auszahlung. Long-Term Incentives werden gewährt, wenn mittel- und langfristige Unternehmensziele erreicht oder übererfüllt werden.

---

*Abbildung 3: Übersicht über die Bandbreite variabler Leistungsbezahlungs-möglichkeiten*

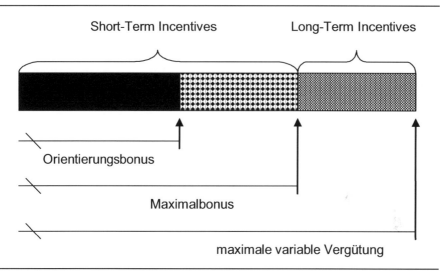

---

Das skizzierte Vergütungskonzept gilt für alle leitenden Angestellten im Konzern und für einige nicht-leitende Mitarbeiter. In Abhängigkeit von Einsatzbereich und Hierarchielevel variiert die Zusammensetzung aus Konzern-, Bereichs- und Individualzielen. Die Höhe der variablen langfristigen Leistungsbezahlung beträgt bis zu 100 Prozent des Grundgehalts.

## *Abbildung 4: Zielvereinbarungsformular*

| Zielvereinbarung und Zielerreichung | Deutsche Post World Net |
| --- | --- |
| | MAIL EXPRESS LOGISTICS FINANCE |

| Mitarbeiter(in) Name, Vorname: | | Zeitraum von: | | bis: | |
| Personalnummer: | | Mitarbeiter(in) Stellenbezeichnung: | |
| Vorgesetzte(r) Name, Vorname: | | Vorgesetzte(r) Stellenbezeichnung: | |

**Konzernziel** — Gewichtung Konzernziel: **0,00%**

| Group Target | Gewichtung | Ziel-erreichung | Gew. Ziel-erreichung |
| --- | --- | --- | --- |
| | | | |

**Own Unit-Ziele** — Gewichtung Own Unit-Ziele: **0,00%**

| Own Unit Target | Gewichtung | Ziel-erreichung | Gew. Ziel-erreichung |
| --- | --- | --- | --- |
| | | | |
| Own Unit Target | Gewichtung | Ziel-erreichung | Gew. Ziel-erreichung |
| | | | |

**Individualziele (2-3, max. 5)** — Gewichtung Individualziele: **0,00%**

| Individual Target | Gewichtung | Ziel-erreichung | Gew. Ziel-erreichung |
| --- | --- | --- | --- |
| | | | |
| Individual Target | Gewichtung | Ziel-erreichung | Gew. Ziel-erreichung |
| | | | |
| Individual Target | Gewichtung | Ziel-erreichung | Gew. Ziel-erreichung |
| | | | |
| Individual Target | Gewichtung | Ziel-erreichung | Gew. Ziel-erreichung |
| | | | |
| Individual Target | Gewichtung | Ziel-erreichung | Gew. Ziel-erreichung |
| | | | |

**Für jedes Ziel sind folgende Zielstufen festzulegen:**
**(E) Entry, (T) Target, (M) Maximum**

Aktuelle Summe der Gewichtungen: 

Erforderliche Summe aller Gewichtungen: 

**Bitte unterschreiben Sie hier zu Beginn des Jahres die Zielvereinbarung**

| Datum: | | Vorgesetzte(r) Unterschrift: | |
| Datum: | | Mitarbeiter(in) Unterschrift: | |

**Bitte unterschreiben Sie hier die Zielerreichung zu Beginn des Folgejahres**

| Datum: | | Vorgesetzte(r) Unterschrift: | |

Die von DPWN hier erhobenen personenbezogenen Daten werden ausschließlich genutzt zur Bearbeitung von Bewerbungen, für Ihr berufliches Fortkommen innerhalb des DPWN-Konzerns sowie seiner Beteiligungsgesellschaften und Kooperationspartner und zur Gestaltung der Arbeitsbeziehung zwischen Ihnen und derjenigen DPWN-Gesellschaft, mit der Sie Ihren Arbeitsvertrag geschlossen haben. Zu diesem Zweck kann diejenige DPWN-Gesellschaft, mit der Ihr Arbeitsvertrag besteht, Ihre personenbezogenen Daten innerhalb des DPWN-Konzerns weitergeben. Ihre Rechte auf Auskunft bezüglich der über Sie gespeicherten personenbezogenen Daten sowie gegebenenfalls auf Berichtigung derselben ergeben sich aus den jeweils anzuwendenden rechtlichen Grundlagen.

Eine konsequente Verbindung zwischen Leistung bzw. Ergebnisbeitrag und monetärer Entlohnung nutzt das menschliche Wettbewerbsstreben und Gerechtigkeitsdenken (Stichwort: „Leistung muss sich lohnen"). Gleichzeitig kann (auch) über leistungsabhängige Gehälter das Verhalten der Führungskräfte und Mitarbeiter wirksam gesteuert werden. Dabei ist sicherzustellen, dass die Anreizmechanismen transparent und verständlich für die jeweils Begünstigten sind.

Der Einsatz von Jahreszielen in Kombination mit Boni hat sich als nützlich erwiesen. Die bisherigen Erfahrungen mit Long-Term Incentives im Konzern Deutsche Post DHL hingegen bleiben hinter den Erwartungen zurück. Aufgrund der hohen Komplexität von Aktienoptionsplänen sowie deren externer Beeinflussbarkeit (z.B. durch Schwankungen der Börsenkurse) zeigen diese kaum Verhaltenswirkung.

# 5 Chancen des Führens mit Zielen

Aus Sicht der Praxis lassen sich mannigfaltige Chancen beschreiben, welche sich aus dem Konzept des Führens mit Zielen ergeben.

## 5.1 Auswirkung der zielorientierten Führung auf die Arbeitskultur im Unternehmen

Im Rahmen der Transformation innerhalb der letzten anderthalb Jahrzehnte von einer Bundesbehörde hin zum global führenden Logistikdienstleister musste sich der Konzern mehrfach neu erfinden. Der Wandel in ein privates Wirtschaftsunternehmen, die Entwicklung neuer Geschäftsmodelle, umfangreiche Investitionen in Infrastruktur und Unternehmensbeteiligungen sowie die Internationalisierung waren dabei wesentliche Gestaltungselemente der Neupositionierung. Die Veränderung der Arbeitskultur und die damit einhergehenden Veränderungsprozesse für die Mitarbeiter waren dabei für das Dienstleistungsunternehmen Deutsche Post DHL – mit einem Personalkostenanteil von rund 75 Prozent – besonders erfolgskritisch.

Die Beschäftigen sind Teil umfangreicher Veränderungsprozesse, welche über den heutigen Tag hinaus anhalten werden. Diese Veränderungsprozesse erfordern ein Höchstmaß an Orientierung, um Verstehbarkeit, Handhabbarkeit und Sinnhaftigkeit der dynamischen Umgebung für die Mitarbeiter sicherzustellen. In dieser Phase kommen einer klaren Kommunikation, eingängigen Erläuterung und gegenseitigen

Akzeptanz Schlüsselfunktionen zu. Nur dann können Führungskräfte und Mitarbeiter sich persönlich mit den übergeordneten Unternehmenszielen identifizieren und Mitverantwortung für deren Erreichung übernehmen. Der Einsatz zielorientierter Führung ermöglicht diese Koordination des Gesamtunternehmens und lenkt die Aufmerksamkeit der Führung von operativen Aufgaben auf strategisch wichtige Veränderungsprozesse. Die systembedingt einhergehende Gewährung von größeren Autonomiebereichen unterstützt darüber hinaus die – gerade im Rahmen der Transformation der Deutsche Post – notwendige Veränderung der Arbeitskultur. Ohne das Konzept zielorientierter Führung wären die Organisationsreform sowie der Rollenwechsel von der „Aufgabenwahrnehmung" hin zur „Ergebnisorientierung" nicht möglich gewesen.

## 5.2 Vergütung, Anerkennung und Bindung von Leistungsträgern

Ein Charakteristikum zielorientierter Führung ist, dass Aufgaben bzw. Ziele grundsätzlich nicht dauerhaft übertragen werden und somit jederzeit die Modifikation der Schwerpunktsetzung möglich wird. Aus Unternehmenssicht führt dies zu einer Steigerung der Leistungsanreize für Führungskräfte und Mitarbeiter, die ihrerseits eine insgesamt gesteigerte Wettbewerbsfähigkeit bewirkt. Die im Performance- und Talentmanagement-Prozess motiv8 festgestellte Gesamtperformance der Beschäftigten, welche sich aus der Zielerreichung und der Kompetenzbewertung ableitet, wird systematisch dokumentiert und im weiteren Verlauf für personelle Maßnahmen wie beispielsweise Gehaltsüberprüfung, Beförderungs- und Besetzungsentscheidungen herangezogen.

Für die praktische Umsetzung einer leistungsgerechten Bezahlung im Rahmen des Bonussystems kommt der zielorientierten Führung eine zentrale Rolle zu. Das Führen mit Zielen ist eine wichtige Komponente, um zu erreichen, dass die Führungskräfte und Mitarbeiter die gewünschten Ergebnisse anstreben, das geeignete Verhalten zeigen sowie die richtigen Werte vorleben. In der Praxis der Deutschen Post DHL wird Leistung als die Summe von Gruppen- und Individualergebnissen bewertet.

In den meisten Firmen haben bei Beförderungs- und Besetzungsentscheidungen die gegenwartsbezogene Leistung in der jetzigen Aufgabe und das zukunftsbezogene Potenzial für eine neue Aufgabe als Auswahlkriterien herkömmliche Kriterien wie z.B. die „formale Bildung" abgelöst. Im Konzern ist das Prinzip, dass jeder mit einem Lehrabschluss – auch weiterhin – Vorstand werden kann, Realität. Dem Prinzip liegt die Erkenntnis zugrunde, dass formale Abschlüsse nur begrenzt Aussagen über die Leistung im Beruf und noch weniger über das vorhandene Potenzial eines Mitarbeiters zulassen. Gezeigte Leistungsbereitschaft, Lernwille und -fähigkeit, Anpassungsvermögen, Zielerreichung und Potenzial sind hingegen als wesentliche Entscheidungskriterien anzusehen. Eine zielorientierte Führung befördert Teamfähigkeit, Kommunikation, Interaktion und Lernen, allesamt Aspekte, die ein karriereentscheidendes Verhaltensrepertoire für (Nachwuchs-)Führungskräfte darstellen.

# 5.3 Steigerung der Ziel- und Bedarfsorientierung der Personalentwicklung

Personalentwicklungsmaßnahmen sind kostenintensiv. Neben den direkten Ausgaben sind die Opportunitätskosten (z.B. Abwesenheit vom Arbeitsplatz) zu beachten. Obwohl sich in der Unternehmensrealität die Bereitschaft, Personalentwicklung eher als Investition denn als pure Kosten anzusehen, weiter durchsetzt, verbietet sich deren Einsatz als „Breitbandtonikum". Eine kontinuierliche Personalentwicklung – auch in wirtschaftlich herausfordernden Zeiten – erfordert eine möglichst hohe Effektivität der Maßnahmen. Um dies sicherzustellen, muss jede Entwicklungsmaßnahme auf konkreten Bedarfen fußen. So kommt im Rahmen des skizzierten motiv8-Prozesses den Ziel- und Zwischengesprächen eine wichtige Funktion zu. Sowohl retrospektiv bei der Bewertung der Zielerreichung der vergangenen Periode, als auch vorausschauend zur Befähigung der Zielerfüllung der anstehenden Periode, können mit Hilfe des Instruments des individuellen Personalentwicklungsplans geeignete Maßnahmen initiiert werden. Das Führen durch Ziele gibt die Richtschnur für die konkrete Ausgestaltung vor. Konsequenterweise stellt die Fortentwicklung der Arbeitsergebnisse im Rahmen zielorientierter Führung die wesentliche Lern- und Erfolgskontrolle dar.

# 6 Grenzen des Führens mit Zielen

Die Alltagserkenntnis „Wo Licht ist, ist auch Schatten" behält auch im Rahmen der praktischen Anwendung zielorientierter Führung ihre Richtigkeit.

## 6.1 Erfolgskritische Qualitätskriterien im Konzept Führen mit Zielen

Die Realisierung zielorientierter Führung ist eine komplexe Aufgabe mit zahlreichen Wechselwirkungen, die mit Hilfe geeigneter Maßnahmen beherrschbar ist.

Als hilfreich hat sich im Konzern Deutsche Post DHL das SMART-Prinzip (specific, measurable, achievable, realistic, time-bound) erwiesen. Die spezifische Beschreibung der Ziele, die Festlegung eindeutiger Messgrößen zur Erfolgsermittlung sowie der zeitliche Realisierungsrahmen lassen sich durch die Führungskräfte in der Regel sicherstellen. Die angemessene Berücksichtigung von internen und externen Einflussfaktoren zu gewährleisten, ist bereits mit größeren Herausforderungen verbunden. Ist das Ergebnis weniger von der Leistung der Führungskräfte und Mitarbeiter abhängig, muss dies auch klar zum Ausdruck kommen. Darüber hinaus ist die Festlegung eines angemessenen Schwierigkeitsgrades entscheidend. Unterfordernde Ziele wirken sich (auch) leistungshemmend aus, wohingegen überfordernde Ziele, d.h. physisch, psychisch und sozial unzumutbare Zielniveaus zu Frustration bei Führungskräften und Mitarbeitern führen.

Obwohl die Operationalisierung – entsprechend der SMART-Kriterien – in der Regel aufwändiger ist und ein gewisses Fingerspitzengefühl voraussetzt, kommt quantitativen Zielen eine nicht zu unterschätzende Bedeutung hinsichtlich des mittel- bis langfristigen Unternehmenserfolges zu. In der Praxis dominiert oftmals die Ausrichtung auf quantitative – vermeintlich einfacher zu handhabende – Ziele, wodurch die Aufmerksamkeit der Führungskräfte und Mitarbeiter durch die Außerachtlassung einer wichtigen Zielart (teilweise) fehlgesteuert wird. Für den Konzern Deutsche Post DHL sind Ziele zur Unterstützung von Konzerninitiativen, zu Ergebnissen der Mitarbeiterbefragung und werteorientiertem Verhalten ebenso wichtig wie die finanziellen Kriterien.

Ebenso entscheidend für die erfolgreiche Realisierung zielorientierter Führung ist die Schaffung einer möglichst hohen Zielbindung. Allerdings wird in der Praxis der Sicherstellung der inneren Akzeptanz sowie des aufrichtigen Willens zur Erreichung der Ziele häufig nur eine untergeordnete Bedeutung beigemessen.

Auch die unterjährige Zielverfolgung kommt in der praktischen Anwendung oftmals zu kurz. Dabei kommt der Schaffung von geeigneten Rahmenbedingungen zur Absicherung der Zielerreichung und der Zurverfügungstellung aussagekräftiger Informationen eine elementare Bedeutung zu. Nicht zu vergessen ist dabei, dass Führungskräfte mit der Übertragung der Ergebnisverantwortung nicht aus der Rolle des Beraters entlassen werden. Vielmehr ist es ihre Aufgabe den Mitarbeitern entsprechend des individuellen Entwicklungs- und Reifegrads beratend mit Rat und Tat zur Seite zu stehen.

# 6.2 Beurteilungstendenzen und Verteilungsfehler

Die Beurteilung von direkt unterstellten Mitarbeitern erzeugt bei vielen Führungskräften ein Dilemma. Einerseits gilt es, die Leistungen und Ergebnisse der Mitarbeiter möglichst objektiv zu bewerten, andererseits sind die Vorgesetzten bestrebt, die Beziehung zu den Mitarbeitern nicht zu belasten. Somit besteht die Gefahr, dass von weniger auf Objektivität und Leistungsgerechtigkeit setzenden Vorgesetzten häufiger „Gefälligkeitsbeurteilungen" getroffen werden. Diese sind sowohl mit den Unternehmensinteressen und der Funktion als auch mit den angestrebten Auswirkungen zielorientierter Führung unvereinbar. Auch hier gilt, dass die Führungsqualität der Vorgesetzten ganz wesentlich das Niveau der Beurteilung - und dadurch auch das Führen mit Zielen - bestimmt.

In der Praxis beinhalten (nahezu) alle gängigen Beurteilungssysteme daher eine Reihe von Fehlern. Ein wesentliches Problem der Verknüpfung zielorientierter Führung mit monetären Anreizsystemen ist das auftretende Phänomen der Rechtsverschiebung („Tendenz zur Milde").

*Abbildung 5: Verteilungskurve Zielerreichungsgrad*

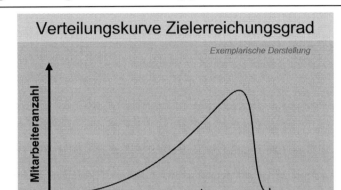

Als Konsequenzen aus den Beurteilungstendenzen ergeben sich neben einer unzureichenden Differenzierung der Zielerreichungsgrade auch eine nur schwach ausgeprägte Beziehung oder gar eine Abkopplung der Bonushöhe vom Unternehmensergebnis.

Das Problem der Rechtsverschiebung besteht darin, dass im Ergebnis die durchschnittliche Zielerreichung aller Führungskräfte und Mitarbeiter nicht um die 100-Prozent-Marke, sondern wesentlich darüber liegt. Dies ist häufig gekoppelt mit der unzureichenden Differenzierung der zur Erreichung der Oberziele geleisteten Beiträge. So wird ein zentraler Motivationsfaktor des Systems ausgehebelt. Wenn kaum einer mehr „im Ziel" liegt, der großen Mehrheit „weit überdurchschnittliche" Leistungen attestiert wird, dann wird das System ad absurdum geführt. Es ist nicht mehr glaubwürdig und die weitere Inflation der Zielerreichungsgrade ist vorprogrammiert.

Das im Konzern Deutsche Post DHL zur Anwendung kommende Zielsystem setzt sich aus einer Mischung aus Konzern-, Bereichs- und Individualzielen zusammen. Die „fixen" Konzern- und Bereichsziele sind gegenüber Beurteilungstendenzen unanfällig. Diese fokussieren sich daher auf die Individualziele. Bezogen auf den Durchschnitt aller Hierarchieebenen stellt diese (von den Führungskräften und Mitarbeitern vermeintlich am intensivsten zu beeinflussende) Zielart den größten Anteil der Bonushöhe dar. Unabhängig von der Erreichung der Konzern- und Bereichsziele verselbstständigt sich – durch die Rechtsverschiebung – somit die Höhe der Individualzielerreichung. Darüber hinaus birgt diese Zielart in Zeiten wirtschaftlicher Herausforderungen sogar die Gefahr, teilweise als Kompensation für die aus Sicht der Führungskräfte und Mitarbeiter „unplanmäßig" niedrige Erreichung der Konzern- und Bereichsziele herangezogen zu werden.

# 7 Überlegungen zum weiteren Umgang mit Bonussystemen im Rahmen zielorientierter Führung

Bonussysteme müssen sich den neuen Anforderungen des Unternehmens flexibel anpassen. In der Unternehmenswirklichkeit findet eine fortlaufende Überprüfung und Anpassung statt, vor allem, um interne und externe Anforderungen an zu erreichende Ziele zeitnah und wirksam zu berücksichtigen. Dabei ist immer wieder ein Ausgleich zwischen den meist höheren Anforderungen und der Motivation der Mitarbeiter erforderlich. Zudem müssen Ineffizienzen möglichst vermieden werden.

Zeitaufwändige und komplexe Systeme (wie beispielsweise formelle Zielvereinbarungsprozesse) beanspruchen in Großkonzernen teilweise mehrere Monate. Eine eventuell notwendige Neujustierung im Laufe einer Zielvereinbarungsperiode wird somit behindert. Dies ist insbesondere dann problematisch, wenn dadurch unterjährig die Möglichkeit vertan wird, den Anspannungsgrad zu erhöhen, um weitere Ergebnispotenziale zu erschließen. Der Ausgestaltung von zeiteffizienten Instrumenten zur ebenen- und hierarchiestufenübergreifenden Kaskadierung der kritischen Erfolgskriterien ist daher entscheidend.

Gerade in Zeiten wirtschaftlicher Turbulenzen und dem damit verbundenen Druck auf die Gewinnziele drängt sich unternehmensintern die Frage auf, wie die Verbindung zwischen der individuellen Bonushöhe der Führungskräfte (sowie der Mitarbeiter) und der Unternehmensperformance gestärkt werden kann. Der Gefahr einer Abkopplung von individuellen Zielerreichungsgraden und (finanziellen) Unternehmensergebnissen muss daher entgegengesteuert werden. Der Bonus ist also von einer Art „Aufwandsentschädigung" in Richtung „Erfolgsbeteiligung" weiterzuentwickeln. Konsequenterweise sollte ein Bonus daher selbst bei Erreichung oder Übererfüllung der Individualziele nur gezahlt werden, wenn das Gesamtunternehmen und die eigene Einheit auch Geld verdient haben.

Des Weiteren ist die öffentliche Diskussion um Bonuszahlungen – insbesondere in wirtschaftlich schwierigen Phasen – in Unternehmen zu beachten. Es ist zu überlegen, wie mit dem Einbau von Nachhaltigkeitskomponenten der Kritik entgegengetreten werden kann, dass Bonussysteme einseitig auf die kurzfristige Gewinnmaximierung ausgerichtet seien.

Um die Rolle der Führungskräfte und Mitarbeiter als Mit-Unternehmer und den gesunden Wettbewerb sicherzustellen, kommt zukünftig der Ausgestaltung des Chance-Risiko-Portfolios sowie der konsequenten Leistungs- und Ergebnisdifferenzierung eine größere Bedeutung zu. Um die Akzeptanz und monetäre Anreizwirkung von Bonussystemen sicherzustellen, sind aus der Perspektive des Mit-Unternehmers

„marktgerechte" Gewinn- und ggf. Verlustmöglichkeiten zu gewährleisten. Ebenso ist der relative Ergebnisbeitrag der Begünstigten stärker zu berücksichtigen und der angemessenen Leistungsdifferenzierung mehr Spielraum zu geben. In diesem Zusammenhang setzt der Konzern auch das Instrument der „Forced Distribution" ein.

Vor diesem Hintergrund wurde im Konzern Deutsche Post DHL ein neues Bonussystem entwickelt, dass all diesen Anforderungen Rechnung trägt. Nach vollständiger Überführung in den Wirkbetrieb wird dieses System zu evaluieren sein. Fest steht schon jetzt, dass alleine die noch stärkere Ausrichtung auf Gesamtergebnisse und -verantwortung eine neue Form der Diskussion über eine Verbesserung der Wege zur Erreichung der gesetzten Ziele in Gang gesetzt hat. Die intensivere Ausrichtung am Gesamtergebnis statt Teilaufgabenerfüllung alleine ist bereits ein wichtiger Fortschritt. Nichtsdestotrotz besteht das Bewusstsein, dass der Mensch als Beurteiler und Beurteilter letztlich jedes System mehr oder weniger gut einsetzen kann.

# 8 Schlussbemerkungen

Bei allem professionellen Optimismus über den Einsatz und die Weiterentwicklung von Führungsinstrumenten wie dem Führen mit Zielen ist daran zu erinnern, dass Menschen zwar häufig Ziele brauchen, diese sich auch selbst setzen, jedoch nicht jedes Ziel und jeder Weg dahin mit „Anreizen" verbunden sein muss. Die überwiegende Mehrzahl der Mitarbeiter hat eigene Ansprüche an die Leistung und das Ergebnis. Intrinsische Motivation zu fördern ist das bessere Führungsinstrument als die Einrichtung ausgeklügelter, bonusbewährter Zielführungssysteme.

Bei allen Überlegungen zum Führen mit Zielen sollten zudem die Worte von Wilhelm Raabe gegenwärtig sein: „Der schwierigste Weg, den ein Mensch zurücklegen kann, ist der zwischen Vorsatz und Ausführung".

## Jochen Edinger

# Führen mit organisationalen Zielen - Erfahrungen im öffentlichen Dienstleistungsbereich

# 1 Einleitung

„Wir sichern Generationen" – dieses Motto bringt das Selbstverständnis der Deutschen Rentenversicherung zum Ausdruck. Ihre Träger sind als öffentlich-rechtliche Körperschaften an Gesetz und Recht gebunden. Der gesetzliche Auftrag ist im Sozialgesetzbuch definiert. Die Aufgaben und das konkrete Verwaltungshandeln sind durch formale Gesetze, Verwaltungsvorschriften und -anordnungen klar umrissen und beschrieben. Damit ist für die Mitarbeiter doch schon Weg und Ziel ausreichend klar, was wie zu tun ist – oder?

Dieser Beitrag ist ein Erfahrungsbericht zum Aspekt des Führens mit (organisationalen) Zielen im Veränderungsprozess bei einer öffentlich-rechtlichen Körperschaft aus der persönlichen Sicht eines Mitarbeiters, der diesen Prozess über nunmehr zehn Jahre begleitet hat.

# 2 Die Deutsche Rentenversicherung (DRV) Rheinland-Pfalz – ein Träger der gesetzlichen Rentenversicherung

Die gesetzliche Rentenversicherung ist das weitaus größte und bedeutendste Alterssicherungssystem in Deutschland. Etwa 90 Prozent der Bevölkerung sind darin einbezogen. Sie betreut rund 50 Millionen Versicherte und zahlt 25 Millionen Renten. Ihre Leistungen umfassen die medizinische und berufliche Rehabilitation sowie Renten bei verminderter Erwerbsfähigkeit, im Alter und wegen Todes. Die gesetzliche Rentenversicherung finanziert sich durch Beiträge der Versicherten und Arbeitgeber sowie Zuschüsse des Bundes und ist mit einem Etat von rund 240 Milliarden Euro im Jahr auch ökonomisch enorm bedeutsam. Mit 1,7 Prozent ist der Anteil der Verwaltungskosten aber relativ gering.

Hinter der gesetzlichen Rentenversicherung stehen 16 selbstständige Regional- und Bundesträger mit 65.000 Mitarbeitern. Sie betreiben auch rund 100 eigene Reha-Kliniken. Seit einer Organisationsreform im Jahr 2005 treten die rechtlich eigenständigen Rentenversicherungsträger unter dem Namen „Deutsche Rentenversicherung" (DRV) einheitlich nach außen auf und sind stärker miteinander koordiniert. Wirtschaftlichkeit und Kundennähe waren die zentralen Parameter dieser Reform. Dafür stehen nicht nur betriebswirtschaftliche Instrumente wie das Benchmarking, sondern auch der Ausbau von Auskunft und Beratung als wichtiges Geschäftsfeld für die Kundenbetreuung.

Die Leitungsebene der Rentenversicherungsträger ist zweistufig. Sie umfasst eine ehrenamtliche Selbstverwaltung mit den Organen Vertreterversammlung und Vorstand, die sich je zur Hälfte aus Vertretern der Versicherten und der Arbeitgeber zusammensetzen. Auf der hauptamtlichen Ebene steht die Geschäftsleitung, die in eigener Verantwortung die laufenden Geschäfte führt.

Als Regionalträger betreut die DRV Rheinland-Pfalz, die bis 2005 als Landesversicherungsanstalt firmierte, mit rund 2.300 Mitarbeitern 1,3 Millionen Versicherte und 73.000 Arbeitgeber. Sie zahlt rund 660.000 Renten ins In- und Ausland.

# 3 Anlass und Hintergrund für die Einführung eines Ausgewogenen Zielsystems

Es reicht für einen Träger der gesetzlichen Sozialversicherung bereits seit längerem nicht mehr aus, „Pflichtbeiträge" zu „verwalten" und Leistungen „aus einem hoheitlichen Verständnis" heraus zu „gewähren".

Für die DRV Rheinland-Pfalz wurde der wahrgenommene Veränderungsdruck in einem von der neu eingesetzten Geschäftsleitung initiierten Strategie-Workshop, der im Herbst 1999 gemeinsam mit den Vorsitzenden der Selbstverwaltungsgremien, den Abteilungsleitern und der Personalvertretung durchgeführt wurde, u.a. mit folgenden Aussagen charakterisiert:

- Wandel des Verständnisses der Versicherten vom „Antragsteller" gegenüber der Verwaltung als „Leistungsgewährer" zum Verhältnis „Kunde" und „Dienstleister"

- Erwartungshaltung der Mitarbeiter innerhalb der Verwaltung kollidiert mit hierarchischen Schranken und geschlossenen Arbeitsbereichen

- Verwaltungsbereich ist erhöhtem Kosten- und Effizienzdruck ausgesetzt

- Rahmenbedingungen der gesetzlichen Rente und ihrer Träger sind in Bewegung

- Der Wettbewerb ist eröffnet – nicht nur im Leistungsvergleich mit anderen Rentenversicherungsträgern

Als geeignete Methode in diesem Prozess der Neuausrichtung wurde die Organisationsentwicklung im klassischen Sinne identifiziert. Deren Ziele bestehen „in einer gleichzeitigen Verbesserung der Leistungsfähigkeit der Organisation (Effektivität) und der Qualität des Arbeitslebens (Humanität)" (Trebesch 2000, S. 9). Wesentliche Elemente sind dabei eine umfassende Mitarbeiterbeteiligung im Veränderungsprozess, die Förderung und Forderung der Eigeninitiative aller Mitarbeiter und die Selbstverantwortlichkeit des Einzelnen für seine Aufgaben – eine anspruchsvolle Herausforderung gerade auch für die öffentliche Verwaltung.

Erste Schritte auf dem Weg waren die Erarbeitung eines Leitbilds und die nachfolgende weitere Konkretisierung durch „Grundsätze für Führung und Zusammenarbeit" (GFZ). Diese Handlungsgrundlagen wurden in einem umfassenden „Bottom-up"-Prozess unter Berücksichtigung der oben angesprochenen breiten Mitarbeiterbeteiligung von, nach Funktionsebenen und Berufsfeldern aus sogenannten „Interessengruppen" ausgewählten, Vertretern entwickelt, dann mit der Geschäftsleitung erörtert, genehmigt und vom Vorstand als Selbstverwaltungsorgan zustimmend zur Kenntnis genommen.

Eine in diesem Zusammenhang organisationsweit durchgeführte Mitarbeiterbefragung legte offen, dass die Ziele der Geschäftsleitung, d.h. letztlich die mittelfristigen Ziele der gesamten Organisation, den Mitarbeitern nicht in ausreichendem Umfang bekannt waren.

Diesem offensichtlich bestehenden Handlungsbedarf sollte Rechnung getragen werden, indem der Abstraktionsgrad und die „Flughöhe" des Leitbildes und der GFZ durch eine Konkretisierung und Operationalisierung der Ziele in einem mittelfristigen Zeitkorridor von etwa drei bis fünf Jahren verringert werden sollte. Nach Abwägung verschiedener Instrumente und Möglichkeiten fiel die Entscheidung, das bis dahin in erster Linie in privatwirtschaftlich organisierten Unternehmen erfolgreich eingesetzte System der Balanced Scorecard (BSC) von Kaplan und Norton (Horváth & Partners 2004b) einzuführen.

Die Problematik „fehlender Bodenhaftung" scheint dabei im Zusammenhang mit der Zielausrichtung mittels Leitbildern durchaus systembedingt zu sein: „Erst an der Umsetzung misst sich der tatsächliche Erfolg eines Leitbildes ... Daher benötigt ein Leitbild ein begleitendes Controllingsystem, das die Fortschritte auf dem Weg zur angestrebten Zukunft misst ... Die ‚Balanced Scorecard' erscheint ... als ein innovatives, strategisches Controllinginstrument, das die Umsetzung von Leitwerten in die Realität der Organisation wirksam unterstützen kann" (Nagel 2002, S. 271).

Bestechend ist bei der BSC der Anspruch der Ausgewogenheit von Finanz-, Kunden-, Prozess- und Mitarbeiteraspekten, der auch in der Darstellungsform unmittelbar deutlich wird (zum Instrument der BSC vgl. Beitrag von Bernatzeder in diesem Band). Hilfreich für die Entscheidung zugunsten dieses Instruments war auch, dass Peter Horváth zwischenzeitlich die klassische „Vierer-Perspektive" um die Perspektive

„Leistungsauftrag" erweitert hatte, um den Besonderheiten des öffentlichen Dienstes Rechnung zu tragen. In dieser Leistungsauftragsperspektive sind folgende Fragestellungen relevant: „Wie erfüllen wir unseren politischen und gesetzlichen Auftrag?" „Wie erzielen wir die beabsichtigten Wirkungen?" (Horváth & Partners 2004b, S. 442).

Nicht etwa, weil in der Rentenversicherung die Amtssprache Deutsch ist, sondern vielmehr, weil bereits mögliche Berührungsängste aufgrund des fremdartigen Namens im Rahmen eines größer angelegten Veränderungsprozesses verringert und außerdem ein Signal für die Adaption des Instruments an den Bedarf in der DRV Rheinland-Pfalz gesetzt werden sollte, haben wir für den Begriff der BSC eine deutsche Entsprechung gesucht und mit dem „Ausgewogenen Zielsystem" (AZS) gefunden.

# 4 Vorgehen bei der Einführung des Ausgewogenen Zielsystems

Um von der Vision zu operationalen Zielen und Maßnahmen zu gelangen, waren die systembedingt abstrakten Aussagen im Leitbild und den GFZ schrittweise zu konkretisieren. Dies war Gegenstand eines Workshops, der erneut mit allen relevanten Entscheiderebenen durchgeführt wurde.

Die Workshop-Teilnehmer haben auf der Grundlage der Kernaussagen des Leitbildes und der GFZ sowie einer modifizierten SWOT-Analyse der Organisation zunächst strategische Stoßrichtungen formuliert, aus denen in einem weiteren Schritt die eigentlichen strategischen Ziele abgeleitet und in einen Ursachen-Wirkungs-Zusammenhang gestellt wurden.

**Abbildung 1: Ursache-Wirkungs-Kette strategischer Ziele am Beispiel der Kunden-Perspektive**

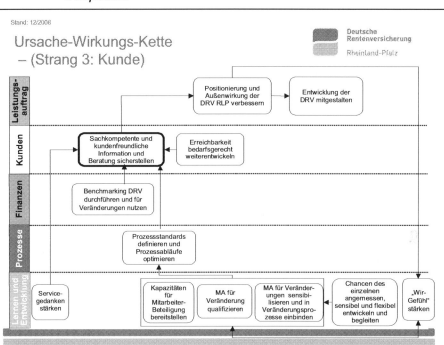

Im Nachgang zum Workshop wurden in internen Klausuren Maßnahmen zur Zielerreichung vereinbart und relevante Messgrößen zur Quantifizierung der Ziele definiert. Von zentraler Bedeutung für die Sicherstellung der Umsetzung waren hierbei auch die eindeutige Benennung von Verantwortlichen für die einzelnen Maßnahmen und das Herstellen klarer Zeitbezüge in einem dialogischen Prozess.

Die strategischen Stoßrichtungen und strategischen Ziele werden seither in einem dreijährigen Turnus in Strategie-Workshops überprüft, angepasst und weiterentwickelt. Gerade in Zeiten, in denen Finanzziele eine hohe Priorität haben und ein starker Kostendruck herrscht, muss sich der Ansatz der BSC in der Praxis hinsichtlich des Anspruchs der Ausgewogenheit beweisen.

Bei der Ableitung der Maßnahmen im Ausgewogenen Zielsystem ist es gelungen, die Verzahnung für im Veränderungsprozess adäquate Maßnahmen der Organisations- und Personalentwicklung zu sichern. Die nachfolgenden (schematisch abstrahiert und vereinfachend dargestellten) Praxisbeispiele sind deshalb bewusst der Perspektive „Lernen und Entwicklung" entnommen:

---

*Abbildung 2: Praxisbeispiel Vereinbarkeit Beruf und Familie*

---

Leitbild-Kernsatz „Chancengleichheit":
Mitarbeiterinnen und Mitarbeiter werden hinsichtlich beruflicher Entfaltungsmöglichkeiten gleichbehandelt. [...] Unsere Arbeitszeitmodelle ermöglichen es, Beruf und Familie gut miteinander zu verbinden. Der berufliche Wiedereinstieg wird durch intensive Einarbeitung erleichtert und gefördert.

Strategische Stoßrichtung:
Wir bieten unseren Mitarbeiterinnen und Mitarbeitern bestmögliche Rahmenbedingungen

Strategisches Ziel – Perspektive Lernen und Entwickeln:
Chancen des Einzelnen angemessen, sensibel und flexibel entwickeln und begleiten

Maßnahmen und Projekte:
→ ...
→ Audit „Beruf und Familie" durchführen
→ Maßnahmen aus Audit nachhalten

---

Handlungsfelder zur besseren Vereinbarkeit von Beruf und Familie bzw. Beruf und Pflege begleiten bereits den gesamten Organisationsentwicklungsprozess. Die gemeinsame Vereinbarung, sich einem Auditierungsprozess stellen zu wollen, hat hier jedoch sicherlich noch neue Impulse und erweiterte Handlungsmöglichkeiten im Themenfeld eröffnet. Zwischenzeitlich gibt es, neben den im Leitbild explizit eingeforderten Schritten familienorientierter Arbeitszeitmodelle und der Wiedereinarbeitungsprogramme für wiederkehrende Elternzeit-Mitarbeiter, viele weitere Aktionen und Maßnahmen wie z.B. die Einrichtung eines Eltern-Kind-Arbeitszimmers an den beiden Verwaltungsstandorten, Angebote der Kinderferienbetreuung, Leitfäden und Wegweiser für Betreuungsinstitutionen, die Vermittlung von „Notfallbetreuungskräften" für Kinderbetreuung und künftig auch für Pflege sowie die Möglichkeit von Telearbeit bei der Betreuung von Kindern oder Pflegebedürftigen.

Aus der Durchführung der vereinbarten Maßnahmen entstand eine im Auditierungsprozess angelegte neue Form einer „Zielvereinbarung", allerdings nicht im engeren Sinne des Management by objectives, sondern hier eher als durchaus wechselseitige Handlungsverpflichtung als Ergebnis einer gemeinsamen Abstimmung weiterer Ziele und Handlungsfelder zwischen Geschäftsleitung und der erarbeitenden Gruppe im Kontext der Vereinbarkeit von Beruf und Familie bzw. Beruf und Pflege. Belohnt wurden die Aktivitäten mit einem zwischenzeitlich bereits wiederholt verliehenen Zertifikat.

---

*Abbildung 3: Praxisbeispiel Einführung eines Kompetenz- und Potenzialanalyseinstruments*

---

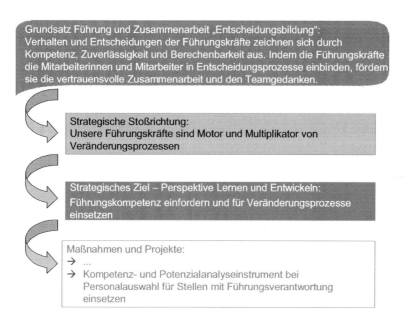

Neben einem umfassenden Programm der Führungskräfteentwicklung, das durch Angebote wie einem Forum für die kollegiale Beratung und einem Feedback an die Führungskräfte durch die Mitarbeiter („Führungskräfteeinschätzung") flankiert wurde, ist auch die Handlungsmaxime der „richtigen Person an der richtigen Stelle" eine notwendige Erfolgsvoraussetzung für eine konsequente Förderung von Nachwuchsführungskräften, die auch bei Veränderungsprozessen eine wichtige Rolle als Motor und Multiplikator einnehmen.

Als ergänzende, neben die klassischen Auswahlinstrumente tretende zusätzliche Möglichkeit der Personalauswahl wurde ein anerkanntes Kompetenz- und Potenzialanalyseinstrument eingeführt, das u.a. die individuellen Ausprägungen von personenorientiertem wie auch von zielorientiertem (!) Handeln aufzeigt. Hier ist aktuell vorgesehen, derartige Analysen künftig auch systematisch und zielgerichtet als Grundlage für konkrete individuelle Personalentwicklungsplanungen einzusetzen.

# 5 Kaskadierung des Zielsystems

## 5.1 Kaskadierung der Ziele auf die Abteilungen

Von Anfang an bestand Einvernehmen bei den Beteiligten darüber, dass die strategischen Ziele nicht allein auf der obersten Ebene verbleiben dürfen. Nach der Implementierung des Ausgewogenen Zielsystems für die Gesamtorganisation wurden sukzessive in den Abteilungen die Ziele auf den spezifischen Zielbeitrag der Abteilung hin überprüft und ggf. modifiziert übernommen. Nach einer erfolgreichen Pilotierung in einer Abteilung konnte der Prozess auf alle Abteilungen übertragen werden. Mit der Kaskadierung auf die Abteilungen wurde der konkrete Handlungsrahmen für die Abteilungen deutlich, die Ziele konkreter und der Blickwinkel für das eigene Handeln wurde durch die konsequente Verknüpfung mit der Ausrichtung der Gesamtorganisation von einer selbstbezogenen Aufgabenerledigung mit „Ab-Teilungs-Denken" auf das „Große Ganze" gerichtet.

---

*Abbildung 4: Grundprinzip der Kaskadierung strategischer Ziele*

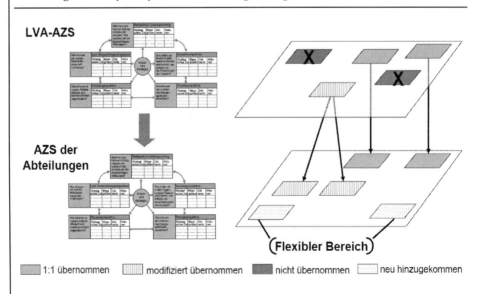

Quelle: Hüfken/Weise 2004, S. 374

---

Auf diese Weise entstand in der DRV Rheinland-Pfalz ein vernetztes System von einzelnen, in sich selbstständigen Ausgewogenen Zielsystemen, die allerdings über die Orientierung am „TOP-AZS" auf oberer Ebene schrittweise die Umsetzungsbeiträge und spezifische Auswirkung der Strategie verdeutlichen. Die Ableitung des Ausgewogenen Zielsystems auf die Ebene der Abteilungen ist nicht nur implementiert worden, sondern hat sich – auch durch entsprechende turnusmäßige Adaptionen an das AZS der Gesamtorganisation und abteilungsspezifische Veränderungen im Aufgabenportfolio - zwischenzeitlich fest etabliert.

# 5.2    Ableitung bis auf die Mitarbeiterebene?

Ein weitergehendes Herunterbrechen der Ziele auch unterhalb der Ebene der Abteilungen wurde bereits in der Konzeption des Prozesses und anschließend anlassbezogen jeweils intensiv beraten und abgewogen. Wir haben diesen Schritt – zumindest bisher – bewusst nicht in Angriff genommen. Dabei ist der Entscheidungsprozess sicherlich noch nicht abgeschlossen, Impulse und Anstöße für erneute Auseinandersetzungen mit der Thematik entstehen im Zeitablauf regelmäßig. Hier sind z. B. aktuell die Entwicklungen im Tarifrecht des öffentlichen Dienstes im Kontext leistungsorientierter Bezahlung zu nennen.

Ausschlaggebend für den (bisherigen) Verzicht auf die weitere Kaskadierung bis auf die Ebene der Mitarbeiter waren Überlegungen aus verschiedenen Blickwinkeln:

▪ Aspekte des Organisationsentwicklungsprozesses

Ein wichtiges Argument, zumindest gegen eine frühe stringente Ableitung bis zum Führen mit Zielen auf Mitarbeiterebene, ist der generelle Ansatz der Organisationsentwicklung, dass neue Instrumente bewusst schrittweise und sukzessive und nach Reifegrad der Organisation eingeführt werden sollten, denn „wer gleich im ersten Wurf noch weitere Dinge wie Zielvereinbarungen oder variable Vergütung an die Kennzahlen der BSC knüpft, riskiert Qualitätseinbußen" (Nagel/Dietl 2009, S. 85).

Die Intention von Zielvereinbarungen auf der Individualebene mit entsprechenden finanziellen Auswirkungen „appelliert an das Eigeninteresse der Geführten und bietet den Tausch von Belohnungen gegen Gefolgsrecht" (Neuberger 2002, S. 202) im Sinne des Modells transaktionaler Führung. Führungstheoretisch tragen die Aussagen in Leitbild und GFZ der DRV Rheinland-Pfalz als Projektion erwünschter Handlungen jedoch deutlich eher transformationale Züge im Sinne des Verfolgens kollektiver Ziele (so z. B. die Leitbild-Aussagen: „Wir arbeiten gemeinsam für unsere Kunden", „Wir arbeiten miteinander – auch funktions- und bereichsübergreifend").

### ▓ Organisationskulturelle Verortung

Vereinfacht dargestellt geht es bei Führungsaspekten letztlich um die Motivierung des Mitarbeiters zu einer guten Arbeitsleistung. Das tradierte Verständnis von Führung im öffentlichen Dienst war hier lange Zeit primär geprägt von Weisungen der Vorgesetzten, die aufgrund ihrer besonderen Fachkenntnisse in Führungsverantwortung aufgestiegen waren. Der Fokus im Verwaltungshandeln liegt auf der Bindung an Recht und Gesetz, die Arbeitssteuerung ist klassischerweise in der „Massenverwaltung" in Gruppen bzw. Teams organisiert und geprägt durch eine unpersönliche Amtsführung im Weberschen Wortsinne. Klassischerweise bleibt hier zunächst wenig Raum für das freie Vereinbaren von Zielen.

Insbesondere sind mit dem Ansatz der Zielvereinbarungen gemeinhin auch finanzielle Konsequenzen verbunden. Im öffentlichen Dienst entspricht jedoch traditionell dem „Wesen der bürokratischen Herrschaft" das feste Gehalt, abgestuft nach hierarchischem Rang, der über eine Laufbahn je nach Dienstalter und/oder Leistung erreicht wird: „Das Gehalt ist der lohnartigen Abmessung nach der Leistung im Prinzip entzogen, vielmehr ‚standesgemäß', d.h. nach der Art der Funktionen (dem ‚Rang') und daneben eventuell nach der Dauer der Dienstzeit bemessen" (Weber 1980, S. 555). Leistungen werden institutionell durch die regelmäßige dienstliche Beurteilung als merkmalsorientiertes Einstufungsverfahren, auch als „justizfeste" Basis für Beförderungs- und Karrieremöglichkeiten innerhalb der Laufbahn festgestellt (vgl. hierzu insgesamt Breisig 2005). Dementsprechend sind starke Aspekte des Leistungsbezugs in variablen Entgeltbestandteilen im öffentlichen Dienst zumindest eher ungewöhnlich.

Die Entwicklung eines stringenten Führungsverständnisses zum Managen von Ressourcen war zumindest bislang noch nicht ausreichend ausgeprägt und kann wohl auch nur über einen längeren, systematisch angelegten Prozess erreicht werden, der bereits bei der internen Personalentwicklung und -auswahl für (künftige) Führungspositionen ansetzt und durch organisatorische Unterstützungsmaßnahmen gefördert wird.

Bei der Abwägung eines möglichen Handlungsdrucks, der für eine künftige Führung über extrinsische Motivatoren wie insbesondere leistungsorientierten Entgeltbestandteilen erfolgen soll, ist auch zu berücksichtigen, dass die Entscheidung für den Eintritt und den Verbleib im öffentlichen Dienst eher nicht auf der Aussicht auf steile Karrieren, die mit exorbitanten Verdienstmöglichkeiten verbunden sind, begründet sein dürfte. Von Interesse ist in diesem Zusammenhang auch eine umfassend angelegte universitäre Studie, wonach für die befragten Mitarbeiter im öffentlichen Dienst in einer Wichtigkeitsrangreihe eine sinnvolle und interessante Tätigkeit an oberster Stelle steht, die leistungsgerechte Bezahlung demgegenüber erst an siebter Stelle genannt wird (Klages/Gensicke 1998).

▓ Organisatorische Fragestellungen

Zentraler Aspekt für die Festlegung der Ebenen, die für eine Kaskadierung von Zielen bzw. die Vereinbarung von Zielen in Frage kommen, ist auch die tatsächliche Zuweisung geeigneter Autonomiespielräume bzw. umgekehrt auch die Frage der konkreten Beeinflussbarkeit der Ziele (Breisig 2001). Die Schwierigkeit einer konkreten Zurechenbarkeit von „Input" und „Outcome" steigt gerade auch in hierarchisch organisierten Systemen mit zunehmender Organisationstiefe exponentiell an. Entsprechend wird gerade für den öffentlichen Bereich in nachgeordneten Verwaltungsebenen mit relativ geringem Gestaltungsspielraum für die Erbringung des Leistungsspektrums vorgeschlagen, „keine Kaskadierung in Form einer eigenständigen Balanced Scorecard durchzuführen, sondern ggf. nur Aktionen an die nachgeordneten [Bereiche] weiterzugeben" (Horváth & Partners 2004, S. 460).

Dabei wird durchaus noch kontrovers diskutiert, ob und wie diese Weitergabe von Aktionen im Rahmen einer Anbindung an das Anreizsystem langfristig erfolgreich ist. Entsprechendes Erfahrungswissen für den öffentlichen Dienst liegt hier offenbar auch noch nicht ausreichend vor (so Horváth & Partners, 2004).

▓ Pragmatische Sicht

Nicht zuletzt kann aus der Sicht des Praktikers aber auch einfach festgestellt werden, dass sich strategische Ziele und hierfür relevante Messgrößen im Sinne der BSC unstreitig leichter entwickeln und auf der Leitungsebene vereinbaren lassen, wenn nicht sofort die Frage nach der tatsächlichen Durchgängigkeit und Zurechenbarkeit von Messgrößen bis auf die unmittelbare Mitarbeiterebene gestellt wird und mögliche Gefahren einer Fehlsteuerung berücksichtigt werden müssen.

# 5.3 Verantwortung für Führungskräfte und Mitarbeiter

Eine fehlende Durchstufung der Ziele bis auf die Individualebene bedeutet jedoch gerade nicht, dass der Beliebigkeit der Zielerreichung Tür und Tor geöffnet wäre oder der im Leitbild eingeforderte eigenverantwortliche Leistungsbeitrag der Mitarbeiter wegen fehlender eigener Ziele obsolet wäre. Die Beschränkung der Kaskade auf die Abteilungen signalisiert vielmehr – ganz im Sinne der Führungsgrundsätze –die besondere, herausgehobene Bedeutung und Verantwortung der Abteilungsleiter im Umsetzungsprozess. Die Abteilungsleiter sind für die Umsetzung von Maßnahmen zuständig, die der Zielerreichung dienen. Dabei sind sie auf den aktiven Einsatz ihrer Mitarbeiter angewiesen, auf eine Mit-Arbeit im positivsten Wortsinne – dies alles getragen von einem Selbstverständnis, dass „Führung heißt, jemand hat mehr zu tun, als er alleine schaffen kann!" (Rosenstiel/Comelli 2001, S. 109).

# 6 Information und Kommunikation von strategischen Zielen und Maßnahmen

Eine engagierte Mitarbeit kann nur erreicht werden, wenn die mit der Maßnahme verbundene gewünschte Zielerreichung transparent und nachvollziehbar ist: „Wer will, dass andere in eine Richtung gehen, muss nicht nur dorthin zeigen, sondern auch sagen, warum das sinnvoll ist – und das regelmäßig." (Nagel/Dietl 2009, S. 85)

Eine intensive Information, aber auch die aktive kommunikative Auseinandersetzung mit den strategischen Zielen ist also grundsätzliche und zentrale Aufgabe der Führungskräfte im Prozess: Zielvermittlung ist klassische Führungsaufgabe!

## 6.1 Information

Bei der DRV Rheinland-Pfalz stehen im Kontext des Ausgewogenen Zielsystems vielfältige Möglichkeiten zur Informationsvermittlung zur Verfügung:

- Veröffentlichung des Verfahrens, der Ziele und Maßnahmen mit jeweils aktuellem Stand der Dinge im Intranet,

- Informationsveranstaltungen für die Mitarbeiter bei größeren Meilensteinen,

- regelmäßige Berichte in der Mitarbeiterzeitschrift,

- turnusmäßige Thematisierung in den Besprechungen der Abteilungen und nachgeordneten Bereiche,

- Veröffentlichung eines „Handbuch Ausgewogenes Zielsystem bei der DRV Rheinland-Pfalz", nicht nur zu Dokumentationszwecken, sondern bewusst als „Informationsquelle für alle interessierten Mitarbeiter und am weiteren Prozess Beteiligten" (Zitat aus dem Vorwort),

- Pflege einer Datenbank mit allen relevanten Daten samt Verlaufshistorie für alle unmittelbar beteiligten Führungskräfte.

# 6.2 Kommunikation

Zur direkten Kommunikation mit den Mitarbeitern sollen bei der DRV Rheinland-Pfalz insbesondere auch flankierende Führungsinstrumente der Organisations- und Personalentwicklung genutzt werden: In „GFZ-Gesprächen" und Mitarbeiterjahresgesprächen ist eine konkrete und situationsspezifische Auseinandersetzung mit den organisationalen Zielen, konkret auf das Team bzw. die unmittelbare Führungsdyade bezogen, vorgesehen.

Diese Gespräche werden dabei nicht vom Zwang eines systematischen Zielvereinbarungsprozesses geleitet und können ganz bewusst ohne den Anspruch und ohne die Erwartungshaltung, alle Ziele zu thematisieren, diese zwingend zur „Messbarkeit" zu bringen und damit letztlich wiederum das Führungsgeschehen auf das Gemessene zu fokussieren, durchgeführt werden (vgl. zu dieser häufig aufgezeigten Problematik z. B. Breisig 2001, Horváth & Partners 2004, und den Praxisbericht von Dahl in diesem Band).

Die Notwendigkeit, regelhafte Abstimmungen in der Führungsbeziehung über die Erwartungen zur Arbeitserledigung zu intensivieren, war bereits zu Beginn des Veränderungsprozesses in verschiedenen Foren mehrfach thematisiert worden. Hier erschien es wichtig, den Führungskräften entsprechende Führungsinstrumente zum verbindlichen Einsatz an die Hand zu geben. Direkt nach Einführung der GFZ wurden deshalb regelmäßige Gespräche zwischen Führungskraft und Mitarbeiter bzw. Führungskraft und Team in Form von Mitarbeiterjahresgesprächen bzw. sogenannten „GFZ-Gesprächen" verbindlich eingeführt und durch Hinweise für die Gesprächsführung sowohl für die Führungskräfte als auch für die Mitarbeiter angereichert (siehe Abbildungen 5 bis 7). Außerdem wurden die Führungskräfte im Rahmen eines den Organisationsentwicklungsprozess begleitenden Programms der Führungskräfteentwicklung in der Anwendung der Instrumente umfassend trainiert.

## 6.2.1 Mitarbeiterjahresgespräche

Das Mitarbeiterjahresgespräch leitet sich unmittelbar aus den Aussagen des Leitbilds und den Grundsätzen für Führung und Zusammenarbeit ab. Dort heißt es: „Mitarbeitergespräche finden regelmäßig statt" und „Entwicklungsmöglichkeiten und Perspektiven werden aufgezeigt und in Personalführungsgesprächen regelmäßig thematisiert und überprüft." Der von einer Projektgruppe erarbeitete und im „Handbuch Personalentwicklung" der DRV Rheinland-Pfalz herausgegebene „Leitfaden für das Mitarbeiterjahresgespräch" definiert die Zielsetzung der Mitarbeiterjahresgespräche u.a. folgendermaßen: „Durch das Mitarbeiterjahresgespräch werden alle Mitarbeiter in die aktive Mitgestaltung des Veränderungsprozesses in unserer DRV eingebunden. Es fördert die Eigeninitiative aller Mitarbeiter und trägt zur eigenverantwortlichen, qualifizierten Wahrnehmung der Aufgaben bei … Das Mitarbeiterjahresgespräch ist ein partnerschaftliches … Gespräch zur Standortbestimmung mit Ausrichtung auf das kommende Jahr."

---

*Abbildung 5: Anregungen zur Vorbereitung auf das Mitarbeiterjahresgespräch, Auszug*

---

## 1.1 Anregungen zur Vorbereitung für den Mitarbeiter

→  Mitarbeiterjahresgespräch am …………………………………………………………………

→  Dieser Bogen dient Ihrer persönlichen Vorbereitung auf das Mitarbeiterjahresgespräch und verbleibt bei Ihnen.

→  **Rückblick auf bisher getroffene Vereinbarungen**

– Welche Vereinbarungen wurden im letzten Mitarbeiterjahresgespräch getroffen? Inwieweit wurden diese aus Ihrer Sicht erfüllt?

– Was hat Sie bei der Erfüllung der Vereinbarungen unterstützt bzw. gehindert?

→  **Aufgaben**

– Mit welchen Aufgaben sind Sie in Ihrem Arbeitsbereich betraut? Inwieweit wurden diese aus Ihrer Sicht erfüllt?

– Was hat Sie bei der Erfüllung der Aufgaben unterstützt bzw. gehindert?

– Fühlten Sie sich über- oder unterfordert?

– Haben Ihnen bestimmte Aufgaben besonders viel Spaß gemacht?

– Wo sehen Sie Ihre Stärken bzw. Schwächen?

– Wie zufrieden sind Sie insgesamt mit der Erfüllung der Aufgaben?

---

---

*Abbildung 6: Dokumentation der Vereinbarungen aus dem Mitarbeiterjahresgespräch,
Auszug*

---

**Mitarbeiterjahresgespräch**

**Deutsche
Rentenversicherung**

Rheinland-Pfalz

### 3 Vereinbarungen aus dem Mitarbeiterjahresgespräch
Zum Verbleib bei den Gesprächspartnern.

→ Mitarbeiter ...............................................................

→ Führungskraft ...............................................................

→ Arbeitsbereich ...............................................................

→ Das Mitarbeiterjahresgespräch

hat stattgefunden am ...............................................................

→ 1 Folgende Vereinbarungen wurden getroffen und sollen
innerhalb des eigenen Arbeitsbereiches umgesetzt werden:

| Was soll erreicht werden? | Wie soll es erreicht werden? | Bis wann? |
| --- | --- | --- |
| .................................... | .................................... | ............... |
| .................................... | .................................... | ............... |
| .................................... | .................................... | ............... |
| .................................... | .................................... | ............... |
| .................................... | .................................... | ............... |

---

*Abbildung 7: Hinweise zur Durchführung der GFZ-Gespräche, Auszug*

---

## Durchführung

Nach diesem Schema könnte das Gespräch ablaufen:

| Schritte/Impulse | Methode |
| --- | --- |
| **Einstieg**<br>Ziel vorstellen | Info |
| **Kurzabfrage**<br>Eindruck von den GFZ im abgelaufenen Zeitraum (angeben) | Einzelstatements |
| **Aus der Sicht als Führungskraft**<br>… sind mir die Aussagen … besonders wichtig!<br>… verstehe ich diese Aussagen folgendermaßen!<br>… habe ich mir vorgenommen…! | Info |
| **… und aus der Sicht der Mitarbeiter?**<br>• Welche Aussagen sind Ihnen besonders wichtig?<br>• Welche Aussagen sind unklar?<br>• Was davon setzen wir schon gut um?<br>• Wo haben wir noch Entwicklungsbedarf? | Diskussion |
| **Vereinbarungen „Ziele" setzen!**<br>Unter der Voraussetzung, dass wir hier erste Schritte in einem längerfristigen gemeinsamen Entwicklungsprozess vereinbaren:<br>• Was können wir gemeinsam tun?<br>• Wie tun wir das?<br>• Welche Wünsche und Erwartungen werden an die Führungskraft gestellt? | |
| **Abschluss:**<br>Wie haben Sie die Runde hier erlebt?<br>Zusammensetzung der Ergebnisse! | Einzelstatements |

---

# 6.2.2 GFZ-Gespräche

In der gemeinsamen Abschlussrunde der Workshops zur Ausarbeitung der Grundsätze für Führung und Zusammenarbeit wurde vereinbart, dass die Umsetzung und die Implementierung der erarbeiteten Grundsätze in den Teams durch sogenannte „GFZ-Gespräche" unterstützt werden sollen. Ein GFZ-Gespräch ist ein „vertrauensvolles, strukturiertes und verbindliches Team-Gespräch zur Standortbestimmung mit Ausrichtung auf den vom Team festgelegten Zeitrahmen". Das GFZ-Gespräch führt die jeweilige unmittelbare Führungskraft mit ihrem (gesamten) Team. Der Fokus liegt auf der konkret wahrgenommenen Situation von Führung und Zusammenarbeit im Team, die wiederum in dem oben geschilderten Verständnis von Mit-Arbeit – zumindest mittelbar – Auswirkungen auf die Arbeitsleistung und auf die Erreichung der strategischen Ziele der Organisation hat.

Außerdem enthält auch die zwischenzeitlich institutionalisierte Einschätzung der Führungskräfte durch ihre Mitarbeiter („Führungskräfteeinschätzung") im Fragebogen, der vorbereitend auf das Feedbackgespräch von den Mitarbeitern auszufüllen ist, ein Item zur Klarheit der Zielvermittlung durch die Führungskraft, so dass auch hier eine entsprechende Rückmeldung an die Führungskraft erfolgen kann.

# 7 Sicherung der Nachhaltigkeit

Gerade auch bei der Umsetzung strategisch angelegter Ziele gilt: „Ein langer Atem ist wichtiger als heroische Aufbrüche" (Berner 2009). Bei der DRV Rheinland-Pfalz wurde für das Maßnahmen- und Zielerreichungscontrolling ein Gremium aller Abteilungsleiter eingerichtet, das dabei als zentraler Projektlenkungsausschuss ebenfalls die Verzahnung mit dem Programm- und Projektmanagement sicherstellen soll. Auch hierdurch wird die besondere Verantwortlichkeit der Abteilungsleiter im Prozess verdeutlicht. In quartalsweisen Sitzungen beobachten sie die Maßnahmenumsetzung, steuern ggf. im Handlungsportfolio nach, analysieren den Zielerreichungsgrad und berichten turnusmäßig der Geschäftsleitung. Bedarfsorientiert werden dabei Themen auch unmittelbar im Lenkungsausschuss, einem gemeinsamen Gremium von Geschäftsleitung und Abteilungsleitern, erörtert.

Soweit von den Zielen und Maßnahmen im Ausgewogenen Zielsystem originäre Handlungsfelder der Organisationsentwicklung berührt werden, werden grundlegende Aspekte der Ausgestaltung und Implementierung in der DRV Rheinland-Pfalz mit dem Steuerungsgremium Organisationsentwicklung, das aus gewählten Sprechern von Interessengruppen aus allen Mitarbeiterebenen und -funktionen besteht, erörtert.

Die methodische Betreuung und laufende Unterstützung des Prozesses auf der Unternehmensebene ist einer AZS-Geschäftsstelle übertragen worden, die im Zentralbereich Strategie, Organisationsentwicklung und Controlling eingerichtet worden ist.

# 8    Fazit und Ausblick

Die Implementierung des Ausgewogenen Zielsystems hat bei der DRV Rheinland-Pfalz zu einer deutlichen Erhöhung der Zieltransparenz sowohl auf der Ebene der Führungskräfte als auch bei den Mitarbeitern beigetragen. Auf dem langen Weg der Umsetzung liegt dabei auf der Hand, dass derartige umfangreiche und organisationsumfassend angelegte Prozesse nicht zum Selbstläufer werden, sondern der kontinuierlichen Machtpromotion und Unterstützung, einer professionellen Begleitung innerhalb der Organisation und insbesondere auch der immer wieder wachzurufenden Einsicht aller Beteiligten bedürfen.

Als Erfolgsfaktoren im Prozess haben sich die aktive Einbindung aller Entscheidungsträger der Personalvertretung bei der Erarbeitung und Anpassung der Stoßrichtungen und Ziele sowie eine eindeutige Rollen- und Verantwortungszuweisung bei den Beteiligten herausgestellt. Die Einbindung in den gesamten Veränderungsprozess vermeidet dabei konsequent das Entstehen von Parallelwelten im Organisationsentwicklungsprozess.

Neue Impulse und Herausforderungen für den Aspekt des Führens mit Zielen werden wohl durch den Leistungs-Tarifvertrag zur leistungsorientierten Bezahlung entstehen, der als Grundlage für die Auskehrung der Mittel optional sowohl eine systematische Leistungsbewertung als auch die Zielvereinbarung vorsieht. Hier ist anzumerken, dass die Anwendung aus dem System heraus ausdrücklich nur für die (Tarif-)Beschäftigten, nicht jedoch für die beamteten Mitarbeiter vorgesehen ist. Eine entsprechende Übertragung, die dann den beamtenrechtlichen Bestimmungen entsprechen müsste, ist zumindest derzeit nicht abzusehen (vgl. hierzu u.a. Lorse 2007). Bereits hieraus könnten unter Umständen akzeptanzhinderliche Konsequenzen entstehen. Auf gewerkschaftlichen Seiten ist daneben auch die eher grundsätzliche Sorge wahrzunehmen, dass Neidfaktoren und Streitigkeiten um die Verteilung von nach oben gedeckelten und auf die Person bezogen relativ geringen Entgeltanteilen das Arbeitsklima und die Zusammenarbeit der Mitarbeiter in unverhältnismäßiger Weise gefährden könnten. Inwieweit es hier bei der erstmaligen Einführung der - für weite Teile des öffentlichen Dienstes neuartigen und ungewohnten - individuellen Zielvereinbarung zur Motivations- und Leistungssteigerung tatsächlich zielführend sein wird, das Instrument unmittelbar mit finanziellen Auswirkungen zu verbinden, oder ob damit das Pferd von hinten aufgezäumt wird, bleibt abzuwarten.

Klare organisationale Ziele für das Gesamtsystem sind demgegenüber auf jeden Fall unverzichtbar, denn mit Lessing lässt sich feststellen: Selbst „der Langsamste, der sein Ziel nicht aus den Augen verliert, geht noch immer geschwinder als jener, der ohne Ziel umherirrt."

# Ralf Kleiner

# Das leistungsorientierte Mitarbeiter-InnenGespräch mit Zielvereinbarungen bei der Stadtverwaltung Konstanz

# 1 Vorbemerkung

Mit der Einführung des Tarifvertrages für den Öffentlichen Dienst (TVöD) im Jahr 2005 wurde für die Beschäftigten des Bundes und der Kommunen die leistungsorientierte Bezahlung eingeführt. Zur Leistungsfeststellung sollen, so die Tarifregelung, entweder die systematische Leistungsbeurteilung, das Instrument der Zielvereinbarung oder eine Kombination beider Instrumente zur Anwendung kommen.

Die Stadt Konstanz hat am 1.9.2007 eine Dienstvereinbarung abgeschlossen. Verwaltung und Personalvertretung haben darin vereinbart, ausschließlich das Instrument der Zielvereinbarung zur Leistungsfeststellung anzuwenden. Die Umsetzung erfolgt im so genannten „Leistungsorientierten MitarbeiterInnengespräch - MAG-L".

In diesem Beitrag werden die Ziele und das Verfahren des MAG-L zusammengefasst.

# 2 Geltungsbereich

Die nachstehend genannten Regelungen gelten für alle Beschäftigten der Stadtverwaltung Konstanz ohne deren Eigenbetriebe und Gesellschaften. Für die Beamten und Beamtinnen der Stadt Konstanz finden diese Grundsätze ebenfalls Anwendung; ausgenommen ist davon bis zum Vorliegen einer gesetzlichen Regelung die Auszahlung von Leistungsprämien.

# 3 Ziele

## 3.1 Ziele des MitarbeiterInnengesprächs (MAG)

Die Mitarbeiter und Führungskräfte haben mit dem MAG die Chance, sich über Standorte und Ziele zu verständigen, fördernde und störende Einflüsse bei der Arbeit zu erörtern und die künftige Zusammenarbeit zu vereinbaren. Dadurch werden die Beschäftigten stärker für die Ziele der Organisation gewonnen. Das MAG soll dazu beitragen, dass die Verwaltung flexibel auf Anforderungen reagiert, dass die Ressourcen effizient eingesetzt und die Arbeitsabläufe ziel- und lösungsorientiert gestaltet werden. Es soll ein gutes Betriebsklima und eine hohe Bürgerorientierung fördern.

# 3.2 Chancen und Risiken der leistungsorientierten Bezahlung (LoB)

Mit der Einführung des TVöD wurde erstmals die Lohndifferenzierung unter dem Gesichtspunkt der Leistungsorientierung ermöglicht. Die im Tarifvertrag genannten Ziele der Leistungsorientierung sind Teil des Leitbildes und damit Bestandteil der Organisations- und Personalentwicklung der Stadt Konstanz.

Die Stadt Konstanz hat sich mit der Einführung der leistungsorientierten Bezahlung die folgenden Ziele gesetzt:

- eine konstruktive und fortwährende Diskussion über die Qualität der Arbeit und damit die Verbesserung der Dienstleistungen,

- eine bessere Steuerung des Verwaltungshandelns,

- die Transparenz der Ziele und die Klarheit darüber, welche Ziele mit den vorhandenen Ressourcen zu erreichen sind,

- die stärkere Einbindung der Beschäftigten in die Erarbeitung und Umsetzung der Ziele der Verwaltung und die Schaffung individueller Handlungsspielräume für die Beschäftigten,

- eine Intensivierung der Kommunikation und eine Veränderung der Führungskultur: weniger Kontrolle und mehr Eigenverantwortung,

- die Stärkung von Lernbereitschaft und Flexibilität auf allen Ebenen.

Die Einführung einer leistungsdifferenzierten Bezahlung bedeutet einen Kulturwandel, der auch Risiken birgt. Das System der leistungsorientierten Bezahlung darf nicht dazu beitragen:

- die Arbeitsverdichtung und den Leistungsdruck in unserer Verwaltung zu erhöhen,

- einzelne Beschäftigte oder Gruppen von Beschäftigten zu diskriminieren,

- den Druck auf leistungsgeminderte Beschäftigte zu erhöhen,

- weitere Stellen einzusparen,

- negatives Konkurrenzverhalten zwischen Beschäftigten und innerhalb von Arbeitsteams zu fördern und somit das Betriebsklima zu verschlechtern.

Die Stadt Konstanz will ein System der leistungsorientierten Vergütung realisieren, bei dem diese Risiken weitgehend ausgeschaltet werden. Bei der Umsetzung stehen alle Mitarbeiter – besonders aber die Führungskräfte – in der Verantwortung, solchen Tendenzen entgegenzuwirken.

# 3.3 MAG plus LoB: MitarbeiterInnengespräch und leistungsorientierte Bezahlung (MAG-L)

Aufgrund der Einführung des tariflichen Leistungsentgelts ist das bisherige MitarbeiterInnengespräch, das bereits 2003 eingeführt worden ist, um den Aspekt der leistungsorientierten Bezahlung ergänzt worden. Das leistungsorientierte Mitarbeiternnengespräch – kurz: MAG-L – ersetzt damit die bisherige Gesprächsform.

In Verbindung mit dem MAG-L erhält die Vereinbarung von Zielen ein größeres Gewicht, da auf dieser Grundlage der leistungsabhängige Teil des Entgelts ausgezahlt wird.

# 4 Instrument der Leistungsfeststellung

Von den in § 18 TVöD genannten Alternativen zur Bemessung und Bewertung von Leistung wendet die Stadt Konstanz das Instrument der Zielvereinbarung an. Zielvereinbarungen sind freiwillige Vereinbarungen zwischen der Führungskraft und einzelnen Beschäftigten oder Teams von Beschäftigten über objektivierbare Leistungsziele und die Bedingungen ihrer Erfüllung in einem vorher bestimmten Zeitraum. Voraussetzung für die Auszahlung des Leistungsentgelts ist die Vereinbarung von Zielen und das Erreichen von Zielerreichungsstufen. Konsequenz: Beschäftigte, die keine Ziele vereinbaren wollen, erhalten kein Leistungsentgelt.

Bei den Zielvereinbarungen gelten die folgenden Grundsätze:

▪ Ziele werden nicht vorgegeben, sondern vereinbart. Es gibt keinen Einigungszwang.

▪ Ziele sind zukunftsorientiert und veränderbar: Sie werden jährlich neu vereinbart und können bei Bedarf auch vor Ablauf eines Jahres korrigiert werden.

▨ Ziele werden über Dinge vereinbart, bei denen Verbesserungen angestrebt werden oder ein hoher Qualitätsstandard beibehalten werden soll.

▨ Individuelle Kenntnisse und Fähigkeiten der Beschäftigten sowie das Anforderungsprofil der jeweiligen Stelle sind in die Zielvereinbarung/en mit einzubeziehen.

▨ Es dürfen nur Ziele vereinbart werden, die durch die Beschäftigten beeinflussbar und die in der vertraglich vereinbarten Arbeitszeit erreichbar sind (Hilfsmittel: S.M.A.R.T.- Regel). Die maximale Prämie muss im Rahmen der vertraglich festgelegten Arbeitszeit erreichbar sein.

▨ Zielvereinbarungen beziehen sich üblicherweise nicht auf das gesamte Aufgabenspektrum der/des Beschäftigten, sondern auf ausgewählte Aufgabenschwerpunkte.

▨ Ziele sind nicht nur für besonders herausragende Projekte oder ständig anspruchsvollere oder komplexere Aufgaben zu formulieren (nicht immer schneller, immer besser, immer mehr). Auch das Halten eines bereits erreichten hohen Leistungsstandards kann ein herausforderndes Ziel sein. Auch für das Alltagsgeschäft sind Zielvereinbarungen möglich.

▨ Zielvereinbarungen können abgeschlossen werden für:

   ▩ fachliche Ziele, die sich an den Aufgaben und der Funktion des Beschäftigten orientieren,

   ▩ Ziele, die sich auf die Entwicklung und Qualifikation des Beschäftigten beziehen,

   ▩ Ziele, die sich auf die Zusammenarbeit und Kommunikation im Team beziehen.

▨ Zielvereinbarungen können sich auch auf die Verbesserung der Arbeitsbedingungen beziehen, z.B. das Einhalten von Sicherheitsbestimmungen, die Gesundheit am Arbeitsplatz und gesundheitsfördernde Maßnahmen, das Betriebsklima sowie die Kommunikation am Arbeitsplatz.

▨ Es dürfen keine Ziele vereinbart werden:

   ▩ die für andere Beschäftigte Arbeitsverdichtung, Arbeitsplatzverlust oder sonstige Nachteile bedeuten,

   ▩ welche die Reduzierung von Krankheitstagen zum Gegenstand haben.

▨ Beschäftigte und Führungskräfte entscheiden einvernehmlich darüber, ob sie Individualziele und/oder Teamziele vereinbaren.

# 5 Qualifizierung und Information

Um sich mit dem Instrument der Zielvereinbarung vertraut zu machen, erhalten alle Mitarbeiter mindestens eine eintägige Schulung.

Das Engagement und die Kompetenz der Führungskräfte sind entscheidend für die erfolgreiche Umsetzung der Leistungsvergütung. Die Führungskräfte der Stadt Konstanz sind daher verpflichtet, an mindestens einer Fortbildungsveranstaltung zum Thema Zielvereinbarung teilzunehmen. Beschäftigte, denen Führungsaufgaben übertragen werden, müssen dem Arbeitgeber eine entsprechende Qualifizierung nachweisen.

# 6 Verfahren

Die Vorgesetzten und die ihnen unmittelbar zugeordneten Mitarbeiter führen mindestens ein individuelles MAG-L pro Jahr. Dies gilt auch dann, wenn ausschließlich Teamziele vereinbart oder keine Zielvereinbarungen getroffen werden. Die Durchführung des Gesprächs ist verbindlicher Teil der Führungsaufgaben.

Das MAG-L umfasst drei Gesprächsphasen:

- Zielerreichungsgespräch (vergangenheitsorientiert)

- Situationsanalyse (gegenwartsorientiert)

    Hierzu gehören:

    - Arbeitssituation

    - Kommunikation

    - Persönliche Entwicklung

- Zielvereinbarungsgespräch (zukunftsorientiert)

Das MAG-L findet in entspannter und ruhiger Atmosphäre in einem dafür geeigneten Raum statt, auf keinen Fall jedoch am Schreibtisch. Es darf nicht durch Störungen unterbrochen werden. Das Gespräch soll ohne zeitlichen Druck geführt werden. Daher ist ausreichend Zeit einzuplanen.

Die MAG-L finden jedes Kalenderjahr im Zeitraum vom 1. September bis 15. November zwischen dem Vorgesetzten und den in seinem Personalverantwortungsbereich beschäftigten Mitarbeitern statt.

Das MAG-L ist von den Beteiligten vorzubereiten. Bezogen auf die verschiedenen Gesprächsphasen bedeutet dies:

▨ Zielbewertung:

Die Führungskraft (evtl. auch der Beschäftigte) bereitet die entsprechenden Zielbeurteilungskriterien, welche die Grundlage für die Feststellung der Zielerreichung bilden, vor (z.B. Zahlen, Daten, Beobachtungen).

▨ Situationsanalyse:

Als Orientierungshilfe für beide Gesprächspartner zu dieser Gesprächsphase gibt es je eine Checkliste für die Beschäftigten (siehe Abbildung 1) und für die Vorgesetzten, die vor dem Gespräch bearbeitet werden sollen. Die darin genannten Themen sind ein Rahmen, an dem sich beide Gesprächsteilnehmer orientieren können.

▨ Zielvereinbarung:

Für den Bereich der Zielvereinbarung empfiehlt es sich, dass Beschäftigte und Vorgesetzte eigene Zielvorschläge als Diskussionsgrundlage vorbereiten.

*Abbildung 1: Checkliste Fragenkatalog für Mitarbeiter*

### *1. Arbeitssituation*

| | |
|---|---|
| Wie komme ich mit meinem Arbeitspensum zurecht und wofür brauche ich am meisten Zeit? | |
| Wie schätze ich die Verteilung der Aufgaben in meinem Arbeitsbereich ein? | |
| Was sind die Ziele meiner Arbeit? | |
| Was macht die Qualität meiner Arbeit aus? Wie kann ich sie weiterentwickeln? | |
| Wie beurteile ich die Qualität meiner Arbeitsleistung? | |
| Was sind die übergeordneten Ziele bezogen auf mein Arbeitsumfeld? | |
| Wie ist mein Aufgabenbereich personell und finanziell ausgestattet? | |
| Wie beurteile ich die Ausstattung meines Arbeitsplatzes? Werden Arbeitssicherheit und Gesundheitsschutz gewährleistet? | |
| Welche Arbeitsabläufe können in meinem Aufgabenbereich verbessert werden? Wie setze ich die Prioritäten? | |
| Welche Arbeitsformen (Sachbearbeitung, Teamarbeit, Projektarbeit) sind mir wichtig? In wieweit kann ich sie an meinem Arbeitsplatz realisieren? | |
| Welche Umstände führen in meiner Arbeitssituation zu Stress, der mir zu schaffen macht? Was kann mir beim Stressabbau helfen? | |

| | |
|---|---|
| Wie kann ich an meinem Arbeitsplatz Familie und Beruf vereinbaren? | |
| Wie kann ich die Anforderungen meiner Arbeit mit anderen Lebensbereichen vereinbaren? | |
| Erlebe ich Diskriminierung wegen meines Geschlechts, meiner ethnischen Zugehörigkeit, Behinderung, sexuellen Orientierung, religiösen oder politischen Weltanschauung? | |
| Erlebe ich sexuelle Belästigung am Arbeitsplatz? | |

### 2. Kommunikation

| | |
|---|---|
| Wie zufrieden bin ich mit der Kommunikation und der Kooperation mit den KollegInnen? | |
| Wie zufrieden bin ich mit der Kommunikation und der Kooperation mit der/dem unmittelbaren Vorgesetzten und weiteren Vorgesetzten? Bekomme ich die notwendige Rückendeckung? | |
| Wie zufrieden bin ich mit dem Informationsaustausch und -fluss in meinem Arbeitsumfeld? | |
| Wie zufrieden bin ich mit der abteilungs- und ämterübergreifenden Kommunikation? | |
| Wie werden Konflikte in meinem Bereich von KollegInnen und Vorgesetzten wahrgenommen und thematisiert? Wie äußere ich selbst Kritik und wie gehe ich mit Kritik um? | |
| Inwieweit nehmen KollegInnen und Vorgesetzte Rücksicht auf mich, wenn ich mich in einer belastenden persönlichen Situation befinde? | |
| Wie empfinde ich das Betriebsklima in meinem Arbeitsbereich? | |

### 3. Entwicklung

| | |
|---|---|
| Inwieweit entsprechen die mir zugewiesenen Aufgaben meiner Ausbildung und Qualifikation? | |
| Welche neuen Arbeitsinhalte/Aufgaben/Verantwortungsbereiche kann ich mir vorstellen? | |
| Was sind meine Stärken und Potentiale? | |
| Wie steht es um meine Motivation? Was hemmt sie? Was könnte sie fördern? | |
| Was sind meine Vorstellungen und Wünsche bezüglich meiner beruflichen Entwicklung? | |
| Welche beruflichen Perspektiven kann ich mir über Fortbildung und weitere Qualifizierung eröffnen? | |

Eine wichtige Voraussetzung für ein erfolgreiches Gespräch ist die Bereitschaft der Beteiligten, einander mit Wertschätzung, Offenheit und Respekt gegenüberzutreten. Für den Gesprächsablauf wird die in Abbildung 2 erläuterte Vorgehensweise empfohlen:

*Abbildung 2: Empfohlener Gesprächsablauf*

## A. Einleitung

| Gesprächseinstieg ⬇ | ✓ Positiver Gesprächseinstieg (z.B. Frage nach Befinden) ✓ Die Führungskraft beschreibt Sinn und Zweck des MAG-L ✓ Skizzieren des Gesprächsablaufs und der Dauer ✓ Definition der inhaltlichen Zielsetzung des MAG-L |
|---|---|

## B. Gesprächsphase 1: Zielerreichung

| Einleitung ⬇ | ✓ Hinwendung zum Zielerreichungsgespräch ✓ Bei Bedarf Zielsetzung dieser Gesprächsteilsphase erläutern |
|---|---|
| Soll-Ziel-beschreibung ⬇ | ✓ Die Führungskraft beschreibt die im vorangegangenen MAG-L vereinbarten Ziele |
| Ist-Ziel-beschreibung ⬇ | ✓ Der Ist- Zustand wird anhand von Fakten (Daten, Zahlen, Fristen, Beobachtungen, Dokumentationen, Arbeitsergebnissen etc.) beschrieben ✓ Der Kontext zu den vereinbarten Messkriterien wird hergestellt |
| Leistungs-bewertung ⬇ | ✓ Die Führungskraft beschreibt, bezogen auf die Messkriterien, wie das Ergebnis der Zielerreichung aus ihrer Sicht ausgefallen ist. Nachfrage beim/bei der MitarbeiterIn, ob Einschätzung geteilt wird; sonst: gemeinsame Analyse, bis Einvernehmen hergestellt ist ✓ Im Konfliktfall: Konfliktmanagement. |
| Zielerreichungs-stufe ⬇ | ✓ Die Führungskraft erläutert die aus der Leistung abzuleitende Konsequenz = Zielerreichungsstufe |

## C. Gesprächsphase 2: Situationsanalyse

| Situation analysieren ⬇ | ✓ Definition der inhaltlichen Zielsetzung ✓ Arbeitssituation, Arbeitsziele, Kommunikation, Persönliche Entwicklung besprechen (Hilfsmittel: Checkliste) |
|---|---|

## D. Gesprächsphase 3: Zielvereinbarung

| | |
|---|---|
| Zielvorstellungen entwickeln ⬇ | ✓ Auf der Grundlage der Zielentwürfe und/oder der Situationsanalyse werden gemeinsam potentielle Zielvorstellungen entwickelt.<br><br>✓ Wo möchten wir hin? Was soll erreicht werden? |
| Prioritäten setzen ⬇ | ✓ Beschränkung auf **bis zu drei** Ziele<br><br>✓ Auf welche Schwerpunkte werden wir uns konzentrieren? |
| Ziele formulieren ⬇ | ✓ Konkretisierung der Zielvorstellungen:<br>Hilfsmittel: **SMART**- Regel:<br><br>**S**: Spezifisch/konkret formuliert (nicht zu allgemein?)<br>**M**: Messbar (welche Messkriterien?)<br>**A**: Aktiv beeinflussbar (Handlungsspielraum?)<br>**R**: Realisierbar (Ressourcen/Rahmenbedingungen?)<br>**T**: Terminiert (wann sollen die Ziele erreicht sein?)<br><br>Falls erforderlich, weiteres Feedbackgespräch vereinbaren<br><br>Es kann sinnvoll sein, Ober- und Untergrenzen festzulegen<br><br>Ziele sollen innerhalb eines Jahreszeitraumes erreichbar sein (sonst Zwischenziele formulieren)<br><br>Erwartungen festschreiben:<br><br>Ein Ziel ist ...<br><br>**weitgehend** erreicht, wenn ...<br>**voll** erreicht, wenn ...<br>**hervorragend** erreicht, wenn ... |
| Ressourcen ⬇ | ✓ Vor allem die Führungskraft, aber auch der/die Beschäftigte achten darauf, dass die Rahmenbedingungen stimmen:<br>- Welche Mittel stehen zur Verfügung?<br>- Welche Unterstützung (seitens der Vorgesetzten, der KollegInnen anderer Ämter/Dienststellen etc.) wird benötigt? |

## E. Gesprächsende

| | |
|---|---|
| ⬤ | Gespräch positiv beenden |

An die Stelle von oder auch neben Individualzielen können Teamziele vereinbart werden. Diese kollektiven Zielvereinbarungen haben den Vorteil, dass sie die Teambildung und das Zusammengehörigkeitsgefühl stärken und gleichzeitig dem Einzelkämpfertum und der Ellbogenmentalität entgegenwirken.

Teamziele haben die Besonderheit, dass nicht der Beitrag, den eine Einzelperson zur Zielerreichung eingebracht hat, bewertet wird, sondern das Ergebnis der ganzen Gruppe. Teamziele sind vor allem dann sinnvoll, wenn folgende Voraussetzungen vorliegen:

■ gemeinsam zu verantwortende/s Ergebnis/se,

■ klar abgrenzbare Aufgabenstellung/en für das gesamte Team.

Teamziele sind als solche im Zielkontrakt zu kennzeichnen. Teamziele werden nicht in einem Vier-Augen-Gespräch, sondern zwischen den Teammitgliedern und der Führungskraft vereinbart. Auch Teamzielvereinbarungen sind vertraulich.

Am Ende des MAG-L sind zur Ergebnissicherung folgende Gesprächsdokumentationen vorzunehmen:

■ Zielvereinbarung, zwei Ausfertigungen

■ Ergebnisprotokoll, zwei Ausfertigungen

■ Ergebnismeldung an das Personalamt

# 7 Umgang mit Störungen und Konflikten

Kommt es während des MAG-L zu einem Konflikt zwischen den Gesprächspartnern, sollen sich beide bemühen, diesen unmittelbar im Gespräch zu lösen. Ist dies nicht möglich, wird das Gespräch abgebrochen und auf einen Termin in der darauf folgenden Woche vertagt.

Kann der Konflikt auch bei diesem Gespräch nicht gelöst werden, kann ein Schlichtungsgespräch vereinbart werden, an dem der nächsthöhere Vorgesetzte teilnimmt. Auf Wunsch eines Beteiligten wird ein Mitglied des Personalrats und/oder ein Mitarbeiter des Personalamts hinzugezogen. Schwerbehinderte Mitarbeiter können zusätzlich die Schwerbehindertenvertretung hinzuziehen.

Können sich Mitarbeiter und Führungskraft nicht auf Ziele einigen, ist wie in dem beschriebenen Konfliktfall zu verfahren. Das Schlichtungsgespräch wird dabei durch ein Zielfindungsgespräch ersetzt.

Mit Blick auf den Umgang mit Störungen bei der Zielerreichung gewinnt ein zentraler Grundsatz noch an Bedeutung: Wer ein Ziel vereinbart ist verantwortlich! Fällt ein Mitarbeiter längerfristig aus, trägt er die Verantwortung dafür, nach seiner Rückkehr zu prüfen, ob die Zielerreichung durch den Ausfall gefährdet ist. Ihm obliegt ebenso die Verantwortung, den Vorgesetzten frühzeitig über diese Gefahr zu informieren und um ein Rückmeldegespräch zu bitten. Dieser Bitte hat die Führungskraft zeitnah nachzukommen.

Diese Verfahrensweise gilt auch für den Fall, dass veränderte Rahmenbedingungen die Zielerreichung gefährden. Bei veränderten Rahmenbedingungen müssen die Ziele eventuell neu formuliert werden, so dass der Beschäftigte die Möglichkeit hat, das Ziel auch unter den neuen Gegebenheiten zu erreichen. In diesem Fall wird eine neue Zielvereinbarung getroffen.

Ist z.B. wegen langfristiger Arbeitsunfähigkeit oder Mutterschutz keine Zielvereinbarung oder -überprüfung möglich, erhält der/die Beschäftigte die Prämie entsprechend der im Vorjahr erreichten Stufe.

# 8 Verteilung der Leistungsprämien

## 8.1 Entgeltgruppenzuordnung

Basis für die Auszahlung der Leistungsprämie ist entsprechend der Tarifvorschrift des § 18 Abs. 3 TVöD jährlich zurzeit 1 Prozent der ständigen Monatsentgelte des Vorjahres (Gesamtbudget). Die tarifvertragliche Zielgröße ist derzeit 8 Prozent.

Für die Ermittlung des Leistungsentgelts wird jeweils ein Teilbudget für jede Entgeltgruppe gebildet. Die Entgeltgruppen 13 bis 15, 7 und 8, 3 und 4 sowie 1 und 2 bilden jeweils ein Budget. Damit ergeben sich folgende zehn Teilbudgets (siehe Abbildung 3).

*Abbildung 3: Entgeltgruppenbezogene Zuordnung der Mitarbeiter zu Teilbudgets*

| Entgeltgruppen | 13, 14, 15 | 12 | 11 | 10 | 9 | 7, 8 | 6 | 5 | 3, 4 | 1, 2 |
|---|---|---|---|---|---|---|---|---|---|---|
| Teilbudgets | 10 | 9 | 8 | 7 | 6 | 5 | 4 | 3 | 2 | 1 |

# 8.2 Ermittlung der Prämienhöhe

Nachdem der Vorgesetzte mit dem Beschäftigten das Ergebnis der Zielerreichung besprochen hat, erfolgt – für jedes Ziel getrennt – die Einordnung des Ergebnisses in die drei Zielerreichungsstufen (siehe Abbildung 4).

*Abbildung 4: Einordnung der Zielerreichung in drei Stufen*

| - | Stufe 1 | Stufe 2 | Stufe 3 |
|---|---|---|---|
| Ziel nicht erreicht | Ziel **weitgehend** erreicht | Ziel **voll** erreicht | Ziel **hervorragend** erreicht |

Als Richtwerte bei quantitativ messbaren Zielen gelten dabei die in Abbildung 5 beschriebenen Zielerreichungsquoten.

*Abbildung 5: Bei quantitativ messbaren Zielen angestrebte Zielerreichungsquoten*

| Zielerreichung <80% | Zielerreichung 80% | Zielerreichung 100% | Zielerreichung 120% |
|---|---|---|---|

Anschließend wird jeder Zielerreichungsstufe ein individueller Punktwert zugeordnet, wie dies in Abbildung 6 nachzuvollziehen ist.

*Abbildung 6: Zuordnung von Punktwerten zu den Zielerreichungsstufen*

| Kategorie | Stufe | Punktwert | Leistungsprämie |
|---|---|---|---|
| **Ziel nicht erreicht** | - | **0 Punkte** | keine Prämie |
| **Ziel weitgehend erreicht** | 1 | **0,5 Punkte** | ½ Prämie |
| **Ziel voll erreicht** | 2 | **1,0 Punkte** | volle Prämie |
| **Ziel hervorragend erreicht** | 3 | **1,5 Punkte** | 1 ½ -fache Prämie |

Das Ergebnis wird schließlich festgestellt, indem der durchschnittliche Punktwert ermittelt wird. Dazu werden die jedem Einzelziel zugeordneten Punktwerte addiert und anschließend durch die Zahl der vereinbarten Ziele dividiert (siehe Abbildung 7).

*Abbildung 7: Ergebnisfeststellung*

| **Beispiel:** | |
|---|---|
| Ziel 1: Ziel voll erreicht | 1,0 Punkte |
| Ziel 2: Ziel voll erreicht | 1,0 Punkte |
| Ziel 3: Ziel hervorragend erreicht | 1,5 Punkte |
| **Summe** | **3,5 Punkte** |
| Dividiert durch 3 (Ziele): | |
| **Ergebnis** | **1,17 Punkte** |

Das Gesamtergebnis wird dem Personalamt mitgeteilt und bildet dort die Grundlage für die Berechnung der Leistungsprämie. Teilzeitbeschäftigte erhalten die Leistungsprämie anteilig entsprechend ihres Beschäftigungsgrads.

# 9 Betriebliche Kommission

Im Zusammenhang mit dem MAG-L wurde eine so genannte Betriebliche Kommission (BK) gebildet, die aus sechs Mitgliedern besteht. Das Gremium ist paritätisch besetzt mit drei Vertretern, die vom Arbeitgeber benannt werden, sowie drei Vertretern, die von der Personalvertretung benannt werden.

Die Mitglieder der BK haben das Recht und die Pflicht, sich gegenseitig zu informieren. Die Kommission wirkt bei der Weiterentwicklung des betrieblichen Entgeltsystems mit. Die Aufgaben ergeben sich aus den tariflichen Bestimmungen. Die BK ist nicht zuständig für die inhaltliche Kontrolle einzelner Ziele (Zielvereinbarung, Zielbemessung, Zielerreichung, Zielbewertung etc.). Die Kommission ist kein Schlichtungsorgan. Sie ist auch keine Letztinstanz für die Entscheidung über die Vergabe einer Leistungsprämie.

Die BK ist beschlussfähig, wenn mindestens jeweils zwei Vertreter des Arbeitgebers und der Personalvertretung anwesend sind. Zur Beschlussfassung muss sie paritätisch besetzt sein. Sie trifft ihre Beschlüsse mit der Mehrheit der Stimmen der anwesenden Mitglieder. Bei Stimmengleichheit ist ein Antrag abgelehnt.

Die BK tritt bei Bedarf, mindestens jedoch einmal im halben Jahr, zusammen. Der Vorsitzende oder der Stellvertreter leitet die Sitzung. Die Geschäftsführung obliegt der Geschäftstelle Personalentwicklung.

# 10 Controlling

Das Personalamt fertigt nach Auszahlung der Jahresprämie jährlich einen Abschlussbericht. Dieser enthält:

- das Gesamtvolumen der Leistungsprämien,
- die Höhe der Teilbudgets,
- die Höhe der Prämie der Stufe 2 („Ziel voll erreicht") je Teilbudget,
- Zahl der am System teilnehmenden und nicht teilnehmenden Mitarbeiter,
- der durchschnittliche Punktwert der Gesamtverwaltung,
- der durchschnittliche Punktwert pro Teilbudget,
- der durchschnittliche Punktwert pro Amt,
- der durchschnittliche Punktwert pro Abteilung (ab sechs Beschäftigten),
- Anzahl der Konfliktgespräche,
- Anzahl der Beschwerden an die Betriebliche Kommission,
- der durchschnittliche Punktwert pro Geschlecht,
- der durchschnittliche Punktwert Teilzeit/Vollzeit.

Im Abstand von fünf Jahren erstellt das Personalamt einen Bericht, um die Gesamtentwicklung aufzuzeigen. Er dient der Verwaltung und der Betrieblichen Kommission als Entscheidungsgrundlage für gegebenenfalls vorzunehmende Systemveränderungen. Alle fünf Jahre findet auch eine Befragung der Mitarbeiter und der Führungskräfte zum System der leistungsorientierten Bezahlung statt.

Die Jahresberichte und Entwicklungsberichte sowie die Ergebnisse der Mitarbeiter- und Führungskräftebefragungen werden allen Beschäftigten bekannt gegeben. Diese Berichte sind intern und nur für den Dienstgebrauch.

# 11 Erfahrungen bei der praktischen Anwendung

Einige der Erkenntnisse, die die Stadt Konstanz in den drei Jahren gewonnen hat, in denen sie leistungsorientierte MitarbeiterInnengespräche mit Zielvereinbarungen führt, sind:

- Die Annahme, eine leistungsorientierte Bezahlung lasse sich im öffentlichen Dienst nicht realisieren, ist genauso wenig zutreffend, wie die oft gehörte Behauptung, es sei unmöglich, Ziele in allen Bereichen und mit allen Beschäftigtengruppen zu vereinbaren.

- Das Instrument der Zielvereinbarungen generiert insgesamt einen großen Mehrwert für die Organisation, der durch die systematische Leistungsbeurteilung allein vermutlich nicht erzielt würde.

- Die Zielkaskade, also das Ableiten der Zielvereinbarungen aus Oberzielen, ist zwar sinnvoll, in der Praxis aber nur schwer durchzuhalten. Daher wird sie nicht zwingend vorgegeben.

- Den Führungskräften bereitet es in der Regel keine Schwierigkeiten, geeignete Ziele für ihre Mitarbeiter zu finden. Schwerer fällt es ihnen, messbare bzw. beurteilbare Kriterien zu finden und die Zielerreichung in drei Kategorien einzuteilen.

- Führungskräfte müssen weiter lernen, Verantwortung zu delegieren und ergebnis- statt prozessorientiert zu führen.

- Einige Führungskräfte sind der Ansicht, der zeitliche Aufwand stehe im Missverhältnis zum Erfolg. Viele Führungskräfte sind allerdings der Meinung, dass sie endlich ein wirksames Steuerungs- und Führungsinstrument zur Hand bekommen haben.

- Beschäftigte und Führungskräfte begrüßen das vertrauliche MitarbeiterInnengespräch sehr, insbesondere weil es die Kommunikation fördert, für mehr Transparenz sorgt, Standpunkte klärt und Entwicklungsbedarfe aufzeigt.

- Mitarbeiter, die eine Zielvereinbarung unterschreiben, sind im Allgemeinen sehr motiviert, ihre Ziele möglichst maximal zu erreichen. Es konnte bislang nicht beobachtet werden, dass sie dadurch ihre übrigen Aufgaben vernachlässigen würden.

- Die Akzeptanz des Instruments ist bei den Beschäftigten hoch, da sie selbst Einfluss auf die Zielvereinbarungen und auf die Zielerreichung nehmen können.

▧ Auch im dritten Jahr musste nicht ein einziges Konflikt- oder Schlichtungsgespräch geführt werden.

▧ Teamziele können sich positiv auf Teams auswirken. Sie können aber auch zu Spannungen zwischen Gruppenmitgliedern führen. Dann muss die Führungskraft die Teams beratend begleiten.

▧ Männliche Beschäftigte werden nicht anders (nicht besser) beurteilt als weibliche.

▧ Tendenziell haben Beschäftigte höherer Entgeltgruppen einen höheren Zielerreichungsgrad als die Beschäftigten in den unteren Entgeltgruppen.

▧ Beamte erhalten kein Leistungsentgelt, die Zielvereinbarungen sind freiwillig. Obwohl sie finanziell nicht partizipieren, vereinbaren trotzdem fast alle Beamte mit ihren Vorgesetzten Ziele.

Ende 2009 führt die Stadt Konstanz eine Mitarbeiterbefragung durch, unter anderem auch zum Thema „Leistungsorientiertes MitarbeiterInnengespräch".

# Willi Enderle, Sabine Rentschler, Sebastian Schiegl & Markus-Oliver Schwaab

# Zielorientierte Führung im Mittelstand: das Beispiel der ROBERT SEUFFER GmbH & Co. KG

# 1     SEUFFER - Tradition und Innovation

Die ROBERT SEUFFER GmbH & Co. KG entwickelt und fertigt Produkte für die Geschäftsfelder Hausgerätetechnik, Fahrzeugtechnik und Industrieelektronik. Das eigenständige Familienunternehmen kann auf eine über 75-jährige Tradition am Standort Calw-Hirsau zurückblicken. Die Kernkompetenzen liegen in der Kombination von Feinwerktechnik und Elektronik sowie in der Orientierung an kundenspezifischen Lösungen. Dadurch hat sich die Firma SEUFFER einen großen Kundenkreis aufgebaut, in dem sich weltweit die Top-Hersteller in allen drei Geschäftsfeldern wiederfinden.

Besonders wichtig ist die enge und partnerschaftliche Zusammenarbeit mit Kunden und Lieferanten. Doch auch die Mitarbeiter sind eine tragende Säule des anhaltenden Unternehmenserfolgs, der sich nicht zuletzt in stetig ansteigenden Umsatz- und Mitarbeiterzahlen widerspiegelt. Dabei gibt es ein klares Bekenntnis zum Standort Calw-Hirsau. Nach zwei Standortanalysen (1994 und 2008) wurde der Bau eines Produktionsgebäudes und eines Entwicklungszentrums am Firmenstammsitz realisiert.

Forschung und Entwicklung sind bei Seuffer ein wichtiger Teil der Unternehmenspolitik. Daraus resultieren wegweisende Innovationen: So erhielt das Unternehmen 2008 den Innovationspreis des Landes Baden-Württemberg verliehen. Die Geschäftsleitung setzt auf die Neuentwicklungen und die qualifizierten Mitarbeiter, um auch zukünftig in einem schwierigen wirtschaftlichen Umfeld wettbewerbsfähig zu bleiben.

Im Rahmen der Unternehmensstrategie wurde das Unternehmensleitbild (siehe Abbildung 1) in enger Zusammenarbeit von Geschäftsführung, Gesellschafterin und dem Personalentwicklungsbereich erarbeitet. Hierbei handelt es sich zum einen um eine Niederschrift der seit Jahrzehnten gelebten Werte und zum anderen um eine Leitlinie für die langfristige Unternehmensentwicklung. Die innerbetriebliche Kommunikation erfolgte durch die Geschäftsführung in bereichsbezogenen Informationsveranstaltungen, in denen die einzelnen Statements erklärt und mit Beispielen konkretisiert wurden. In der Außenwirkung trägt das Leitbild zur Festigung und Positionierung der Firma SEUFFER als Arbeitgebermarke in der Region bei.

---

*Abbildung 1: Das Leitbild der ROBERT SEUFFER GmbH & Co. KG*

---

| MENSCH | UNTERNEHMEN | TECHNIK |
|---|---|---|
| Der Mensch steht im Mittelpunkt aller Aktivitäten | Wir sind ein eigenständiges und unabhängiges Familienunternehmen | Wir bieten unseren Kunden das beste Produkt |
| Wir anerkennen den Wert jedes einzelnen Menschen und achten dessen Würde und Gesundheit. | Wir fühlen uns dem regionalen Umfeld verpflichtet, nutzen aber auch internationale Chancen. | Durch die Kombination von bewährter Technik und technologischen Errungenschaften sichern wir die Zukunftsfähigkeit unseres Unternehmens. |
| Wir fördern und fordern Menschen nach ihren Begabungen. | Wir schöpfen aus unseren Erfahrungen, sind kreativ und entwickeln uns ständig weiter. | Qualität bedeutet für uns fehlerfreie Produkte, hohe Kundenzufriedenheit und ein gutes Image. |
| Wir handeln verantwortlich und kooperativ, sind zuverlässig und leistungsbereit. | Wir schaffen und sichern durch beste Leistungen Arbeitsplätze bei angemessener Entlohnung. | Unsere Produkte und unser Service erfüllen alle Erwartungen unserer Kunden. |
| Wir gehen offen, fair und respektvoll miteinander um. | Wir wirken am gesellschaftlichen Leben mit und tragen zu positiven sozialen Veränderungen bei. | Unsere Produkte machen unsere Kunden noch erfolgreicher. |
| | Wir verbessern, schützen und achten unsere Umwelt und gehen schonend mit den Ressourcen um. | |

---

Das Leitbild und die darin verankerten Unternehmenswerte sind zugleich Wegweiser und Verpflichtung für alle SEUFFER-Mitarbeiter. Eines wird dabei ganz deutlich: Die Mitarbeiter sind ein entscheidender Erfolgsfaktor der ROBERT SEUFFER GmbH & Co. KG. Das starke Wir-Gefühl soll die Basis für qualitativ herausragende Produkte und Dienstleistungen sein.

# 2 Führen mit Zielen - ein ganzheitlicher Führungsansatz im Mittelstand

Aus dem Leitbild und der Unternehmensstrategie leiten sich verschiedene Kennzahlen und auch die SEUFFER-Führungsgrundsätze ab. Die aus der Unternehmensstrategie abgeleiteten Ziele bauen auf den drei zentralen Grundprinzipien Vertrauen, Verlässlichkeit und Transparenz auf (siehe Abbildung 2).

---

*Abbildung 2: Grundprinzipien des Führens mit Zielen bei der ROBERT SEUFFER GmbH & Co. KG*

---

| | |
|---|---|
| Vertrauen | Gemeinsam vereinbarte Ziele sind fair, anspruchsvoll und erreichbar und werden bei unvorhersehbaren Ereignissen angepasst |
| Verlässlichkeit | Gemeinsame Umsetzung der Unternehmensziele und der Strategie, mit vollem Einsatz aller Mitarbeiter und Führungskräfte |
| Transparenz | Kennzahlen sind definiert und allen bekannt |

---

Die Ziele werden in Zielvereinbarungsgesprächen gemeinsam erarbeitet und vereinbart. Auf Geschäftsleitungs- und Bereichsleitungsebene wird eine Zielematrix erstellt, um alle Ziele transparent darzustellen und um eventuell konkurrierende Zielsetzungen zu erkennen und aufzulösen.

Die Ziele werden regelmäßig unternehmensweit über das Intranet und die Abteilungsbesprechungen kommuniziert. Die Führungskräfte treffen sich wöchentlich zu einem Informationsaustausch; dort werden auch der aktuelle Status der Zielerreichung besprochen und notwendige Korrekturen vorgenommen. Mit den Mitarbeitern wird jeden Monat dezentral die bereichsbezogene Zielematrix durchgesprochen.

Wichtige Kennziffern, mit denen das Handeln gesteuert wird, sind z.B. Effizienzgrad, Auftragsbestand, Personalkosten, Kapazitätsauslastung oder Qualitätskennzahlen.

Nicht der absolut erreichte Wert einer bestimmten Kennzahl steht dabei im Vordergrund, sondern deren kontinuierliche Verbesserung.

In den Führungsgrundsätzen, die differenziert auf die unterschiedlichen Aspekte der Führung eingehen, heißt es in der mit „Wie wir handeln" überschriebenen Rubrik: „Qualität ist unsere oberste Maxime – Wir überprüfen regelmäßig unser Handeln und leiten Verbesserungen ab." Alle Führungskräfte sind als Vorbild und als Treiber von kontinuierlichen Verbesserungsprozessen gefordert. Sie werden in den im Unternehmen eingesetzten Qualitätsmethoden geschult und durch einen KVP-Beauftragten gezielt gecoacht und begleitet.

Die Führungsgrundsätze münden nicht nur indirekt in Ziele, sondern machen auch unter der Überschrift „Wie wir Ziele erreichen" ganz konkret Aussagen zu dem angestrebten Führen mit Zielen (siehe Abbildung 3).

---

*Abbildung 3: Spezifische Führungsgrundsätze der ROBERT SEUFFER GmbH & Co. KG zum Führen mit Zielen*

---

- Wir vereinbaren gemeinsam eindeutige Ziele und stimmen diese bereichsübergreifend ab.
- Wir unterstützen unsere Mitarbeiter und regen dazu an, eigene Wege der Zielerreichung zu finden.
- Wir fordern von uns und unseren Mitarbeitern Konsequenz in der Verfolgung unserer Ziele.

---

Das Leitbild und die Führungsgrundsätze sind wichtige Pfeiler der zielorientierten Führung bei der ROBERT SEUFFER GmbH & Co. KG. Allein reichen sie jedoch nicht aus. Deshalb setzt die Geschäftsleitung auf eine ganze Reihe von Instrumenten, um diesen Führungsansatz konsequent mit Leben zu erfüllen.

Die Beschäftigten werden mithilfe des im Anschluss vorgestellten Instruments Q-Stunde und des betrieblichen Vorschlagswesens aktiv in die Qualitätssicherung eingebunden. Besonders ausgebildete Spezialisten (Six Sigma Green und Black Belts) führen jährlich mindestens zwei Projekte durch und dienen als Multiplikatoren für den Verbesserungsprozess.

Die zielgerichtete Führung bei der ROBERT SEUFFER GmbH & Co. KG kommt auch bei den regelmäßig durchgeführten Mitarbeiterbefragungen und der betrieblichen Umsetzung des ERA-Tarifvertrags zum Ausdruck, auf die in den nächsten Abschnitten ebenfalls näher eingegangen wird.

# 3 Qualität ist kein Zufall - mit Q-Stunden zu konkreten Verbesserungen

SEUFFER setzt auf Qualität. Um dies noch stärker im Unternehmen zu verankern, wurde 2008 in allen Bereichen mit der Q-Stunde ein Instrument eingeführt, das eine regelmäßige, zielgerichtete und strukturierte Auseinandersetzung mit dem Thema Qualität – also einen kontinuierlichen Verbesserungsprozess – fordert und fördert. Neben Themen zur unmittelbaren Qualität der Produkte und Dienstleitungen, werden dort auch Probleme aufgegriffen und systematisch angegangen, die mit der Steigerung der Produktivität, der Verbesserung der Kommunikation oder der Vermeidung von Verschwendung zu tun haben. Wichtig: Es müssen nach den Q-Stunden auch tatsächliche Umsetzungen stattfinden!

Die Q-Stunde findet einmal monatlich statt, Dauer jeweils etwa eine Stunde. Die Teams oder Arbeitsgruppen nehmen sich zusammen mit ihrem Vorgesetzten ein konkretes Problem vor, das sie selbst beeinflussen und lösen können. Dabei sind auch Schnittstellenthemen zulässig, wenn es von der eigenen Gruppe getrieben werden kann. Auf diese Art und Weise wird verhindert, dass ein Wunschkatalog entsteht (was alle anderen tun müssten), der letztlich nie abgearbeitet werden kann. Motivation und Lösungsorientierung werden gefördert, denn jeder kann zur Verbesserung beitragen.

Die Führungskraft moderiert zunächst die Stunde. Ein strukturierter Lösungsbogen führt systematisch durchs Programm zum Ziel: konkrete Lösung, Maßnahmen, Verantwortliche, Zeitleiste, Sicherstellung der Umsetzung. Auch weniger geübte Moderatoren können so problemlos agieren. Die Zeit wird optimal genutzt und nicht – wie so oft in Besprechungen – ergebnislos verpulvert.

Die Moderation der Q-Stunde kann nach einer Startphase von etwa drei Monaten auch rotierend innerhalb des Teams geschehen. Dies beteiligt die Mitarbeiter noch stärker und fördert zudem deren Moderationskompetenz. Die Q-Stunden-Plakate, auf denen die Mitarbeiter die Ergebnisse der Besprechungen festhalten, werden anschließend in der eigenen Abteilung ausgehängt. Dies führt zu mehr Transparenz, Informationsfluss und erhöht den Umsetzungsdruck.

Die Q-Stunde wird zudem über eine Intranet-Datenbank dokumentiert. Die Erfassung erfolgt durch die Führungskraft. Das Management hat über die Datenbank eine effiziente Möglichkeit, Anzahl, Inhalte und Umsetzungsstand der Verbesserungen des gesamten Unternehmens zu controlen.

Die Ergebnisse des Controlling der Q-Stunden fließen in das ganzheitliche Zielsystem der ROBERT SEUFFER GmbH & Co. KG mit ein, z.B. durch das monatliche Reporting an die Geschäftsführung und die dort vorgenommene Bewertung der Inhalte und

Umsetzungen. Damit wird der Regelkreis geschlossen und die Verbindlichkeit stark erhöht.

Die Einführung des Instruments der Q-Stunde sollte in mehreren Schritten erfolgen. Wie dies aussehen kann, zeigt die Abbildung 4 beispielhaft auf.

---

**Abbildung 4: Beispiel für die Einführung der Q-Stunde in einem Bereich, der von einer moderations-ungeübten Führungskraft geleitet wird**

Schritt 1 ERLEBEN

Mit Hilfe eines externen Trainers und eines systematischen Workshopbogens wird die erste Teamrunde gemeinsam durchgeführt (mit der Führungskraft und allen Mitarbeitern der Abteilung). Bei dieser Teamrunde moderiert noch der externe Trainer.

Schritt 2 LERNEN /TRAINIEREN

Einen Monat später findet die zweite Teamrunde statt. In der Regel moderiert nun die Führungskraft der Abteilung. Dabei wird auch ein kurzer Rückblick zu den beschlossenen Maßnahmen der letzten Teamrunde gegeben (Status Quo Umsetzungsstand).

Der externe Trainer beobachtet die Stunde und spiegelt anschließend dem Moderator positive wie auch verbesserungswürdige Punkte im Einzelgespräch wieder.

Schritt 3 ANWENDEN

In den folgenden Monaten führt die Gruppe nun selbstständig die Teamrunde durch. Nach und nach moderieren auch andere Gruppenmitglieder. Das Ergebnis wird über den Arbeitsbogen für die Gruppe visualisiert und dokumentiert. Zudem erfolgt die Eingabe in die Datenbank.

Schritt 4 VERBESSERN

Zu einem späteren Zeitpunkt (ab ca. einem halben Jahr) werden die Präsentationen und Moderationen der Führungskräfte auf Video aufgenommen.
Die Videos werden mit den einzelnen Führungskräften anhand eines Feedbackbogens besprochen und als Erinnerung übergeben. So werden der Lernfortschritt dokumentiert und Eigenbild sowie Fremdbild gegenübergestellt.

---

Entscheidend für den anhaltenden Erfolg der Q-Stunden ist, dass sich die Führungskräfte die Ergebnisse regelmäßig anschauen und kritisch wie auch lobend Rückmeldungen geben. Weitere Erfahrungen mit diesem innovativen Vorgehen zur Qualitätssicherung fasst die Abbildung 5 zusammen.

*Abbildung 5: Erfahrungen mit dem Instrument der Q-Stunde*

- Die Q-Stunde hat sich innerhalb kürzester Zeit als fester und anerkannter Bestandteil der Gruppenarbeit etabliert, wenn erste Erfolgserlebnisse generiert wurden.

- Es ist erstaunlich, wie viele Informationen im eigenen Team nicht bekannt sind und durch dieses Instrument transparent gemacht werden können.

- Mitarbeiter wissen in der Regel wesentlich mehr, als sie täglich mitteilen. Die Q-Stunde ermuntert, das eigene Wissen erfolgreich einzubringen.

- Durch die standardisierte und strukturierte Vorgehensweise ist es möglich, innerhalb einer Stunde von der Problemidentifizierung bis hin zur Maßnahmenplanung (wer macht was bis wann?) zu kommen.

- Bei Kundenbesuchen und Audits wird die aktive Arbeit an Lösungen sehr positiv aufgenommen.

- Teilweise sind Führungskräfte ungeübt im Thema Moderation. Hier hilft es, ihnen zur erfolgreichen Einführung dieses Instruments einen erfahrenen Moderator zur Seite zu stellen. Dieser kann anschließend der Führungskraft Feedback geben: Was war schon gut, was könnte man noch optimieren?

- Die Kunst besteht darin, auf Lösungen zu kommen, die man selbst beeinflussen kann. Es ist viel leichter Probleme zu nennen, die die anderen lösen sollten. Hier ist der Moderator gefordert, die Gruppe immer wieder „einzufangen".

- Die Gruppe muss verinnerlichen, dass nur umgesetzte Ideen auch gute Ideen sind. Erfolg macht Spaß. Also lieber auch mal eine vermeintlich „kleine Lösung" in Angriff nehmen als immer nur das große Rad bewegen zu wollen!

Die Ergebnisse aus den Q-Stunden werden anhand von messbaren Kriterien bewertet und fließen in ein Punktesystem ein. Im Einführungsjahr war dies Teil einer Prämie, die ein Großteil der Mitarbeiter am Jahresende erhalten hat. Es ist angedacht, hieraus einen monatlichen Entgeltbestandteil werden zu lassen.

## 4 Mitarbeiterbefragung - schnelles Feedback, gezielte Maßnahmen, konsequente Nachverfolgung

Die ROBERT SEUFFER GmbH & Co. KG führt etwa alle zwei Jahre anonyme Mitarbeiterbefragungen durch. Mit Ihnen wird das Ziel verfolgt, die Mitarbeiter aktiv einzubinden und die kontinuierliche Verbesserung der Zusammenarbeit zu unterstützen. Die zuletzt im Oktober 2008 realisierte Befragung, an der 71,3 Prozent der Beschäftigten teilgenommen haben, war eingebettet in die in diesem Zeitraum stattfindende Qualitätsoffensive, wie auch durch das Ankündigungsplakat verdeutlicht wurde (siehe Abbildung 6).

*Abbildung 6: Ankündigung der Mitarbeiterbefragung 2008*

Die Befragungsergebnisse wurden im November 2008, d.h. bereits wenige Wochen nach der Datenerhebung, in den Q-Stunden vorgestellt und in den verschiedenen Organisationseinheiten diskutiert. Dabei war es das Ziel, ausgehend von den Ergebnissen gemeinsam die Handlungsfelder zu identifizieren, in denen mit Verbesserungen der größte Beitrag zum zukünftigen Unternehmenserfolg erreicht werden konnte. Diese Themen wurden jeweils direkt in den moderierten Workshops bearbeitet.

Die existierenden Defizite wurden bereichsbezogen ermittelt und genauer analysiert, um darauf aufbauend konkrete Maßnahmen zu besprechen und schließlich einvernehmlich festzulegen. Um deren Verbindlichkeit zu unterstreichen, wurden in den einzelnen Gruppen im Rahmen von Aktionsplänen zum einen Termine vereinbart, bis zu denen die Maßnahmen umzusetzen waren. Zum anderen wurden dafür Verantwortliche, Unterstützer und auch Erinnerer, die die Termineinhaltung überwacht haben, festgelegt. War auf die Schnelle keine Lösung zu finden, wurden kleine Arbeitsgruppen eingesetzt, die ausgehend von Impulsen aus dem Workshop kurzfristig weitergearbeitet haben. Auch so konnte das Ziel der Befragung erreicht werden, in einem überschaubaren Zeitraum konkrete Veränderungen zu initiieren.

In den Workshops wurde bei Bedarf an die bereits bei den Mitarbeitern bekannten „SEUFFER-Spielregeln" erinnert, die bei allen Besprechungen im Unternehmen greifen und gut sichtbar in allen Meetingräumen aushängen (siehe Abbildung 7). Auch diese Spielregeln leisteten einen wichtigen Beitrag dazu, dass die Workshops zielorientiert durchgeführt werden konnten.

*Abbildung 7: SEUFFER-Spielregeln für Besprechungen*

## SEUFFER - Spielregeln

✓ ich bin pünktlich und vorbereitet

✓ ich bin gleichberechtigt und mitverantwortlich

✓ ich lasse ausreden und höre genau zu

✓ ich fasse mich kurz

✓ ich respektiere andere Meinungen

✓ ich vermeide Pauschaleinwände („Killerphrasen")

✓ ich argumentiere sachlich

✓ ich führe keine Nebengespräche

✓ wir verabschieden gemeinsam Maßnahmen (Protokoll)

✓ ich gebe Informationen weiter und informiere mich

# 5 ERA-Einführung – Zielvereinbarungen im Rahmen der leistungsbezogenen Vergütung

Mit der ERA-Einführung und der damit verbundenen Neuordnung des Leistungsbeurteilungsprozesses wird gewährleistet, dass jeder Mitarbeiter mindestens einmal jährlich in einem schriftlich protokollierten Mitarbeitergespräch eine Rückmeldung zu seiner Leistung erhält. In diesem Gespräch wird nicht nur die Vergangenheit betrachtet, sondern es werden auch Verbesserungspotenziale zu den Kriterien Effizienz, Qualität, Flexibilität, Verantwortliches Handeln und Kooperation aufgezeigt und vereinbart. Die Erwartungshaltungen für diese fünf Kriterien werden jährlich bei einer Klausurtagung des Führungskreises anhand der Unternehmensziele neu festgelegt. Die Führungskraft beurteilt den Mitarbeiter quartalsweise anhand der fünf Kriterien, um Beurteilungsfehler zu vermeiden und dem Mitarbeiter regelmäßig bei Abweichungen eine Rückmeldung geben zu können. Die quartalsweisen Beurteilungen werden am Ende des Jahres zusammengefasst und zu einem Jahreswert zusammengeführt.

Bei den Führungskräften der dritten Ebene werden die Instrumente Leistungsbeurteilung und Zielvereinbarung kombiniert. Die Kriterien Effizienz, Qualität und Flexibilität werden mit Zielen hinterlegt, bei den Kriterien Verantwortliches Handeln und Kooperation bleibt es bei der Leistungsbeurteilung. Die Einführung erfolgt in zwei Stufen. Die erste Stufe gilt als Probejahr mit milder Entgeltwirkung, da die Ziele nicht zu 100 Prozent in die Kriterien einfließen, in einer weiteren Stufe werden die Erfahrungen aus dem Probejahr eingearbeitet, um danach die Kriterien Effizienz, Qualität und Flexibilität entgeltwirksam mit Zielen hinterlegen zu können.

# 6 Zielorientierte Führung der Führungskräfte

Die Einführung eines Zielsystems im Unternehmen erfordert zunächst einmal die Festlegung der Struktur und der Art der Ziele, um darauf aufbauend eine entsprechende Umsetzung kommunizieren und durchsetzen zu können. Die Struktur des Zielsystems der ROBERT SEUFFER GmbH & Co. KG folgt einer Pyramide. Die aus den Unternehmenszielen abgeleiteten Teilziele der Bereiche und Abteilungen stehen im Kontext mit den übergeordneten Zielen und den Zielen der Kollegen. Neben jeweils etwa drei quantitativen und projektbezogenen Zielen werden mit jedem Mitarbeiter persönliche Ziele vereinbart.

Mit dem Zielvereinbarungssystem werden mindestens drei Führungsebenen erreicht. Für die erste und zweite Ebene ist die Zielvereinbarung entgeltrelevant, bei der dritten Ebene ist dies vorgesehen, wenn sich diese Vergütungsform auf den anderen Ebenen bewährt.

Die durchgehende Einführung des Zielvereinbarungssystems bedingt bei der Firma SEUFFER eine grundsätzliche Überprüfung der Organisationsstruktur, da durch das anhaltende Wachstum die Organisationseinheiten und somit die Führungsspannen teilweise sehr groß geworden sind. In zwei Workshops haben die beiden obersten Führungsebenen und der Personalbereich eine an den Bedürfnissen des Unternehmens angepasste Aufbauorganisation erarbeitet und ein Zielorganigramm fixiert, das in mehreren Schritten erreicht werden soll.

Die Führungskräfte werden seitens des Unternehmens intensiv bei der Umsetzung der zielorientierten Führung unterstützt. Ein spezielles Entwicklungsprogramm wird mit den Schwerpunkten Führen mit Zielen, KVP-Methoden und Führen in Veränderungsprozessen durchgeführt. Auf diese Themen hat nicht nur die Unternehmensstrategie Einfluss. Auch die Ergebnisse der durchgeführten Mitarbeiterbefragung fließen mit ein.

In einem Pilotprojekt wird im indirekten Bereich die Einführung von Vertrauensarbeitszeit vorbereitet, um das Führen mit Zielen zu unterstützen. Wir streben auch damit ein Umdenken weg von einem traditionellen, anwesenheitsbezogenen Führungsstil hin zu einer zielorientierten Führung an.

# 7    Ausblick

Die Zielvereinbarungen sind an die vereinbarten Kennzahlen gekoppelt, die monatlich im Führungskreis und in den Abteilungsbesprechungen behandelt werden. Jede Abteilung hängt ihre spezifischen Ziele öffentlich aus. In Planung ist ein einfaches System, in dem über Symbole der Zielerreichungsgrad dargestellt wird.

Um die Effizienz von Besprechungen zu steigern, werden die Spielregeln durch konkrete Vereinbarungen ergänzt. So gibt es z.B. keine Besprechung ohne Agenda. Die verabschiedeten Maßnahmen werden zudem stets mit Terminen und klaren Verantwortlichkeiten versehen. In einer allen Mitarbeitern zugänglichen „Offenen-Punkte-Liste" werden alle Maßnahmen zusammengeführt. Dies wird unterstützt durch das firmeninterne Intranet mit der Software Sharepoint.

Die Offenheit und Transparenz bei der Kommunikation der verschiedenen Unternehmensziele führt zu Verständnis und Akzeptanz beim Betriebsrat und bei den Beschäftigten. Positive Konsequenz: Die angestrebten Veränderungen können so schneller vorangetrieben und umgesetzt werden.

# Christian Doeringer

# Führen mit Zielen in Asien

# 1 Einführung

In diesem Beitrag steht das Führen mit Zielen in Asien aus der Perspektive deutscher Unternehmen im Mittelpunkt. Zunächst wird auf die Bedeutung des Humankapitals für das Wachstum deutscher Unternehmen in Asien eingegangen. Im Hauptteil wird erläutert, wie die begehrtesten Arbeitgeber in Asien mit dem Thema Führen mit Zielen umgehen. Unter Zuhilfenahme von Geert Hofstedes Modell der Kulturunterschiede von Nationen wird anschließend diskutiert, wie sich diese Unterschiede auf das Führen mit Zielen auswirken. Die deutsche und einige ausgewählte asiatische Kulturen werden miteinander verglichen. Danach werden Zitate von einigen westlichen Führungskräften in Asien wiedergegeben, die das Thema Führen mit Zielen kommentieren. Zum Abschluss werden die Konsequenzen all dieser Beobachtungen auf das Führen mit Zielen zusammengefasst.

# 2 Deutsche Unternehmen und deren Herausforderungen im Personalmanagement in Asien

## 2.1 Die Chance - der Wirtschaftsraum

Der asiatische Wirtschaftsraum hat sich in den letzten beiden Jahrzehnten zu einem der wichtigsten Wachstumsmärkte multinationaler Unternehmen entwickelt, mit steigender Tendenz. Mehr und mehr deutsche Unternehmen generieren mittlerweile signifikante Verkaufszahlen und Profite aus ihrem Geschäft mit dem asiatischen Raum. Beispielsweise sind die Exporte deutscher Unternehmen nach Asien im 12-Monatsvergleich zwischen Januar und Mai 2007 und Januar und Mai 2008 von 36 Milliarden Euro auf über 40 Milliarden Euro gestiegen, was einem Wachstum von 11,7 Prozent entspricht (AsienKurier vom 1. September 2008). Der dabei mit Abstand wichtigste Markt ist China mit deutschen Exporten im Wert von 13,7 Milliarden Euro, gefolgt von Japan mit 5,4 Milliarden Euro. Die größten Wachstumsraten in diesem Zeitvergleich wurden in Indien (+22,8%), Australien (+22,0%), China (+19,8%) und Indonesien (+18,2%) verzeichnet.

Neben den traditionell stark in Asien vertretenen deutschen Großunternehmen sind mittlerweile sehr viele kleinere und mittlere Unternehmen im asiatischen Markt aktiv. Während in der Vergangenheit schwerpunktmäßig Vertrieb/Export betrieben wurde, haben viele deutsche Unternehmen mittlerweile ihre Geschäftstätigkeit in Asien auf Kundenservice, Einkauf und auch Produktion erweitert.

Obwohl viele deutsche Unternehmen zurzeit noch etwas davor zurückschrecken, wurden von einigen Firmen sogar schon Forschungs- und Entwicklungsbereiche in Asien angesiedelt, z.B. bei der Firma SAP, die in Indien und China Software entwickelt. Einige deutsche Unternehmen haben ihre Aktivitäten in Asien so stark ausgebaut, dass dieser Markt für sie schon fast wichtiger ist als die traditionellen Heimatmärkte (wie der EMEA-Wirtschaftsraum). Dieser Trend wird langfristig weiter anhalten, da der asiatische Markt weiterhin robust wächst. Beispielsweise haben selbst in der Weltwirtschaftskrise 2009 die Bruttosozialprodukte von Indonesien um ca. 4 Prozent, von Indien um ca. 6,5 Prozent und von China um ca. 8 Prozent zugenommen.

## 2.2 Die größte Herausforderung – Verfügbarkeit und Steuerung von Humankapital

Eine der größten Herausforderungen für ausländische Unternehmen, um ihre Wachstumspläne in Asien erreichen zu können, liegt in der Gewinnung, Erhaltung und Motivation ihrer Mitarbeiter, besonders der unzureichend verfügbaren Fach- und Führungskräfte. Beispielsweise wurden in einer Umfrage der Amerikanischen Industrie- und Handelskammer in Südchina, an der im Frühjahr 2007 über 350 Mitglieder teilgenommen haben, drei der fünf wichtigsten Wachstumshindernisse dem Bereich Humankapital zugeordnet.[1]

Insbesondere die Mitarbeiterfluktuation ist zu einem Topthema für Geschäftsführer in Asien geworden, kein Wunder bei freiwilligen Fluktuationsraten im zweistelligen Bereich in den meisten asiatischen Ländern, z.B. in Malaysia ca. 18 Prozent, in Indien

---

[1] www.amcham-guangdong.org, 2007 State of Business in South China Study, American Chamber of Commerce South China: Main Challenges for Growth:
A) Today (top 5 among 15 choices)
- Regulatory issues (Chinese Government)
- Lack of qualified managerial and specialists talent
- Foreign competition
- Rising Labor Costs
- Lack of qualified personnel (general)
B) For the Next 3 Years (top 5 among 15 choices)
- Regulatory issues (Chinese Government)
- Lack of qualified managerial and specialist talent
- Lack of qualified personnel (general)
- Foreign competition
- Local competition

ca. 22 Prozent und in China ca. 17 Prozent (Hewitt Associates 2006). Diese Zahlen sind zwar wegen der Weltwirtschaftskrise von 2008 und 2009 gesunken, befinden sich aber für die wichtigsten Schwellenländer wie Indien (13,8%) und China (10,3%) immer noch im zweistelligen Bereich (Hewitt Associates 2009). Diese Zahlen sind furchterregend für die vielen kleinen und mittleren westlichen Unternehmen, die in ihren Heimatmärkten die Anzahl der freiwilligen Kündigungen pro Jahr oft an den Fingern einer Hand abzählen können.

Ein kleiner Lichtblick dabei ist jedoch die Tatsache, dass die Fluktuation von Mitarbeitern, die von Unternehmen als „High Performers" (Leistungsträger) klassifiziert sind, erheblich niedriger ist. Wie die Hewitt Associates Studie „Attrition & Retention in Asia 2006" mithilfe einer Erhebung bei 174 Unternehmen in Asien herausfand, lag diese Rate „nur" bei 4 Prozent. Dies ist relativ niedrig, stellt aber leider eine Verdoppelung zu einer ähnlichen Hewitt Studie im Jahr davor dar. Es ist also höchstes Gebot für alle Führungskräfte in Asien, das Thema Personalmanagement ernst zu nehmen und die harte Realität der hohen Fluktuation in die Wachstumserwartungen einzukalkulieren. Geringere Fluktuationsraten können Unternehmen mit einem positiven Ruf als Arbeitgeber mit einer „High Performance"-Kultur erreichen, die neue Mitarbeiter anzieht und existierende Mitarbeiter beim Unternehmen verbleiben lässt.

# 2.3 Eine mögliche Lösung – „Beste Arbeitgeber und High Performance"-Kultur

Kann ein Unternehmen trotz hoher Fluktuationsraten in Asien stark wachsen? Ohne Zweifel, wie Tausende von Unternehmen in der Region es tagtäglich beweisen. Fällt es den begehrtesten Arbeitgeber in Asien leichter, Leistungsträger zu rekrutieren und zu motivieren? Kann ein Unternehmen durch den Fokus auf seine wichtigsten Leistungsträger schneller oder mit weniger Problemen wachsen? Auch auf diese Fragen kann nach Beobachtungen des Autors mit einem klaren „Ja" geantwortet werden. Das Motto in Asien muss daher lauten: „Leistungsträger finden, gewinnen, motivieren und langfristig erhalten".

Ein entscheidender Bestandteil einer „High Performance"-Unternehmenskultur ist ein gut durchdachtes und effektiv gelebtes Leistungsbeurteilungssystem, bei dem das Führen mit Zielen eine wichtige Rolle spielt. Es dient dabei zum einen der Identifikation von Leistungsträgern, die durch das Erreichen von anspruchsvollen Zielen auf sich aufmerksam machen. Mit dem Beurteilungssystem können die Stärken und Schwächen dieser Leistungsträger erkannt werden, was auch ermöglicht, zielgerichtete Weiter- und Fortbildungsmaßnahmen in die Wege zu leiten. Letztendlich dient das Führen mit Zielen auch der Motivation der Mitarbeiter – geplante und konsequent durchgeführte direkte und persönliche Gespräche mit den Vorgesetzten, in denen es um die erwarteten oder erbrachten Leistungen geht, sind hier ganz wichtig.

Konsequenterweise stellt sich dann die Frage, wie sich begehrte Arbeitgeber in Asien hinsichtlich des Führens mit Zielen von ihrer Konkurrenz unterscheiden. Der folgende Abschnitt liefert dazu einige interessante Daten.

# 3 Was lehren uns die besten Arbeitgeber in Asien über das Thema Führen mit Zielen?

Die international tätige Beratungsfirma Hewitt Associates (2007) führt seit 2001 die Best Employer in Asia („BEA") Studie durch. An der Studie im Jahr 2007 haben über 750 einheimische und multinationale Unternehmen in Australien, Neuseeland, China, Hong Kong, Indien, Japan, Südkorea und Singapur teilgenommen.[2] Die Studie bietet einen guten Einblick in die Programme der besten Arbeitgeber in Asien („die Besten") im Vergleich zu allen anderen teilnehmenden Unternehmen.

Was sagen uns die Daten dieser Studie zum Thema Führen mit Zielen? Zunächst einmal hat die Studie festgestellt, dass ein gutes Leistungsbeurteilungsverfahren eine kritische Rolle hinsichtlich der Motivation und Zufriedenheit von asiatischen Mitarbeitern mit ihrem Unternehmen spielt. Von den 23 abgefragten Engagement[3]-Faktoren wurden in der Studie die folgenden drei als die wichtigsten identifiziert: 1. Karrieremöglichkeiten, 2. Leistungsbeurteilungssystem, 3. Anerkennung.

Ein gut funktionierendes Leistungsbeurteilungssystem mit integriertem Führen mit Zielen hat demnach einen großen Einfluss auf die Entscheidung von Mitarbeitern in Asien, bei einem Unternehmen zu bleiben und hohe Leistung zu bringen.

---

[2] Die Gewinner der BEA 2007 Studie waren: 1. Spansion (China) Ltd, 2. Three On the Bund, 3. The Ritz Carlton, Hong Kong, 4. Shangri-La's Kerry Centre Hotel Beijing, 5, Four Seasons Hotel Singapore, 6. SalesForce, 7. Marriott Hotels India, 8. SK Telecom Co, LTD, 9. Four Seasons Hotel Shanghai, 10. Nanfang Lee Kum Kee Co., Ltd, 11. The Ritz Carlton, Millenia Singapore, 12. Satyam Computer Services Limited, 13. UBS Securities Japan Ltd, 14. SEEK Limited, 15. Renaissance Beijing Hotel, 16. Aditya Birla Group, 17. Cisco Systems, 18. Raffles Hotels & Resorts, 19. Novartis Consumer Health Australasia, 20. Domino's Pizza India Limited.

[3] "Engagement" wird nach Hewitt Associates in den folgenden drei Dimensionen gemessen: "Say" (der Mitarbeiter sagt positive Dinge über das Unternehmen), "Stay" (der Mitarbeiter hat ein großes Interesse daran im Unternehmen zu verbleiben) und "Strive" (der Mitarbeiter geht mit seinen Leistungen über das von ihr/ihm erwartete Niveau hinaus).

# 3.1 Wie unterscheiden sich die besten asiatischen Arbeitgeber?

Die besten asiatischen Arbeitgeber zeichnete aus:

- 80 Prozent der Mitarbeiter der Besten sagten aus, das das Beurteilungssystems des Unternehmens ihnen geholfen hatte, ihre Leistung zu steigern (im Vergleich zu 47 Prozent der Mitarbeiter der anderen Arbeitgeber).

- Fast alle Manager der Besten gaben an, dass die ihnen vom Unternehmen zur Verfügung gestellten Instrumente des Beurteilungssystems dabei geholfen haben, die Leistung ihrer Mitarbeiter zu erhöhen, im Vergleich zu ca. 50 Prozent der Manager der anderen Unternehmen.

- 75 Prozent der Mitarbeiter glaubten, dass ihre Leistung einen erheblichen Einfluss auf ihre Bezahlung und Karrieremöglichkeiten im Unternehmen hatte (im Vergleich zu 47 Prozent der Mitarbeiter der anderen Arbeitgeber).

- Die meisten Mitarbeiter der Besten waren der Auffassung, dass sie fair für ihren Beitrag zum Unternehmenserfolg bezahlt wurden (72 Prozent gegenüber 42 Prozent der Mitarbeiter der Vergleichsunternehmen).

# 3.2 Wie erreichen die besten asiatischen Arbeitgeber dieses Ergebnis?

Mehrere Strategien wurden erfolgreich von den Besten angewandt:

**Kommunikation und Feedback**

- Größere Häufigkeit der Kommunikation mit den Mitarbeitern über deren Leistung: 51 Prozent der Besten führten diese Gespräche täglich oder wöchentlich durch, während nur 29 Prozent der Manager der anderen Unternehmen dies so häufig taten. Die Manager der weniger attraktiven Unternehmen führten die Gespräche über die Leistung der Mitarbeiter mehrheitlich nur alle paar Monate oder noch unregelmäßiger durch.

- Manager helfen Mitarbeitern, die Ziele der Organisation sowie den Beitrag der Arbeitsleistung der Mitarbeiter zum Unternehmenserfolg zu verstehen. 86 Prozent der Mitarbeiter der Besten waren damit zufrieden, im Vergleich zu 61 Prozent der Mitarbeiter der anderen Arbeitgeber. Als Beispiel für diese Kommunikation: Geschäftsergebnisse werden regelmäßig allen Mitarbeitern mitgeteilt und mit diesen diskutiert.

**Werkzeuge**

- Das Werkzeug „Balanced Scorecard" würde von 70 Prozent der besten Unternehmen genutzt, aber nur von 56 Prozent der anderen.

- Die Besten benutzten quantitative Ziele des Mitarbeiterengagements bei ihren Führungskräften häufiger (55 Prozent) als die anderen Unternehmen, bei denen nur 28 Prozent der Manager das Mitarbeiterengagement als Ziel hatten.

- Leistungsziele sind aggressiv: 75 Prozent der Besten belohnten diejenigen Mitarbeiter mehr, die sehr aggressive Ziele knapp verfehlten, als solche Mitarbeiter, die weniger ambitionierte Ziele übertrafen. Die Vergleichsunternehmen kannten zwar auch diese Praxis, wanden diese aber in geringerem Maße an – 56 Prozent von ihnen verfolgten diese Strategie.

**Anreizsysteme**

- Variable Bezahlung wurde von den besten Arbeitgebern für nahezu 100 Prozent ihrer Mitarbeiter angeboten. Variable Vergütung war auch sonst üblich, schwankte jedoch zwischen 77 Prozent Verbreitungsgrad bei normalen Mitarbeitern und 89 Prozent bei den höchsten Führungskräften.

- Die Manager der attraktivsten Unternehmen wurden häufiger für das Entwickeln von High-Potentials belohnt (77 Prozent) als die Manager der anderen Firmen (41 Prozent).

**Führungsfähigkeit**

- Nach Aussage ihrer Mitarbeiter hatten die Führungskräfte der besten asiatischen Unternehmen die Fähigkeit, effektives Feedback zu geben sowie Leistungsprobleme zu beseitigen. Die Mitarbeiter der anderen Arbeitgeber gabendies hinsichtlich ihrer Vorgesetzten in einem weit geringeren Maße an.

# 3.3 Zusammenfassende Bewertung

Aus der BEA Studie von Hewitt wird deutlich, dass die besten Arbeitgeber in Asien das Führen mit Zielen als wichtigen Bestandteil ihrer Talent Management Strategie angesehen haben. Umgekehrt erwarteten viele High-Potentials und High-Performers in Asien von ihrem Unternehmen ein gut durchdachtes und ausgeführtes Leistungsbeurteilungssystem, ohne dass sie dem Unternehmen schnell den Rücken zukehrten. Die Fähigkeit der Manager, diese Führungsinstrumente im kulturellen Kontext von Asien richtig anzuwenden, ist somit von essentieller Bedeutung. Das nächste Kapitel beschäftigt sich daher ausführlich mit dem Thema, welche kulturellen Aspekte es zu beachten gilt.

# 4 Kultureller Kontext zum Führen mit Zielen mit Hilfe von Hofstedes Framework for Assessing Cultures

Die dominierende Kultur eines Landes oder einer Region hat einen nicht unerheblichen Einfluss auf die Wirksamkeit von „modernen" (sprich meist westlichen) Managementmethoden und Werkzeugen in Unternehmen. Dieses Kapitel erläutert zunächst Unterschiede zwischen der deutschen Kultur und ausgewählten asiatischen Kulturen und geht danach auf die Konsequenzen für das Führen mit Zielen ein.

Die Ausführungen basieren auf dem „Framework for Assessing Cultures" des niederländischen Sozialwissenschaftlers Geert Hendrik Hofstede.[4] Dessen Forschungsergebnisse der vergangenen 40 Jahre haben das Verständnis der kulturellen Unterschiede verschiedener Länder und Regionen stark geprägt. Mittlerweile sind Hofstedes Thesen umstritten und auch ausführlich kritisiert worden (vgl. Baskerville-Morley 2004, Fang 2003 bzw. McSweeney 2002). Ein wichtiger Kritikpunkt ist die Tatsache, dass die meisten der gesammelten Daten über 30 Jahre alt sind und deshalb Globalisierung, Digitalisierung und den deutlich zugenommenen Austausch der Kulturen nicht berücksichtigt. Weiterhin werden Generationsunterschiede (Generation X, Generation Y, etc.) in Hofstedes Studien nicht ausreichend berücksichtigt. Trotzdem sind einige der Beobachtungen von Hofstede als Leitfaden für das Führen mit Zielen in Asien nützlich.

Der Autor hat nur diejenigen Teile des Modells von Hofstede näher beschrieben, die er direkt ausgehend von seiner Beratungstätigkeit im Führen mit Zielen in Asien und der direkten Führung von asiatischen Mitarbeitern bestätigen kann.

## 4.1 Eckpunkte von Hofstedes Framework for Assessing Cultures

Hofstedes Modell definiert folgende vier Kulturunterschiede von Nationen:

▪ power distance: equal or unequal (Hierarchiedenken: gleich oder ungleich) In welchem Maße wird ungleiche Machtverteilung als unveränderbar betrachtet?

---

[4] Siehe http://stuwww.uvt.nl. In den 60er und 70er Jahren untersuchte Hofstede in 49 Ländern die kulturellen Unterschiede der Mitarbeiter von IBM. Nachfolgend wurden weitere Forschungen in diesem Bereich von Hofstede unternommen, um seine Thesen zu stützen.

■ uncertainty avoidance: rigid or flexible (Umgang mit dem Unbekannten: dogmatisch oder flexibel)
In welchem Maße wird Unbekanntes/Neues als Bedrohung oder als Möglichkeit gesehen?

■ individualism/collectivism: alone or together (Ich- oder Wir-Bezug: einzeln oder gemeinsam)
In welchem Maße konzentriert sich die Aufmerksamkeit auf das Individuum oder auf die Gruppe?

■ masculinity/feminity: tough or tender (Maskulinität/Feminität: hart oder weich)
In welchem Maße liegt die Konzentration auf Arbeitszielen und deren Einforderung oder auf persönlichen (individuell-bezogenen) Zielen und Unterstützung?

## 4.2 Kulturelle Unterschiede und Konsequenzen für das Führen mit Zielen

In der folgenden Beschreibung werden drei der vier oben genannten Charakteristiken von Kulturen näher betrachtet. Den Aspekt „masculinity/feminity" hält der Autor in diesem Kontext aufgrund seiner langjährigen Erfahrungen im asiatischen Raum für weniger relevant.

*Abbildung 1: Power Distance*

| Land | Power Distance | Typische Merkmale der | Konsequenzen für das Führen mit Zielen in Asien |
|------|------|------|------|
| Deutschland | Niedrig | ■ Dezentrale Steuerung<br>■ Flache Organisationsstrukturen<br>■ Manager entscheidet nach Diskussionen mit Mitarbeitern | ■ Ziele werden in vielen asiatischen Ländern oft nicht „gemeinsam und im Einvernehmen" festgelegt. Die Tendenz ist es, dem Chef bei der Zielsetzung und -beurteilung zuzustimmen und diese nicht zu „verhandeln".<br>■ Es ist schwierig herauszufinden, ob ein Mitarbeiter wirklich den gesetzten Zielen zustimmt – oder ob dieser einfach dem Chef nicht widersprechen will.<br>■ Bei Nichterreichung von Zielen besteht das Risiko, dass der Mitarbeiter diese nachträglich als von Anfang an unrealistisch betrachtet. |
| China | Hoch | ■ Zentrale Steuerung<br>■ Steilere Hierarchie<br>■ Manager entscheidet autokratisch und paternalistisch | |
| Indien | | | |
| Japan | | | |
| Malaysia | | | |
| Südkorea | | | |

*Abbildung 2: Uncertainty Avoidance*

| Land | Uncertainty Avoidance | Typische Merkmale der Unternehmensführung | Konsequenzen für das Führen mit Zielen |
|---|---|---|---|
| Deutschland | Hoch | ■ Risiko wird gescheut<br>■ Furcht davor, Fehler zu machen<br>■ Mitarbeiterloyalität zum Unternehmen ist stark<br>■ Mitarbeitern werden nur geringe Entscheidungsspielräume gelassen<br>■ Konflikte werden generell vermieden | ■ Während in einigen Ländern Asiens eine ähnlich hohe Angst vor dem Neuen und Unbekannten herrscht wie in Deutschland, haben Menschen in anderen Ländern (z.B. Indien) einen viel positiveren Bezug zu Risiko und Unsicherheit.<br>■ Führen mit Zielen muss daher zumindest in einem gewissen Maße der jeweiligen Kultur angepasst werden.<br>■ In Kulturen mit hoher Risikobereitschaft ist es generell einfacher aggressive Ziele zu setzen. In Kulturen mit niedriger Risikobereitschaft ist dies schwerer durchzusetzen und Mitarbeiter erwarten vom Unternehmen spezifische Hilfestellungen, um diese Ziele zu erreichen.<br>■ In Kulturen, die generell Konflikte vermeiden, ist die Reaktion auf eine schlechte Leistungsbeurteilung häufig die freiwillige Kündigung – ohne Warnung für die westliche Führungskraft. Um „das Gesicht nicht zu verlieren", streitet man sich nicht, sondern zieht Konsequenzen. Mitarbeiter denken manchmal, dass eine kritische Beurteilung das Ziel hat, sie indirekt aus dem Unternehmen (und damit der sozialen Gruppe) zu „verstoßen". |
| China[5] | Hoch | | |
| Japan | | | |
| Südkorea | | | |
| Indien | Niedrig | ■ Keine Scheu, Risiken einzugehen<br>■ Optimismus stärker als Vorsicht<br>■ Mitarbeiterloyalität zum Unternehmen ist weniger stark ausgeprägt<br>■ Konflikte sind normal und akzeptiert | |
| Malaysia | | | |

---

[5] In vielen lokalen chinesischen Unternehmen ist es durchaus üblich, bei der Mitarbeiterführung Erfolg und Misserfolg in gleichem Sinne zu bewerten. Beispielsweise kann bei Nichterreichung eines Zieles ein Teil des Lohns abgezogen werden oder sogar eine Strafe fällig werden. Obwohl das Chinesische Arbeitsrecht diese Methoden nicht zulässt, sind sie weit verbreitet.

*Abbildung 3: Individualism/Collectivism*

| Land | Individualism/ Collectivism | Typische Merkmale der Unternehmensführung | Konsequenzen für das Führen mit Zielen |
|------|------|------|------|
| Deutschland | Hoch | ■ Es wird von Mitarbeitern erwartet, dass sie selbst für ihr eigenes Interesse eintreten<br>■ Offene Stellen werden gleichermaßen mit internen oder externen Kandidaten besetzt, je nach Fähigkeit<br>■ Individuelle Initiativen werden erwartet und gefördert | ■ Generell ist der Gedanke des „Gemeinsamen" in Asien stärker ausgeprägt als in Deutschland, besonders stark in Südkorea und China.<br>■ Führen mit Zielen in Asien sollte daher immer auch ein Gruppen- oder Organisationselement beinhalten und nicht nur individuelle Mitarbeiterziele.<br>■ Viele asiatische Mitarbeiter wollen bei Zielerreichung nicht individuell gelobt und hervorgehoben werden. Öffentliches Lob ist oftmals zu vermeiden. |
| Indien<br>Japan<br>China<br>Malaysia<br>Südkorea | Mittel bis Niedrig | ■ Mitarbeiter erwarten, das die Organisation für ihre Interessen eintritt<br>■ Offene Stellen werden primär mit internen Kandidaten besetzt; oft wird dadurch Mitarbeitertreue belohnt<br>■ Zugehörigkeit zu dem Idealbild einer Organisationseinheit ist wichtig | ■ Bei Beurteilungsgesprächen tendieren viele asiatische Mitarbeiter dazu, bei Nichterreichung eines Zieles die Verantwortung in sich selbst zu sehen, bei Erreichung von Zielen aber das Team oder die Organisation verantwortlich zu machen. |

# 4.3 Weitere Auswirkungen kultureller Unterschiede

Neben den mithilfe der Systematik von Hofstede erfassten Aspekten gibt es weitere kulturelle Unterschiede, die beim Führen mit Zielen im asiatischen Raum unbedingt beachtet werden sollten. Sie beziehen sich auf die existierenden Organisationsmodelle, interpersonelle Strukturen und Konfliktlösungsmechanismen.

## Organisationsmodelle

Das Kontrollsystem einer Kultur wird durch die strukturelle Ausgestaltung von Organisationen und die Aufgabe des Managements geprägt. Außerdem spiegelt es wider, wie Aufgaben und Prozesse ausgeführt werden. Vergleicht man Deutschland mit den meisten asiatischen Ländern, fallen dabei folgende Unterschiede auf, die auf das Führen mit Zielen einen Einfluss haben.

*Abbildung 4: Vergleich der Organisationsmodelle in Deutschland und Asien*

| | Deutschland | Asien |
|---|---|---|
| **Organisationsmodell** | ■ Management hält sich aus dem täglichen Geschäft zurück (Führen einer „gut geölten Maschine")<br>■ Konflikte werden durch Regeln und Systeme gelöst<br>■ Viele strukturierte Aktivitäten<br>■ Entscheidungsautorität wird bewusst nicht auf einige wenige Personen konzentriert<br>■ Größte Abhängigkeit von Systemen und formale Prozeduren | ■ Entscheidungsautorität auf einige wenige Top Manager konzentriert<br>■ Strukturierte Aktivitäten werden vermieden<br>■ Probleme werden dem Chef vorgetragen und von diesem gelöst<br>■ Größte Abhängigkeit von persönlichen Beziehungen, nicht von Systemen |
| **Überlegungen für das Führen mit Zielen** | ■ Führung mit Zielen sollte in Asien primär im täglichen Umgang der Führungskräfte mit den Mitarbeitern stattfinden, weniger im Rahmen von formellen Zielvereinbarungs- und Zielerreichungsgesprächen<br>■ Der Wechsel eines Vorgesetzten während eines Leistungsbeurteilungszeitraums ist problematisch, da das persönliche Verhältnis zwischen der neuen Führungskraft und dem Mitarbeiter noch nicht genügend aufgebaut ist. | |

Die oben angesprochene große Bedeutung persönlicher Beziehungen wird auch durch die Ergebnisse einer Studie von Paul S. Hempel (2008) bestätigt, der die Reaktionen chinesischer Mitarbeiter zu Feedbackgesprächen untersucht hat. Eines der Ergebnisse war, dass die Feinheiten eines Feedbackgesprächs bei chinesischen Mitarbeitern oft verloren gehen, unabhängig davon ob die Ziele subjektiv oder objektiv waren. Die Reaktionen des Feedbackempfängers hängen vor allen Dingen von dem zuvor bestehenden Verhältnis zwischen ihm und seinem Manager ab. War dieses Verhältnis nicht gut, wird das Feedbackgespräch vom Mitarbeiter als Beurteilung der Beziehung und nicht als Beurteilung der Leistung angesehen.

## Interpersonelle Strukturen

Die interpersonelle Struktur beschreibt den präferierten Modus operandi zum Austausch innerhalb einer Gruppe. Die existierenden Unterschiede zwischen den deutschen und asiatischen Kulturen gilt es in die Ausgestaltung des Führens mit Zielen mit einfließen zu lassen.

*Abbildung 5: Vergleich der interpersonellen Strukturen in Deutschland und Asien*

| | Deutschland | Asien |
|---|---|---|
| **Interpersonelle Struktur** | ■ Manager sollen sichtbar, entscheidungsfreudig und selbstbewusst sein<br>■ Meetings werden als Diskussionsforen gesehen, aber Entscheidungen werden woanders getroffen<br>■ Gewinnen von Argumenten führt zur Konfliktlösung | ■ Meetings werden zur Informations- und Entscheidungsverbreitung genutzt, weniger zur Diskussion<br>■ Chef entscheidet am Ende wie Konflikte gelöst werden und wer „gewinnt"<br>■ Und in einigen Ländern:<br>  - Manager sollen Konsens suchen und sich nicht in den Vordergrund stellen<br>  - Beziehung zum Chef sollte harmonisch sein |
| **Überlegungen für das Führen mit Zielen** | ■ Bei Nichtübereinstimmung der Zielsetzung wird vom Chef in Asien erwartet die Entscheidung zu treffen, welche dann auch ohne weitere Argumente akzeptiert wird<br>■ Die zwischenmenschliche Fähigkeit eines Managers, asiatische Mitarbeiter erfolgreich zu führen, ist wichtiger als die Prozesse und Werkzeuge, die das Beurteilungsytem des Unternehmens zur Verfügung stellt. | |

**Konfliktlösungsmechanismen**

Das Verhältnis zu Anderen beschreibt unter anderem, wie in einer Kultur unterschiedliche Gruppen miteinander umgehen und wie Konflikte zwischen Gruppen geregelt werden.

*Abbildung 6: Vergleich der Konfliktlösungsmechanismen in Deutschland und Asien*

| | Deutschland | Asien |
|---|---|---|
| **Verhältnis zu Anderen** | ■ Regeln und Gesetze sind ausführlich und genau beschrieben<br>■ Anders sein bedeutet Bedrohung<br>■ Es wird versucht Minderheiten zu tolerieren, trotz allgemeinem Antagonismus | ■ Regeln und Gesetze sind weniger dokumentiert und beruhen mehr auf Traditionen<br>■ Konflikte mit Minderheiten werden durch Assimilation oder Unterdrückung bestritten.<br>■ In einigen Regionen:<br>  - Anders sein bedeutet interessant zu sein<br>  - Diversität wird toleriert und gefördert. |
| **Überlegungen für das Führen mit Zielen** | Zum korrekten Nutzen von Führen mit Zielen müssen die jeweilige lokale Tradition und die lokalen Werte gelernt werden. | |

# 4.4 Zusammenfassende Einschätzung

Hofstedes Modell gibt deutschen Unternehmen bereits eine ganze Reihe sinnvoller Gedankenanstöße hinsichtlich des Führens mit Zielen in Asien. Im Vergleich zur Anwendung desselben Führungsinstruments in Deutschland gilt es zahlreiche kulturelle Unterschiede zu berücksichtigen.

Es soll hier aber auch klar gemacht werden, dass die Kritikpunkte, die immer wieder zu Hofstedes Modell angeführt werden, ebenfalls ihre Berechtigung haben. In einer sich immer weiter integrierenden Welt gleichen sich die Erwartungshaltungen insbesondere der jüngeren Arbeitnehmergenerationen (Generation X und Milleniumsgeneration) gegenüber Organisationen und Arbeit über Grenzen und Kontinente hinweg immer mehr an.

# 5 Kommentare westlicher Manager zur Führungspraxis in Asien

Um einen aktuellen Praxisbezug herzustellen, hat der Autor dieses Beitrags noch westliche Führungskräfte befragt, die zum Zeitpunkt des Interviews für die amerikanische Computerfirma CSC und den britischen Versicherungskonzern Aviva in Asien tätig waren. Zum Führen mit Zielen gaben die Interviewpartner folgende, durchaus auch zu verallgemeinernde Kommentare ab:

„Das größte Problem ist es, lokalen Managern beizubringen, konstruktive und offene Feedbackgespräche zu führen sowie Mitarbeiter dazu zu bringen, Feedbackgespräche offen und unvoreingenommen anzunehmen."

„Viele asiatische Mitarbeiter haben ein unverhältnismäßig starkes Hierarchiedenken, das die Einführung westlicher (und oft kooperativer) Managementsysteme erschwert."

„Viele Mitarbeiter geben ungenügend Input zur Formulierung von Zielen – sie denken nicht selbstständig genug und erwarten von ihrem Manager, ihnen zu sagen, was er erwartet..."

„Computerisierte Leistungsbeurteilungssysteme werden in Asien häufig als „Ausrede" des Managers benutzt, keine persönlichen Feedbackgespräche mit seinen Mitarbeitern führen zu müssen. Das Instrument und die dortigen Daten verlieren dann ihren Wert für das Unternehmen."

„Aus diesem Grunde sollten sich oberste Führungskräfte bei der Auswahl von Leistungsträgern nicht durch Systemdaten täuschen lassen. Im Gespräch mit den direkten Vorgesetzten über deren Mitarbeiter können weitaus wertvollere Informationen gesammelt werden."

„Viele asiatische Manager und Mitarbeiter benutzen Leistungsbeurteilungssysteme vor allen Dingen dafür, Bonuszahlungen zu erhalten. Die volle Auswirkung von Zielerreichung hinsichtlich Karriere, Training, Beförderung etc. wird häufig nicht verstanden. Ziele werden manchmal besonders niedrig angesetzt, um den Bonus zu garantieren."

„Matrixorganisationen haben es in Asien besonders schwer. Viele Kulturen in Asien sind klare Berichtslinien gewohnt und es gibt nur einen Chef. Die Zielsetzung für Manager und Mitarbeiter in einer Matrixorganisation ist daher besonders schwierig und meiner Erfahrung nach sind vertikale und horizontale Ziele oft unvollständig miteinander verknüpft."

„Zielsetzung für Mitarbeiter in Asien ist deshalb schwer, weil viele nicht offen Zielvorschläge ihrer Vorgesetzten in Frage stellen – obwohl sie oft wissen, dass diese nicht erreicht werden können oder dass unüberbrückbare Barrieren bestehen."

„Um sicherzugehen, dass Mitarbeiter die Mach- und Erreichbarkeit von Zielen richtig einschätzen, stelle ich oft dieselbe Frage im positiven und negativen Sinne: z.B. Wie kann das Ziel erreicht werden? Was könnte der Erreichbarkeit dieses Ziels im Wege stehen?"

Die Kommentare der Manager verdeutlichen, dass viele der oben in Modellen beschriebenen Hinweise zum Führen mit Zielen richtig und real sind. Auf den Punkt gebracht bedeutet dies: Das Führen mit Zielen ist in Asien möglich – auf asiatische Art und Weise.

# 6 Zusammengefasste Konsequenzen für das Führen mit Zielen in Asien

Die in Asien engagierten deutschen Unternehmen sollten besonders die folgenden Punkte im Auge behalten, wenn sie dort das Führen mit Zielen erfolgreich einsetzen wollen:

- Führen mit Zielen dient vielen der besten asiatischen Arbeitgeber als ein wichtiger Bestandteil ihrer Talent Management Strategie. Umgekehrt erwarten viele High-Potentials und High-Performers in Asien von ihrem Unternehmen ein gut durchdachtes und überzeugend umgesetztes Leistungsbeurteilungssystem. Existiert dieses nicht, so kehren sie dem Unternehmen schnell den Rücken.

- Ausgefeilte und detaillierte Systeme und Prozesse zum Führen mit Zielen sind weniger wichtig als die produktive und konstruktive zwischenmenschliche Beziehung zwischen den Managern und den Mitarbeitern.

- Aus den beschriebenen Gründen wird von den im asiatischen Raum eingesetzten Managern viel verlangt. Sie müssen ihre Mitarbeiter in einem anspruchsvollen kulturellen Kontext positiv führen und in diesem Zusammenhang auch angemessene Feedbackgespräche führen können. Die besten Arbeitgeber haben dies erkannt und ihre Führungskräfte ausgehend von diesen spezifischen Anforderungen ausgesucht bzw. ausgebildet. Sie tragen damit auch der Tatsache Rechnung, dass Systeme und Prozesse einfach nicht dieselbe Wirkung wie in Deutschland haben.

- Gemeinsam erarbeitete Zielvereinbarungen zwischen Managern und Mitarbeitern sind in Asien weniger zu erwarten als in Deutschland. Zielvorgaben von Managern werden von Mitarbeitern oft ohne reflektierendes Feedback akzeptiert. Dieses Verhalten ist im kulturellen Kontext von Asien auch nicht unbedingt „falsch".

■ Neben individuellen Zielen sollten von den Führungskräften auch Organisations- oder Arbeitsgruppenziele beschrieben werden, besonders in den besonders gruppenorientierten Kulturen.

■ Asien ist kulturell ein komplexer Kontinent und befindet sich im rapiden Wandel – ein Verallgemeinern der oben genannten Punkte auf alle Kulturen in Asien ist nicht möglich und wäre falsch. Zudem ist es wichtig die Generationsunterschiede der Arbeitnehmer zu berücksichtigen, die zum Teil völlig gegensätzliche Erwartungen bezüglich des Führens mit Zielen haben.

# Hans-Georg Dahl

# Führen mit Zielen – Erfahrungen aus der Praxis

# 1 Führen mit Zielen - warum?

„Diesem Konzept liegt die Erkenntnis zugrunde, dass menschliches Handeln maßgeblich durch Ziele geleitet wird. Danach ist es v.a. das Verlangen nach Anerkennung individueller Unterschiede, nach Wachstum und Entwicklung des Könnens, Stolz auf eigene Leistung, Nutzung der persönlichen Fähigkeiten etc., das auf Personen antreibend wirkt. Basis dieser Konzeption ist ebenfalls die Tatsache, dass Mitarbeiter motivierter sind, wenn die zu erreichenden Ziele bekannt sind, dass Zwischenergebnisse über den Stand der Zielerreichung von großer Bedeutung sind und nur eine umfassende Beteiligung und Kenntnis der Mitarbeiter die Möglichkeit der Selbststeuerung und -kontrolle eröffnet."

So steht es in der Broschüre zum „Konzept der Führung mit Zielen" eines mittelgroßen deutschen Unternehmens.

Ein anderes – großes – Unternehmen nennt in seiner Broschüre zur Zielvereinbarung für Leitende Mitarbeiter folgende Anforderungen.

Es sollen erreicht werden:

„Systematische Ausrichtung der Tätigkeit des Mitarbeiters auf die Unternehmensziele, verbesserte Identifikation des Mitarbeiters mit der Unternehmensstrategie, Betonung individueller Jahres-Schwerpunkte neben den operativen Hauptaufgaben, Schaffung von Transparenz bzgl. der an den Mitarbeiter gestellten Erwartungen, faire, leistungsfördernde und möglichst objektive Feststellung des Zielerreichungsgrades als Basis zur Bestimmung des Individualbonus im Rahmen des Bonifikationssystems."

Hehre Ziel sollen also erreicht werden mithilfe des „Führens mit Zielen". Wenn man die beiden oben genannten Zitate liest, kann der Eindruck entstehen, dass mit der Einführung von Zielvereinbarungssystemen der Weg geöffnet ist zum selbstständigen, unternehmerisch denkenden teamorientierten Mitarbeiter, also dem Mitarbeiter, den sich Anteilseigner. Vorstände, Geschäftsleitungen und Führungskräfte – und auch Betriebsräte – so sehr wünschen.

Der Autor hatte seit Jahren die Gelegenheit, die Zielvereinbarungssysteme verschiedener (Konzern-)Unternehmen mit unterschiedlichster Größe in unterschiedlichen Branchen zu erleben. Dabei war und ist er auf beiden Seiten als Vorgesetzter und Mitarbeiter in die Systeme eingebunden (gewesen). Dass jedes System so gut ist, wie die Menschen, die es leben, ist ein Allgemeinplatz; er bestätigt sich aber, wenn man die Erfahrungen Revue passieren lässt.

Um Missverständnisse zu vermeiden: Aus Sicht des Autors gibt es keinen besseren Ansatz, um in unserer komplexen und komplizierten Arbeitswelt Menschen Sinn und Orientierung für ihre tägliche Arbeit in einem Unternehmen zu geben. Warum trotzdem an der ein oder anderen Stelle ein Fragezeichen bleibt und welche Verhaltensweisen dazu führen, dass dieses Personalinstrument nicht immer die Erwartungen erfüllt, soll im Folgenden betrachtet werden. Dabei liegen den geschilderten Fällen tatsächliche Begebenheiten zugrunde.

## 2 Führen mit Zielen – die Akzeptanz muss vorhanden sein

„Voraussetzung für das sinnvolle ‚Leben' des Mitarbeitergesprächs ist die Akzeptanz des Systems bei den Geschäftsführungen, Führungskräften und Mitarbeitern" (aus der Führungskräfteinformation zur Einführung des Zielvereinbarungs- und Beurteilungssystems der Dresdner Bank Immobiliengruppe 2000)

Personalinstrumente – gleich welcher Art – leiden unter einer systembedingten Schwäche. Wenn sie effektiv eingesetzt werden sollen, sind sie Ausdruck der spezifischen Unternehmensphilosophie, die sich auch darin äußert, wie das Unternehmen zu seinen Mitarbeitern steht. Sie sollen auf alle Mitarbeiter des Unternehmens angewandt und von ihnen akzeptiert werden, und zwar von der obersten Hierarchiestufe an. Damit erwarten Personalverantwortliche oft, dass die Nutzer dieser Instrumente auch die zugrunde liegende Philosophie kennen und mittragen. Leider ist dies aber in der Regel nicht flächendeckend der Fall. Stattdessen liegen dem Handeln der Beteiligten im Unternehmen die unterschiedlichsten Motive zugrunde. Sie reichen etwa von der Überzeugung, dass die Führungskraft alleine zu wissen glaubt, wie Führungsinstrumente für „ihre" Mitarbeiter anzuwenden sind, über das unreflektierte Bestreben als modernes Management zu gelten oder die Notwendigkeit, auch durch entsprechende Personalinstrumente ein gutes Unternehmensrating zu erreichen, bis zur persönlichen Einkommensmaximierung der Führungskräfte durch „optimierte Anwendung des Zielvereinbarungssystems".

So besteht also die Schwierigkeit darin, der Geschäftsleitung, dem Management und den Mitarbeitern zu vermitteln, dass „Führen mit Zielen" nur funktioniert, wenn es in das unternehmerische Gesamtkonzept passt und alle Beteiligten dieses Instrument als Möglichkeit akzeptieren, durch das Engagement des Einzelnen das Unternehmen voranzubringen und damit letztendlich den eigenen Arbeitsplatz zu sichern, die eigene Einkommenssituation durch einen möglichst hohen Zielerreichungsgrad zu verbessern und so auch im eigenen Interesse unternehmerisch zu handeln.

Bei Unternehmensleitung und Management wird der Personalbereich mit diesen Vorstellungen in der Regel offene Türen einrennen – allerdings oft nur bis es zur Umsetzung des „Führens mit Zielen" kommt. Dann nämlich erkennen die Anwender meist erst, dass es sich hier um ein anspruchsvolles Instrument handelt und dass von ihnen offene Zustimmung zum Instrument und konsequente Unterstützung bei der Einführung und Umsetzung gefordert werden. Sie müssen bereit sein, sich mit den für die verschiedenen Mitarbeiter erreichbaren Teilzielen auseinanderzusetzen und vor allem die Zeit einzubringen, um Ziele zu formulieren, zu vereinbaren und zu controllen – alles Aufgaben, die in der Praxis dann oftmals nicht mehr mit Überzeugung wahrgenommen werden. Dies beginnt schon damit, dass Mitarbeiter einen Tag vor dem entsprechenden Zielvereinbarungsgespräch aufgefordert werden „sich einmal Gedanken zu machen, was denn so im nächsten Jahr für Ziele vereinbart werden sollen". Ein grundlegend falscher Ansatz, wenn die Führungskraft nicht vorher schon weiß, welche Ziele sie mithilfe des Mitarbeiters erreichen will! Zwar muss sich auch der Mitarbeiter

Gedanken machen, denn er soll die Vereinbarung ja mittragen und hieraus eine Leitlinie für sein Handeln bekommen. Es ist aber originäre Aufgabe der Führungskraft, dem Mitarbeiter Ziele und Leitlinien für sein Handeln zu geben, über die sie vorher selbst reflektiert hat. Für die Erfüllung dieses Führungsauftrags erhalten Manager einen großen Anteil ihres Gehalts! Nicht mehr die Fachaufgabe steht im Mittelpunkt ihres beruflichen Handelns. Leider wird dies aber oft von der Unternehmensleitung an abwärts ignoriert. Da versteckt man sich hinter „wichtigeren Fachaufgaben" oder hinter der Argumentation, man könne keine Ziele vorgeben, da man selbst keine solchen von seinem Vorgesetzten bekommen habe.

Das letzte Argument ist oft nicht von der Hand zu weisen – tatsächlich ist selbst oft den obersten Führungskräften nicht bekannt, was von ihnen konkret erwartet wird. Es gibt auch immer noch viele – vor allem mittelständische – Unternehmen, in denen keine Unternehmensphilosophie geschweige denn -strategie formuliert worden ist, aus der Zielformulierungen für die Mitarbeiter abgeleitet werden können. Aber dann ist es Aufgabe der Führungskräfte, diese Leitplanken für sich selbst und ihre Mitarbeiter einzufordern. Und zur Not sind sie als Manager aufgefordert, aus ihrer Kenntnis und Vermutung „wohin es gehen soll" Ziele zu formulieren. Diese mangelnde eigene Orientierung der Führungskräfte setzt sich dann in Jahresverlauf fort. Über die mit dem Mitarbeiter vereinbarten Ziele wird unterjährig kaum oder gar nicht gesprochen, weil die Führungskräfte bereits mit den Gedanken bei anderen Themen sind und ein solches Zwischengespräch auch eine Reflexion über das eigene Führungsverhalten und ggf. den eigenen bisher erreichten Weg beinhaltet.

Ein weiteres Argument, das immer wieder zu hören ist, lautet, dass gerade im jeweils eigenen Führungsbereich Ziele nicht formuliert werden könnten. Gerade dort sei erfolgreiches Handeln nicht zu messen, da man den Erfolg nicht anhand „harter Zahlen" belegen könne. So erklärte der Leiter Unternehmenskommunikation eines Unternehmens z.B. dem Verfasser, dass er für sich keine messbaren Ziele im Hause sähe – solle er etwa dafür sorgen, dass „sein" Vorstand fünfmal mehr im Jahr in der Presse erscheinen würde? Hier zeigt sich zum einen die mangelnde Differenzierung zwischen „Aufgabe" und „Ziel", zum anderen aber auch die fehlende Schulung oder der fehlende Wille, sich mit einer anspruchsvollen Zieldefinition auseinanderzusetzen.

Es gibt nur einen Weg zur Implementierung eines Zielvereinbarungssystems im Unternehmen: Die Geschäftsleitung muss für die Idee des Führens mit Zielen gewonnen werden und tatsächlich bereit sein, die Umsetzung zu unterstützen. Nur wenn der Vorstand bzw. die Geschäftsführung dieses tatsächlich will, es vorlebt, es konsequent von den Managern der nächsten Ebene einfordert und entsprechend auch controlled, nur dann hat dieses Instrument eine Chance, im wahrsten Sinne „zielführend" im Unternehmen angewandt zu werden. Ist dies nicht der Fall, so sollte besser kein Zielvereinbarungssystem eingeführt werden. Dann allerdings stellt sich die Frage, wie eine Führung zum Wohle des Unternehmens und aller Beteiligten aussehen sollte. Unreflektierte, aus der jeweiligen Situation kurzfristig geborene Anweisungen der Führungskraft an ihre Mitarbeiter sind sicher keine Lösung!

Wenn die Zielorientierung und das konsequente Umsetzen bei den Führungskräften schon so schwierig ist, wie kann dann von den Mitarbeitern Akzeptanz erwartet werden? Auch hier gilt, dass konsequentes Vorleben und Durchhaltevermögen notwendig sind. Darüber hinaus ist es wichtig, den persönlichen Nutzen für die Mitarbeiter deutlich zu machen. Dieser scheint zwar auf den ersten Blick auf der Hand zu liegen: Beim Führen mit Zielen steht die Selbstbestimmung des Einzelnen und damit die individuelle Verwirklichung unter Betrachtung des Gesamtunternehmenswohls im Vordergrund. Wie der Mitarbeiter ein Ziel erreicht, ist im Rahmen der vorhandenen internen Regelungen zweitrangig; welchen Weg er wählt, ist grundsätzlich seine Sache. Ist damit nicht ein Ziel erreicht, dass von Gewerkschaftern, Politikern und Führungskräften immer wieder verlangt wurde – der sich selbst verwirklichende, in seiner Arbeit Sinn findende und damit zufriedene und motivierte Mitarbeiter? Dies ist eine romantisierende und damit vereinfachende Denkweise! Sicher gibt es gerade bei gut ausgebildeten Mitarbeitern die Anforderung, anspruchsvolle Ziele so weit als möglich selbst mit zu definieren und zu verwirklichen. Dieser Mitarbeitertyp wird eher die Führungskraft fordern und mit ihr über die Realisierbarkeit von Visionen, Strategien und Zielen diskutieren.

Es darf aber nicht verkannt werden, dass gerade bei einfacher strukturierten Tätigkeiten auch heute noch oft ein anderer Mitarbeitertyp vorherrscht. Hier erwarten die Beschäftigten nach wie vor eine enge, aufgabenbezogene Führung. Die Verwirklichung von Zielen steht nicht in ihrem Fokus. Vielmehr möchten sie von ihrem Vorgesetzten klare Anweisungen erhalten („heute wird auf der Baustelle XY die Arbeit AB ausgeführt"), das Ziel muss er im Auge behalten.

Somit kann ein System der Zielvorgaben für Mitarbeiter Anreiz aber auch Belastung sein. Gerade Weg-Ziel-orientierte Mitarbeiter (Alternative 1 in der Abbildung 1) werden sich mit Zielvorgaben schwer tun und deshalb ein solches System nicht ohne weiteres akzeptieren. Der Mitarbeiterkreis, der mit Zielen statt mit Aufgaben geführt wird und für den Zielvereinbarungen geschlossen werden sollen, umfasst damit nicht immer die Gesamtbelegschaft eines Unternehmens. Eine Überforderung bestimmter Mitarbeitergruppen ist zu vermeiden. Hier sind die Personalverantwortlichen aufgerufen, Realismus vor der sozialromantischen Vorstellung des selbstverantwortlichen Mitarbeiters um jeden Preis walten zu lassen.

---

*Abbildung 1: Weg-Ziel- und Ziel-Weg-orientierte Mitarbeiter*

---

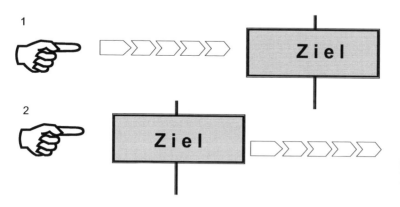

Weg-Ziel-orientierte Mitarbeiter (1) möchten unbedingt Wege zum Ziel aufgezeigt bekommen

Ziel-Weg-orientierte Mitarbeiter (2) wollen nicht gerne an „der kurzen Leine" geführt werden

---

# 3 Zielvereinbarungen in der Praxis

„Ziel: 1. Punkt, Ort, den man erreichen will. 2. Etwas, worauf jmds. Handeln, Tun oder ähnliches ganz bewusst gerichtet ist, was man als Sinn und Zweck, angestrebtes Ergebnis seines Handelns, Tuns zu erreichen sucht."

So definiert der Duden den Begriff „Ziel" (Bedeutungswörterbuch). Dabei ist das bewusste Handeln ein wesentliches Merkmal zur Zielereichung.

In der Praxis ist dem Thema „Zielvereinbarung" und „Zielerreichung" von Seiten des Personalbreichs eine ständige Aufmerksamkeit zu widmen. Immer wieder müssen Zielvereinbarungen kritisch hinterfragt, über die Jahre miteinander verglichen und das Verhalten der Führungskräfte gemeinsam mit diesen kritisch reflektiert werden. Mit dem reinen Abheften der Zielvereinbarungs- und Zielerreichungsbögen ist die Arbeit nicht getan. Es gilt Hilfestellung zu leisten bei der Vermeidung der zahlreichen Fallstricke, die auf mangelnder Erfahrung der Führungskraft mit der Zieldefinition, auf der Verfolgung anderer Motive (z.B. Sanktionen gegenüber dem Mitarbeiter) oder auf einer „stillen" Absprache mit der Geschäftsleitung oder anderen Führungskräften zur Erreichung von Zielen außerhalb der Zielvereinbarungssystematik beruhen können.

## 3.1 Herausforderungen der Zielformulierung

„Führen mit Zielen" bedeutet, dass mit Zielen geführt wird. So banal dieser Satz klingt – hier liegt eines der Hauptprobleme des Systems.

In der Praxis tauchen immer wieder folgende Fragen auf: Was sind „Ziele"? Woraus leite ich sie als Führungskraft ab? Wie sehe ich, ob die Ziele realistisch sind? Was passiert, wenn sich im Laufe eines Jahres die Unternehmensziele ändern?

Ist es damit nicht besser, ganz auf Zielvereinbarungen zu verzichten?

Das HR-Management muss auf all diese Fragen Antworten haben und Unterstützung leisten. Vor allem muss es aufzeigen, was Ziele im eigentlichen Sinne sind und wie sie in die tägliche Führungsarbeit eingebracht werden können.

Ziele werden häufig mit Aufgaben verwechselt. Aufgaben sind Arbeitsaufträge der Unternehmenseigner, während Ziele Vorstellungen davon sind, was mit der Aufgabenerledigung erreicht werden soll (vgl. Olfert 2005, S. 35). Hieraus ergibt sich eine Hierarchie zwischen Ziel und Aufgabe: Während das Ziel einen zu erreichenden Zustand beschreibt, gibt die Aufgabe Handlungsanweisungen, die mit Tätigkeiten umgesetzt werden. In Zielvereinbarungen werden häufig statt Zielen Aufgaben beschrieben, die dann noch rein quantitativ unterlegt sind, wie etwa „Steigerung der Besuchsrate bei Kunden um x Prozent". Mit einer solchen Vorgabe wird aber im Unternehmensinteresse nur dann etwas gewonnen, wenn als Ziel lediglich die Erhöhung des Bekanntheitsgrades – nicht ein finanzielles Ziel erreicht werden soll. Das Pseudo-„Ziel" wird durch reines Abarbeiten erreicht; es genügt jeder Kundenbesuch, gleichgültig ob dieser in einem inhaltlich auf einen Erfolg gerichteten Gespräch bestand oder nur in einem gemeinsamen Mittagessen. Ein Umsatzzuwachs oder noch besser eine Erfolgserreichung wird im Beispielsfall nicht gefordert. Das entsprechend richtige Ziel hätte z.B. geheißen: „Erhöhung des Bekanntheitsgrades des Unternehmens – messbar am Grad der Bestellungen im Zeitraum bis ..." oder „erfolgreiche Einführung des neuen Produktes XY" (mit einer Zielgröße versehen). Ob der Mitarbeiter dies im Beispielsfall mithilfe häufigerer Kundenbesuche oder z.B. per Mailing erreicht, ist dann seine Aufgabe, im Rahmen eigener selbst gesteuerter Bemühungen mit geeigneten Maßnahmen das Ziel zu erreichen.

Diese Unterscheidung darzulegen ist bei Schulungen zum erfolgsorientierten Einsatz von Zielführungssystemen eine der wichtigen Aufgaben des Personalbereichs bzw. des externen Beraters.

---

*Abbildung 2: Unterlage zur Führungskräfte-Schulung zum Zielvereinbarungsgespräch*

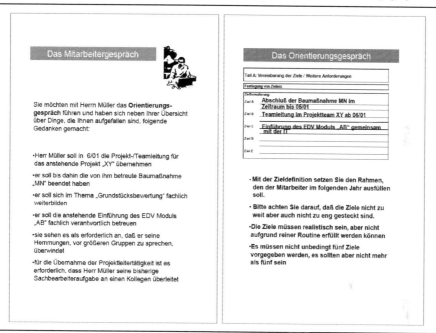

Ziele sollen eindeutig und verständlich sein. Der Mitarbeiter soll sie verstehen, beeinflussen und durch eigenes Handeln erreichen können. Eine sinnvolle Zielformulierung lautet z.B.: „Der Ausschuss ist innerhalb der nächsten vier Wochen um drei Prozent zu senken, verantwortlich ist Herr Soundso" (Bühner 2000, S. 130f).

Als weitere Anforderungen werden genannt, dass Ziele eindeutig sind, zur Leistung motivieren und die Möglichkeit der Partizipation des Mitarbeiters an der Zielbildung gegeben ist (vgl. Olfert 2005, S. 224f). Insbesondere diese Mitwirkung ist leider nicht immer gegeben. So ist es in manchen Unternehmen durchaus üblich, dass Ziele für einzelne Bereiche von der Geschäftsleitung ohne weitere Erläuterung vorgegeben werden. Diese sind dann – heruntergebrochen auf die Mitarbeiter – ohne Abstriche und Diskussion zu erfüllen. Dass hierunter die Motivation der Mitarbeiter leidet, ist nur verständlich. Dies fällt dann aber auch nicht mehr unter den Begriff Ziel-„Vereinbarung" sondern ist eine rein autokratische Zielvorgabe. Ehrlich wäre es, wenn dies dann auch entsprechend dokumentiert würde. Natürlich ist auch dies ein Führen mit Zielen soweit die zu erreichenden Ergebnisse vorgegeben sind. Aber engagiert werden die Mitarbeiter solche „diktierten" Ziele nur dann verfolgen, wenn sie sie – etwa aufgrund der wirtschaftlichen Lage – einsehen, oder wenn sie für sich einen materiellen Erfolg sehen. Ohne Überzeugung bzw. Mitwirkung an der Zieldefinition sind Ziele nicht befriedigend zu erreichen. Dies ist nur dann gegeben, wenn sich für beide, das Unternehmen und den Mitarbeiter, eine „Win-Win"-Situation ergibt.

Mitarbeiterziele sind nur dann für das Unternehmen sinnvoll, wenn sie sich aus der Gesamtausrichtung ergeben und in die Strategie passen.

---

*Abbildung 3: Herleitung der individuellen Ziele aus der Unternehmensstrategie*

---

**Von der Unternehmensstrategie zu den individuellen Zielen**

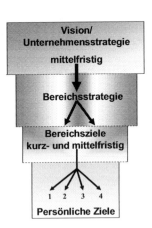

》 aus der Unternehmens-
strategie leitet sich die
Bereichsstrategie ab

》 aus der Bereichsstrategie
ergeben sich die Bereichsziele

》 aus den Bereichszielen
ergeben sich die
Persönlichen Ziele

---

Hier setzt die oftmals berechtigte Kritik von Führungskräften und Mitarbeitern an: Wenn „oben" keine Zielorientierung zu erkennen ist, wie soll dann „unten" mit Zielen geführt werden. Dies ist im Unternehmensinteresse nicht befriedigend möglich. Wie Abbildung 3 zeigt, besteht eine logische, sich immer weiter aufspreizende Kette von der Unternehmensstrategie zu den persönlichen Zielen. Von unten nach oben betrachtet bedeutet dies für das Gesamtunternehmen, dass bei fehlender oder nicht kommunizierter Leitlinie mit jeder Verästelung die Gefahr zunimmt, dass die persönlichen Ziele der Mitarbeiter nicht gleichsam synchronisiert sind, sondern immer weiter auseinanderdriften. Denn schon divergierende Bereichsstrategien lassen keine einheitliche Ausrichtung an den Unternehmenszielen mehr zu. Umso wichtiger ist es von der Geschäftsleitung, Unternehmensziele vorzugeben und klar zu formulieren. Dabei ist es in diesem Zusammenhang sekundär, ob diese als „Vision" „Strategie" oder „Ziel" bezeichnet werden. Ein Beispiel, dass zu solch einer Orientierung über die Bereichsebene bis zu den individuellen Zielen führen kann, ist z.B. die Unternehmensaussage „Wir wollen in den nächsten fünf Jahren den Absatz im Gebiet AB um x Prozent erhöhen". Hieraus kann jeder Bereich – vom Vertrieb bis zur Personalabteilung – seine Ziele und Maßnahmen ableiten und den jeweiligen Mitarbeitern weitergeben. Hieran können die Zielvereinbarungen ausgerichtet werden. Im Personalbereich könnte das entsprechende Ziel z.B. heißen: „Bis zum Zeitpunkt X müssen in Abstimmung mit dem Vertrieb Schulungsmaßnahmen konzipiert und durchgeführt werden, die den für das Gebiet AB zuständigen Mitarbeiter im Vertrieb das notwendige Know-how vermitteln". Entsprechend lauten dann die Ziele für die Mitarbeiter der Aus- und Fortbildung.

# 3.2 Führungsaufgaben bei der Verfolgung der Ziele

Führung mit Zielen erfordert eine Kontrolle der Zielerreichung des Mitarbeiters durch die vorgesetzte Führungskraft. Dabei soll sie helfen, ohne dem Mitarbeiter das Gefühl zu geben, dass er bevormundet wird. Bühner (2000, S. 139) nennt die Führungskraft einen „Philosophen, der nichts wissend nach der richtigen Antwort sucht und Gespräche führt, um selbst vom Gesprächspartner zu lernen".

Dieser Ansatz verlangt jedoch von der Führungskraft die volle Akzeptanz der Persönlichkeit des Mitarbeiters und ein Maß an Fähigkeit zur Selbstkritik – nur dann kann davon ausgegangen werden, dass tatsächlich im Interesse des Unternehmens und ohne persönliche Animositäten Ziele verfolgt werden. In der Praxis dient das Führen mit Zielen aber manchmal anderen, systemfremden Zielen der Führungskraft. Diese können z.B. in der Sanktion des Mitarbeiters für „unbotmäßiges Verhalten" oder in der finanziellen Absicherung des Vorgesetzten bestehen. Eine Möglichkeit, hier die Motivation der zielsetzenden Führungskraft zu kontrollieren, besteht – allerdings erst nach Ablauf des Zielvereinbarungszeitraums – im Abgleich der Zielvereinbarung mit der zeitlich entsprechenden Leistungsbeurteilung des geführten Mitarbeiters. Im Personalbereich sollten – ähnlich wie zum Lesen einer Bilanz auch die Gewinn- und Verlustrechnung gehört – bei einer Kontrolle von Zielvereinbarung und -erreichung auch die Beurteilung für den Zielvereinbarungszeitraum herangezogen werden. Erscheint die Relation zwischen beiden nicht schlüssig, sollte ein Erläuterungsgespräch mit der vorgesetzten Führungskraft über die zutage getretene Diskrepanz geführt werden.

Dies sei an einem realen Beispiel erläutert: In dem Zielvereinbarungsgespräch mit einer Führungskraft wurden in einem großen Unternehmen für ein Jahr vier Ziele verabredet. Neben drei fachlichen Zielen, die die Führungskraft mit Hilfe ihrer Mitarbeiter und in Zusammenarbeit mit Nachbarbereichen sowie anderen Fachabteilungen erreichen sollte, schrieb das vierte Ziel die qualitative Veränderung im von ihr geführten Bereich sowie die Neubesetzung von offenen Stellen entsprechend eines gemeinsam von allen Führungskräften des Bereichs erarbeiteten Konzepts vor. Dieses Ziel im Sinne des geplanten Change-Prozesses umfasste damit eine intensive Führungsarbeit, u.a. mit schwierigen Mitarbeitergesprächen und -schulungen. Der Zielerreichungsgrad wurde nach einem Jahr von der beurteilenden Führungskraft für die vier Einzelziele zwischen 100 und 120 Prozent festgestellt, das vierte – oben erläuterte – Ziel mit 100 Prozent. Aufgrund der unterschiedlichen Gewichtung der einzelnen Ziele ergab sich ein Gesamtzielerreichungsgrad des geführten Mitarbeiters von 114 Prozent. In der Leistungsbeurteilung für den entsprechenden Zeitraum fanden sich dann aber folgende Aussagen (in Auszügen): "die Führungskraft ist auf Initialzündungen von außen angewiesen…, aus eigenem Antrieb kommt zu wenig…, ihre Mitarbeiter zu erfolgreicher Tätigkeit anzuleiten fiel ihr nicht so leicht wie gewünscht…, die Führungskraft sollte an ihrem Auftreten vor Gruppen und ihrer Dynamik arbeiten".

Die Diskrepanz zwischen Zielvorgabe, Ziel(über)erfüllung und Mitarbeiterbeurteilung ist eklatant. Im konkreten Fall ergab sich, dass die Zielerreichung korrekt erfasst worden war. Im Gespräch mit der vorgesetzten Führungskraft stellte sich ein Konflikt zwischen Vorgesetztem und geführtem Mitarbeiter heraus, der zu einem intensiven Coaching beider Beteiligten führte. Die Beurteilung wurde nach Intervention der Personalleitung teilweise revidiert und der tatsächlichen Zielerreichung angenähert. Aber auch ein anderes Ergebnis wäre möglich gewesen: So hatte der Vorgesetzte einen Teil seiner eigenen Ziele 1:1 unverändert weitergegeben. Er war damit gezwungen, auf jeden Fall die Zielerreichung des Mitarbeiters unabhängig vom tatsächlichen Erfolg hoch anzusetzen, wollte er sich nicht selbst zu seiner eigenen Zielerreichung in Widerspruch setzen und die entsprechende zielabhängige Bonifikation gefährden.

Insofern kann sich aus dem Studium der Beurteilung im Vergleich mit dem Zielformulierungs- und Zielerreichungsformular auch ein Rückschluss auf die vereinbarten Ziele und die Zielerreichung des Vorgesetzten ergeben, dass das dokumentierte Ergebnis möglicherweise mit der tatsächlichen Zielerreichung nicht übereinstimmt. Klarer wird dies unter Umständen, wenn zusätzlich noch die entsprechenden Formulare für den Vorgesetzten herangezogen werden.

Die vereinbarten Ziele waren im beschriebenen Fall realistisch und wurden insgesamt übererfüllt; die Dokumentation der Zielerreichung war also korrekt.

In manchen Zielvereinbarungssystemen kann eine „volle Zielerfüllung" vorliegen ohne dass eine korrekte Aussage über die tatsächliche Zielerreichung erfolgen muss. Dieser scheinbare Widerspruch löst sich auf, wenn ein Zielvereinbarungssystem „harte" – an messbaren Ergebnissen orientierte – Faktoren mit „weichen" Verhaltensfaktoren vermischt. Da zumindest bei den Führungskräften in den meisten Fällen am persönlichen Zielerreichungsgrad auch ein Teil der Jahresbonifikation hängt, ist die Versuchung gegeben, ein System zu schaffen, bei dem mindestens 100 Prozent „Zielerreichung" sicher sind. Werden in einem Jahresgespräch z.B. „weiche" Faktoren, wie etwa „Engagement", „unternehmerisches Handeln", „Motivation der Mitarbeiter" mit dem Abgleich Zielvereinbarung/Zielerreichung gemischt, so ist es ein Leichtes durch entsprechende Gewichtung nicht erreichte Ziele mathematisch zu eliminieren und damit eine „volle Zielerreichung" zu erlangen. In einem tatsächlichen Fall wurde so bei einer Führungskraft ein Gesamt-Erfüllungsgrad von über 105 Prozent berechnet, obwohl von den vier vereinbarten Zielen am Ende des Betrachtungszeitraums nur eins zu 100 Prozent erreicht wurde. Die restlichen Ziele wurden auf das nächste Jahr vorgetragen, ohne in die Berechnung einzufließen. Dafür wurden die genannten weichen Faktoren zwischen 100 und 125 Prozent gewichtet. Dies zeigt die Gefahr, die besteht wenn das „Führen mit Zielen", die „Zielvereinbarungen/Zielerreichung" und die Beurteilung der Einstellung und Leistung von Mitarbeitern in einen Topf geworfen und zu einer Berechnungsgrundlage für die Bonifikation vermischt werden. Die Ziele müssen gesondert ausgehandelt, im Laufe des Jahres überprüft und besprochen und am Ende isoliert von Beurteilungskriterien berechnet werden. Nur so kann tatsächlich eine Aussage über die Zielerreichung gemacht und eine am Zielerfolg orientierte Vergütung gezahlt werden.

Dies bedeutet nicht, dass sog. „weiche" Faktoren – bei Führungskräften insbesondere das Führungsverhalten – kritisch betrachtet und bewertet werden sollen. Gutes, den Werten des Unternehmens verpflichtetes Führungsverhalten sollte ausdrücklich auch finanziell belohnt werden. Dieses gehört aber nur in den Kontext von Zielvereinbarungen und -erreichung, wenn es ein ausdrückliches, messbares und vereinbartes Ziel – etwa zur Veränderung bestimmter Verhaltensweisen der Führungskraft - innerhalb des Betrachtungszeitraums darstellt.

Die Betrachtung der „weichen" Faktoren gehört grundsätzlich nicht in ein Zielvereinbarungssystem, sondern sollte im Rahmen des hiervon getrennten Beurteilungssystems langfristig bei der Gehalts- und Karriereentwicklung eine Rolle spielen.

# 3.3 Verspätete Zielvereinbarung

Die verspätete Zielvereinbarung ist ebenfalls in der Praxis anzutreffen. So ist es durchaus üblich, Ziele erst im Laufe des Jahres zu definieren, wenn sie absehbar bzw. schon erfüllt sind. Der Verfasser hat Zielvereinbarungsgespräche für das laufende Jahr erlebt, die erst im August oder September stattfanden. Dies ist nicht per se negativ. Es ermöglicht, unterjährig Ziele anzupassen und auf veränderte Vorgaben etwa vom Aufsichtsrat oder Vorstand einzugehen. Es ist aber nur da im wahrsten Sinne des Wortes „zielführend", wo ein Mitarbeiter in der Lage und motiviert genug ist, von sich aus zu erkennen, welche persönlichen Ziele aus den jeweiligen Unternehmensbedürfnissen kurzfristig abgeleitet werden können und wenn er bereit ist, seine Aktivitäten hieran ebenso kurzfristig auszurichten. Als allgemeines Führungsinstrument ist dies aber nicht praktizierbar – es sollte auf Ausnahmesituationen beschränkt bleiben. Die Gefahr besteht nämlich, dass zunächst einmal abgewartet wird, „was sich so im Laufe des Jahres ergibt". Dann werden die Ziele den Ergebnissen entsprechend angepasst und somit leicht ein Zielerreichungsgrad von mindestens 100 Prozent erreicht.

Die verspätete Zielvereinbarung sollte eine absolute Ausnahme sein und, wenn überhaupt, nur im Rahmen älterer Systeme, die zur Überarbeitung anstehen, verwandt werden. Zu groß ist die Gefahr der Manipulation. Vielmehr bieten moderne Zielvereinbarungssysteme die Möglichkeit, Ziele unterjährig anzupassen bzw. zu revidieren, den bisherigen Zielerreichungsgrad festzustellen und neue Ziele unter Berücksichtigung der verkürzten Zeit bis zum Ende des Betrachtungszeitraumes neu festzulegen.

## 3.4 Länge des Zielvereinbarungszeitraums

Üblich ist, bei entsprechenden Vereinbarungen einen Zielerreichungszeitraum von einem Jahr festzulegen. Dies kann, muss aber nicht, sinnvoll sein. Durch die Kopplung an eine jährliche variable Vergütung besteht das Risiko, dass zu kurzfristig geplant wird. Damit ist unter Umständen die Ausrichtung an mittel- oder langfristigen Unternehmenszielen verbaut. Ein Zielvereinbarungssystem sollte daher die Möglichkeit vorsehen, mittelfristige Ziele (zwei bis drei Jahre) zu vereinbaren. Das Erreichen von Zwischenzielen kann dann eine zu weit in die Zukunft greifende endgültige Zielvereinbarung ergänzen.

## 4 Ist „Führen mit Zielen" ein realistisches Instrument?

„Tun Sie nichts, was der Mitarbeiter selbst tun könnte." (Sprenger 2002, S. 182)

Uneingeschränkt ist diese Frage nicht zu beantworten. Das „Führen mit Zielen" ist grundsätzlich als taugliches Instrument anzusehen, um Unternehmens- und Mitarbeiterinteressen zu verbinden. Es stellt den Mitarbeiter in die (Selbst-)Verantwortung und führt dort, wo es konsequent und nur auf seinen Zweck bezogen angewandt wird, zur Motivation und damit zu guten Leistungen. Das System ermöglicht es den Mitarbeitern, so zu handeln, wie sie es selbst am Besten können, eben Selbstverantwortung zu übernehmen.

Allerdings tritt in der Praxis regelmäßig eine Verwässerung dieser reinen Lehre auf. Wie oben dargestellt, beeinflussen zu viele sachfremde Erwägungen die Effektivität des Führungsinstruments. Reinhard K. Sprenger (2002) zeigt auf, wie schwer Führen ist ohne zu manipulieren oder sich selbst als Führungskraft in den Mittelpunkt zu stellen. Dies gilt auch für das „Führen mit Zielen". Die dargestellten Praxisbeispiele zeigen, wohin es führen kann, wenn dieses sinnvolle Personalinstrument nicht gelebt wird, um im Interesse des Mitarbeiters und des Unternehmens angewandt zu werden. Wenn andere Interessen von Geschäftsleitung, Vorgesetzten und Mitarbeitern im Vordergrund stehen und das Führungsinstrument diesen dient, dann ist es allerdings ein schlechtes, wenig brauchbares Instrument. Zumindest muss dies bei jeder Diskussion um die Einführung eines Zielvereinbarungssystems in einem Unternehmen kritisch bedacht werden.

Dem Missbrauch als Sanktionsinstrument kann durch ein entsprechendes konsequentes Gegenhalten von „oben" begegnet werden. Dies bedingt aber, dass das Führen mit Zielen bereits bei Vorstand bzw. Geschäftsführung als wertvolles und im Unternehmens- und Mitarbeiterinteresse praktiziertes Instrument akzeptiert und konsequent vor Manipulationsversuchen geschützt wird.

Schwierig ist es, das „Führen mit Zielen" aus finanziellen Interessen herauszuhalten. Solange mit dem Grad der Zielerreichung auch finanzielle Belohnung verbunden ist, besteht die Gefahr des Missbrauchs zum Zweck der persönlichen oder kollektiven Gewinnmaximierung.

Sollte deshalb das Führen mit Zielen vom finanziellen Belohnungscharakter abgekoppelt werden? Was motiviert dann den Einzelnen, die auf seine Ziele herunter gebrochenen Unternehmensziele individuell zu unterstützen? Letztendlich ist deshalb eine Abkopplung nicht realistisch. Die Geschäftsleitung aber tut gut daran, stets immer wieder kritisch zu hinterfragen, welche Motive sie selbst vermittelt und wie das Instrument gelebt wird. Denn – wie eingangs gesagt – jedes System ist (nur) so gut, wie die Menschen, die es leben.

Das Führen mit Zielen ist ein gutes und richtiges Instrument – es lädt aber auch zur Manipulation und sachfremden Nutzung ein. Es ist nur sinnvoll, wenn die Führungskräfte eigene sachfremde Interessen hintanstellen und verantwortungsvoll hiermit umgehen.

# Ent-Führung

Die meisten Autoren dieses Buchs haben sich bewusst kritisch mit dem „Führen mit Zielen" auseinandergesetzt. Festzuhalten bleibt, dass das Führen mit Zielen sicherlich kein Konzept zur Behebung jeglicher Mängel in der strategischen Unternehmens-, Bereichs- und Mitarbeiterführung darstellt. Vielmehr setzt es ebenso eine an wirkungsvollen Strategien orientierte Leitung voraus wie die Bereitschaft zu einer intensiven Kommunikation der strategischen Ziele.

Das Führen mit Zielen ist im Kern ein hierarchieorientiertes Verfahren; bei seiner Umsetzung ist zu berücksichtigen, dass in der Praxis flache Hierarchien, Flexibilität und Virtualität immer mehr Verbreitung finden. Modifikationen des Grundkonzepts des Führens mit Zielen in Richtung einer modernen, prozessorientierten Arbeitsweise werden dadurch notwendig. „Baut (organisatorische) Zelte, keine Paläste!" – diese Forderung gilt nach wie vor. Die Bedeutung von weitgehend selbstbestimmten Arbeitsplätzen mit weitreichenden Handlungsspielräumen wird somit weiter wachsen. In den Unternehmen muss deshalb eine neue Führungskultur entwickelt werden, die den geänderten Werthaltungen der nachrückenden Generation und den neuen organisatorischen Konzepten Rechnung trägt. Ferner ist zu beachten: Bei unterschiedlichen Arbeitsbedingungen von Führungskräften und Mitarbeitern – Vertrauensarbeitszeit und Telearbeit seien als besonders augenfällige Erscheinungsformen genannt – wächst der Bedarf nach einem Führungsinstrument, das durch wenige und eher seltene, dafür aber präzise (Ziel-)Absprachen genügend Spielraum in der Selbstverantwortung ermöglicht. Hierzu eignet sich das Führen mit Zielen angesichts seiner Flexibilisierungspotenziale deutlich besser als die herkömmlichen Führungskonzepte: Ergebnisbezogene Führung heißt das Stichwort, um das es zukünftig verstärkt gehen wird! Diese Feststellung und Argumentation trifft fraglos auch für andere neue Arbeits- und Beschäftigungsformen zu. Unternehmen werden immer weniger Stammkräfte haben, dafür mehr und mehr freie Mitarbeiter, Zeitarbeitnehmer, Freelancer, eigenständige Subunternehmer usw.

Nahezu alle Autoren verweisen aus praktischer Sicht auf ein grundsätzliches Problem: Zielvereinbarungen dürfen nicht oder nur in Ausnahmesituationen durch Zielvorgaben ersetzt werden. Geschieht dies, so pervertiert ein auf Leadership, Mitarbeiterbeteiligung und Empowerment setzendes Führungskonzept zu einer zentralistischen Steuerungsinstanz mit der bekannten und fatalen Folge, dass idealisierte Planvorgaben niemals die Realität widerspiegeln können. An die Bereitschaft der Führungskräfte, auch kritische Feedbackprozesse Bottom-up zu gestalten, sind also hohe Anforderungen gestellt. Zu einer ganzheitlichen und differenzierten Mitarbeiterbeurteilung sowie zum Mitarbeiterfeedback bietet das Führen mit Zielen eine solide und ausreichend präzise Basis. Zielgespräche sind ein instrumentalisierter und verbindlicher Rahmen für einen Vorgesetzten-Mitarbeiter-Dialog. Solche Gesprächsformen bilden den soliden Ausgangspunkt für eine angemessene und konstruktive Kommunikation im Führungsprozess.

Bei aller gebotenen kritischen Einschätzung, einig sind sich die Autoren – seien sie aus der Wissenschaft oder der Unternehmens- und Beratungspraxis – darin: Zum Führen mit Zielen gibt es für die meisten Unternehmen auf Dauer eigentlich keine wirkliche Alternative – auch wenn Ausnahmen vielleicht die Regel bestätigen.

In der Zukunft werden vermutlich zwei weitere Faktoren dafür ausschlaggebend sein, ob die Verbreitung des Führens mit Zielen noch weiter zunimmt. Die leistungs- oder wertschöpfenden Prozesse in Unternehmen werden kontinuierlich an Klarheit und Durchschaubarkeit gewinnen. Moderne Controlling-Instrumente wie die Balanced Scorecard werden häufiger kompetent eingesetzt. In Abhängigkeit hiervon erfordern die Unternehmensentwicklung und die Verbesserungsprozesse ein klares Orientierungs- und Steuerungsinstrument – Führen mit Zielen.

Im Zuge der weiter voranschreitenden Internationalisierung wird die Steuerung von Unternehmen komplexer. Kulturelle und räumliche Distanzen, aber auch die immer lauter werdenden Forderungen hinsichtlich der sozialen Verantwortung der Unternehmen, verstärken die Notwendigkeit einer langfristigen, strategischen Zielorientierung. Ihre Umsetzung auf der operativen Ebene bedarf der Nachhaltigkeit, die mit einem systematischen und ergebnisorientierten Vorgehen erreicht werden kann. Dabei gilt es jedoch, die vorhandenen kulturellen Unterschiede angemessen zu berücksichtigen und in ein von allen Betroffenen akzeptiertes Führungskonzept zu integrieren.

Die Veränderungsgeschwindigkeit, mit der steter Wandel künftig innerhalb und außerhalb der Unternehmen auftreten wird, erfordert ein flexibles Führen mit Zielen, wenn die Akzeptanz für diese Führungskonzeption geschaffen und dauerhaft erhalten bleiben soll.

Es spricht also vieles dafür, dass das Führen mit Zielen in Zukunft noch an Bedeutung weiter zunehmen wird. Ob bzw. welche Art der Verknüpfung mit variablen Vergütungssystemen erfolgen soll (Erfolgsbeteiligung, Gruppen- oder/und Individualleistungskomponenten), wird auch weiterhin kontrovers diskutiert werden. Viele herkömmliche Ansätze zur Flexibilisierung der Entgeltstrukturen für Unternehmen und Mitarbeiter offenbaren gravierende Schwachstellen: Die Entlohnung im Akkord und auf merkmalsorientierten Beurteilungen aufsetzende Leistungszulagen sehen sich zunehmender Kritik ausgesetzt. An der Zielerreichung orientierte variable Vergütungssysteme können die bei Vergütungsfragen (immer) bestehenden Dilemmata bzw. Widersprüchlichkeiten zwar nicht auflösen; sie bilden aber eine durchgängige, für alle Mitarbeiter geeignete und ganzheitlich ausgelegte, d.h. für alle Aspekte des Führungsprozesses nutzbare Basis, auf die konsequenterweise zurückgegriffen werden kann und sollte. Dabei ist es erforderlich, zu der Subjektivität und auch zu weiteren Grenzen bezüglich des Ideals der Vergütungsgerechtigkeit zu stehen. Auch dieser Zusammenhang fordert mehr von den Führungskräften, die sich nicht mehr mit vorgegebenen Verfahren herausreden können, sondern selbst den gesteckten Rahmen künftig verantwortungsvoll ausfüllen müssen. Bei dieser Thematik müssen Arbeitgeber, Betriebsräte und Gewerkschaften gleichermaßen flexible Rahmenbedingungen schaffen. Die Umsetzung moderner variabler Entgeltsysteme im tariferfassten Bereich hinkt deutlich hinter dem außertariflichen Feld hinterher. Viele Tarifverträge setzen noch an den Entgeltstrukturen an, von denen wir inzwischen wissen, dass sie auf vordergründigen Scheingenauigkeiten basieren. Das Denken in Besitzständen behindert die flächendeckende Einführung zielbezogener Vergütungssysteme zusätzlich.

Auch wenn wir zurzeit auf die Mehrzahl der in dieser „Ent-Führung" angerissenen Fragestellungen (noch) keine überzeugenden Antworten haben, so sind wir uns als Herausgeber dieses Buchs doch an einem Punkt einig und sicher: Auch 2010 ist noch keine sinnvolle Alternative zum Führen mit Zielen in Sicht. Das Führen mit Zielen wird sich in der Praxis durchsetzen, vielleicht nicht überall, sofort und auf allen Ebenen, doch nach und nach in weiten Teilen der Organisationen. Dafür sprechen neben den grundlegenden Ausführungen in diesem Buch und der Entwicklung in der letzten Dekade auch die verschiedenen erfolgreichen Beispiele und Erfahrungen. Das Führen mit Zielen wird zwar immer wieder an die sich wandelnden Rahmenbedingungen angepasst werden müssen, doch das Grundkonzept wird zweifelsohne überdauern und noch an Bedeutung gewinnen. Dem Führen mit Zielen gehört die Zukunft.

# Literaturverzeichnis

*Akao, Y.*: Hoshin Kanri, Policy Deployment for Successful TQM, Cambridge Mass. 1991

*Armstrong, M.*: Performance Management, London 1994

*Bardens, R.*: Zielvereinbarungsgespräche als Führungsinstrument, Köln 1998

*Baskerville-Morley, R. F.*: Hofstede never studied culture, in: Accounting, Organizations and Society 01/2003, S. 1-14.

*Bass, B. M./Avolio, B. J.*: Improving Organizational Effectiveness Through Transformational Leadership, Thousand Oaks1994

*Baum, L.*: Konflikte antizipieren, Risiken minimieren, in: Personalführung, 06/2007, S. 74-82

*Bay, R.*: Zielorientiert führen, Würzburg 1994

*Bergmann, G.*: Führen durch Zielvereinbarung, in: Die neue Personal-Praxis, hrsg. von Strecker, W., 08/1995, S. 2/Z51/1-10

*Bergmann, G./Ernst, F.*: Evaluation von Gruppenarbeit, in: Personalführung, 09/1996, S. 760-764

*Bergmann, G./Wistokat, P./Krist, R.*: Feedback von „unten", in: Personal, 04/1997, S. 17-22

*Bernard, U.*: Leistungsvergütung: Direkte und indirekte Effekte der Gestaltungsparameter auf die Motivation, Wiesbaden 2006

*Berner, W.*: Beharrlichkeit. Ein langer Atem ist wichtiger als heroische Aufbrüche, www.umsetzungsberatung.de/geschaeftsleitung/beharrlichkeit.php, 28.02.2009

*Berthel, J./Becker, F.*: Personal-Management, 8. Aufl., Stuttgart 2007

*Bertram, C./Ünal, K.*: Der Aktienoptionsplan 1998 von Schering, in: Personalführung 05/1998, S. 60-64

*Bihl, G./Meusel, H./Seemüller, K.-H.*: Leistung und Gegenleistung, in: Personalwirtschaft, 06/1998, S. 50-55

*Bonsen, M. zur*: Real Time Strategic Change: Schneller Wandel mit großen Gruppen. Stuttgart 2008

*Breisig, Th.*: Zielvereinbarungssysteme, in: Handwörterbuch des Personalwesens, hrsg. von Gaugler, E./Oechsler, W./Weber, W., 3. Aufl., Stuttgart 2004, S. 2053-2064

*Breisig, Th.*: Personalbeurteilung – Mitarbeitergespräch - Zielvereinbarungen, 3. Aufl., Frankfurt 2005

*Breisig, Th.*: Entlohnen und Führen mit Zielvereinbarungen, 3. Aufl., Frankfurt 2007

*Bühner, R.*: Mitarbeiter mit Kennzahlen führen, Landsberg/Lech 1996

*Bühner, R.*: Mitarbeiterführung als Qualitätsfaktor, München/Wien 1998

*Bühner, R.*: Mitarbeiter mit Kennzahlen führen, 4. Aufl., Landsberg/Lech 2000

*Bungard, W.*: Zielvereinbarungen – Renaissance eines „alten" Führungskonzeptes auf Gruppen- und Organisationsebene; in Zielvereinbarungen erfolgreich umsetzen, hrsg. von Bungard, W./ Kohnke, O., 2. Aufl., Wiesbaden 2002, S. 17-35

*Bungard, W./Kohnke, O. (Hrsg.)*: Zielvereinbarungen erfolgreich umsetzen, 2. Aufl., Wiesbaden 2002

*Center of Quality Excellence, the University of Leicester*: Auswirkungen einer wirksamen Implementierung von Excellence-Strategien im Unternehmen auf die Schlüsselergebnisse. Brüssel: The European Foundation for Quality Management; London: The British Quality Foundation 2005; deutsche Übersetzung: Brandi, Barbara / Sommerhoff, Benedikt (Deutsche Gesellschaft für Qualität e.V., Frankfurt a. M. 2006)

*Cisek, G.*: Entgelt-Politik, in: Mensch und Arbeit, hrsg. von H. J. Schneider, 10. Aufl., Köln 1997, S. 197-254

*Covey, R. S.*: Der 8. Weg, Frankfurt 2008

*Csikszentmihalyi, M.*: Das flow-Erlebnis, 10.Aufl., Stuttgart 2008

*Csikszentmihalyi, M/Csikszentmihalyi,, I.S.*: Die außergewöhnliche Erfahrung im Alltag, Stuttgart 1995

*Deci, E.*: Intrinsic Motivation. New York 1975

*Deich, S.*: Arbeitsvertragliche Gestaltung von Zielvereinbarungen, Berlin 2005

*Deller, J./Münch, S.*: Das Zielvereinbarungssystem der DaimlerChrysler Services (debis), in: Personalführung, 10/1999, S. 70-80

*Doppler, K./Lauterburg, C.*: Change Management. Den Unternehmenswandel gestalten. 12. Aufl., Frankfurt/Main 2008

*Drucker, P.*: The Practice of Management, New York 1954

*Easterby-Smith, M.*: Evaluating Management Development, Training and Education, 2. Aufl., Hampshire 1994

*Edwards, M. R./Ewen, A. J.*: 360°-Beurteilung, München 2000

*EFQM*: Das EFQM Modell für Excellence, http://www.efqm.org

*Eyer, E.*: Entlohnung in teilautonomen Arbeitsgruppen, in: Gruppenarbeit in Unternehmen, hrsg. von Antoni, C., Weinheim 1994, S. 100-114

*Eyer, E./Haussmann, T.*: Zielvereinbarung und variable Vergütung, 3. Aufl., Wiesbaden 2005

*Fang, T.*: A Critique of Hofstede's Fifth National Culture Dimension, in: International Journal of Cross Cultural Management 03/2003, S. 347-368

*Fechtner, H./Taubert, R.*: Das Mitarbeitergespräch, in: Personalführung, 03/1995, S. 224-231

*Femppel, K./Böhm, H.*: Ziele und variable Vergütung in einem dynamischen Umfeld, Bielefeld 2007

*Ferguson, I.*: Management by Objectives in Deutschland, Frankfurt 1973

*Fiedler-Winter, R.*: Innovative Mitarbeiterbeteiligung, Landsberg 1998

*Fischer, H./Steffens-Duch, S.*: Personalmanagement in Unternehmen mit Zukunft, in: Jahrbuch Personalentwicklung und Weiterbildung 1998/99, Neuwied/Kriftel 1998, S. 16-19

*Foerster, H. v.*: Abbau und Aufbau, in: Lebende Systeme, hrsg. von Simon, F., Berlin/New York 1988, S. 19-33

*Frey, M./Osterloh, M. (Hrsg.)*: Managing Motivation, 2. Aufl., Wiesbaden 2002

*Friedag, R./Schmidt, W.*: Balanced Scorecard, Freiburg 1999

*Friedrich, N.*: Arbeitsrechtliche Aspekte von Zielvereinbarungen, in: Personalführung, 05/2006, S. 22-35

*Gairing, F.*: Organisationsentwicklung als Lernprozess von Menschen und Systemen, 4. Aufl., Weinheim 2008

*Gaitanides, M./Scholz, R./Vrohlings, A./Raster, M.*: Prozessmanagement, München/Wien 1994

*Gebert, D.: Führung im MbO-Prozeß, in*: Handwörterbuch der Führung, hrsg. von Kieser, A./Reber, G./Wunderer, R., 2. Aufl., Stuttgart 1995, S. 425-436

*Gieseking, O./Sehnke, E./Roos, J.*: Leistungs- und erfolgsorientierte Vergütung von Team- und Gruppenarbeit, in: Personalführung, 04/1998, S. 22-32

*Global Reporting Initiative*: www.globalreporting.org, 20.04.2010

*Götz, K.:* (1999). Organisationslernen und individuelles Lernen – eine systemische Betrachtung, in: Die Weiterbildungsgesellschaft. Band 1. Bildungstheoretische Grundlagen und Analysen, hrsg. von Arnold, R./Gieseke, W. (S.), Neuwied/Kriftel/Berlin 1999, S. 69-85

*Habermas, J.:* Theorie des kommunikativen Handelns, Bd. 1 und 2, Frankfurt/Main 1981

*Heidbrink, L.:* Einleitung – Das Verantwortungsprinzip in der Marktwirtschaft, in: Verantwortung als marktwirtschaftliches Prinzip, hrsg. von Heidbrink, L./Hirsch, A., Frankfurt 2008, S. 11-27

*Hempel, P. S.:* Chinese reactions to performance feedback: Non-task attributions of feedback intentions, in: Asia Pacific Journal of Human Resources, 02/2008, S.196-219.

*Henle, B.:* Nachhaltigkeit messen: Soziale Indikatoren für Finanzdienstleister, München 2008

*Herrmann, A./ Windmüller, K.:* Mit Zielen führen und Leistung vergüten, in: Personalführung 07/2006, S. 26-32

*Herzberg, F. H./Mausner, B./Snyderman, B.:* The motivation to work, New York 1959

*Hewitt Associates:* Attrition and Retention Asia Pacific Study 2006

*Hewitt Associates:* Best Employer in Asia Study 2007

*Hewitt Associates:* Hewitt Study Shows Salary Increases Decline in Asia Pacific After One Year of Economic Turmoil, 03.11.09, http://www.hewittassociates.com/Intl/AP/en-AP/AboutHewitt/Newsroom/PressReleaseDetail.aspx?cid=7118 (20.02.2010)

*Hinrichs, S.:* Mitarbeitergespräch und Zielvereinbarung: Analyse und Handlungsempfehlungen, Köln 2009

*Hoch, J. E./Wegge, J./Schmidt, K.-H.:* Führen mit Zielen, in: Report Psychologie, 07/08/2009, S. 308-320

*Hope, J./Fraser, R./Horváth, P./Sauter, R.:* Beyond Budgeting: Wie sich Manager aus der jährlichen Budgetierungsfalle befreien können, Stuttgart 2003

*Horváth & Partner (Hrsg.):* Früherkennung in der Unternehmenssteuerung, Stuttgart 2000

*Horváth & Partners (Hrsg.):* Beyond Budgeting umsetzen: Erfolgreich planen mit Advanced Budgeting, Stuttgart 2004a

*Horváth & Partners:* Balanced Scorecard umsetzen im Public Management, in: Balanced Scorecard umsetzen, hrsg. von Horváth & Partners, 3. Aufl., Stuttgart 2004b, S. 427-469

*Horváth & Partners*: Strategy Maps setzen sich durch. Vierte Balanced Scorecard-Studie von Horváth & Partners. Pressenotiz vom 26.08.2008. http://www.presseportal.de/pm/44095/1252911/horv_th_ag.

*Hüfken, H./Weise, F.*: Die Strategieumsetzung in der gesetzlichen Rentenversicherung mit einem ausgewogenen Zielsystem, in: Die Strategieumsetzung erfolgreich steuern. Strategien beschreiben, messen und organisieren, hrsg. von Horváth, P.: Stuttgart 2004, S. 363 - 381

*Hüther, G.*: Bedienungsanleitung für ein menschliches Gehirn, Göttingen 2006

*Humble, J.*: Praxis des Management by Objectives, München 1972 (London 1967)

*Jetter, W.*: Performance Management: Zielvereinbarungen, Mitarbeitergespräche und leistungsabhängige Entlohnungssysteme, Stuttgart 2000

*Jost, P.-J.*: Organisation und Motivation, 2. Aufl., Wiesbaden 2008

*Kaplan, R./Norton, D.*: Balanced Scorecard, Stuttgart 1997

*Keddi, M.*: Auf der Suche nach der optimalen Mitarbeitermotivation, Münster 2008

*Kießling-Sonntag, J.*: Zielvereinbarungsgespräche, Berlin 2002

*Klages, H./Gensicke, Th.*: Anreize als Instrument der Motivierung von Mitarbeitern; in: Verwaltungsmodernisierung. „harte" und „weiche" Aspekte, Speyerer Forschungsberichte Bd. 181, hrsg. von Klages, H., Speyer, 1998, S. 97-107.

*Klaus, H./Schneider H. J.*: Personalführung, in: Mensch und Arbeit, hrsg. von H. J. Schneider, 10. Aufl., Köln 1997, S. 125-195

*Knicker, T.*: Führen mit Zielen, in: Personal, 09/1996, S. 462-465

*Kobi, J.-M.*: Die Balance im Management, Wiesbaden 2008

*Kohnke, O.*: Die Anwendung der Zielsetzungstheorie zur Mitarbeitermotivation und -steuerung, in: Zielvereinbarungen erfolgreich umsetzen, hrsg. von Bungard, W./ Kohnke, O., 2. Aufl., Frankfurt 2002, S. 37-69

*Kolb, M./Bergmann, G.*: Qualitätsmanagement im Personalbereich, Landsberg 1997

*Koreimann, D.*: Führung durch Zielvereinbarung: Erfolgreiche Verbesserung der Geschäftsprozesse, Heidelberg 2003

*Kramarsch, M.*: Aktienbasierte Managementvergütung, Stuttgart 2000

*Kraus, G/Becker-Kolle, C./Fischer, T.*: Handbuch Change Management, 2. Auflage, Berlin 2006

*Krieg, H.-J./Drebes, J.*: Führen durch Ziele, in: Personalführung, 01/1996, S. 54-60

*Krieg, H.-J./Ehrlich, H.*: Personal, Stuttgart 1998

*Linneweh, K./Hofmann, L. M.*: Persönlichkeitsentwicklung, in: Führung von Mitarbeitern, hrsg. von Rosenstiel, L. v./Regnet, E./Domsch, M., 4. Aufl., Stuttgart 1999, S. 80-89

*Locke, E. A.*: Toward a Theory of Task Motivation and Incentives, in: Organizational Behavior and Human Performance, 03/1968, S. 157-189

*Locke, E. A./Latham, G. P.*: Goal setting, Englewood Cliffs 1984

*Locke, E. A./Latham, G. P.*: A theory of goal setting and task performance, Englewood Cliffs 1990

*Lorse, J.*: Neue Strategien in der Leistungsbezahlung und Leistungsmessung der Beamten, in: Recht im Amt, 02/2007, S. 62-73

*Lüthgens, Ch./Schulz-Hardt, S./Frey, D.*: Gefahr im Konsens, in: Die Zeit vom 27. Mai 1994

*Lurse, K.*: Richtige und falsche Zielvorgaben, in: Personalwirtschaft, 09/1997, S. 46-48

*Lurse, K./Stockhausen, A.*: Manager und Mitarbeiter brauchen Ziele, Neuwied/Kriftel 2001

*Mark, G.*: Genussscheine als Instrument der Gewinn- und Kapitalbeteiligung, in: Personalführung, 01/2000, S. 62-67

*McSweeney, B.*: Hofstede's model of national cultural differences and their consequences: a triumph of faith—a failure of analysis, in: Human Relations 01/2002, S. 89-118

*Meier, R.*: Führen mit Zielen, Berlin 1995

*Mentzel, W./Grotzfeld, S./Haub, C.*: Mitarbeitergespräche, 6. Aufl., Freiburg 2006

*Morgan, G.*: Bilder der Organisation, 4. Aufl., Stuttgart 2008

*Müller, R./Brenner, D.*: Mitarbeiterbeurteilungen und Zielvereinbarungen. Von der Planung über die Durchführung bis zur Auswertung, Landsberg 2006

*Nagel, K.*: Praktische Unternehmensführung, Landsberg 1994

*Nagel, K./Schlegtendal, G.*: Flexible Entgeltsysteme, Landsberg 1998

*Nagel, R./Dietl, W.*: Werkzeugkiste Balanced Scorecard; in: Zeitschrift für Organisationsentwicklung 01/2009, S. 80-85

*Nagel, R./Wimmer, R.*: Systemische Strategieentwicklung, Stuttgart 2002

*Neher, H./Kolb, M.*: Mitarbeiter als Erfolgsfaktor, 2. Aufl., Sternenfels 2004

*Nerdinger, F. W.*: Vorgesetztenbeurteilung, in: Feedbackinstrumente in Organisationen; Grundlagen. Gestaltungshinweise, Erfahrungsberichte, hrsg. von Jöns, I./Bungard, W., Weinheim 2005, S. 99-112

*Neuberger, O.*: Miteinander arbeiten - miteinander reden! München 1982

*Neuberger, O.*: Das Mitarbeitergespräch, 4. Aufl., Leonberg 1998

*Neuberger, O.*: Das 360°-Feedback, München/Mering 2000

*Neuberger, O.*: Führen und führen lassen, 6. Aufl., Stuttgart 2002

*Neuberger, O.*: Mikropolitik, in: Führung von Mitarbeitern, hrsg. von Rosenstiel, L. v./Regnet, E./Domsch, M., 5. Aufl., Stuttgart 2003, S. 41-49

*Niermeyer, R.*: Motivation, 2. Aufl., München 2007

*Odiorne, G.*: Management by Objectives, Landsberg 1980 (New York 1965)

*Olfert, K.*: Personalwirtschaft, 11. Aufl., Ludwigshafen 2005

*Opaschowski, H. W.*: Deutschland 2020, 2. Aufl., Wiesbaden 2006

*Osterloh, M./Weibel, A.*: Investition Vertrauen, Wiesbaden 2006

*Pfläging, N.*: Ziele und Leistung im Steuerungsmodell Beyond Budgeting – eine Neudefinition, in: Beyond Budgeting – Impulse zur grundlegenden Neugestaltung der Unternehmensführung und –steuerung, hrsg von Daum, J., München 2005, S. 225-240

*Pfläging, N.*: Führen mit flexiblen Zielen, Frankfurt 2006

*Pfläging, N.*: Führen mit flexiblen Zielen (Handelsblatt, Bd. 4) Frankfurt 2008

*Proske, H./Reiff, E.*: Zielvereinbarungen und Jahresgespräche, Freiburg 2008

*Rosenstiel, L. v./Comelli, G.*: Führen durch Motivation. Mitarbeiter für Organisationsziele gewinnen, 2. Aufl., München 2001

*Rückle, H./Behn, M.*: Unternehmenserfolg mit Zielen, Renningen 2007

*Schanz, G.*: Mitarbeiterbeteiligung, München 1985

*Schmette, M./Wingen, S.*: Bewertung der Gruppenarbeit, in: Personal, 07/2000, S. 340-344

*Schmidt, K-H../Kleinbeck, U.*: Führen mit Zielvereinbarung, Göttingen 2006

*Scholz, C.*: Personalmanagement, 5. Aufl., München 2000

*Schröder, W.*: Führen durch Ziele, in: Personalführung, 09/1996, S. 796-804

*Schwaab, M.-O.*: Strukturierte Auswahl externer Trainer, München/Mering 2002

*Schwaab, M.-O.*: Personalentwicklung in der Krise: auch Chancen, nicht nur Risiken, in: Innovative Personalentwicklung als Chance in Krisenzeiten, hrsg. von Münchener Bildungsforum, München 2009, S. 31-40.

*Schwaab, M.-O./Berg-Schwaab, H v.*: Auswirkungen von Fusionen auf Führungsinstrumente, in: Fusionen – Herausforderungen für das Personalmanagement, hrsg. von Schwaab, M.-O./Frey, D./Hesse, J., Heidelberg 2003, S. 154-168

*Schwaab, M.-O./Frey, D.*: Kombinierte Team- und Führungskräfteentwicklung, in: Personalführung 01/1999, S. 20-25

*Schwetzler, B.*: Shareholder Value Konzept, Managementanreiz und Stock Option Plans, in: Die Betriebswirtschaft, 03/1999, S. 332-350

*Seiwert, L.*: Selbstmanagement, 8.Aufl., Offenbach 2000

*Senge, P.*: Die fünfte Disziplin, 10. Aufl., Stuttgart 2008

*Sold, W./Uepping, H.*: Strategische Unternehmenssteuerung durch Zielvereinbarungen und variable Vergütung, in: Personal, 10/1999, S. 494-497

*Sprenger, R.*: Das Prinzip Selbstverantwortung, 11. Aufl., Frankfurt 2002

*Sprenger, R.*: Mythos Motivation, 15. Aufl., Frankfurt 1998

*Stroebe, A. I./Stroebe, R. W.*: Motivation durch Zielvereinbarungen: Engagement in der Arbeit. Erfolg in der Umsetzung, 2. Aufl., Frankfurt 2006

*Theden, P./Colsman, H.*: Qualitätstechniken, 2. Aufl., München 1997

*Trebesch, K.*: Die Entwicklung der Organisationsentwicklung; in: Organisationsentwicklung, Konzepte, Strategien, Fallstudien, hrsg. von Trebesch, K., Stuttgart 2000, S. 9-16

*Ueberschaer, N.*: Leistung, Motivation und Vergütung in der Team- und Gruppenarbeit, in: Personalführung, 04/1998, S. 14-21

*Wagner, K.-R.*: Kapitalbeteiligung von Mitarbeitern und Führungskräften, Heidelberg 1999

*Wahren, H.-K.*: Ziele vereinbaren mit Mitarbeitern und Gruppen, Eschborn 1999

*Ward, P.*: 360°-Feedback, in: People Management, 02/1995, S. 20-22

*Warnecke, H.-J.*: Die fraktale Fabrik, Berlin 1992

*Watzlawick, P. (Hrsg.)*: Die erfundene Wirklichkeit, 5. Aufl., München/Zürich 2010

*Weber, J./Linder, S.*: Neugestaltung der Budgetierung mit Better und Beyond Budgeting?: Eine Bewertung der Konzepte, Weinheim, 2008

*Weber, J./Schäffer, U.*: Balanced Scorecard & Controlling, 2. Aufl., Wiesbaden 2000

*Weber, M.*: Wirtschaft und Gesellschaft. Grundriss der verstehenden Soziologie, 5. Aufl., Studienausgabe, Tübingen 1980

*Webers, T.*: Führungskräfte für Zielvereinbarungen qualifizieren, in: Human Resource Management (digitale Fachbibliothek), hrsg. von Wollert, A./Knauth, P., Düsseldorf 2007

*Weisbach, C.*: Professionelle Gesprächsführung, 3. Aufl., München 1997

*Welch, J./Welch, S.*: Winning, Frankfurt 2005

*Wunderer, R.*: Führung und Zusammenarbeit, 6. Aufl., München 2006

*Zink, K. J.*: TQM als integratives Managementkonzept, 2. Aufl., München 2004

# Mehr wissen – weiter kommen
↗

## Fachwissen und Schlüsselkompetenzen für die Personalarbeit

Die Autoren entwickeln eine Personalstrategie, die einen Handlungsrahmen für die Gestaltung personalwirtschaftlicher Instrumente und Methoden darstellt und die Kernfunktionen der Personalarbeit und die Ausgestaltung der Personalabteilung festlegt. Insbesondere werden die Aspekte, die zur Wertschöpfung im Unternehmen beitragen, aufgezeigt. Ausgangspunkt hierfür ist die Wertekwette von Porter.

Silke Wickel-Kirsch /
Matthias Janusch / Elke Knorr
**Personalwirtschaft**
Grundlagen der Personalarbeit
in Unternehmen
2008. VIII, 232 S.
Mit 79 Abb. u. 25 Tab.
Br. EUR 27,90
ISBN 978-3-8349-0500-0

## Aktuelle Trends im Personalbereich

Im Mittelpunkt des Buches stehen wegen ihrer zentralen Bedeutung die personalwirtschaftlichen Kernaufgaben der Mitarbeiterbetreuung und der Entwicklung von Mitarbeitern sowie das Arbeitsrecht. Zusätzlicher Nutzen durch Onlineplus: Folien und Übersichtspräsentationen, Prüfungsaufgaben und Lösungen sowie die aktuelle Arbeitsrechtssprechung im Internet unter www.gabler.de.

Meinulf Kolb
**Personalmanagement**
Grundlagen - Konzepte - Praxis
Unter Mitarbeit von Brigitte Burkart /
Frank Zundel
2008. IX, 641 S.
Br. EUR 34,90
ISBN 978-3-8349-0907-7

## Zeitarbeit der Zukunft

Dieses Buch beschreibt die Zeitarbeit aus verschiedenen Perspektiven. Dabei kommen alle relevanten Interessengruppen zu Wort: Wissenschaftler, Personalmanager, Personaldienstleister, Volks- und Betriebswirte, Psychologen, Juristen, Journalisten sowie Vertreter von Verbänden, Gewerkschaften, Betriebsräten. Gleichzeitig wird durch die Einbindung internationaler Zeitarbeitsspezialisten ein Blick über Deutschland hinaus ermöglicht. Die Beiträge beschäftigen sich mit den zentralen Aspekten: Entwicklung, Rechtliche Rahmenbedingungen, Chancen und Risiken, Betriebliche Erfahrungen, Herausforderungen.

Markus-Oliver Schwaab /
Ariane Durian (Hrsg.)
**Zeitarbeit**
Chancen - Erfahrungen - Herausforderungen
2009. XVI, 332 S. mit 16 Abb.
Br. EUR 34,90
ISBN 978-3-8349-1277-0

Änderungen vorbehalten. Stand: Februar 2010.
Erhältlich im Buchhandel oder beim Verlag

Gabler Verlag . Abraham-Lincoln-Str. 46 . 65189 Wiesbaden . www.gabler.de

Printed in Germany
by Amazon Distribution
GmbH, Leipzig